Christine Dünser

Warum Schule nicht gelingen kann

Reihe Pädagogik
Band 42

Christine Dünser

Warum Schule nicht gelingen kann

Die Ohnmacht der Schüler, Lehrer, Eltern und Schulpolitik

Centaurus Verlag & Media UG

Zur Autorin:
Christine Dünser, geb. 1959, studierte Deutsch und Geografie in Salzburg; Musikalische Früherziehung und Chorleitung am Landeskonservatorium in Feldkirch/Vorarlberg. Derzeit unterrichtet sie am Bundesgymnasium Lustenau und in der Musikschule Mittleres Rheintal in Vorarlberg.

Gefördert durch das Land Vorarlberg

Bibliografische Informationen der Deutschen Nationalbibliothek
Die Deutsche Nationalbibliothek verzeichnet diese Publikation in der Deutschen Nationalbibliografie; detaillierte bibliografische Daten sind im Internet über http://dnb.d-nb.de abrufbar.

ISBN 978-3-86226-152-9   ISBN 978-3-86226-953-2 (eBook)
DOI 10.1007/978-3-86226-953-2

ISSN 0930-9462

Gedruckt auf säurefreiem und chlorfrei gebleichtem Papier.

© *CENTAURUS Verlag & Media KG, Freiburg 2012*
www.centaurus-verlag.de

Umschlaggestaltung: Jasmin Morgenthaler, Visuelle Kommunikation
Satz: Vorlage der Autorin

Inhaltsverzeichnis

Vorwort

Schreibt man als Lehrerin ein Buch über die Schule, kann man sich damit in die Nesseln setzen, weil pädagogisches Hinterfragen besonders für Pädagogen unangenehm ist und auch unpraktisches Umdenken erfordert. Meine Absicht ist es nicht, jemanden mit meinen Aussagen zu verletzen, wohl aber möchte ich Zusammenhänge deutlich ausdrücken und zum differenzierten Weiterdenken anregen. Die Gesamtentwicklung im Überblick ist mir dabei ebenso wichtig wie die vielen, kleinen Details, die letztlich die große Summe ausmachen, auch wenn das noch nicht jeder sehen kann.

Die Hauptschuldigen an der Bildungsmisere scheinen immer wieder die Pädagogen zu sein – scheint auch logisch – denn sie stehen am unmittelbarsten mit den Schülern in Kontakt, können nicht wirklich kontrolliert werden, sondern werden insgeheim immer noch wegen ihrer langen Ferien und geringen nachweisbaren Wochenstundenzahl beneidet. Der Neid verschiebt jede Realität, weil er ein Weniger beinhaltet und ein Mehr fordert. Die Gesellschaft empfindet somit ein Weniger und fordert ein Mehr von den Lehrern. Was übersehen wird: Die Gesellschaft selbst verstärkt dadurch die Schulprobleme.

Die Hintergründe für die „Schulmisere" sind nicht die Lehrer, sondern genau das gleiche Phänomen, das für alle Krisen grundlegend mitverantwortlich ist, egal ob es sich um die Immobilienkrise, Wirtschafts- und Finanzkrisen, Politikkrisen... handelt, es ist der *Überindividualismus*. Er kann nicht leisten, was er vermehrt sollte, er macht richtungslos bis ohnmächtig. Die Lehrer spüren dies als erste, die Schulpolitik hinkt weit hinterher. Veraltete und somit realitätsverzerrte Schul- und Lehrerbeurteilungen hinterlassen viele undifferenzierte Einstellungen und somit schädliche Vorurteile. Die Medien sind Vermittler, verzerren zusätzlich selektiv und unterstützen die überindividualistische Schulblockade in Mitteleuropa.

Der *Titel* dieses Buches mag für viele provokant (weil verallgemeinert) wirken, er ist es aber nur teilweise. Vielmehr ist es die Diskrepanz zwischen dem Wissen und dem Nichtwissen zur Situation *Schule und Gesellschaft*. Dieses Nichtwissen schafft ein Defizit, das weit übertrieben und somit provokant wirkt. Bei größerer Bewusstwerdung verkleinert sich diese Wissensdiskrepanz und so manch einer wird dann sagen: „Ja, da ist schon was dran." oder „So auf den Punkt gebracht habe ich es noch nicht gelesen." oder sogar „Genau, so ist es!" Wie sehr sich jemand auf nachfolgende Inhalte einlassen kann, hängt vom Maß an hintergründigen Eigenbeobachtungen ab. Viele Voraussetzungen sind dafür nötig, wie eine ausreichende

Du-Orientierung, das Zulassen des Gegenübers, eigenes Hintergrundwissen, eigene psychosoziale Dispositionen (z.B. die strikte Trennung von eigenen Befindlichkeiten zu denen des Gegenübers), eigene aktive Lehrerzeit... Nicht jeder hat diese Voraussetzungen.

Manche extremen Inhalte sollen die ganze Bandbreite abstecken, manche sind deutlich-dringend formuliert, auch wird die Kommunikation durch die ständige Differenzierung schnell umständlich. Extrem ausgedrückte Ansichten behindern mich nicht in der Sicht auf jene Pädagogen, die sich immer wieder bemühen, durch Wissenserweiterung ihren Aufgaben gerecht zu werden. Auch kann ich jene Eltern sehen, denen es unter den schwierigen gesellschaftlichen Umständen gelingt, starke Menschen zu erziehen und ich bin froh über jedes diesbezügliche positive Erlebnis in der Schule. Auch habe ich gelernt, zwischen „Überindividualismus" und „Überindividualismus" sehr genau zu unterscheiden, was mein persönliches Bild sehr differenziert werden lässt. Diese Differenzierungen muss sich jeder Leser selbst durch seine Beobachtungen aneignen, die kann ich nicht abnehmen, nur anregen.

Dieses Buch soll helfen, die Schule aus einer anderen Perspektive zu betrachten, es soll die Schule in andere Zusammenhänge stellen, andere Hintergründe aufzeigen, damit die Kinder in der Schule stark werden können. Es soll helfen, schädliche Auswirkungen des Überindividualismus auf die Schule und die Gesellschaft besser beurteilen zu können, denn nur mit einer höheren Summe an Hintergründen können weitsichtigere und somit stärkere Entscheidungen getroffen werden. Fühlt sich jemand negativ betroffen, soll er seine Betroffenheit als starke Gefühle auffassen, denn Betroffenheit ist eine Vorform der tiefgründigen Wissenserweiterung und macht tatsächlich stark.

Auf das Gendern wurde zwecks besserer Lesbarkeit überwiegend verzichtet.

Einleitung

Viele *SchuldirektorInnen* sind mit ihren Schulen und ihrem einsatzbereiten Kollegium eigene Wege gegangen, haben sich auch immer wieder auf den Pfad der „grauen Illegalität" begeben um ihrem Projekt „Schüler" gerecht zu werden, wie z.b. Enja Riegel[1]. Auch die *Wissenschaft* hat sich aufwändig um die Probleme rund um die Schule bemüht, in Bereiche wie Makro-, Meso- und Mikroebene[2] aufgeteilt, nach geeigneten Schulsystemen Ausschau gehalten, eine Unmenge an didaktischen Büchern wurde publiziert, Vorträge gehalten, *Psychologen* herangezogen und die *Erziehungswissenschaft* bemüht. Tausend Seiten „Bildungspolitik im Umbruch" kommen von Hans Giger, zweifellos wichtige Überlegungen in einer Zeit, in der von allen Seiten Richtungslosigkeit herrscht. Viele Schulmodelle sind entworfen worden, viele pädagogische Ansätze wie *offenes Lernen*, „Selbst organisiertes Lernen"[3], „Lehre mich nicht, lass mich lernen"[4], Lernumgebungen werden gestaltet[5], die Gehirnforschung wird genutzt[6], Schulstrukturen werden geändert, Chancengleichheit und Begabtenförderung gefordert; alles mit dem Ziel, eine schülergerechte Schule zu schaffen, die den Schülern das Lernen leicht macht und auch den Lehrern Aufwind in ihrer Tätigkeit gibt.

In unzähligen Diskussionen um die Schule und in vielen Büchern, Schulreformen und Pädagogikreformen geht es anscheinend um die Kinder, die *LehrerInnen* stehen aber im Brennpunkt. Von LehrerInnen wird das Umdenken gefordert, oft fühlen sie sich dabei zu recht überfordert, auch wenn sie das nicht zugeben dürfen, weil sie sonst – unausgesprochen – „schlechte PädagogInnen" sind. So wenden sie sich an die Geldgeber für kleinere Klassen, bessere Ausstattung und höhere Entlohnung für ein komplizierter werdendes System, bei dem durchschnittlich 40% – 60% der Lehrerenergien in Administration und disziplinäre Maßregelungen fließen und das mit steigender Tendenz. Das kommt den Steuerzahlern teuer und außerdem „versitzen" die Schüler viel Zeit, ohne etwas zu tun.

Teuer und ineffektiv, das verträgt keine Gesellschaft. So wird zuerst die Schuld dort gesucht, wo sie augenscheinlich ursächlich zu suchen ist, bei den LehrerInnen. Eltern werden wählerisch bis überkritisch, die Schulen und Lehrer immer besser,

---

1 Enja Riegel: „Schule kann gelingen."
2 Fend (1989)
3 Herold/Landherr
4 Alex/Vopel
5 Wahl
6 Spitzer (2)

Konkurrenz entsteht und schadet wieder der Schule. Das Endergebnis: Gesellschaftsdruck für die Lehrer, Genugtuung für die Gesellschaft, die einen „Buhmann" hat. So wird der Pädagoge von der Gesellschaft belastet, der es anscheinend nicht schafft, die Schule mit geringen Mitteln dorthin zu bringen, wo die Schüler sich wohlfühlen und erfolgreich sein können. Die Pädagogikverlage boomen, die Lehrer sind belesen und trotzdem klagen sie immer mehr über ihren Druck. Viele gehen vorzeitig in Pension, die Burnout-Rate ist bei Lehrern besonders hoch.

Für mich wird das Thema *Schule* immer mehr zur Frage, ob weiterhin *Oberflächenpolitur* aufgetragen wird, die primär teuer und kurzlebig ist, auch der Situation immer weniger gerecht wird, oder ob wir ein *Gesellschaftsphänomen* erkennen lernen, das uns ständig grundlegende Probleme verursacht, nicht nur im Bereich der Schule, auch im familiären Zusammenleben, in der Wirtschaft, Politik... Diesem Gesellschaftsphänomen muss entgegengewirkt werden, wenn wir starke Kinder für eine starke Gesellschaft haben wollen und nicht mächtig agierende Individuen, die keinen anderen Weg mehr kennen, als sich auf einer „Null-Summen-Machtkonfrontation"[7] zu bewegen. Einseitig individualistische Verhältnisse wirken immer negativ mächtig. Wie wir noch sehen werden, macht der Überindividualismus nicht nur handlungsunfähig und richtungslos, sondern es können auch alle negativen menschlichen Eigenschaften auf die Extreme des Überindividualismus zurückgeführt werden. Diese blockieren die Schule vielfältig, machen krank, den Schüler, die Lehrer, die Gesellschaft, besonders aber den überindividualistischen Menschen selbst, auch wenn er dies nicht merken kann.

Die Schulpolitik ist nicht untätig, nur befindet sie sich in der misslichen Lage, dass sie strukturbedingt den Bedürfnissen der Gesellschaft hinterherhinkt. Das System *Schule* ist für *Verzögerungen* ganz besonders anfällig:

- Die Probleme werden nicht dort erkannt, wo sie entstehen, daher können auch keine langfristig starken Gegenmaßnahmen getroffen werden.
- Ältere Schulpolitiker haben teilweise die Entwicklung der Schule und die Entwicklung von zwei Schülergenerationen verpasst, weil sie lange nicht mehr aktiv im Unterrichtsgeschehen tätig waren.
- die Angst der Politik, den Steuerzahler *Eltern* zu verlieren
- politische Schulentscheidungsträger ohne eigene Lehrtätigkeit oder mit einer Lehrtätigkeit, die zehn Jahre zurückliegt
- Angst davor, den soziokulturellen Wert des Individualismus zu hinterfragen, damit verbunden sind gesellschaftspolitische Ängste

---

7 vgl. Stalb S.18

- unterschiedliche Schultypen und Jahrgänge sowie unterschiedliche regionale Gegebenheiten (z.b. Stadt, Land) erschweren die Vergleichbarkeit
- In unterschiedlichen Lehrfächern treten Probleme später auf (z.b. Haupt- und Nebenfächer).
- Die Probleme schleichen sich langsam ein, Lehrer wachsen mit ihnen mit, versuchen es mit neuen Maßnahmen und reagieren erst bei ständiger Überschreitung einer individuellen Schmerzgrenze. Die Schmerzgrenzen werden dabei oft bis zum Burnout angehoben.
- Lehrer, die lange nicht reagieren, weil die Zeit fehlt
- Lehrer, die sich *nur* auf die fachliche Pflichterfüllung beschränken, weil sie die schwierige Erziehung in der Schule scheuen und auch gar nicht wahrnehmen können
- Lehrer, die Angst vor dem Eingeständnis *Misserfolg* haben und das nicht zu unrecht, denn sie bekommen ihre Misserfolge ständig von unwissender Bevölkerung, Medien und Statistiken zu hören, auch wenn die Ursachen dafür nicht in ihrem Kompetenzbereich liegen, sondern ständig dorthin verschoben werden.
- Lange und häufige Ferien lassen die Probleme vergessen, die Lehrer kommen auf einen Pegel, auf dem sie wieder arbeiten können.
- Berufskrankheit der Lehrer – überindividualistische Lehrer

Ein erklärtes Grundkonzept der Schule ist es, *das Kind in den Mittelpunkt* zu stellen. Das ist auch mein Anliegen. Es muss dazu aber ein starkes Umfeld vorfinden, damit es stark werden kann, es darf nicht ständig auf die überindividualistische Position gedrängt werden, wo es langfristig nur schwach sein kann.

Teil I bringt daher nachfolgend die Grundlagen des Überindividualismus (veranschaulicht am Wertequadrat), stellt die positiven Werte den negativ schädlichen gegenüber, geht auf die Entstehung des Überindividualismus ein, verknüpft ihn mit bekannten Krankheitsbildern und dem grundlegenden Schulstress, der für Schüler auf der überindividualistischen Basis entsteht. Klar wird dabei eine erste Unterscheidung zwischen *starken* und *schwachen* = *mächtigen* Handlungsweisen.
    Dass der Überindividualismus aber nicht nur die Schüler betrifft, sondern auch ihr pädagogisches Umfeld, wird immer wieder anhand von Beispielen praxisnah erläutert. Auch wird klar: Kompetenzverschiebungen wirken mächtig und schaden dem Schüler. Wer für sich diese Machtverhältnisse und deren negativen Auswirkungen nicht als solche einordnen kann, weil ihm die hintergründigen Beobachtungen und Auswirkungen noch fehlen, dem können die Erläuterungen vielleicht nach

und nach helfen, das Verhältnis von *Macht und Stärke* langsam für sich zu erarbeiten. Nur auf der Erkenntnisbasis des Überindividualismus kann die Schule wieder stark agieren und sich aus ihrer richtungslosen Ohnmacht erholen.

Teil I Überindividualismus – Macht und Stärke

Ein grundlegendes Bedürfnis eines jeden Kindes ist es *stark* zu werden, damit es seine Bedürfnisse durchsetzen kann. Die Orientierung erfolgt an starken Vorbildern, oder an Vorbildern, die augenscheinlich stark *wirken*. Der Überindividualismus setzt sich zwar schneller und dominanter durch, er wirkt augenscheinlich stark, ist es aber nicht. Wie wir sehen werden, ist das Gegenteil der Fall. Was passiert also, wenn sich schwache Kinder ein Vorbild an mächtigen = schwachen Eltern und Pädagogen nehmen?

Die Individualisierung in Mitteleuropa ist ein historisch bedingtes Erbe des Humanismus und inzwischen drei bis vier Jahrhunderte alt. Was damals gut und wichtig war, befindet sich heute aber in der negativen Übertreibung.Das Problem der *übermäßigen Individualisierung* ist aber nicht neu. Es wurde bereits von griechischen Philosophen thematisiert, vor hundert Jahren von weitsichtigen Menschen erneut ausgedrückt und in den 70er-Jahren als Reaktion auf die 68er-Bewegung ausführlicher diskutiert, im Sinne von: „Wie viel Individualismus verträgt unsere Gesellschaft?" Das Problem des Überindividualismus ist alt und es ist logisch, dass die Griechen zweihundert Jahre vor und nach Christi Geburt aufgrund diverser politischer Einflüsse vordergründig politische Überlegungen anstellten. Auch der Überindividualismus von heute ist ein anderer. Er ist wohlstandsbedingt sehr viel weiter fortgeschritten, wirkt vielfältiger, negativer und verstärkt sich selbst. Auch wird der Überindividualismus nach wie vor als positiv erlebt, weil er die Bedürfnisse des Einzelnen – wenigstens oberflächlich – befriedigt.[8] Der *Wirtschaftsaufschwung* der 70er-Jahre ließ ein hohes Maß an Individualismus zu, die *Medien* verstärken ihn über das Konsumdenken, auch unsere *schnelle Zeit* trägt zum Überindividualismus bei, wie wir sehen werden.

Von der Gesellschaft wird der Individualismus nicht nur als angenehm empfunden, er ist auch in ihr soziokulturelles Gedankengut übergegangen. Gesetze, Philosophie, Psychologie, soziale Werte, Kommunikation, Medien, Spiele, Rahmenbedingungen für die Schule..., vieles ist inzwischen von individualistischen Anschauungen geprägt, verstärkt den Individualismus zunehmend und prägt so eine neue Generation, die verstärkt dem Individualismus nachgehen kann, weil er ein aner-

---

8 Zur Differenzierung: Bedürfnisbefriedigung ist nicht von vornherein schlecht, sie ist eine grundlegende Handlungsmotivation und wird erst schlecht, wenn sie auf Kosten anderer geht und daher kurzsichtig ist.

kanntes, soziokulturelles Gedankengut ist und teilweise auch die gesetzlichen Grundlagen vorhanden sind.

Wir Lehrer unterrichten jetzt bereits die zweite und dritte überindividualistische Schülergeneration. Da Schülergenerationen kürzer sind als Lebensgenerationen und sich der Individualismus unauffällig, aber schnell selbst verstärkt, verstärken sich auch die Probleme zunehmend schnell. Selbst die kommunikativen Ausdrucksformen von überindividualistischen Schülern verändern sich überindividualistisch. Sie werden immer manipulativer, undurchsichtiger, weil bereits die Eltern die kommunikativen Manipulationstechniken des Überindividualismus beherrschen. Es wächst eine Generation heran, die teilweise ohne mit den Wimpern zu zucken Realitäten verzerrt, dem Gegenüber dabei ins Gesicht schaut und mit offenen Handflächen bestätigende Gesten dazu macht. 98% der Jugendlichen meinen auch, es sei o.k. für den Eigenvorteil zu lügen.

Der Unterschied der Schule von heute und jener der 70er-Jahre: Damals hatte man noch neue Ideen für die Schule nach dem Motto: „Wie Schule gelingen kann". Mit vermehrtem Lehrerarbeitseinsatz, Lehrerfortbildungen, veränderten Unterrichtsmethoden, einer Vielzahl von neuen Schulbüchern, Medieneinsatz... wurden die ersten, akuten Anzeichen einer Schulkrise = Gesellschaftskrise vorübergehend wettgemacht. Die Veränderungen haben der Schule vorübergehend gut getan. Was übersehen wurde: Viele Maßnahmen gehen nicht hintergründig auf das Kind ein, sondern sind kurzfristige Maßnahmen, die sich schnell abnützen, ein ständiges *Mehr* fordern und daher langfristig doppelt schädlich werden, weil jedes *Mehr* zum *Zuviel* wird. Was allerdings zurückbleibt, ist die vermittelte Botschaft an die Gesellschaft auf der Selbstoffenbarungsebene: *Die Öffentlichkeit und die Lehrer müssen sich bemühen, damit die Schule funktioniert*, ein Schritt zum negativen Bildungskonsum, wie wir nachfolgend sehen werden.

1. Überindividualismus – Wertequadrat – Bildungskonsum

Für das weitere Verständnis wird zuerst das Wertequadrat nach Schulz von Thun eingeführt und dann der *Überindividualismus* in groben Zügen dargestellt. Da sich der Überindividualismus relational darstellt, kann er sich vom positiven Individualismus nur dann abgrenzen, wenn man die langfristigen Negativfolgen einbezieht. Jedes Individuum tätigt einen ständigen Einsatz, den eigenen Bedürfnissen gerecht zu werden, den eigenen Stellenwert in der Gesellschaft zu finden. Dieser Einsatz ist notwendig und gut. Und wo liegen dabei die grundlegenden Probleme?

- Verharrt man zu konsequent auf der eigenen Bedürfnisbefriedigung, werden die Bedürfnisse vom Du eingeschränkt, es kommt zu Konflikten.
- Verharrt man zu lange auf der eigenen Ich-Orientierung, reduzieren sich die Fähigkeiten der Du-Wahrnehmung, die für das Wachsen und Lernen eines Individuums, aber auch für das Wachsen in einer Gesellschaft ausschlaggebend sind.

Überlegt man sich daher, wie viel Individualismus ein Mensch oder eine Gesellschaft verträgt, muss man logischerweise sagen: gar keinen. Das Du muss ständig präsent sein. Warum dies so ist, kann anhand des Werte- und Entwicklungsquadrates nach Schulz von Thun[9] veranschaulicht werden.

Das Wertequadrat zeigt jeweils einen positiven Wert und seinen positiven Gegenpol. Jeder positive Wert kann sich zu einem negativen Wert entwickeln, wenn man übertreibt oder zu lange auf einem positiven Wert verharrt. Beide positiven bipolaren Werte haben somit auch negative bipolare Gegenwerte. Innerhalb dieses Wertequadrates ergibt sich eine eigene logische Dynamik, die auch für den Überindividualismus von großer Bedeutung ist.

---

9 vgl. Schulz (2), S. 38 ff.

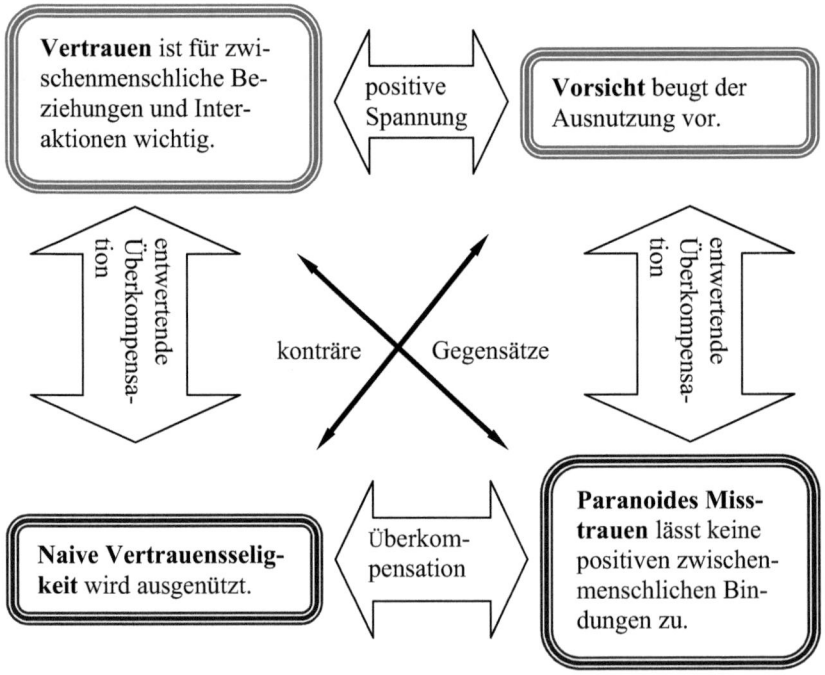

Drei wesentliche dynamische Richtungen ergeben sich:

1. Die *positive Dynamik* sucht den ständigen Ausgleich zwischen den positiven Polen. Ein starker Mensch findet in der positiven Spannung – dem Mittelweg – letztlich seinen Ausgleich, auch wenn er dazwischen als Suchender davon abweicht.

2. Die *negative Dynamik* sucht den ständigen Ausgleich zwischen den übertriebenen Polen. Menschen, die überreagieren – also z.B. nervöse Charaktere – halten sich in den Negativbereichen auf. Dies geschieht folgendermaßen: Ein sehr vertrauensseliger Mensch wird schnell und oft ausgenützt, daher wird er zunehmend misstrauisch werden. Da Misstrauen abwertend auf ein Du wirkt und somit bindungshemmend ist, wird ein misstrauischer Mensch negative Rückmeldung vom Du erhalten. Der

---

10 Schulz von Thun (2), S. 42

misstrauische und nervöse Charakter will jetzt *besonders* gut sein und wird wieder *besonders* vertrauensselig agieren.

3. Eine *weitere negative Dynamik* (= konträrer Gegensatz) ergibt sich zwischen einem positiven Pol und dem schräg gegenüberliegenden negativen Pol. Dies geschieht wie unter Punkt 2: Ein sehr vorsichtiger Mensch erhält von seiner Umgebung die Rückmeldung, er sei misstrauisch und unnötig eifersüchtig. Jetzt will sich der misstrauische Mensch beweisen und besonders gut sein. Er wird sein Misstrauen besonders gut verdrängen und naiv vertrauensselig wirken. Diese Maske der naiven Vertrauensseligkeit wird aber brüchig, das paranoide Misstrauen wird umso heftiger durchbrechen, wenn sein Misstrauen lange genug aufgestaut wurde.

Beide negativen Dynamiken gehen hand in hand, beide Negativbereiche lassen keine gleichwertige Bindung zu: Der Vertrauensselige wird von mächtig agierenden Menschen ausgenützt, der Misstrauische hingegen wertet das Du ab, indem er dem anderen negative Verhaltensweisen unterstellt. Auch das wirkt bindungsschädigend.

Die besondere Tragik bei den dynamischen Verschiebungen: *Will ein Mensch besonders gut sein, gerät er immer in Negativbereiche.* Das *Besonders-gut-sein-Wollen* stärkt zwar vorübergehend das Selbstwertgefühl eines Menschen, es wird aber auch ständig geschwächt, weil das Gegenüber den übertriebenen Gegenpol als negativ rückmeldet. Die besondere Tragik in unserer Zeit: Man muss ständig besonders gut sein. Die natürliche Entwicklung zum *Gut-Werden* ist somit blockiert. Logischerweise unterliegen besonders Pädagogen den kritischen Blicken der Eltern, denn das Eltern-Kind-Verhältnis ist ein besonders heikles.

Die Dynamik – von einem Extrem ins andere – ergibt sich auch für das Verhältnis „Individualismus – Überindividualismus".

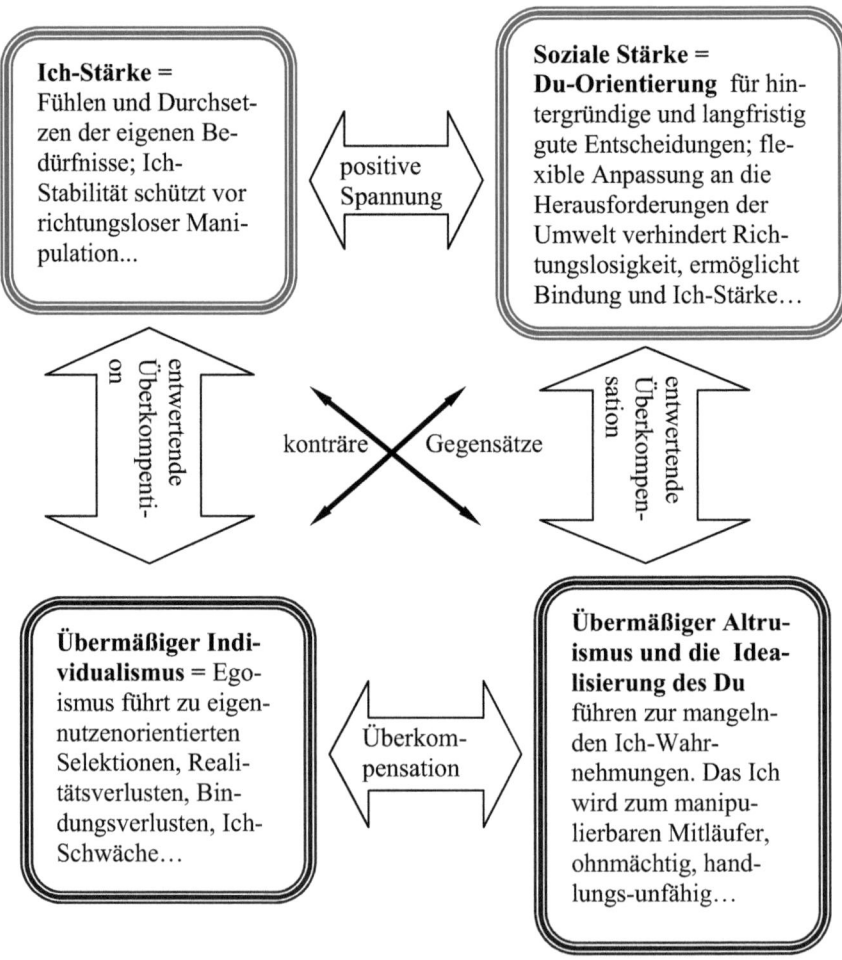

Ich-Stärke =
Fühlen und Durchset-
zen der eigenen Be-
dürfnisse; Ich-
Stabilität schützt vor
richtungsloser Mani-
pulation...

positive
Spannung

Soziale Stärke =
Du-Orientierung für hintergründige und langfristig
gute Entscheidungen; fle-
xible Anpassung an die
Herausforderungen der
Umwelt verhindert Rich-
tungslosigkeit, ermöglicht
Bindung und Ich-Stärke...

entwertende
Überkompenti-
on

konträre / Gegensätze

entwertende
Überkompen-
sation

Übermäßiger Indi-
vidualismus = Ego-
ismus führt zu eigen-
nutzenorientierten
Selektionen, Reali-
tätsverlusten, Bin-
dungsverlusten, Ich-
Schwäche...

Überkom-
pensation

Übermäßiger Altru-
ismus und die Idea-
lisierung des Du
führen zur mangeln-
den Ich-Wahr-
nehmungen. Das Ich
wird zum manipu-
lierbaren Mitläufer,
ohnmächtig, hand-
lungs-unfähig...

Der *Überindividualismus* agiert wie ein nervöser Charakter. Da er eine hohe Ich-Position zu verteidigen hat, muss er *besonders* darauf bedacht sein, alles besonders gut zu machen. Schnelle und übermäßige Reaktionen sind vorprogrammiert.

Die *positive Spannung* ergibt sich auch in diesem Wertequadrat aus dem Gleichgewicht zwischen den beiden positiven Werten und ist ein ständiges Abwägen. *Reibungspunkte* mit dem Du sind logisch, auch *Kompromisse* und somit auch immer kleine *Frustrationen,* weil ein Kompromiss immer ein *Weniger* beinhaltet. Ist die Bindung zum Du gut, kann die Notwendigkeit für das Du erkannt und akzeptiert werden, die Frustration bleibt minimal. Der Kompromiss schafft neue Bindung zum Du, weil er das Einlassen auf das Du zeigt, das Du reagiert positiv und löst so die vorübergehende Frustration auf. Beide Partner erhalten bei einem Kompromiss zwar ein Weniger an Individualismus, dafür aber ein Mehr an positiver Bindung zum Du.

Menschen in der *negativen Übertreibung* des Überindividualismus werden vergleichsweise große Frustrationen erleiden, weil sie sich vom Du entfernt haben, also keine *Notwendigkeit für das Du* sehen. Kompromisse werden daher möglichst umgangen oder ersatzweise kompensiert. Konsumersatz und gesteigerte Ich-Orientierung als Frustrationsausgleich bieten sich in unserer Gesellschaft an, beides hat einen hohen Stellenwert. Auch die Kompromisse des Du können nicht erkannt werden, womit keine Bindung entsteht. Der zwischenmenschliche Zusammenhalt – auch einer ganzen Gesellschaft – wird geschwächt.

Da überindividualistische Menschen auf ihrer übertriebenen Position ein Mehr für sich in Anspruch nehmen, sind Frustrationen vorprogrammiert. Das Du erhält ein Weniger oder es muss sich ständig wehren. Wehrt sich das Du, wird es stressig für den Überindividualismus. Stressig auch, was ein überindividualistischer Mensch ständig erlebt: *Häufige und heftige Frustrationen, die noch dazu nicht gut bewältigt werden können,* weil jedes Weniger als besonders negative *Ich-Abwertung* wahrgenommen wird. So wird der Überindividualismus zur Basis von Dauerstress, der die individuelle Leistungsfähigkeit reduziert.

Ein *starker und gesunder Mensch* ist somit durch seine *positive Spannung zwischen dem Ich und dem Du* gekennzeichnet. Wertunabhängig sucht der starke Mensch ständig nach der positiven Spannung. Damit er diese findet, weicht er auch mal in ein Extrem ab, kennt somit die ganze Spannbreite, findet aber jederzeit wieder zur ausgeglichenen Spannung zurück. Ein gesunder Mensch ist auch immer ein „farbiger" Mensch, der keine Angst hat auszuprobieren. Er vergleicht, kommt wieder zur Mitte. Auch weicht ein starker Mensch immer wieder von der positiven Spannung ab, auch reagiert er immer wieder überindividualistisch. Das ist für ausgeglichene Menschen aber kein Problem. Sie reagieren kommunikativ, suchen die Realitätsabgleichung mit dem Gegenüber und entschuldigen sich gegebenenfalls, weil sie die negativen Auswirkungen einer überindividualistischen Handlung auf das Du erkennen können.

Überindividualistische Menschen hingegen versuchen ihre überhöhten Ich-Position im Vergleich zum Du ständig zu verteidigen. Sie streben daher nach dem ständigen *Mehr* und erzeugen ein ständiges Konkurrenzverhältnis zum Du. Es wirkt nicht nur bindungsstörend, sondern blockiert auch gemeinsames Arbeiten – eine schlechte Ausgangsbasis für die Schule.

Für überindividualistische Menschen gilt:

- Sie verschieben die Grenzen der positiven Spannung *eigennutzenorientiert*, weil diese Verschiebung ihre Stellung im übertriebenen Bereich erst zulässt. Ihr Denken, ihre Kommunikation… ist verstärkt danach ausgerichtet, Eigenvorteile zu erreichen.
- Da Grenzverschiebungen in unausgeglichenen Positionen verstärkte Konflikte mit dem Du mit sich bringen, beherrschen überindividualistische Menschen eine Vielzahl von möglichst unauffälligen, eigennutzenorientierten Manipulations- und Kommunikationstechniken, die den übermäßigen Eigennutzen verschleiern helfen.
- Sie umgeben sich gerne mit ausgesprochen du-orientierten Menschen. Nur sie lassen eine hohe Ich-Position zu. Solche Menschen wirken auf sie *sympathisch*, sie stellen fest: „Die Chemie stimmt". In einer überindividualistischen, schnellen Gesellschaft ist es allerdings schwer, auch nur mäßig du-orientierte Menschen zu finden.
- Überindividualistische Menschen befinden sich durch das *Mehr und Besser* sehr häufig in beiden negativen Extrembereichen, sie *springen* praktisch hin und her. Dieses Springen benötigt viel Energie, die in anderen Lebensbereichen fehlt.

Das Grundproblem in anderen Worten ausgedrückt: Da die einseitige Ich-Position das Du nur mangelhaft wahrnimmt, erfolgt auch die Grenzsetzung nicht im Bereich der positiven Spannung, sondern in der eigennutzenorientierten, negativen Übertreibung. Erst wenn der Überindividualismus seine überindividualistische Stellung bestätigt sieht, stimmt für ihn seine Stellung. Er merkt nicht, dass diese Stellung nicht ausgeglichen ist, *weil* er das Du auf dieser Stellung nur mäßig bis gar nicht *wahrnehmen* kann. Die überindividualistische Stellung und ihre geringe Nähe zum Du bringt große Konflikte mit sich. Sie reduziert nicht nur alle Bindungen sondern auch das Lernen im Sinne von: *Einlassen auf ein neues Gegenüber = Lehrer, Einlassen auf neue Ideen = Lerninhalte.* Auch befinden sich immer mehr Schüler in unseren Schulen, die gar nicht realisieren, dass ihr Verhalten nicht schul- oder gesellschaftskonform ist. Sie brauchen nicht nur ständige Lehrer-Rückmeldungen, sondern vermitteln auch dem Elternhaus eine verzerrte Realität.

Bereits hier ist erkennbar: Die geringe Du-Orientierung = Bindung blockiert die Schule und die Erziehung in einem Teufelskreislauf. Der Lehrer weiß um den Lernerfolg durch Bindung und bemüht sich Bindung aufzubauen und das umso mehr, je geringer er die Bindung erlebt. Und was passiert dabei? Die Stellungen von Schülern und Lehrern werden – auf dem Wertequadrat ersichtlich – immer mehr verschoben, indem sich der Lehrer auf die Seite der Du-Orientierung begibt und Bindung sucht, während der Schüler gleichzeitig – auch ohne sein Zutun – weiter auf die negative, einseitige Ich-Orientierung gerückt wird.

Für die Pädagogik = Erziehung ergibt sich dabei: Befindet sich der Schüler im überindividualistischen Bereich, kann er auch nur dort erzogen werden, weil er nur dort die Grenzen wahrnimmt. Für die Erziehung von Jugendlichen braucht es somit Pädagogen, die ihre Grenzen *sehr früh und überdeutlich* setzen. Lehrer *müssen* sich daher auf eine übertriebene Negativstellung begeben, wenn sie im ausreichenden Maß Grenzen setzen wollen. Die Negativstellung kostet Nerven, macht krank und wird in dieser Übertreibung von überindividualistischen Eltern vorzeitig und übermäßig kritisiert, im Sinne von „der arme Schüler".

Anders ausgedrückt: Suchen Lehrer die Bindung zum überindividualistischen Schüler, müssen sie ein Mehr an Bindung anbieten, damit ein wenig du-orientierter Schüler die Bindung überhaupt wahrnimmt. Außerdem fordert er auf seiner hohen Stellung selbst ein Mehr ein. Aber: Auf dieser einseitigen Extremstellung schadet ihm die Bindung, weil er die Bedürfnisse des Du nicht wahrnehmen kann.

Am Beispiel der Schule ausgedrückt: Stellt die Schule zu geringe Forderungen an das gesellschafts- oder klassenkonforme Verhalten der Schüler, kann sich der Schüler auf die überindividualistische, erhöhte Stellung begeben. Eine überindividualistische Gesellschaft stellt die Forderung gruppenkonform zu agieren aber nicht an die Schüler, sondern an die Lehrer. Es werden zwar Gruppenregeln ausgemacht, die Durchsetzung muss aber vom Lehrer allein ausgeführt werden und das ohne adäquate Mittel. Die *Gruppenstrafe* als einziges Mittel zur Gruppenverantwortung ist im Überindividualismus verpönt. Die Gruppenstrafe als Mittel zur gesellschaftskonformen Erziehung lässt sich im Überindividualismus nicht gut politisch umsetzen, in Westeuropa hat dies historische Tradition.

Zur besseren Veranschaulichung der Positionsverschiebung zwischen Lehrer und Schüler wird nachfolgend das Wertequadrat zur „Bildung" aufgestellt. Da es sich gleich verhält wie das Wertequadrat zur „Bindung", werden die negativen Auswirkungen klar, die sich aus dem Abweichen von der positiven Spannung ergeben. Die Dynamik ergibt sich durch die Verschiebung auf eine überhöhte Position. Hält eine Person/Partei an einer Position länger fest, bleibt der anderen Partei nur die konträre Gegenposition. Verschiebt eine Partei konsequent seine Position, verändert sich auch die Lage des anderen. Ist eine Position für beide praktisch, verläuft diese Dynamik reibungslos und sehr schnell. Konflikte ergeben sich dann, wenn die Verschiebung für einen Teil unpraktisch oder schädlich ist. Wenn z.B. der Lehrer von den Schülern fordert, ist dies für die Schüler unpraktisch, sie werden versuchen, ihre Stellung zu halten, indem sie vom Lehrer fordern, z.B. besseren Unterricht, häufigeren Einsatz von praktischen Unterrichtsmedien, Korrekturen des Lehrers anstatt eigenständige Selbstreflexion... Heute wissen auch die Schüler, dass sie von Lehrern fordern können. Eltern, Schulpolitik und Gesellschaft leben die Forderung an die Lehrer seit Jahrzehnten vor, die Medien unterstützen dies.

Abbildung 3: Wertequadrat – Bildung und Bindung

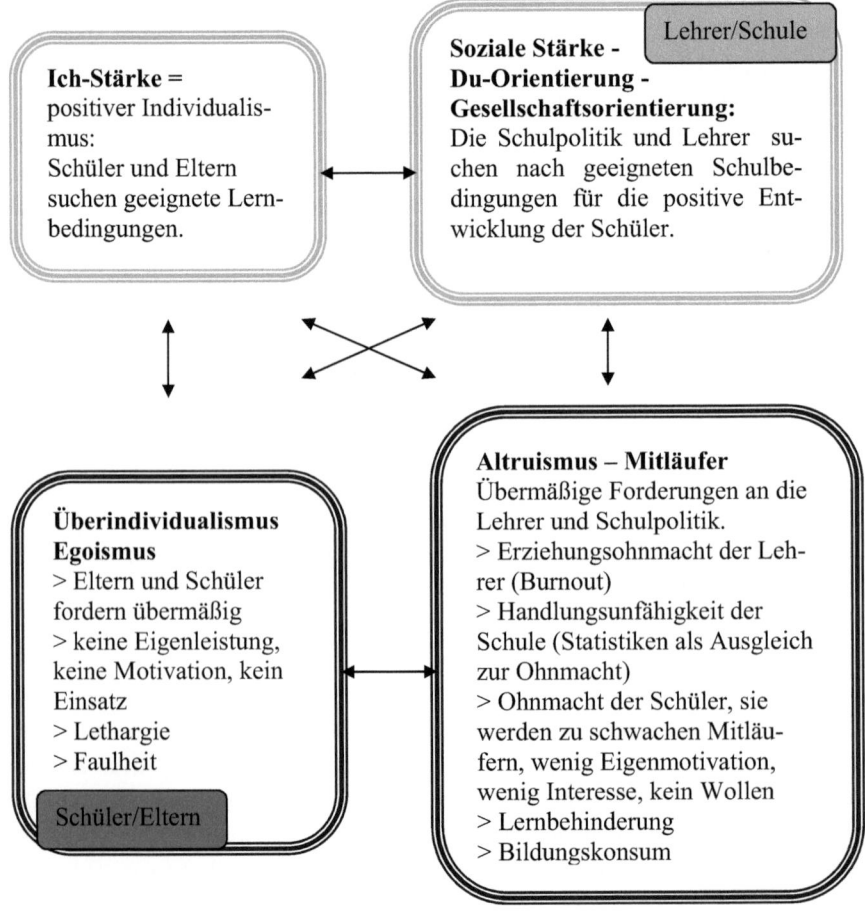

24

Die Schulpolitik bemüht sich seit den 70er-Jahren verstärkt nach mehr Rechten für die Schüler, nach besseren Unterrichtsbedingungen, besseren Lernmethoden. Lehrmittel und Medien werden angeschafft, mit dem Ziel: Lernen soll für die Schüler besser und einfacher werden, es soll Spaß machen. Seit Jahrzehnten sind vermehrt die Schule und die Lehrer gefordert. Der Schüler wird hingegen – auch ohne sein Zutun – auf den negativen Gegenpol gerückt. Dort wird er nicht nur zum Bildungskonsumenten, sondern er erhält vergleichsweise ein Mehr an Angebot, damit er weniger Einsatz, Eigeninitiative, Interesse… aufwenden muss um zu gleichen Ergebnissen zu kommen. Jetzt fordern Schüler auf einem hohen Niveau ein und dies umso mehr, weil die hohe Stellung ja ständig gefährdet ist.

Theoretisch müssten Schüler/Eltern und Schule/Lehrer das gleiche Ziel haben: Einsatz für das gemeinsame Bildungsziel durch Lernen und Lehren. Praktisch liegt genau dort ein gedanklicher Irrtum der Schule und der Schulpolitik. Das „Ziehen an einem Strang" kann gar nicht erfolgen, weil die kurzfristigen Interessen der Schüler (und von kurzsichtigen Eltern) nicht jene der Gesellschaft sind. Diese Annahme wäre eine apriori Überforderung der Schüler, schließlich müssen diese erst reifen und zur gesellschaftlichen Orientierung geführt werden. Die gesellschaftliche Orientierung gelingt aber nur dann, wenn die Gesellschaft die gesellschaftliche Orientierung einfordert. Lehrer sind somit Gesellschaftsvertreter, die von jedem Schüler fordern *müssen*, wenn sie der Gesellschaft gerecht werden wollen. Diese Form der individuellen Forderung ist jener Teil an individueller Betreuung, die ein Lehrer bieten muss. Alle weiteren Ansprüche an individuelle Unterrichtsgestaltung sind der limitierten Zeit unterworfen und daher schnell eine *Überforderung* der Schule.

Wenn also jahrzehntelang von der Schule und den Lehrern *gefordert* wird, kann der Schüler die negative Übertreibung des Überindividualismus leben. Dem Lehrer und der Schule bleibt die ausschließliche Du-Position als Anbieter, der sein Angebot erhöhen muss, wenn das System nicht mehr funktioniert. Eine solche Schulpolitik ist typisch für eine überindividualistische Gesellschaft, weil sie gar nicht erkennt, wann sie sich in der Übertreibung befindet. Dazu bräuchte es mehr Du-Orientierung/Schülerorientierung im Sinne: „Was braucht der Schüler, damit er stark werden kann.", nicht „Was braucht der Schüler, damit er es leichter hat." Schuld haben dabei nicht die Schüler, denn sie können nicht wissen, welche Stellung sie innehaben. Dazu braucht es die Lebenserfahrung und den Überblick von hintergründig agierenden Erwachsenen.

Momentan gilt: Der Überindividualismus in der Schule verhält sich wie *Angebot* und *Nachfrage*. Schulpolitik und Lehrer bieten an, die Schüler konsumieren. Der

Konsument (= Schüler/Eltern) stellt eigennutzenorientierte Anforderungen im Sinne von: Mit wenig Eigeneinsatz zum Erfolg. Auch fordern Eltern und Schüler immer wieder die Mitbestimmung in der Schule ein. So kann ihre Stellung auf dem negativen Pol besser gefestigt werden. In Schulen mit hoher Elternmitbestimmung können Positionen schnell in den überindividualistischen Negativbereich gelangen, der schädlich für die Schüler und die Schule ist, wie folgendes Beispiel zeigt: Entscheidet sich z.B. ein überindividualistischer Elternvertreter bei starkem Vergehen eines Schülers *gegen die Androhung auf Ausschluss,* weil er vor den anderen Eltern/Schülern gut dastehen möchte, entscheidet er sich längerfristig gegen das Gemeinwohl der Schule und auch gegen ein Starkwerden des betroffenen Schülers in der Gesellschaft, denn der Schüler erhält keine geeignete Grenze. Auch die anderen Schüler sehen wenigstens bei einem Elternteil: „Man kann alles machen, richtige Konsequenzen hat es keine, die Lehrer sind die Bösen, die Eltern entscheiden besser". Eine schlechte Basis für die Schule, deren Grenzsetzungen von außen aufgeweicht werden können.

Bildungskonsum entsteht aber nicht nur durch die Verschiebungen aufgrund einseitiger Bemühungen, es sind auch andere gesellschaftsbedingte Einstellungen und Entwicklungen, die dazu führen. Ein *hohes Ausbildungsniveau* wird in unserer Gesellschaft als unumgänglich wichtig angesehen und als entscheidend für den finanziellen Wohlstand. Ein hohes Bildungsziel drängt Schüler geradezu in eine übertriebene Negativstellung. Kinder sind aufgrund ihres Alters noch keine langfristigen Denker. Sie haben ihr Ziel der Matura überwiegend erst in der 11. oder 12. Schulstufe vor Augen, wenn überhaupt. Das Berufsziel hingegen ist noch weiter weg, weil die Ausbildungszeiten heute durchschnittlich länger sind und die Berufsbilder diffuser denn je. Ein nahes Berufsziel wäre ein echtes Ziel für Schüler, denn der Beruf symbolisiert „Machtressourcen" bezüglich Geld und Ansehen. Besonders der Überindividualismus ist aber nur mäßig bereit, einen langfristigen (ev. ziellosen) und vordergründig uneigennützigen Einsatz zu leisten. Er sucht den schnellen Erfolg, die schnelle Zielerreichung, Geduld ist nicht seine Stärke. So sind es auch oft besonders überindividualistische Schüler, die schnell Stress verspüren, wenn kein schneller Erfolg in Aussicht ist. Dieser gefühlte Druck muss abgeleitet werden, er äußert sich im negativen Gegenpol der Lethargie. Burschen sind davon häufiger betroffen als Mädchen, weil die individualistischen Erwartungshaltungen an Burschen in Mitteleuropa immer noch höher sind an Mädchen.

Eine lange Schulzeit bedeutet somit heute: Ein langer Atem wird für ein sehr schemenhaftes Ziel benötigt. Für den Überindividualismus ist diese Herausforderung noch schlechter zu bewältigen, weil u.a. das Lernen durch (gesellschaftliche)

Bindung reduziert ist. Die Kompensation dieser Spannung wird wieder von der Schule und ihren Lehrer erwartet. Logischerweise misslingt die Kompensation langfristig, weil nicht die Hintergründe gelöst werden, sondern ein Ersatz nur oberflächlich und vorübergehend „glattbügelt" wird. Und wieder ist der Lehrer schuld, dem anscheinend nicht gelingt, was oberflächlich so einfach erscheint. Die einfache Oberfläche ist somit praktisch, sie ist aber auch ein typisches Kennzeichen des sozialisierten Überindividualismus.

Für die Eltern und die Gesellschaft bedeutet ein hohes Ausbildungsniveau daher: Finanzieller Mehraufwand – besonders für jene Kinder, die ihre Fähigkeiten nicht in schulischen Bereichen haben – und das unter den denkbar schlechten Bedingungen des Überindividualismus.

Auch der Anspruch „möglichst hohe Bildung für alle" wirkt kontraproduktiv,

- weil die Bildung dem „Marktwert" unterliegt, der sich verringert, wenn alle die gleiche Bildung haben. Ein konkurrierendes Mehr ist die Folge, somit aber auch wieder zusätzliche Spannung für die Schüler.
- kontraproduktiv auch, weil der positive Gegenpol zum „Dürfen" fehlt und die Schule für viele verstärkt zum „Müssen" wird, wieder eine denkbar schlechte Ausgangsbasis für die Schule.
- kontraproduktiv, weil die Berufe zu diffus sind, als dass die Schule berufsspezifisch ausbilden kann. Die Zeiten sind vorbei, in denen die Grundrechnungsarten und die Schreibfähigkeit bereits einen persönlichen wirtschaftlichen Aufschwung bedeutet haben.

Der Konsum ist ein Ersatz und der nützt sich schnell ab. Sind Schüler erst einmal Bildungskonsumenten, müssen die Lehrer immer schnellere und immer bessere Methoden finden, damit die Schüler schnell zu Erfolgserlebnissen und zu ihrer vermeintlichen Ich-Stärkung finden, damit sie Besserstellungen wahrnehmen können. Doch: Nur der Eigeneinsatz kann auch eigenes, dauerhaftes Selbstwertgefühl schaffen und ein Kind stärken. Typische Auswüchse des schnellen Überindividualismus, der keinen Eigeneinsatz mehr leisten will, sind Bildungsangebote wie „Klavierspielen in zwei Monaten", „Erlernen einer Sprache in vier Monaten"...

Sind Schüler überindividualistische Bildungskonsumenten, erkennt man sie daran, dass sie mit wenig Aufwand und viel „Spaß" gute Noten haben wollen. Sie fordern auch das schnelle Lob ein, selbst dann, wenn sie noch weit weg von einem kurzfristigen Unterrichtsziel sind. Oft haben sie bereits Schwierigkeiten, ein Unterrichtsziel überhaupt zu erfassen. Ein Unterrichtsziel bedeutet: Welche Ziele setzt der Lehrer, was will er? Diese Du-Orientierung wird besonders von überindividualistischen Schülern abgelehnt oder umgeformt in: Wie komme ich möglichst ohne Aufwand zum geforderten Ziel?

Sind Eltern überindividualistische Bildungskonsumenten, fordern sie z.b. für ihre Kinder Lob ein. Gegebenenfalls wird der Lehrer von Eltern als unqualifiziert abgewertet, weil er den Wert des Lobes anscheinend nicht kennt. Für einen Lehrer, der weiß, wie schnell übermäßiges Lob kontraproduktiv werden kann, wirkt das nicht nur wie eine autoritätsuntergrabende Manipulation und Mobbing im Sinne von „der Lehrer gehört nicht an seinen Platz", sondern auch ohnmächtig, weil er dazu aufgefordert wird, eine schädliche pädagogische Haltung einzunehmen, die langfristig pädagogisch handlungsunfähig macht.

Überindividualistische Eltern erkennt man auch daran, dass sie die Manipulationen ihrer Kinder unterstützen, weil sie ihre Kinder nur schlecht einschätzen können. Zusätzlich haben sie auch selbst Schwierigkeiten im Umgang mit schlechten Schülerbewertungen, weil sie diese als Eigenabwertung auffassen. Diese Eltern fordern vermehrte Informationen über Disziplin und Noten. Sie tun sich schwer, *nur* durch Schularbeiten, Test, Prüfungen, Lernberichte und Semesternoten den Stand des Schülers zu erfahren, sie tun sich schwer, nur über eine *Zahl* den Stand ihres Kindes zu erfahren. Überindividualistische Eltern wollen mehr und in geschriebenen Zeilen eine ständige und schnelle Entwicklung lesen. Sie brauchen die ständige, sehr differenzierte Rückmeldung auch deshalb, damit es ja nicht zu unerwarteten Noten kommt. Da überindividualistische Kinder ihre Leistung schlechter einschätzen können, sind es auch ihre Eltern, die eher von Noten negativ überrascht werden. Da überindividualistische Kinder die Umwelt weniger real wahrnehmen, sind es auch diese Kinder, die das Unterrichtsgeschehen den Eltern wenig real vermitteln können, die wenig du-orientiert und somit selektiv ausdrücken. Realitätsverzerrungen führen zu Missmut, zusätzlicher Arbeit für Lehrer und das tatsächlich fast ausschließlich mit überindividualistischen Eltern und deren Kindern, die eigennutzenorientierten Bildungskonsum einfordern, anstatt dass sie den Forderungen der Gesellschaft nachkommen.

Die negativen Auswirkungen des Bildungskonsums ergeben sich – wie bereits angedeutet – auch durch den *Ersatz*. Wird der Konsum zum Ersatz für den Schülereinsatz und zum Ersatz für die Elternpflicht, den Schüler zu einer positiven Arbeitshaltung zu erziehen, kann der Schüler sein Selbstwertgefühl nicht über seine Eigenleistung aufbauen. Die Position auf der überindividualistischen Übertreibung reduziert somit nicht nur das Selbstwertgefühl, die Kinder müssen ihre Position auch machtvoll verteidigen, denn sie können aus ihrer hohen Position sehr tief fallen. Damit dies nicht geschieht, wird bereits jedes Abweichen von der vordergründig praktischen Position vom Überindividualismus als Schwächung empfunden, mit der er nicht gut umgehen kann. Jede Schwächung muss daher schnell und notfalls machtvoll verhindert werden und dies geschieht durch Ersatz, auch über die Realitätsverzerrung: „Wenn der Lehrer so schlecht erklärt, kann ich die Hausübung nicht machen". „Der Unterricht ist langweilig, da kann man ja nichts lernen." „Die anderen Schüler sind so laut, ich kann nicht aufpassen." „Der Lehrer mag mich nicht." „Die Bücher sind schlecht." „Wir wollen Projektunterricht, Freiarbeit..."

Zusammenfassend kann festgestellt werden:
Die intensiven Bemühungen in der Bildungspolitik auf Lehrerseite/Schulseite um Lernerfolge und Wohlfühlen in der Schule führen zu negativen Verschiebungen auf dem Wertequadrat. *Was zu gut ist, wird schlecht.* Da auch der Überindividualismus selbst ein eigennutzenorientiertes „Mehr und Besser" einfordert, wird die Bildung zum ersatzweisen Bildungskonsum, der unsere Kinder nicht stark machen kann.

Grundlegendes sagt Giesecke über die Schule aus, wenn er schreibt:

> „Dort versammeln sich inzwischen Massen von individuellen Rechtssubjekten, Schüler genannt, die soziale Verbindlichkeiten allenfalls privat, aber nicht institutionell gefordert eingehen, sondern sich als Vielheit von Kunden fühlen, die wie im Kaufhaus Angebote ihrer Lehrer akzeptieren oder zurückweisen."[11]

2. Stressfaktor Überindividualismus

Die Entwicklung der Kinder und Jugendlichen erfolgt immer mit Spannungen. Sie müssen viele neue Inhalte mit anderen verknüpfen, sich ständig ändern, anpassen, den Mittelweg finden und das auf einer geringeren Bewusstseinsebene als ein starker Erwachsener, weil ihnen Erfahrungen fehlen und daher ihre Differenzierungsfähigkeit geringer ist. Sie denken noch verstärkt in Schwarz-Weißkategorien und geraten deshalb oft in Konflikte, bis sie den gesunden Mittelweg finden. Sie müssen ständig ihren gesunden Individualismus stärken und erhalten gleichzeitig häufig Rückmeldung vom Du, das dem Ich Grenzen setzt.

In der Vorpubertät müssen Kinder lernen, ihr Ich selbst aus der Du-Perspektive zu sehen, sie müssen lernen, sich in ein Du hineinzuversetzen. Dies ist – neben der

---

11 Giesecke S. 76

ständigen Rückmeldung vom Du – die zweite Möglichkeit, ein reflexionsfähiger, starker Mensch zu werden. Die Fähigkeit, sich in ein Du hineinversetzen zu können, ist auch jene Möglichkeit, die Reibungen und Konflikte verhindern hilft, weil sie bereits *vor* der Grenzsetzung des Gegenübers erfolgt.

Die Pubertät bringt aber auch körperliche Veränderungen mit sich, mit den Hormonen eine neue Emotionalität, ein neues Verhältnis zum anderen Geschlecht, mit einem wieder veränderten Ich-Du-Verhältnis. Höhere Anforderungen an die eigene Selbständigkeit und Verantwortung kommen hinzu, mit der Körpergröße sinkt der „Kinderbonus". Dies ist neben der Schule an sich ausreichend Stress für Kinder und Jugendliche. Der Stressverstärker „Überindividualismus" kommt hinzu, denn er blockiert alle natürlichen Entwicklungsvorgänge, bzw. lässt diese in Extremen ablaufen. Zwischen zwei Extremen hin- und herpendeln zu müssen, braucht viel Energie, erzeugt Stress, blockiert.

Die Entstehung des Überindividualismus lässt sich in drei grundsätzliche Ursachen unterteilen. Diese Verursacher wirken wie gegenseitige Multiplikatoren, sie sind mehr als nur die Summe. Gemeinsam ist diesen Hintergründen: Sie verursachen nervöse Überreaktionen und fördern das Zuviel.

1. genetische Anlagen → nervöser Charakter
2. entwicklungsbedingte Charaktereigenschaften → nervöses Elternhaus, soziokulturell bedingter Überindividualismus
3. gesellschaftsbedingte Einflüsse → schnelle Zeit, soziokulturell bedingter Überindividualismus

2.1 Genetisch bedingte Nervosität – „Mehr und Besser"

Die Arbeit von Alfred Adler (1922) „Über den nervösen Charakter" [12] mag zwar alt sein, ihre Inhalte sind aber aktueller denn je. Adler ist damals nicht den genetischen Ursachen nachgegangen, aber er beobachtete, dass der nervöse Charakter eine Reihe von typischen Verhaltensweisen ausbildet.

Für Alfred Adler liegt der Hintergrund von „Verhalten und Charakter" in der „Art und Weise, wie Menschen ihre Wege und Ziele erfassen und diese beeinflussen" [13]. Die Summe der „Schablonen, Schemata, Richtlinien und Kunstgriffe", die jeder für seine Zielerreichung anwendet, sind für ihn die Charaktereigen-

---

12 vgl. Adler
13 vgl. Adler S. 94

schaften und somit das Ergebnis von zielgerichteten Einheiten.[14] Dem „nervösen Charakter" schreibt er keine „besonderen" Eigenschaften zu, sondern „weitreichendere". Im Wertequadrat würde das „Weitreichende" den jeweiligen übertreibenden Eckpunkten entsprechen. Der nervöse Charakter befindet sich daher durchschnittlich weniger oft im positiven Spannungsfeld, sondern immer wieder und auch anhaltend in der negativen Übertreibung, weil er es immer wieder *besonders gut* meint.

Alfred Adler[15] beschreibt das Werden eines Kindes so, dass es sich Punkte und Ziele sucht, denen es seine Wachstumsenergien zuführen kann. Es entsteht ein Leitbild, das es danach aussucht, ob es stark macht, denn stark werden will/muss jeder. Ein nervöses Kind sucht nach Adler ängstlicher nach jenen Fixpunkten, die es braucht, setzt sie auch höher an, weil es Angst hat, es könnte sonst zuwenig sein. Es zieht die Leitlinien deutlicher, es hält sich ängstlicher und prinzipieller an sie. Es geht vorsichtiger ans Werk, mit vielen Vorurteilen, weniger unbefangen. Erobern und Unterwerfen von Situationen erfolgen ständig.

„Selbständigkeitsregungen, Ehrgeiz, Trotz und nörgelndes Wesen, pedantische Wünsche, verstärkte Anlehnung, verstärkte Unterwerfung, Kleinheitsgefühl, Schwäche, Ungeschicklichkeit, Unfähigkeit..."[16] sind für Adler charakteristische Merkmale eines nervösen Charakters. Nervöse Menschen wollen nach Adler ihr Minderwertigkeitsgefühl verneinen: „Stolz, Neid, Geiz, Grausamkeit, Mut, Rachsucht, Jähzorn[17]"...seien die Folgen davon. Der Nervöse würde an „Gott, Idol, Persönlichkeitsideal...[18]" festhalten und verliere die Wirklichkeit.

2.2 Entwicklungsbedingte Nervosität – Stress und Konkurrenzkampf

Zur genetisch bedingten Nervosität kommt das Entwicklungsumfeld eines Kindes hinzu, das sind Elternhaus und Gesellschaft. Die Wahrscheinlichkeit, dass ein genetisch bedingt nervöses Kind auch genetisch bedingt nervöse Eltern hat und daher in einem nervösen Umfeld aufwächst, ist groß. Es sind Kinder, die sich gegenseitig schnell in die Haare kriegen, die in der Klassengemeinschaft schnell unruhig werden und nicht nur darum, weil sie zu den sogenannten „Bewegungstypen" zählen, sondern weil sie sich im ständigen, ängstlichen Konkurrenzkampf um die bessere

---

14 vgl. Adler S. 17 f.
15 vgl. Adler S. 94 ff.
16 vgl. Adler S. 99 f.
17 vgl. Adler S. 101
18 vgl. Adler S. 101

Position befinden. Oft sind diese Kinder sehr ehrgeizig und daher bei den Lehrern beliebt. Oft nerven sie aber auch, indem sie ständig reden, viele (auch unnötige) Fragen stellen, sich oft „unnütz" einbringen um so die Aufmerksamkeit des Lehrers zu erhalten. Bekommt der Schüler die Aufmerksamkeit nicht, beginnt das Stören aus „Rache". Kommen zwei nervös agierende Kinder zusammen, entsteht nicht selten jene diffizile Form des gegenseitigen „Mobbings", dessen Dynamik von Lehrern nur schwer bis gar nicht erfasst werden kann. Klar ist nur: Das Mobbing wundert nicht, wenn wenigstens ein Schüler nervös das „Mehr und Besser" sucht, er schafft Differenzen und wird diese auch abwertend kommunizieren.

Kinder in ausgeglichener Spannung wollen diese Differenz nur dann ausgleichen, wenn sie ein echtes „Weniger" oder Abwertungen in Kauf nehmen müssen. Ansonsten fällt sie ihnen gar nicht auf, weil die Differenz ja nur eine gefühlte Differenz des nervösen Kindes ist, keine reale. Oft begnügen sie sich damit, das nervöse Kind als „Angeber" einzustufen, wenn es ständig zeigt, wie gut es ist, bzw. ständig diesbezügliches Lob einfordert. Hinzu kommt: Wenig nervöse Kinder vergleichen sich nicht ständig mit dem Gegenüber. Sie vergleichen sich auch nicht immer mit jenen, die ein Mehr brauchen, sondern mit jenen, die sich in positiver Spannung zum Du befinden, denn dieses Niveau kennen sie vom Elternhaus. Auch haben starke Kinder ein gutes Selbstwertgefühl, auf dessen Basis sie sich nicht ständig wie „zu kurz gekommen" fühlen.

Kinder, die ständig nach dem Mehr streben, schaffen ein Ungleichgewicht zu den anderen Kindern und stellen sich damit selbst ins „Abseits", sie sind oft Außenseiter, die sich umso mehr bemühen müssen, eine Form der Anerkennung in der Klassengemeinschaft zu finden – Stress pur. Durch die Tendenz zur nervösen Übertreibung basiert die Anerkennung sehr oft auf disziplinären Auffälligkeiten, die der Klasse als Spaßfaktor dienen. Sie ist den Kindern so wichtig, dass sie auch unangenehme Konsequenzen dafür riskieren – wieder Stress pur.

Der genetisch bedingte, nervöse Charakter kann lernen, sein Streben nach dem „Mehr und Besser" in die positive Spannung zum Du zu bringen, wenn er ein geeignetes Umfeld besitzt. In einer überindividualistischen Gesellschaft ist das Streben nach der positiven Spannung aber gar nicht erstrebenswert, weil man dort bereits ausgenützt wird, bzw. seine Ziele nicht so schnell erreichen kann.

Wachsen Kinder in einem überindividualistisch geprägten Elternhaus auf, haben sie nur zwei extreme Möglichkeiten. Entweder sie passen sich mit großer Du-Orientierung an, damit die hohe Stellung der Eltern gesichert ist oder sie fordern auch eine hohe Ich-Stellung ein. Oft ist eine Mischform beider Extreme vorhanden, wobei Vater und Mutter oft jeweils eine Extremform anwenden. Kurzfristig erhalten beide, was sie für ihre hohe Ich-Stellung brauchen, langfristige Negativfolgen sind aber logisch.

Beispiel:
Die Mutter beschwert sich beim Lehrer über eine schlechte Verhaltensnote. Die Mutter fühlt sich als gute Mutter, denn sie setzt sich für das Kind ein. Das Selbstwertgefühl der Mutter ist gestärkt, auch das Kind erhält kurzfristig, was es wollte: Unterstützung in einer unangenehmen Situation, ein Sieg, eine Ich-Erhöhung, womöglich eine bessere Note.

Langfristig betrachtet kann das Kind aber nicht selbständig werden, es bleibt abhängig von der Mutter. Selbständigkeit für das Kind würde bedeuten: Das Kind lernt die Grenzen einer Autorität anerkennen, es kann daran wachsen im Sinne von: Das war unangenehm, ich werde mein Verhalten ändern, damit ich keine Unannehmlichkeiten mehr in Kauf nehmen muss. Kann ein Kind aber die Verantwortung für sein Verhalten nicht übernehmen, weil die Mutter eingreift, kann es auch nicht selbständig werden. Jetzt spürt das Kind eine doppelte Notwendigkeit, disziplinär aufzufallen. Erstens erhält es von der Mutter kurzfristige Bindung/Zuneigung/Ich-Erhöhung und zweitens möchte sein Unterbewusstsein eigenverantwortlich werden. Derart verhinderte Loslösungsprozesse ziehen sich in die Pubertät hinein, werden dort stärker eingefordert und für Eltern und Schüler zu unlösbaren Konflikten.

Die Mutter selbst kann viele Gründe haben, warum sie sich für ihr Kind einsetzt. An vorderster Stelle steht der eigene nervöse Charakter, der alles *besonders gut* machen möchte, der deshalb auch überbewertet, der Angst hat, eine schlechte Mutter zu sein, wenn keine Unterstützung erfolgt, der aber auch Angst vor möglichen Abwertungen von anderen Eltern hat, denn schließlich sind die Verhaltensweisen von Kinder immer auch das Ergebnis der Eltern. Gerade diese Versagensangst tendiert zum anderen Extrem der Überbehütung und führt zum „Versagen". Hier gilt: Weniger ist mehr, zu gut ist schlecht. Auch Bindungsstörungen der Eltern zueinander oder zu ihrem Kind sind als negativer Gegenpol für die nervöse Überbehütung zu nennen.

Zusammengefasst betrachtet:
Ein überindividualistischer Mensch setzt seine Wirklichkeit dort an, wo er sie selbst sieht – nämlich im übertriebenen Bereich – und nicht dort, wo sie wirklich liegt. Ein überindividualistischer Mensch wirkt daher wie ein nervöser Charakter nach Adler und seine Bestrebungen sind auf die überindividualistische Ich-Erhöhung ausgerichtet. Vergleiche werden somit realitätsverzerrt getätigt, auch die

kommunikativen Ausdrucksweisen sind geprägt von realitätsverzerrende Übertreibungen und Untertreibungen, ebenso wie von eigennutzenorientierter Selektion.

Natürlich hat es immer schon nervöse Charaktere gegeben, aber das Problem verstärkt sich mehrfach, weil jetzt die dritte Kindergeneration heranwächst, deren Eltern schon vermehrt eine überindividualistisch bedingte Nervosität aufweisen und somit ein nervöses Elternhaus in einer nervösen Gesellschaft bieten. Dem entkommt niemand so wirklich, wenn er nicht einen hohen Bewusstseinsgrad dafür aufweist.

2.3 Coolsein, emotionale Distanz, Ich-Verlust

Die Schule kennt somit mehrfach nervöse Schüler:

- genetisch bedingt in der dritten Schülergeneration
- entwicklungs- und gesellschaftsbedingt (überindividualistisch, nervöse Eltern, die sich zusätzlich im gesellschaftlich bedingten Berufs- und Freizeitstress befinden; nervöse Klasse, schnelle Medien, Konsumstress...)
- auch der pubertäre Entwicklungsstress ist im Überindividualismus höher

In einer schnellen Zeit ändern sich auch die genetischen Voraussetzungen. Es wird immer mehr Kinder geben, die bereits genetisch bedingt nervös agieren, die später das *Coolsein* als negativen Gegenpol für sich entdecken müssen, weil sie mit ihren nervösen Genen in einer nervösen Zeit ständig überreizt sind. Das Coolsein ist somit der logische Gegenpol von nervösem Stress, von emotionaler Überforderung.

Da man über Emotionen auch verletzt werden kann, machen Emotionen angreifbar, davor muss man sich schützen, wenn kein Ich-Absturz erfolgen soll. Ein „Absturz" auf einer hohen überindividualistischen Stellung ist wahrscheinlicher, der Absturz erfolgt auch tiefer, er muss unbedingt verhindert werden. Der Überindividualismus fühlt sich daher schneller angegriffen, er sucht schnell nach effektiven Abwehrmaßnahmen, er überschreitet daher auch schnell die Grenzen zum Du, indem er das Du abwertet. Das Coolsein ist somit eine typisch überindividualistische Eigenschaft, die mehrfach wichtig ist: Sie schafft emotionale Distanz zum eigenen Ich *und* zum Du, wodurch man unangreifbar und somit „absturzgesichert" ist. Auch kann das Coolsein überschnelle Reaktionen verhindern, was in einer nervösen Gesellschaft mehr als notwendig ist. Einmal unangreifbar, entstehen keine Differenzen, es gibt keine Realitätsabgleichungen, keine Entschuldigung, jeder Konflikt ist gleichsam eingefroren. Das langfristige Problem dabei: Das Coolsein lässt keine Bindung zu, das bedeutet ein „Weniger" an Du-Orientierung, isoliert das Ich und fördert den Überindividualismus rückwirkend.

Die fehlende Angst von immer mehr Jugendlichen kann als eine Form des Cool-seins gesehen werden. Wir haben es vermehrt mit Schülern zu tun, die von nichts eingeschüchtert werden, die keine Ängste mehr spüren und daher auch keine möglichen Grenzen vorausahnen können.

Das Coolsein hat es immer schon gegeben, besonders bei Burschen, aber es ist heute weiter verbreitet, immer häufiger auch bei Mädchen. Das Coolsein ist bei der wenig differenzierten Jugend zu einem Negativersatz für die echte „Stärke" geworden und wirkt auf die Jugend wie echte Stärke, es wird somit angestrebt.

Das Paradoxon auch aus dieser Perspektive: *Der Überindividualismus verliert seine Emotionen und somit sein Ich, obwohl er gerne ein „Mehr" an Ich hätte.* Er muss daher ängstlicher und vermehrt nach dem Ich suchen, verliert dabei vermehrt das Du und mit dem Du fehlt auch die reale Ich-Orientierung – ein Teufelskreislauf. Kinder mit Fehleinschätzungen bezüglich ihrer Person und ihrer Leistung sind die Folge. Setzt der Lehrer bei Fehleinschätzungen die Grenzen, wirkt der Lehrer besonders böse, weil die Differenz zwischen Schülerwahrnehmung und Lehrerwahrnehmung groß ist. Der Schüler hingegen erfährt einen großen Ich-Verlust. *Das Coolsein darf von Erziehungsberechtigten daher nicht „erlaubt" werden, es schadet den Kindern, sie können nicht stark werden.*

Zur Differenzierung:

Auch die echte Stärke lässt sich von vielen Emotionen nicht beeindrucken, aber nicht darum, weil sie mit den Emotionen nicht klarkommt. Die Stärke kann jene Emotionen vom eigenen Ich trennen, die nicht zum eigenen Ich gehören, sondern vom Gegenüber übertragen (projiziert) werden. So muss die Stärke nicht mitleiden, sie kann mitfühlen. Das „Mitleid" zieht das Ich und das Du hinunter, während das „Mitfühlen" für das Ich jene Distanz zulässt, die es braucht, damit das Du/der Schüler vorwärts gerichtet – mit dem stark gebliebenen Du im Hintergrund – seine Emotionen bewältigen kann. Erhalten Kinder z.B. schlechte Noten, wird ganz schnell klar, wessen Eltern mit dem Kind „mitleiden" und das Kind dadurch schwächen, oder welche nur „mitfühlen" und das Kind durch die eigene starke Distanz stärken können. Starke Kinder können mit schlechten Noten umgehen, finden die Hintergründe und die Schuld bei sich, schwache Kinder/Eltern nicht, sie sind misstrauisch, suchen das Mitleid über Realitätsverzerrungen oder selektiver Kommunikation in der Umgebung und die Schuld beim Lehrer. In vielen Fällen gelingt es den Schülern, Mitleid und Nachsicht zu erhalten, bei Lehrerinnen häufiger.

Zusammengefasst betrachtet:

Die vielfache Nervosität bringt es mit sich, dass unsere Gesellschaft sich wie eine Summe von „zu kurz gekommenen Kindern" benimmt, die ständig und ängstlich danach trachten, ein „Mehr" zu erhalten, besser zu sein, auch wenn dies über die Abwertung oder Ausbeutung des Gegenübers erfolgt. Auch aus dieser Perspektive ist die emotionale Distanz zum Nächsten eine logische Konsequenz, den Ich-Verlust mit eingeschlossen, eingeschlossen aber auch die überindividualistische Blockade und somit ein „Weniger".

2.4 Realitätsverzerrungen

Wie wir gehört haben, ergibt sich bei überindividualistisch nervösen Menschen ein ängstliches Mehr, das sich negativ auf die Umgebung auswirkt und somit rückwirkend auch auf den nervösen Menschen selbst. Somit baut die Realität des Menschen – als Basis für das positive Handeln – immer auch auf dem Du auf, denn dieses bestimmt mit, was langfristig schadet. Über Realitätsverzerrungen kann man daher den Eigennutzen *kurzfristig* steuern, aber man benötigt viel Energie, die verschobenen Realitäten auch *langfristig* aufrechtzuerhalten. Der nervöse Charakter will an seinen Realitätsverzerrungen festhalten, was für Außenstehende *stur* wirkt. Das Festhalten kann überall dort geschehen, wo Übertreibungen, Untertreibungen, Selektion..., also Wahrnehmungsverzerrungen möglich sind. Dies passiert überall dort, wo Kommunikation stattfindet. Kommunikative Störungen ergeben sich ganz grundlegend durch folgende Gegebenheiten:

2.4.1 Nervöse, schnelle Zeit des Überindividualismus → Gesellschaftskrankheiten, Ersatzgesellschaft

2.4.2 Die neue Angst des Überindividualismus → krankhafte Störungen

2.4.3 Medien und Schulbücher → Überinformation – Realitätsverluste – Kommunikationsverluste

2.4.1 Nervöse, schnelle Zeit – Null-Bock-Schüler, Freizeitstress, ADS, sozialisierter Autismus

Der nervöse Charakter hat hohe Anforderungen an sich selbst oder an andere, z.B. die Eltern an die Kinder. *Null-Bock-Schüler* befinden sich auf dem entsprechenden negativen Gegenpol, der Stressabwehrhaltung. Diese ist symptomatisch für viele Schüler in der Pubertät, besonders für Burschen. Die schnellste und einfachste Schlussfolgerung wäre jetzt: Der Schüler verweigert sich der Schule, daher ist die

Schule schuld, sie ist uninteressant, überfordert den Schüler... Die Hintergründe sind aber so vielfältig, dass es der Schule vergleichsweise gar keine Schuld mehr trifft. Ein überindividualistischer Mensch befindet sich – wie wir gehört haben – in einer vielfachen *Dauerstresssituation,* weil er das ständige „Mehr und Besser" sucht, dieses ängstlicher verteidigt, sein Selbstbild schneller zerstört wird, das Selbstbewusstsein tiefer fallen kann, Bindungen gestört werden...

Der *Stress* hat aber auch eine *Ersatzfunktion* in einer schnellen Gesellschaft, er dient der *Selbstwerterhöhung,* im Sinne von: „Ich werde gebraucht, ich bin wichtig, ich bin etwas wert." Der *Freizeit- und Konsumstress* dient hier als Ersatz für die echte Selbstwerterhöhung, während die echte Selbstwerterhöhung auf den eigenen Leistungen aufbaut. Bereits von Kindergartenkindern hört man die wichtige Mitteilung: „Diese Woche habe ich sooo einen Stress." Gemeint sind die vielen Freizeitaktivitäten, hinzugerechnet werden aber vor allem mütterliche Aktivitäten, bzw. überhaupt mütterliche Einstellungen. Der Stress als „Selbstwerterhöhung" wird so von Kindern intuitiv übernommen und zur eigenen Gesellschaftsorientierung gemacht.

Das *ADS* (Aufmerksamkeits-Defizit-Syndrom) – von dem mehr Jungen als Mädchen betroffen sind, wird immer mehr zu einer typischen *Gesellschaftskrankheit,* zu einem Gesellschaftsbild des 21. Jahrhunderts.

Der übermäßige Individualismus weist aber auch viele Züge des *Autismus* auf: Schnelle Überforderung der Aufnahmefähigkeit und Wahrnehmung, mangelnde Fähigkeit zur Interpretation aller vier Kommunikationsebenen, besonders der emotionalen Beziehung- und Selbstoffenbarungsebenen und kann somit als *sozialisierter Autismus* gesehen werden.

Der außerschulische Stress für Schüler ist enorm. Dabei sind es nicht nur Termine, sondern auch jene schnellen Informationen, die über die Fernseher- und Computerbildschirme auf sie einströmen. Die Bildschnittgeschwindigkeit im Fernseher hat sich im Laufe der Fernsehgeschichte vervielfacht, ebenso der Bildschirmkonsum und damit einhergehend auch die Notwendigkeit der *Informationsselektion* bei zu hohem Informationsinput. Die Informationsselektion kann aber nur mit viel Erfahrung gezielt eingesetzt werden. Bei Kindern erfolgt sie nach praktischen Gesichtspunkten durch das Unterbewusstsein. Die Schule gehört dabei zum nötigen Übel, nicht aber zum praktischen Eigennutzen. So ist es logisch, dass zuerst der Unterricht selektiv wahrgenommen wird, wenn ein Informationsüberfluss vorhanden ist. Und wer von Kindheit an lernt, stark und schnell zu selektieren, macht das auch schnell und besonders dort, wo unangenehme Inhalte einströmen. Die Schule mit seinen unangenehmen Forderungen – besonders auch bezüglich der Du-Orientierung und Anpassung – ist besonders für Jugendliche ein zentraler Bereich, der selektiv wahrgenommen wird. Eltern erhalten so nur ein sehr selektives Bild vom schulischen Erleben ihrer Kinder, auch wenn diese zuhause viel erzählen.

Die *Wahrnehmungsselektion* wirkt sich auch auf das *verknüpfte Denken* negativ aus. Viel Information würde auch viel Zeit für die vielfältige, bewusste Anbindung benötigen. Diese Zeit fehlt in der Schule oft. Auch ist das vielfältige Anbinden für Schüler unbequem. Das Anbinden benötigt nämlich einen aktiven Denkvorgang, während das schnelle emotionale Anbinden über den Bildschirm unkompliziert ist. Der Markt und die Schulen reagieren, indem sie Unterrichtsmittel einsetzen, die schnelle und emotionale Anbindungen erlauben, wie Bilder und Filme. Damit der Unterricht nicht zu schnell wird und jedes Kind sein individuelles Tempo beibehalten kann, wird in Form der Freiarbeit verstärkt der individuelle Unterricht gefordert. Da es für die Schüler aber noch immer unpraktisch ist, eigenständige Verknüpfungen zu erstellen, werden verknüpfende Aufgaben schnell als *zu schwer* eingestuft und einfach abgeschrieben. Die Anleitung und Hinführung zu verknüpftem Denken muss daher vom Lehrer gemacht werden. Da der Lehrer auch differenzierter hinterfragen kann, ist er für das verknüpfte Denken unerlässlich.

Auch hier können wir sehen: Die Schule reagiert auf die verringerten Fähigkeiten der Schüler mit neuen Methoden und passt sich den Schülern an. Das Ergebnis ist aber erschreckend, denn die Schüler können jene Grundkompetenzen nicht mehr erwerben, die einen starken Menschen heranwachsen lassen, wie z.B. Zuhören, Einlassen, verknüpftes Denken, Hinterfragen... Stattdessen findet konsequente Wahrnehmungsselektion statt. Was nützt eine Lehrerin, die exzellent erzählen kann, wenn die Schüler nicht mehr zuhören können? Nicht verwunderlich ist es auch, wenn Schüler als „schulische Fachidioten" bezeichnet werden. Dies liegt nicht am System der Schule, auch nicht an den Lehrern, sondern an der gesellschaftlich geforderten Anpassung an die überindividualistischen Blockaden der Schüler.

In der Schule wird die Unfähigkeit der schnellen Informationsverarbeitung deutlich, es ist aber nicht die Schule, die zuviel fordert, sondern die Schüler, die immer weniger können und dies nicht, weil sie dümmer sind als früher, sondern weil sie außerschulisch überreizt sind und vermehrt eigennutzenorientierte, bzw. kurzfristig notwendige Selektionsmechanismen erlernen. Die moderne Didaktik passt sich den verringerten Fähigkeiten der Schüler an, anstatt dass sie einfordert, was die Schüler nicht mehr können. Die Reaktion auf die vermeintliche Überforderung darf nicht durch methodische Einfachheit wettgemacht werden, diesen Rückschritt kann sich keine Gesellschaft leisten.

Die Schüler nehmen sich in der Schule die Zeit, die sie brauchen. Für sie wird die Schule immer mehr zur Verlangsamung des Alltags, bzw. verlangsamen die Schüler dort, wo es irgendwie möglich ist. Z.B. brauchen die Schüler in der Schule für eine Problemerörterung während einer Unterrichtsstunde (unter Aufsicht und ohne Notendruck) doppelt solang wie bei der Schularbeit und das bis zu zwei Notengrade schlechter. Da fragt man sich als Lehrer, warum man Arbeiten auf einem solchen Niveau korrigieren soll. Auch Gruppenarbeiten, Freiarbeiten... werden durchschnittlich langsam und gemütlich erledigt, wenn es für das Arbeitstempo keine deutlichen Konsequenzen gibt. Je ruhiger die Klasse, desto wohler fühlt sie sich dabei.

Zusammengefasst betrachtet:
Unsere schnelle Zeit hinterlässt deutliche Spuren. Selektive Denkweisen „durchlöchern" mögliche Realbilder, lassen viele Puzzleteile für Gesamtbilder weg, behindern so das hintergründige Denken, lassen nur schwache Verknüpfungen zu, die nicht für starken Entscheidungen taugen. Kritisches Hinterfragen wird durch die schnellen Bildmedien blockiert und das in einer Zeit, in der es ein hohes Maß an Hinterfragen braucht, weil die gesellschaftlichen Verflechtungen sich vervielfacht haben, ebenso das Informationsangebot. Diese Diskrepanz *kann* nur nervös machen und stressen, sie ist für Schüler eine außerschulische Überforderung, die den Ausweg im Konsum, Spaß... sucht und dort wieder gestresst ist – ein Teufelskreislauf.

So gesehen macht die Ganztagsschule für viele Kinder Sinn, denn sie sind dort nicht den schnellen Medien ausgesetzt, sondern können ihr Leben verlangsamen, damit sie wieder effektiver werden können.

2.4.2 Die neue Angst des Überindividualismus – krankhafte Störungen

Die Angst ist ein unangenehmer, nervöser Erregungszustand, der dem Schutz des Menschen dient und an sich positiv ist. Haben die Ängste keine äußeren Ursachen, spricht Riemann in seinem Buch von den „Grundformen der Angst". Riemann kennt dabei vier Grundängste, die einerseits mit dem Verhältnis von „Ich und Du" zusammenhängen = „Angst vor Hingabe und Angst vor der Selbstwerdung" [19] und andererseits von der Dynamik/Statik des Lebens = „Veränderung und Notwendigkeit"[20]. Die Notwendigkeit beinhaltet immer auch die Begrenzung. Bei Riemann

---

19 vgl. Riemann – Inhaltsverzeichnis
20 vgl. Riemann – Inhaltsverzeichnis

sind diese Ängste die Grundlagen für jedes Verhalten, aber auch für psychische Krankheiten:

-   Angst vor der Hingabe → schizoide Persönlichkeit
-   Angst vor der Selbstwerdung → depressive Persönlichkeit
-   Angst vor der Veränderung → zwanghafte Persönlichkeit
-   Angst vor der Notwendigkeit → hysterische Persönlichkeit

Betrachtet man nun näher, wie sich der Überindividualismus zu diesen Ängsten verhält, kann man feststellen:

→ Die „Angst vor der Hingabe" ist eine logische Angst des Überindividualismus, weil er auf seiner extremen Position Bindungsstörungen verursacht und in Extremfällen bindungsunfähig ist.

→ Die „Angst vor der Selbstwerdung" als negativer Gegenpol zur „Angst vor der Hingabe", ist auch eine logische Angst des Überindividualismus, weil auf der übertriebenen Ich-Position keine starke Ich-Werdung möglich ist.

→ Auch die „Angst vor Veränderung" ist eine typische Angst des Überindividualismus, weil Veränderung das wenig du-gebundene Ich schnell orientierungslos macht. Hinzu kommt: Die Veränderung erfolgt fast ausschließlich auf der Notwendigkeit, einen Zustand zu verbessern. Dafür muss man sich aber zuerst ein Fehlverhalten eingestehen. Der Überindividualismus fürchtet sich ängstlicher vor Fehlern, weil die Ich-Abwertung auf einer hohen Ich-Position stärker ausfällt. Die Notwendigkeit der Veränderung wird daher nach Möglichkeit lange vermieden, mit dem Ergebnis, dass der Fehler überdeutlich wird, die Änderung spät erfolgt und deshalb in Extremen verläuft oder spät erfolgt und großen Schaden hinterlässt. Wie wir sehen, reißt die Angst vor Veränderung den Überindividualismus nicht nur tiefer hinunter, er benötigt auch mehr Energie, wieder den hohen Aufstieg zu schaffen.

→ Die „Angst vor der Notwendigkeit" – als negativer Gegenpol zur „Angst vor der Veränderung" – ist auch eine Grundangst des Überindividualismus, weil er sich nicht gerne von Notwendigkeiten einschränken lässt.

Der Überindividualismus verstärkt somit jene Ängste, die Riemann als grundlegend erkannt hat und macht nicht nur *schwach*, sondern auch *krank*. Die meisten Menschen können sich auf einem Niveau halten, das sie im Wirtschaftsleben bestehen lässt. Interessant wäre aber der volkswirtschaftliche Gesamtschaden des Überindividualismus, der grundlegend blockiert, Konflikte schafft und nur eingeschränkt du-orientierte, hintergründige Entscheidungen zulässt, weil er überängstlich agiert und daher keine langfristig starken Entscheidungen treffen kann.

Wie in einem Teufelskreislauf fördert dies wieder die Grundangst der Notwendigkeit und der Veränderung.

Der Überindividualismus *hat* Angst und er *macht* Angst. Unrealistische, realitätsverzerrende Einschätzungen auf der Angstbasis machen immer Angst, denn sie sind nicht real lösbar, nur über das Erkennen der Angst. Der Überindividualismus ist somit auch ängstlich konfliktscheu, obwohl er ständig Konflikte verursacht. Er überlagert sie mit anderen Konflikten und projiziert sie auf andere Ebenen oder Personen und kann wieder keine langfristigen Lösungen anstreben... Wie wir sehen können, schießt sich der Überindividualismus lauter „Eigentore".

Zur Differenzierung:

Auch Menschen in positiver Spannung lassen sich nicht auf Konflikte ein, wenn sie erahnen oder wissen, dass Konflikt an falschen Stellen gelöst werden sollen und daher Zeit verschwenden. Da überindividualistische Menschen Konflikte gerne auf du-orientierte oder teilweise du-orientierte Menschen projizieren (sie lassen auf der Basis der Kompromissfähigkeit mehr zu als überindividualistische Menschen), werden du-orientierte Menschen oft mit Konflikten konfrontiert, mit denen sie nichts zu tun haben oder deren Ursachen andere sind. „Projektionsopfer" geraten daher in die „Schusslinie" des Konfliktes, ob sie wollen oder nicht. Auf „Projektionsopfer" wirkt die Projektion immer negativ mächtig, was sie aufgrund der Realitätsverschiebungen ja auch ist.

Der Überindividualismus ist somit größeren Ängsten ausgesetzt, weil er sich mit realen Einschätzungen schwerer tut, realitätsfremder lebt, aber immer wieder in die Realität zurückgeholt wird. Wer sein Gegenüber (seinen „Feind") nicht real einschätzen kann, wird Angst vor ihm haben, verstärkte Überreaktionen, Misstrauen und Vorurteile sind die Folgen. Überindividualistische Menschen schätzen das Gegenüber zwar ein (eine Form der vergleichenden Du-Orientierung), aber aus übertriebener, ängstlicher Sichtweise. Die überindividualistische Angst führt so zur Abwertung des Gegenübers, das zum „ängstlich beobachteten Feind" wird, obwohl alles im gründen Bereich liegt. Die Einschätzung des Gegenübers wirkt somit abwertend beleidigend, indem nun jeder sieht, der andere ist Böse. Daher sehen besonders nervöse Schüler ihre Lehrer oft als feindliche Projektionsobjekte, damit die eigenen Ängste vor dem Versagen durch das Mitleid von Außenstehenden gemildert werden. Diese Projektionsform ist so alt wie die Schule, aber immer noch für ein abwertendes Lehrer-Feindbild verantwortlich. Es erfolgt nach dem ängstlichen Eigennutzen im Sinne von: Wer kann mir schaden, wer will etwas von mir, das ich nicht geben will? Auf dieser nervösen, hohen Ich-Stellung wirkt jedes Du übertrieben fordernd, egoistisch, unnachgiebig... wenn es nicht den hohen Anforderungen des Ich nachkommen will und auch nicht bereit ist, die positive Spannung zwischen dem Ich und dem Du zu verlassen. So wird klar: Eine besonders hohe Ich-Stellung sieht das Du immer auf der falschen Position, weil ja relativ verglichen wird und nicht in absoluten, realen Details. Reale Details würden Klarheit schaffen. Das ist aber nicht das Ziel des Überindividualismus, denn er könnte sich nicht mehr auf der hohen Position halten. Verallgemeinernde Aussagen und Realitätsverzerrungen sind daher wichtige kommunikative Elemente, wenn ein hoher Stand gehalten werden muss.

Die überindividualistischen Ängste basieren also auf dem Fehlen des Mittelweges zwischen dem Ich und dem Du. Sie wirken realitätsfremd, weil ihnen die Differenzierung auf der Du-Basis fehlt. Die Angst vor der hintergründigen Differenzierung liegt für den Überindividualismus somit auf der Hand, denn diese würde zwar die Du-Orientierung mit sich bringen, aber die hohe Ich-Stellung logischerweise gefährden. So wertet der Überindividualismus auch die Differenzierung eigennutzenorientiert ab, indem er die Differenzierung als „Herausreden aus einer unrichtigen, unrealen Situation" sieht. Diese Umdeutung des „Herausredens" liegt für den Überindividualismus nahe, denn er benötigt sie selbst oft.

Die *Differenzierung* wirkt auf den Überindividualismus aber nicht nur schwach im Sinne von „da muss sich jemand verteidigen", sie wirkt auch *unklar* auf ihn. *Unklar* deshalb, weil er der Differenzierung nur eingeschränkt folgen kann, er ist ja nicht geübt in ihr, auch ist sie unpraktisch für ihn, weil sie Realitätsverzerrungen einschränkt und somit den Eigennutzen.

Lehrer, die differenziert kommunizieren, werden von überindividualistischen Schülern daher als *schwach* empfunden. Stark wirken auf sie schnelle Behauptungen. Bemüht sich somit ein Lehrer um die Basiskompetenz der Differenzierung, damit die Schüler stark werden können, wirkt der Lehrer auf überindividualistische Schüler als unwissend, der ständig überlegen muss, sich nicht festlegen kann... Diese vermeintliche „Schwäche" verleitet überindividualistische Schüler zu ständigen Versuchen, ihre Grenzen zu erweitern. Disziplinstörungen sind die Folge. Anders ausgedrückt: Überindividualistische Schüler fordern die Undifferenziertheit heraus, obwohl sie dabei nicht wachsen = stark werden können. Auch hier reduziert der Überindividualismus die Möglichkeit seiner Lernfähigkeit und lässt den Lehrer ohnmächtig werden.

Die Angst ist immer ein Auslöser für Abwehr und Schutzreaktionen. Da sie im Überindividualismus aber übertrieben ist, wird sie auch dort abgewehrt, wo noch gar keine Gefahr droht. Auch Lehrer werden als potentiell „gefährlich" frühzeitig abgelehnt, auch dann, wenn ihre Position eine langfristig starke Richtung für die Schüler ermöglicht. Für den Lehrer bleibt die vergleichsweise „böse" Rolle, weil ihm gezeigt wird: Wir lehnen ihn ab, er ist gefährlich. Reagiert ein Kind ängstlich, wird eine ängstliche Mutter die Angst in sich verstärken. So erzeugen übertriebene Ängste bei Eltern und Schülern eine unnötige Ablehnung des Lehrers und führen dadurch zum Mobbing, weil dem Lehrer gezeigt wird, er ist fehl am Platz. Wie wir sehen können, werden die überindividualistischen Ängste zu Projektionsauslösern. Nimmt der Lehrer die Ängste an und fühlt sich tatsächlich böse, hat die Angst erreicht, was sie wollte: Der Lehrer wird weniger streng sein, weniger fordern, damit er weniger böse ist. Wir sehen: Nicht die Lehrer werden böser und strenger, sondern der Überindividualismus verzerrt noch stärker, als es die Grundängste des *nur* nervösen Menschen machen würden.

Die logische Folge für den Überindividualismus: Die Lehrer sind böse, sie müssen genauer beobachtet werden, sie brauchen strengere Regeln, man muss sie ständig überprüfen. Sowohl Lehrer als auch Schulbehörden geben dem überindividualistischen Druck nur allzu gerne nach und das zum Schaden des Schülers und der Gesellschaft. Kommt die Politik mit ihrer Angst vor den Eltern als potentielle Wählerschaft noch ins Spiel, schwächt auch diese Negativkraft unsere Schule und somit die Gesellschaft. Für die Politik ist die Angst der Gesellschaft vor den Lehrern wichtig, denn so kann sie Forderungen an die Lehrer stellen wie „mehr Unterricht für gleiche Bezahlung, mehr unbezahlte Zusatzaufgaben... und hat die Wählerschaft hinter sich. Wie lange sich Lehrer das wohl gefallen lassen?

Neben der *übermäßigen Angst* kennt der Überindividualismus aber auch den negativen Gegenpol der *Angstfreiheit*. Sie ist dem heutigen Pädagogen sehr gut bekannt, sie wird von aufmerksamen Beobachtern festgestellt und ausgedrückt[21]. Immer weniger lassen sich Schüler von pädagogischen Maßnahmen, von Autoritäten und schlechten Noten einschränken. Die fehlende, notwendige Angst vor schlechten Noten dient somit nicht mehr als Einsatzmotivation. Der Trend, besonders bei Nebenfächern nur auf das knappe Durchkommen zu setzen, steigt. Die mangelnde Reaktion auf schlechte Noten bedeutet aber auch immer: Ich bin nicht bereit, die Forderungen der Gesellschaft/Lehrer/Eltern anzuerkennen. Das Teilhaben an der Gesellschaft wird so ausgeblendet. Tatsächlich sind schulische Noten nicht alles,

---

21 Z.B. von Arno Dalpra (Diplomsozialarbeiter und Psychologe - er arbeitet viel mit schwierigen Jugendlichen): „Den Jugendlichen wird zu wenig Angst mitgegeben." aus: Vortrag „Schwierige Jugendliche", Kodex L im WIFI, Dornbirn, am 8. Feb. 2010.

aber immerhin richtungsgebend für die Fähigkeit, geistige Arbeit für eine Gesellschaft zu vollbringen.

Auch die „moderne" Pädagogik negiert die Angst. Der Schüler soll in einer angstfreien Zone lernen, er soll sich wohlfühlen, Strafe trägt *nicht* zum Wohlfühlen bei, Strafe führt nicht zu Lernprozessen, nur wenn man sich wohl fühlt, kann man Leistung bringen ... Hartnäckig halten sich die antiautoritären Erziehungsrichtlinien der 60er und 70er-Jahre. Die Angst in gesundem Maße ist wichtig für jeden Menschen, denn sie zeigt: Ich muss mich so verhalten, dass ich an der Gesellschaft teilnehmen kann. Fehlt die Angst als positiver Teil zum Weiterkommen in der Gesellschaft, wird ein Weiterkommen verhindert und der Gesellschaftsbezug überindividualistisch reduziert. Hinzu kommt: Auch die Verdrängungsmechanismen, die zur Angstfreiheit führen, müssen ständig aufrechterhalten werden. Das benötigt Zeit und Energie, eine zusätzliche schulische Blockade. Diese verlorene Energie könnte zielgerichtet eingesetzt werden. Auch kann ein Kind nicht stark werden, wenn es nicht lernt, seine Angst als sinnvolles Steuerungsmittel zu sehen und nicht als Absturzgefährdung des eigenen Ichs. Es wird immer vor der Angst flüchten und den schwachen Ersatz suchen. Die moderne Pädagogik der Angstfreiheit, des unbedingten Wohlfühlens fördert somit den Überindividualismus und macht Kinder schwach, weil sie einen grundlegend wichtigen Wert negiert. Wir dürfen die Kinder in der Schule nicht unnötig ängstigen, aber der positive Gegenpol zur individuellen Sicherheit ist nun mal die Angst vor dem Du, vor der Gesellschaft, die Anerkennung verweigern kann, wenn es der Gesellschaft dient. Auch hier gilt: Ist die Schule zu gut, ist sie schlecht.

Die überindividualistischen Ängste einer überindividualistischen Gesellschaft sind nicht nur „Weltuntergangsängste, Katastrophenängste, Ängste vor Ausländern, Angst vor dem Aussterben eines Insektes, einer Pflanze... sie beziehen sich in besonderem Maß auch auf die Schule. Die Schule bietet sich als Angst-Projektionsobjekt geradezu für alle Menschen an, zumal sie jeden betrifft und sich oft Mehrfachängste überlagern, die sich auch aufgrund mangelnden Kommunikationsflusses lange halten können.
Schulängste von Eltern werden *immer* auf die Kinder übertragen. Der Schaden für das Kind ist groß. Selbst wenn man als Lehrer im Unterricht relativ angstfreie Kinder wahrnimmt, sind es oft Eltern, die aus unerklärlichen Gründen Gespräche suchen, Lehrereinschätzungen tätigen, Realitätsabgleichungen mit anderen Eltern suchen, sie vom Lehrer förmlich „erzwingen". Der Lehrer steht vergleichsweise als unsensibel da, weil er noch nicht weiß, was die Eltern zu wissen glauben. In weite-

rer Folge übernehmen die Kinder die Ängste der Eltern und sie sind auch fähig, aus diesen Ängsten über das Mitleid manipulativen Eigennutzen zu erzielen. Summieren sich die Ängste der Schüler mit jenen der Eltern, womöglich mit jenen des Direktors und jenen von Schulbehörden, kann man sich vorstellen, wie realitätsfremd Entscheidungen getroffen werden, meist auf dem Rücken des Lehrers, der als unfähig gilt. Überindividualistische Ängste werden so zum Mobbing, stören die natürliche Lehrerautorität und die wichtigen Beziehungen zwischen Schülern und Lehrern. Jede Störung schadet dem Schüler, weil pädagogische Maßnahmen gestört sind und das Kind nur eingeschränkt stark werden kann. Und die Eltern? Sie haben offensichtlich recht, weil ihr Kind nun Angst zeigt. Und der Lehrer? Er muss ohnmächtig zuschauen, was passiert, denn wie soll er den Eltern erklären, dass das Kind ein Projektionsopfer der Elternangst ist, der Konflikt also nicht vor Ort zu suchen ist? Der Leser mag jetzt sagen: Das sind Ausnahmefälle. Auch viele Lehrer sagen: Das stimmt so nicht. Ich sage: Wenn ich das Wissen und die Beobachtungsfähigkeit und Menschenkenntnis dafür noch nicht habe, werde ich solche Projektionen *nicht* sehen und *nicht* herleiten können. Das diesbezügliche Wissen ist daher wichtig, es kann sensibilisieren.

Zusammenfassend betrachtet:
Der Überindividualismus befindet sich auf einer hohen Ich-Position und ist dort höheren Absturzängsten ausgesetzt. Diese Absturzängste muss er schneller, nervöser und überdeutlicher verhindern, als ein Mensch in positiver Spannung. Damit dies gelingt, muss er ständig auf seine Absturzgefährdung achten, alle möglichen Informationen dazu wahrnehmen, abspeichern, verknüpfen... Es erfolgt somit ein hoher Informationsinput, verbunden mit hohem Verarbeitungsaufwand, mit dem Endzweck der Angstabsicherung. Angstbesetzte Handlungen erfolgen wieder übertrieben nervös. Klar wird: ein unglaublicher Energieverlust auf einer irrealen Basis.

2.4.3 Schulbücher und Bildmedien: Überinformation – Realitätsverlust –
Kommunikationsverlust – geringe Konfliktlösungsfähigkeit

Der Überindividualismus agiert übersteigert realitätsverzerrt, was sich langfristig in Realitätsverlusten summiert. Als Folgewirkung entstehen natürlich auch Kommunikationsverluste, die beim Du wieder Realitätsverschiebungen hinterlassen und zu schwachen Entscheidungen führen. Die Funktionsweise der überindividualistischen Kommunikation wird nachfolgend genauer erklärt, zumal die Kommunikation über die Medien eine Grundlage für den Überindividualismus darstellt und auch klar wird, wie sehr unsere Schüler durch die Medien in ihren Wahrnehmungs- und Ausdrucksmöglichkeiten blockiert werden. So verstärkt nicht nur die Angstemotion den Überindividualismus, sondern auch die Kommunikation.

Die *Anbindung von Inhalten* im Gehirn erfolgt über *Gegensatzpaare* wie gut/böse, groß/klein... Sie sind die einfachste Form der Anbindung im Gehirn. Das Gehirn speichert Gegensatzpaare nebeneinander ab, dort sind sie auch schnell abrufbar. Die Wiedergabe von Gegensatzpaaren kann daher schneller erfolgen als konnotative oder differenzierte Gedankengänge. Da der Überindividualismus in Extremen denkt, fühlt..., kann er schnell aufnehmen und wiedergeben, er wirkt aussagekräftig und sicher. Da Extreme tiefgreifend emotional wirken, können sich diese Emotionen auch dauerhafter anbinden. So ist die Grundlage für die überindividualistische Kommunikation perfekt: Schnelle, emotionale Extreme, die man sich leicht merken kann und die man auch leicht wieder von sich geben kann. Der Überindividualismus kann sich somit schneller durchsetzen, er kann andere tiefgreifender – weil emotional – manipulieren, auch lassen Extreme die Möglichkeit der Realitätsverzerrung zu eigenen Gunsten erst zu.

Ein überindividualistischer Mensch neigt schnell zu Überreaktionen, er wirkt aber auch oft kompetenter, weil er immer schnell eine Antwort bereit hat und auch deutlich genug ausdrückt, eben in Extremen. Deutlich wirkt bei vielen Menschen wie „sachlich richtig". Dass diese Antworten oft undifferenziert sind, *weil* sie auf Gegensätzen aufbauen, stört einen überindividualistischen Menschen nur, wenn es den Eigennutzen beeinträchtigt, ansonsten ist das Schwarz-Weiß-Denken sein Niveau. Er denkt und fühlt in Gegensatzpaaren, er fühlt sich auf seiner Ebene angesprochen und wohl. Auch liebt er undifferenzierte Inhalte, weil er darauf schnell eingehen kann und er darin seine vermeintliche Stärke bestätigt sieht. Mit der Differenzierung hingegen ist der Überindividualismus tendenziell überfordert, auch darum, weil er sich schwer tut, sich lange auf andere Inhalte einzulassen. Er hat aufgrund mangelnder Du-Orientierung ja nur eingeschränkte Übungsmöglichkeiten. Die Differenzierung würde ihn daher nicht nur überfordern sondern gleichzeitig auch abwerten.

Die „Fähigkeiten" des Überindividualismus entsprechen aber nicht nur dem Überindividualismus sondern werden auch von unserer schnellen Zeit gefordert: schnell, aber auch oberflächlich. Eine schnelle Zeit verstärkt daher die überindividualistische Kommunikation und somit die Konflikthäufigkeit aufgrund vieler extremer Realitätsverzerrungen. Die Hintergründe von einer zeitlich schnellen Kommunikation und einer überindividualistischen Kommunikation mögen unterschiedlich sein, die Auswirkungen sind aber ähnlich schädlich, zumal die gleichen kommunikativen Mittel verwendet werden und daher auch manipulativ bis abwertend wirken. Zudem passen sich Verhaltensweisen auch der gängigen Kommunikation an und färben tatsächlich überindividualistisch, auch wenn die Basis nicht überindividualistisch war.

Begegnet man überindividualistischen Schülern *nicht* mit der gleichen Kommunikation, wird man nicht ernst genommen. Begegnet man ihnen mit der *gleichen* Kommunikation oder macht sie nach, wirken die Schüler überrascht und beziehen das Nachmachen nicht gleich auf sich. Tatsächlich wissen viele nicht, wie ihre extreme Kommunikation wirkt.

Gegensatzpaare können also schnell und manipulativ aus dem Unterbewusstsein eingesetzt werden. Die Geschwindigkeit verhindert auch die Bewusstwerdung aller Beteiligten und wirkt auch aus diesem Grund glaubwürdiger. Was nicht hinterfragt werden kann, weil das Tempo zu hoch ist, bleibt richtig. Somit hat der Überindividualismus zwei Fliegen auf einen Streich geschlagen. Er selbst bleibt glaubwürdig, der andere muss sich manipulieren lassen, weil er nicht so schnell hinterfragen und differenzieren kann. Überindividualistische Menschen hören auch nicht lange zu, sie unterbrechen schnell, weil ihre vergleichsweise einfache Gedankenwelt Geschwindigkeit zulässt.

Was von vielen Menschen als „Lüge ohne mit den Wimpern zu zucken" gesehen wird, ist tatsächlich oft unbewusste, manipulative Undifferenziertheit und fehlende Bewusstwerdung. Beides wirkt immer wieder glaubwürdig, weil verräterische Emotionen reduziert bleiben. Beides wirkt aber auch immer wieder *naiv*, weil eben nur sehr einfach gedacht wurde.

Für den Lernenden bedeutet die überindividualistische Kommunikation einen Verlust von vielen Grundkompetenzen. Die Reduzierung der differenzierten Anbindungsfähigkeit ist für das schulische Lernen und für das Starkwerden eines Kindes wohl am fatalsten. Methodik und Didaktik reagieren darauf. Sie neigen dazu, die Denkschritte in immer kleinere Einheiten aufzuteilen, den Schülern verknüpfte Inhalte „in den Mund zu legen", praktisch vorverdaut. Viele *Schulbücher* sind Einfüllbücher, die schnell und ohne konnotative Gedankengänge Seite für Seite ausgefüllt werden können, für schnelle Erfolge mit schnellem Vergessen. Natürlich machen Wiederholungen Sinn, sie sind ein Einüben. Trotzdem gilt auch hier: Sind wir zu gut, schadet dies den Schülern, sie werden denkfaul.

Der Überindividualismus will dann keine realitätsabgleichende Differenzierung, wenn sie Du-Orientierung mit sich bringt und somit für das Ich unpraktisch ist. So erleben Lehrer z.B. immer wieder Eltern, die zwar in Sprechstunden kommen, aber keine Realitätsabgleichung vom Lehrer wollen. Sie unterbrechen oft, hören nicht zu, wollen nicht anbinden, sind in Gedanken bei neuen Vorwürfen und bringen diese in einem Wortschwall von Undifferenziertheiten, auf den man gar nicht reagieren kann, *weil* er in undifferenzierten Gegensätzen zuerst eine Realitätsabgleichung in vielen Details benötigen würde. Der Überindividualismus will gar keine Aufklärung, weil die Aufklärung die eigennützigen Sichtweisen stören würde. Er will seinen Frust loswerden, seinen „Absturz" verhindern. Schade um jede Sprechstunde, denn die Eltern wissen nicht besser Bescheid und der Lehrer ist frustriert. Wenn Eltern über die realitätsverzerrenden Möglichkeiten der Kommunikation Bescheid wüssten, könnten sich Lehrer viel Zeit und Energie ersparen. Leider ist dieses Wissen auch unter Lehrern nicht bekannt und es kommt oft zu gegenseitigen falschen Vorwürfen im Umgang mit den Schülern, in diesem Zusammenhang aber auch zu zeitverzögerten Erziehungsmaßnahmen, die ein „Hochschaukeln" der negativen disziplinären Situation zulassen und auf diesem hohen Niveau auch schlechter bewältigbar sind.

Postman[22] vergleicht das Zeitalter vor dem Buchdruck (gesprochene Sprache) mit dem Zeitalter der geschriebenen Sprache und dem Zeitalter der bewegten Bilder. Vereinfacht betrachtet würde das für die Kommunikation bedeuten:

- Das Zeitalter der nur *gesprochenen Sprache* fördert die Interpretation von Mimik und Gestik, welche ca. 70 – 90% der Kommunikation – besonders auf den emotionalen Beziehungs- und Selbstoffenbarungsebenen – ausmacht. Das Zuhören und das freie Sprechen sind zusätzlich gefordert. Alle vier Kommunikationsebenen – nach Schulz von Thun[23] – werden dabei geübt, so auch bindungsfördernde.

- Die *geschriebene Sprache* fördert das selbständige Verknüpfen von Inhalten, die Vorstellungskraft durch eigene Bilder, das Anbinden an eigene Erfahrungen und das mit der individuellen Verarbeitungsgeschwindigkeit, die dabei auch stetig gesteigert wird. Ständiges Verknüpfen von neuen Inhalten erfordert Flexibilität, zumal sich die eigenen gedankliche Verknüpfungen im Textverlauf als falsch erweisen können und geändert werden müssen. Mimik und Gestik können nicht erlernt werden.

  Die *bewegte Bildersprache* gibt Emotionen und Eindrücke durch die Flut von Bildern und Hintergrundgeräuschen vor, die verbale Kommunikation

22 vgl. Neil Postman (2)
23 vgl. Schulz von Thun (1) S. 14 ff.

(auch die Mimik und Gestik) kann dadurch reduziert werden. Bilder lassen sich schneller emotional anbinden. So sind der emotionale Informationsgehalt und die emotionale Anbindung sehr hoch, nicht aber die eigenständig aktive Verarbeitung und Anbindung von Inhalten. Auch die Emotionalität reduziert sich auf das negative Mitläufertum, dem negativen Gegenpol zur Ich-Identität. Das verknüpfte, aktive Lernen über die schnelle Bildersprache ist daher stark reduziert.

Und was kann die Schule bieten? Im Trend liegen *visuelle Unterrichtsmaterialien*, weil diese einer visualisierten Gesellschaft entsprechen. Im Trend liegen Schulbücher und Arbeitsblätter, die genaue und kurze Arbeitsanweisungen geben, die von Kinder daher auch selbständig ausgeführt werden können. So kann der Lehrer sich um langsamere Schüler kümmern, denn die Geschwindigkeitsunterschiede sind bereits in allen Schulen sehr hoch. Der Lehrer wird so zum Coach, der unterstützt. Die gesprochene Sprache bleibt so reduziert, sie wird nicht geübt. Der „Frontalunterricht" kommt wieder ins Gespräch, er soll das Zuhören wieder fördern.

„Es ist gut, wenn die Schüler *selbständig arbeiten* müssen, so werden sie selbständig", sagen viele Lehrer. Gehen dabei aber wichtige Basiskompetenzen verloren, macht es mehr Sinn, wenn sich die Selbständigkeit auf die Hausaufgaben und das Lernen zuhause reduziert. Verringern sich nämlich die zwischenmenschlichen kommunikativen Fähigkeiten, verringert sich auch das Zuhören, das Differenzieren, das Verknüpfen, die Disziplin... Auch hier gilt: Zuviel ist schlecht.

Ein Argument für das *eigenständige Arbeiten* in der Schule ist, dass Schüler selbst Anbindungen tätigen müssen, d.h. mitdenken müssen. Die Realität: Leichte Ausfüllarbeiten in Arbeitsbüchern werden noch schnell erledigt im Sinne von „drei Seiten in fünf Minuten → Erfolgserlebnis". Verknüpfungen sind dabei oft nicht gefordert, sie werden auch nicht getätigt, die Inhalte bleiben daher im Kurzzeitgedächtnis. Müssen Schüler bei den Arbeitsaufgaben selbst Verknüpfungen erstellen, werden die Inhalte von Schülern schnell als „viel zu schwer" eingestuft und sie erwarten die Lehrermithilfe, die über alle Bequemlichkeiten oder mangelnde Möglichkeiten hinweghilft. Das „richtige" Lernen ist daher nicht nur eine Frage von „Wer hat geübt?" sondern auch „Wer macht sich die Mühe, sich darauf einzulassen?" Eine schnelle Mediengesellschaft macht dies eher nicht, da helfen auch gut ausgestattete Medienräume nicht, im Gegenteil.

Im Extrem gedacht: Was wäre, wenn es keine Schulbücher mehr gäbe, nichts, wo man Inhalte nachlesen und nachschauen könnte? Informationen würden dann wieder mehr an Wert gewinnen, das Zuhören und Einlassen würde gefördert werden.

Wie man sieht: Extremannahmen können zeigen, wo der Mittelweg liegt. Ich denke nicht, dass man den Schülern die Schule schwerer machen muss, aber ich denke, dass man die Basiskompetenz des Zuhörens auf allen Kommunikationsebenen wieder fördern muss, ebenso wie die Basiskompetenz des verstehenden Lesens. Was es dazu *nicht* braucht: Ein extra Buch wie das „Lesetraining"[24] für den Deutschunterricht, bei dem Schüler ihre Fähigkeiten selbst testen können und ihren schnellen Erfolg abhaken können. Die Lesekompetenz braucht Zeit, nicht ein Heft mit Wettbewerbscharakter für das schnelle Erfolgserlebnis, das, einmal ausgefüllt, für andere Leser nicht mehr gebraucht werden kann. Hier fängt die Vermarktung der Schule an, die sich eine Gesellschaft nicht leisten darf. Es geht um das langsame Einlassen, das Schüler als Gegenpol zu den schnellen Bildern brauchen. Ein Fernseher im Kinderzimmer ist so ziemlich das Schädlichste, was man einem Kind antun kann, trotzdem sind immer noch viele Eltern stolz darauf, was sie ihrem Kind bieten können. Aufklärung wäre hier nötig.

Die *bewegten Bildmedien* tragen ganz wesentlich zur undifferenzierten Kommunikation bei und unterstützen so die überindividualistische Kommunikation. Auch ergeben sich durch die Medien ständige *Über- und Unterinformationen*, die den Schüler geistig blockieren und einschränken. Alles was „krass" wirkt, ist für Schüler z.B. gut, witzig, berührt, kommt an..., ist aber auch undifferenziert und somit kommunikationsarm. Bei Filmen bleibt z.B. der eigene emotionale Einsatz reduziert, wir üben *Emotionen an fremden Inhalten*. Diese verschobene Emotionalität verringert in Folge die Fähigkeit zu eigenem Nachfühlen und Anbinden. Für das langfristige und erfolgreiche Lernen ist das eigene und bewusste emotionale Anbinden aber Voraussetzung. Vermehrt sind jetzt wieder die Pädagogen gefragt. Sie müssen den Unterricht mit vielen emotionalen Verknüpfungen aufbereiten, weil Schüler dies selbst nicht mehr können. Und womit geschieht dies? Viele Bilder in den Schulbüchern, Medien... Ein teurer Ersatz muss her, weil Differenzierung, Kommunikation, Einfühlen, emotionales Anbinden... der Kinder blockiert sind. Wenn der Mangel an Kreativität in der Schule bekrittelt wird, sind es für mich nicht unbedingt die reduzierten musischen Fächer, sondern es ist jene fehlende emotionale Kreativität, die Schüler benötigen, damit Lerninhalten mit eigenen Emotionen verknüpft werden können, damit Inhalte richtig angewendet werden können, damit Lernen überhaupt nachhaltig stattfinden kann. Es braucht dazu keine Orien-

---

24 vgl. z.B. Lesetraining: „Lesezeit 3", hrsg. von Wolfgang Pramer und Elisabeth Nömair, Veritas Verlag 2002.

tierungsarbeiten und Standardisierungstest – wie in Österreich – die die Nachhaltigkeit überprüfen sollen.

Gegensatzpaare wirken also deutlicher, schneller, emotionaler und können leichter abgespeichert werden. Sollen wir überindividualistischen Schülern krasse Gegensätze bieten, weil diese ihrem Niveau entsprechen oder sollen wir von ihnen Differenzierung fordern, die Zeit und Energie braucht?

Kennt man den Unterschied zwischen echter Stärke und mächtigem Überindividualismus nicht, ist man schnell dazu geneigt, ich-orientierte Äußerungen als stark anzusehen, weil Durchsetzungskraft in einer überindividualistischen Gesellschaft einen besonders hohen Stellenwert hat. Eltern denken oft, ihr dreijähriges Kind sei stark, weil es sich schnell und gut durchsetzen kann. In Wirklichkeit sind es oft überindividualistisch undifferenzierte Kinder. Stärke entwickelt sich nur langsam über die Differenzierung und den Einbezug des Du, aber auch mit dem Maß an Problemlösungskapazität, die wiederum für komplexes Denken Voraussetzung ist. Ein Kleinkind hat entwicklungsbedingt primär eine lebenserhaltende Du-Orientierung, diese wächst erst mit dem zehnten/zwölften Lebensjahr verstärkt zu einem gesellschaftsfähigen, verantwortungsvollen Ausmaß – vorausgesetzt Eltern und Pädagogen fordern diese Du-Orientierung ein.

Die Realitätsverluste der Jugend ergeben sich aus der verringerten aktiven Wahrnehmung und somit aus der gestörten Zuhörfähigkeit, die ja ohne visuelle Aufbereitung gelingen sollte. Angeblich können ca. 90% der Burschen und 75% der Mädchen nicht mehr zuhören. Dies sind Zahlen, als Lehrer kann man diese Unfähigkeit aber auch beobachten. Zweiteilige verbale Aufgabenstellungen sind für 10-18-Jährige oft zuviel und es wird nur der erste Teil der Aufgabe abgewartet oder aufgenommen, auch wenn langsam und einfach formuliert wird. Diese geringen Zuhörfähigkeiten scheinen schwerwiegend zu blockieren, sind aber eben nur *ein* Teil der Unterrichtsblockade. Man könnte dem entgegenhalten, dass es sich um uninteressanten Unterrichtsstoff handelt. Das trifft für den Überindividualismus sicher zu, denn der Überindividualismus kommt weder mit dem „Müssen" gut klar, noch lässt er sich gerne auf Neues ein, weil er apriori überfordert ist. „Interesse" ist immer eine Frage von „Einlassen-Wollen" und somit individuell angelegt.

Vom Prinzip her gilt für einen „gesunden" Menschen mit gesunder Bindungsfähigkeit: „Alles Neue, was irgendwie angebunden werden kann und einem eigenen oder gesellschaftlichen Ziel dient, ist interessant." „Anbindung" braucht aber Übung und das Einlassen auf das Ziel. Dies sind nicht die Stärken des schnellen Überindividualismus. Der Überindividualismus denkt grundlegend anders: Alles, was ihm jetzt und schnell nützt oder ihn befriedigt, ist wichtig. Die Forderung von „Interesse" stellt er an den Lehrer, der sein Interesse *wecken* muss. Diese Form der Interessensverlagerung auf das Du *wirkt* nicht nur wie ein Ersatz, der sich dazu schnell abnützt, er *ist* auch einer, selbst wenn sich Lehrer und Schulbuchverlage ständig übertrumpfen.

Kommunikationsverluste entstehen nicht nur bei der Wahrnehmung und Anbindung von Inhalten sondern auch bei der Wiedergabe. Wie dies geschieht, kann anhand der vier Kommunikationsebenen nach Schulz von Thun erklärt werden.

Abbildung 4: Die vier Seiten der verbalen Kommunikation nach Schulz von Thun (1)[25] – Kommunikationsquadrat:

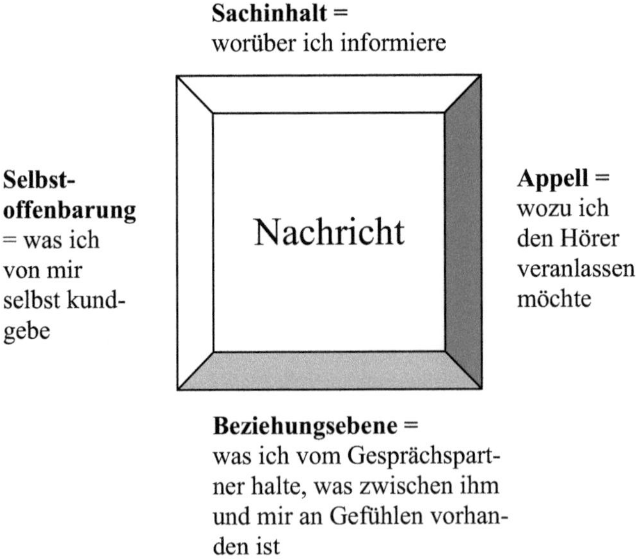

Sachinhalt =
worüber ich informiere

Selbst-
offenbarung
= was ich
von mir
selbst kund-
gebe

Nachricht

Appell =
wozu ich
den Hörer
veranlassen
möchte

Beziehungsebene =
was ich vom Gesprächspart-
ner halte, was zwischen ihm
und mir an Gefühlen vorhanden ist

Werden diese vier Ebenen richtig angewendet, bleibt die Kommunikation klar. Der Überindividualismus aber vertauscht diese Ebenen, schafft Unklarheiten und kann so den Eigennutzen meist unerkannt auf anderen Ebenen manipulativ durchsetzen.

Auch die *Versachlichung der Sprache* = Reduzieren der emotionalen Ebenen, ist eine Auswirkung des gesellschaftlichen Überindividualismus. Sie wirkt wie eine Sprachreduzierung, aber auch wie eine Realitätsverzerrung. Sie entsteht aus der Geschwindigkeit, wird über die Neuen Medien geübt und findet auch dort statt, wo langes Zuhören nicht mehr erwartet werden kann, nämlich in der Schule. Die emo-

---

25 vgl. Schulz von Thun (1) S. 14 ff.

tionalen Ebenen würden jene du-orientierten Hintergründe schaffen, die für starke Entscheidungen oft wichtig sind. Sie würden positive Bindung schaffen, beinhalten aber genau jene emotionalen Meldungen und Rückmeldungen, die für den Überindividualismus „gefährlich" sind, indem sie angreifbar machen und sein Ich „abstürzen" lassen können. Als Lehrer wird man sich hüten, die vorhandene Zeitknappheit des Unterrichts mit potentiellen Abstürzen und entsprechenden Unmutsäußerungen von Schülerseite zu stören. Die Schule kann somit nur eingeschränkt jene Kommunikation tätigen, die für das Heranwachsen von starken Schülern wichtig ist. Das Elternhaus ist hier verstärkt gefragt.

Auch *Appelle* werden vom Überindividualismus nicht gerne wahrgenommen. Sie stören sein Wohlbefinden, weil sie fordern. Die Forderung an das Ich wird abgelehnt, schließlich beinhaltet die Forderung nicht nur unangenehme Arbeit sondern auch das Scheitern. Die Auswirkungen: Der Lehrer braucht deutliche Worte für seine Forderungen und somit erhöhte Energie, auch muss er die Erfüllung der Forderungen stärker kontrollieren. Deutliche Forderungen kommen beim Überindividualismus auch deutlich negativ an, dem entsprechend sind auch seine Rückmeldungen zum/über den Lehrer deutlich negativ. Wieder ist der Lehrer der Böse, der zuviel fordert, die Bindung wird gestört und das, weil sich der Überindividualismus auf einer erhöhten Position befindet, auf der es mehr braucht, damit das gleiche Ergebnis erzielt werden kann.

Der Appell stört aber auch das selbständige Arbeiten als methodisches Unterrichtsprinzip, das vom Überindividualismus vermehrt gefordert wird, denn das selbständige Arbeiten beinhaltet auch die Verantwortung. Die Verantwortung wird vom Überindividualismus aber abgelehnt, weil sie die Forderung an das Ich beinhaltet. So stehen die Lehrer vor der Tatsache, dass sie die Schüler zwar selbständig arbeiten lassen, die Arbeit aber wenig verantwortungsvoll getätigt wird, also auch wenig zielgerichtet. Die Bindung zum Unterrichtsstoff wird nicht eingegangen, womit die Nachhaltigkeit reduziert bleibt.

Die *Selbstoffenbarungsebene* ist – wie die Beziehungsebene – eine emotionale Ebene. Da Beziehung und Bindung das Lernen im Sinne der Du-Orientierung fördern, wären diese zwei Ebenen unumgänglich wichtig. Da sich der Überindividualismus aber auf einer geringen Basis der Du-Orientierung bewegt, ist auch diese Kommunikationsseite nur eingeschränkt vorhanden. Sie reduziert sich im Überindividualismus eher auf selbstwerterhöhende Einschübe oder Störungen im Sinne von „seht her, ich trau mich, ich bin stark".

Überindividualistische Kinder und Jugendliche setzen sich durch ihr Reden gerne in den Mittelpunkt. Auch so ergeben sich Realitätsverluste. Sie reden selbst gern, hören aber nicht gern zu, womit sich die Wahrnehmung der emotionalen Ebenen reduziert. War früher ein Referat für viele Schüler noch ein Alptraum, stehen Kinder (besonders 10/11-Jährige) heute oft gerne vor der Klasse, präsentieren aber nicht unbedingt Inhalte, sondern sich selbst. So würden Fünf-Minuten-Referate bei den jüngeren Schülern mitunter auch in einer Stunde nicht fertig werden, wenn man sie ließe. Mit einer Selbstverständlichkeit nehmen sie an, dass die Mitschüler gerne zuhören. Auch diese Form der Kommunikationsstörung ist überindividualistisch geprägt und hat seinen negativen Gegenpol sowohl in der „Kommunikationslosigkeit" unserer Gesellschaft als auch in der „Bindungslosigkeit und Beziehungsunfähigkeit". Immer wieder spüren Lehrer die Beziehungslosigkeit zwischen Lehrer und Schüler, sie bemühen sich, diese herzustellen, es werden von der Schule Klassengemeinschaftsstunden finanziert, Klassenvorstände machen Klassenfahrten, Ausflüge, zusätzliche Schitage... alles für die Beziehung. Das Ergebnis bei überindividualistischen Schülern: Sie fordern ein, was praktisch ist, die Bindungsbereitschaft wird aber eigennutzenorientiert bleiben.

Ein weiteres kommunikatives Defizit ergibt sich aus der Tatsache, dass bis zu 95% der Kommunikation nicht aus Worten besteht, sondern *nonverbal, mittels Mimik, Gestik, Betonung, Lautstärke, Pausen...* entsteht. Nonverbalen Kommunikationselemente können nur über die gesprochene Sprache richtig geübt werden. Die emotionale Bindung zum Du ist dabei mitbestimmend. Die kurze Schulkommunikation – Schüler können nicht mehr lange zuhören – und die verkürzte Internetkommunikation muss weitgehend auf diese Kommunikationselemente verzichten. Somit verringert sich auch der diesbezügliche Wahrnehmungs- und Informationsgehalt der Schüler beträchtlich. Die Defizite in der nonverbalen Kommunikation müssen nun durch die verbale Kommunikation ausgeglichen werden, damit es nicht zu Missverständnissen kommt. Das ist ineffektiv, zumal die nonverbale Differenzierung gleichzeitig zur verbalen Kommunikation stattfinden kann; ein Mehraufwand in einer zeitknappen Gesellschaft.

Kommunikationsdefizite (Zuhören, Artikulieren...) haben aber noch andere negative Auswirkungen. Da sie auf dem überindividualistischen Ich mit schwacher Du-Orientierung basieren, schaffen sie nicht nur vermehrt Konflikte, sondern blockieren auch die Konfliktlösung. Für sinnvolles Lösen von Konflikten braucht es die Hintergründe des Du, damit Einsicht entstehen kann, damit es zu Schuldeingeständnissen und Entschuldigungen kommen kann. Die Schuld auf der Basis von „ich erkenne die Bedürfnisse des Du an, ich akzeptiere das Du in seinem Sein" schafft

Bindung. Die „Schuldlosigkeit" verringert die Möglichkeit von Bindung und das, obwohl der Überindividualismus ohnehin sehr viele beziehungsstörende, extreme Eigenschaften besitzt. Bei der Konfliktlösung braucht es auch alle vier Kommunikationsseiten und die Fähigkeit, nonverbale Kommunikationselemente richtig zu deuten.

Realitätsverluste entstehen auf vielfache Weise, auch über die Medien – wieder ein Absurdum, denn eigentlich müssten in unserer Mediengesellschaft alle Informationen ständig und überall zur Verfügung sein und ein Mehr an Realität mit sich bringen. Tatsächlich sind es die Überinformationen, die Unklarheiten schaffen, es sind gegensätzliche Informationen, die differenziert werden müssen, viele Medieninhalte sind realitätsverzerrt, weil sie dem Marktwert unterliegen. Auch neigt der Mensch dazu, jene Informationen als wahr anzuerkennen, die er *oft hört*. Heute kann man in einem Sender um 20.00 Uhr die Nachrichten hören, im anderen Sender ähnliche Nachrichten um 20.15... Dies kommt einer emotionalen Verstärkung gleich. So nimmt das Unterbewusstsein verstärkende Übertreibungen wahr. Diese Verstärkung wirkt wie „einfaches" Denken: „Was alle sagen, stimmt", „was wiederholt wird, ist wichtig", „was Bilder sagen, stimmt", „geschriebene Sprache, stimmt", „Statistiken stimmen". So wird die Gewalt zum Dauerkonsum und braucht für neue Stimulation immer mehr, die Sexualität wird zur ständig präsenten Massenware und stumpf ab, auch der Spaßfaktor erhöht seine Übertreibungen. Alles wird extremer, größer, realitätsfremder, auch die Ausdrucksweise der Schüler.

Der Vorteil für den Überindividualismus: Von Übertreibungen kann man sich besser abgrenzen, was wie eine Selbstaufwertung wirken kann und gleichzeitig einer Fremdabwertung gleichkommt, im Sinne von: „Ich doch nicht, aber die anderen." Für den Überindividualismus ist die übertriebene Darstellung somit eine geeignete Form der Unterhaltung. Aber: Die Kommunikation, die im Fernseher lustig übertrieben wirkt, ist im realen Leben abwertend, stößt daher auf Widerstand, womit wieder eine Störung und Verringerung der zwischenmenschlichen Kontakte einhergeht, auch wieder Realitätsverluste mit sich bringt.

Im Zusammenhang mit der Übertreibung entsteht ein weiteres Extrem: Die Medien transportieren sowohl die Versachlichung der Sprache als auch die Emotionalität in ihren Extremformen, weil die Emotionalität auf sachlicher Basis einen starken Kontrast ergibt und somit auf Zuschauer „spannend" wirkt; beides schadet, denn es „färbt den Alltag um".

Ein zusätzlicher Nervositätsfaktor, der über die Medien transportiert wird, sind die *vielfältigen Vergleichsmöglichkeiten*. Ein nervöser Charakter neigt verstärkt zu jenen Vergleichen mit dem Du, die sein Selbstwertgefühl gefährden oder aufwerten. Das führt nicht nur dazu, dass Konsumwerbung stärker auf sie wirkt, es führt auch in der Klasse zu vermehrten „nervösen Konkurrenzkämpfen". Wer hat die teuren Markenartikel, wer das schönere Make-up, die bessere Figur...? Die Gemeinschaft in der Schule wird somit zum erhöhten Stressfaktor, der mit dem eigentlichen Unterricht noch gar nichts zu tun hat.

Kommunikationsverluste = Realitätsverluste erfolgen aber nicht nur durch das Überangebot an realitätsfremden medialen Inputs, sondern auch durch die vereinfachten Kommunikationsformen wie Facebook, Twitter, SMS... Die Selbstoffenbarungsebene ist zwar meist ungewollt hoch – 95% aus dem Unterbewusstsein – und von Schüler nicht durchschaubar, sie bleibt aber auf einer isolierten Ebene, weil auch die reflektierte Rückmeldung ausbleibt. Der Sender einer Nachricht gibt von sich, bekommt aber nur mangelhafte, kritische und somit ich-stärkende Rückmeldungen. Die Beziehungsebene wird somit nur unzureichend geübt. Die medialen Kommunikationselemente beschränken sich auf Sachinhalte (oder selektierte, zielgerichtete Emotionen und Sachinhalte) und verringern die Kommunikation auf einen Bruchteil der möglichen Gesamtkommunikation. Der Selbstdarstellungscharakter ist dabei sehr hoch, er entspricht dem Überindividualismus.

Praktisch sind die Bildmedien für den Überindividualismus schon, denn er kann sich ein Du ins Haus holen, das keine Bindung erwartet, keine Rückmeldung, kein Einlassen, das keine Grenzen setzt, im Gegenteil, man kann ausschalten, wenn das Du keine Projektions- oder Introjektionsflächen, keinen Kick, keinen Fun... bieten. Die Macht über das Du scheint gegeben, was dem Überindividualismus entgegenkommt. Es ist allerdings eine Macht, die schwächt. Schüler kommen nach Hause und lassen die 95% ihres Unterbewusstseins mit fremden Emotionen vollaufen. Zwei bis sechs Stunden Fremdbewusstsein pro Tag werden zusätzlich angelegt, abgespeichert und werden so charakterbestimmend. Da der Charakter bereits die Programmwahl getätigt hat, verstärken sich Charaktere. *Die Absurdität lautet somit: Der Überindividualismus lässt sich zwei bis sechs Stunden pro Tag fremdbestimmen und das, obwohl er sich nicht gerne von fremden Menschen bestimmen lässt.*

Zusammenfassend betrachtet:
Kommunikationsverluste und Realitätsverluste schaffen mächtige Störungen, weil sie mächtig wirkende Differenzen schaffen. Auch hier entsteht ein überindividualistisches Extrem: Einerseits steigt der Kommunikationsbedarf mit dem Maß der

Individualisierung und unserer vielgestaltigen Gesellschaft, andererseits sind der Überindividualismus und die nervöse Zeit dafür verantwortlich, dass die Kommunikation nur sehr eingeschränkt gelingt.

In der Schule wirken sich diese vielfältigen Kommunikationsstörungen besonders drastisch aus, weil Kinder altersbedingt undifferenziert agieren, die Schule aber zusätzlich die überindividualistische Undifferenziertheit bewältigen muss.

Für die Schule bedeutet der Überindividualismus: Die Wahrnehmung, Bewertung von Inhalten, Verknüpfung, Anbindung und Wiedergabe von Inhalten erfolgt schnell, selektiv, undifferenziert, wenig verknüpft, aber auch wenig du-orientiert, weil die Eigeninteressen im Vordergrund stehen. Lernen erfordert aber genau das Gegenteil: Differenzierung, Verknüpfung, Einlassen auf das Du, Einlassen auf Neues, ständige Neubewertung.... Die Realität liegt immer dort, wo möglichst viele Hintergründe zu einer Schlussfolgerung passen. Wenn sie auch noch lange Gültigkeit hat, liegt man näher an der praktikablen Realität.

3. Warum der Überindividualismus nicht stark macht

Der Überindividualismus wirkt vordergründig stark, ist hintergründig aber schwach und wirkt sich langfristig immer negativ aus, auch auf den überindividualistischen Menschen selbst. Bisher haben wir gehört: Der Überindividualismus reagiert nervös, eigennutzenorientiert, schnell, undifferenziert, er selektiert, führt zu Realitätsverlust hinterlässt unbewusste Ängste, schafft Konkurrenz und Stress, macht krank, schafft Kommunikationsverluste, Ich-Verlust, Du-Verlust... er blockiert. Der Überindividualismus kann aber noch anderes nicht, was ein Kind zum Starkwerden braucht, was teilweise bereits vorschulisch angelegt sein sollte, damit es den Prozess „Lernen" (sozial und kognitiv) in der Schule positiv bewältigen kann.

3.1 Idealbild statt Realbild – Notengebung

Jeder Mensch muss sich ein Bild von seiner Persönlichkeit machen, damit er sich als Ich überhaupt wahrnehmen und somit auch vom Du abgrenzen kann. Diese Bild kann er sich nur über das Du machen, denn nur dieses lässt einen Vergleich zu. Das Du bestimmt somit das Ich, auf dessen Basis weitere Handlungen, Schemata, Schablonen, Richtlinien – wie z.B. das Lernen – erfolgen.

Der Überindividualismus schafft sich aber *keine Realbilder, sondern Idealbilder.* Aufgrund der schwachen Du-Orientierung werden Du-Rückmeldungen erst wahrgenommen, wenn sie überdeutlich sind. Bei soviel Deutlichkeit ist ein tiefer Fall logisch, zumal der Überindividualismus eine Rückmeldung, die erst einmal bei ihm angekommen ist, auch überdeutlich aufnimmt und nicht erkennen kann, dass ein Gegenüber nur deshalb so deutlich war, weil er selbst lange nichts gemerkt hat. Ein tiefer Fall ist vorprogrammiert und somit ein großer Konflikt, bei dem das überdeutliche, Grenzen setzende Du zum bösen Du wird. Da der tiefe Absturz verhindert werden muss, fällt auch die Abwertung des Du nicht schwer, es war ja schließlich der böse Auslöser, der überreagiert hat. So kann der überindividualistische Schüler sich vor dem Bewusstsein retten, dass er mit seiner reduzierten, unsensiblen Art der Du-Orientierung der Auslöser war. Wird der Lehrer abgewertet, fühlt sich der Überindividualismus auf alle Fälle besser, auch wenn eine gewisse Teilschuld erkannt wird. Diese Teilschuld tritt für den Schüler hinter die Lehrerschuld und wirkt dort relativ verkleinert.

Der Überindividualismus fühlt sich oft besser, als er ist. Oft fühlt er sich aber auch schlechter, als er ist, weil er sich auf einem hohen Niveau aufhält, das er gar nicht halten kann. Er wird immer wieder Rückmeldungen vom Du erhalten, die ihn in die Realität zurückbringen. Der Überindividualismus muss sich daher oft mit dem verglichenen „Weniger" zufrieden geben, als er für sein Ich bräuchte. Die Folge davon: Er wirkt immer auch wie ein „zu kurz gekommenes Kind", das mit viel Mitleid sein hohes Idealbild aufrechterhalten will. Besonders Mütter lassen sich auf dieses Mitleid ein, schaden aber, weil sie das Idealbild des Kindes dadurch festigen. Besonders anfällig für die mitleidige Manipulationsmethode sind Mütter mit Söhnen, die ein „Kuschelbär-Aussehen" haben und mit weichem Blick und Tränen in den Augen gute „Schauspieler" sind. Die disziplinären Probleme mit diesen Kindern sind höher.

Die ständige, bis verzweifelte Suche nach dem Du ist ein anderes, aber logisches Verhalten des Überindividualismus, denn ein hohes Ich kann nur durch die ständige, positive Rückmeldung des Du existieren. Selbstzufriedenheit ist ja nicht die Stärke des Überindividualismus, er braucht das Du zum Vergleich. So suchen immer mehr Kinder nach der schnellen, positiven Rückmeldung, fordern Lob ein, stellen unnötige Fragen, damit sie das Du – nach Möglichkeit wohlwollend – spüren. Diese Form der Du-Orientierung wirkt für den Außenstehenden wie eine echte Du-Orientierung, sie dient aber dem kurzfristigen Eigennutzen der Selbstwerterhöhung. Echte Rückmeldung ist nicht erwünscht, denn diese würde eine Verhaltensänderung auf der Basis von „Falsch" oder „Schuld" erfordern, das beinhaltet die vermeintliche Abwertung.

In der Schule treffen viele Menschen zusammen, dort wird ständig verglichen, ständig werden Idealbilder gestört. Der Auslöser sind Noten, Lehrer, Mitschüler... Der Lehrer hat aber nicht die Schuld für die „Zerstörung" eines Idealbildes, sondern es ist seine erzieherische Pflicht zum Realbild der Schüler beizusteuern. Das Problem dabei: Schüler können/wollen zwischen „Ursache" und „Auslöser" nicht unterscheiden, sie geben dem Lehrer die Schuld für die Beziehungsstörung in Form der „Idealbildzerstörung" und werten ihn durch Schuldzuweisungen ab. Sichtbar werden diese Schuldzuweisungen auch in Disziplin- und Verhaltensauffälligkeiten, bis hin zu direktem Lehrermobbing, abwertenden Facebook-Eintragungen...

Die *Schulnoten* sind ein weiterer, heikler Faktor für das überindividualistische Selbstbild, sie werden von überindividualistischen Menschen schnell als echte Abwertungen empfunden. So wollen immer mehr Eltern möglichst viele Rückmeldungen über den Notenstand erhalten, auch Schüler fragen oft vor der „Halbzeit" nach der zu erwartenden Endnote. Da die Schülererwartungen oft höher sind, werden viele Noten beanstandet, sehr oft auch von Eltern. Das Ergebnis: Der Lehrer muss viele Aufzeichnungen machen, was viel Zeit braucht. Die Folge: Die Notenvergabe wird für Eltern und Schüler immer undurchsichtiger, weil jetzt anhand vieler Kriterien gewichtet und verglichen wird. Die Wirkung: Schüler beschweren sich beim Lehrer, weil sie nicht wissen, wie die Note zustande gekommen ist. Auch hier gilt: Zuviel macht die Sache nicht besser, weder für den Lehrer, der viel Aufwand mit den Noten hat, noch für die Betroffenen, die jetzt erst recht keinen besseren Durchblick haben. Auch zeigen Lehrererfahrungen, dass die Noten auch mit vielen Aufzeichnungen nur selten andere sind.

Der Überindividualismus empfindet die Note auch schneller als Druck, weil er sein Idealbild höher ansetzt und daher ängstlich-nervös auf Noten reagiert. Kommt der Überindividualismus mit dem Notendruck nicht klar, wertet er die Note ab, im Sinne von „ist doch egal, Hauptsache noch positiv". Auch die Lehrerabwertung bei schlechten Noten ist eine zunehmende Form der Abwertung aufgrund von überindividualistischen Idealbildern: „Der Lehrer ist schlecht, er fordert zuviel, er kann nicht erklären..." Auch hier gilt: Idealbilder verzerren die Realität.

Die *Abschaffung von Schulnoten* ist die Reaktion auf den Überindividualismus, der mit Noten nicht gut umgehen kann, sie ist aber schädlich für den Schüler, weil Noten das Realbild stärken. Noten sind Rückmeldungen des Du/der Gesellschaft und stärken so die Ich-Stellung in der Gesellschaft. Diese Stärkung nennt sich *Selbstwertgefühl*. Das Kind kann sich selbst als wertvoll für die Gesellschaft erleben. Schlechte Noten verhelfen zwar nicht direkt zu einem positiven Selbstwertgefühl, fördern aber das Einüben von echter Frustrationstoleranz. Für sein Leben hat der Schüler da sehr viel gelernt. Schüler, die häufig schlechte Noten bekommen, sind deshalb oft durchhaltefähiger als Schüler, denen lange alles leicht fällt. Für überindividualistische Menschen sind Noten sowohl ein wichtiger Vergleich im Sinne der Auf- und Abwertung, den sie einerseits gierig anstreben, sich aber auch ängstlich davor scheuen – auch hier ein Extrem. Das eine schwächt, indem es Stress bringt und im negativen Gegenpol auch vermehrte Angst. Für Lehrer bedeutet das: Vermehrte Aufzeichnungen, Beweise für Noten, möglichst alles detailliert schriftlich, aber es bedeutet auch: „Kampf" mit Eltern und Schülern gegen jede mögliche Abwertung durch Noten, die ihr hohes Selbstbild reduzieren.

Die Diskussion um die Abschaffung von Noten ist somit eine überindividualistische, konfliktscheue Forderung, die darauf beruht, dass dem Überindividualismus die positive Spannung zu den Noten fehlt, im Sinne von „Noten sind Richtlinien, relativ, oft kurzfristig, wichtige Du-Orientierung..." Eltern sind auch hier die Messlatte für die Kinder, sie legen die innere Einstellung von der Bedeutung der Noten in ihren Kindern fest. „Vergleichen und Messen" sind wichtig für Realbilder, wichtig für das Starkwerden. Die verbale Beurteilung lässt sich für Schüler weniger gut vergleichen, auch unterliegt sie möglichen kommunikativen Verzerrungen. Die Abschaffung der Noten ist daher kontraproduktiv, geht Grenzen aus dem Weg, kann nicht stark machen.

Schwache Lehrer rücken realitätsfremde Idealbilder der Schüler nicht gerne zurecht, sie haben Angst vor den (indirekten) Abwertungen der Schüler. Sie wollen besonders gute Lehrer sein, sind daher konfliktscheu und überlassen die Schüler ihren realitätsfremden und somit schädlichen Selbstbildern, auch dann, wenn sie wissen, dass sich die Schüler in der negativen Übertreibung befinden.

Ein möglichst reales Selbstbild kann für jüngere Kinder (bis zum 10. Lebensjahr) *nur* durch das Du entstehen, weil ein Kind noch nicht die Fähigkeiten besitzt, sein Ich aus der Du-Perspektive zu betrachten, gleichsam als Außenstehender. In den ersten zehn Lebensjahren sind die Rückmeldungen vom Du daher besonders wichtig. Verläuft diese Du-Rückmeldung sehr differenziert, wird sich das Kind später selbst sehr differenziert als Außenstehender betrachten können. Kann es sich als Außenstehender betrachten, braucht es kaum Zurechtweisungen, weil es selbst sieht, wo der Konsens mit dem Du liegt. Bedenklich stimmt, dass auch 16-Jährige oft noch sehr weit weg von ihrem Realbild sind. Die Eigenreflexion müsste in diesem Alter sehr häufig viel höher liegen. Für den Lehrer ergibt sich die Tatsache, dass er zwar mit der entwicklungsbedingten Eigenreflexion rechnet, diese aber nicht vorfindet. Auch sind in diesem Alter die Idealbilder bereits gut gefestigt, sie lassen sich nur schwer zurechtrücken, auch deshalb nicht, weil die pubertierende

Jugend verstärkt auf der Ich-Suche ist. Der überindividualistische Schüler verstärkt dabei sein Ich überindividualistisch, also nicht sein Realbild, sondern sein Idealbild, während der Schüler in der ausgeglichenen Spannung sein Realbild verstärkt. Für ein Idealbild reicht bereits das häufige oder falsche Lob im Elternhaus. Die 70er-Jahre-Pädagogik brachte den Mythos auf, dass Kinder nur durch positive Verstärkung lernen oder dass sie dadurch wenigstens besser lernen. Ein Mythos, der heute noch bei „besonders" guten Eltern und Pädagogen aufrechterhalten wird. Echtes Selbstwertgefühl kann man aber nicht über viel Lob erreichen. Steht das Lob nämlich nicht im Zusammenhang mit dem Du oder dem Gemeinschaftswohl, die eine Forderung ausdrücken, wirkt es kontraproduktiv und schädlich. Die Unkenntnis oder das „Mehr und Besser" von Elternseite kann hier bereits vorschulisch viel zerstören. Der Lehrer wird ein hohes Niveau an Lob nicht halten können, denn er muss vorwiegend den gesellschaftlichen Vergleich tätigen. Die Frustration des Schülers ist vorprogrammiert, oft schon in der ersten Schulstufe.

Je länger und erfolgreicher ein realitätsfremdes Selbstbild bereits erhalten worden ist, desto mehr Energie braucht seine Aufrechterhaltung, desto weniger Energie steht der Schule zur Verfügung. Besonders groß werden die Probleme in der Pubertät, denn diese bringt aufgrund vermehrter Ich-Du-Abgleichung aus der Perspektive des anderen Geschlechtes oft große Verschiebungen des Selbstbildes mit sich, somit auch Disziplin- und Leistungsprobleme. Andererseits muss auch genau dann ein Idealbild aufrechterhalten werden, es ist wichtiger denn je, schließlich will man dem anderen Geschlecht gefallen.

Der ständige Wechsel der Ich-Du-Perspektive macht einen Menschen somit zum starken Menschen, er bleibt realistisch in seiner Einschätzung. Überindividualistische Eltern können Kindern nicht mitgeben, was sie zum Starkwerden brauchen, überindividualistische Lehrer auch nicht, weil ihre Perspektiven verschoben sind. Hinzu kommt ihre Angst vor den Konflikten, die durch das Zurechtrücken von Idealbildern entstehen. Da auch ihre Konfliktlösungsfähigkeit auf einer geringen Du-Orientierung basiert, ist es für sie zusätzlich schwer, Konflikte auf der positiven Spannung zwischen dem Ich und dem Du zu lösen. Nur dort ist aber eine gesunde, bindungsfähige Konfliktlösung möglich.

Wie bereits erwähnt, benötigt ein Mensch besondere Maßnahmen, damit er sein Idealbild aufrechterhalten kann. Diese Maßnahmen müssen auch jederzeit anwendbar sein. Die schnellsten Methoden sind die Du-Abwertung und die Ich-Aufwertung. Die leichtere, schnellere Methode ist die Du-Abwertung. Sie benötigt keinen Eigeneinsatz. Auch die realitätsverzerrenden Mittel dazu sind begrenzt und dem Überindividualismus geläufig, da er sich ohnehin auf einer extremen Position befindet. Er fühlt, denkt..., kommuniziert extrem und realitätsfremd. Die kommunikativen Mittel zur Idealbildstärkung sind daher überwiegend:

- Schwarz-Weißdenken → Vorurteile
- Verdrängung und Selektion von anderen Meinungen, von Hintergründen, Einzelbestandteilen der Nachricht
- Umändern der Du-Aussage durch Übertreibungen (z.b. Angeben, Wiederholung, Lautstärke...)
- Umändern der Du-Aussage durch Untertreibung = Selektion von das Umändern durch Verallgemeinerungen kann übertreiben oder untertreiben (z.B. Verallgemeinerung: Lehrer/Schüler sind dumm, faul...)
- Projektion und Introjektion (= Abgabe von eigenen negativen Eigenschaften auf das Du und Aufnahme von guten, externen Eigenschaften in das eigene Selbstbild). Beide Verlagerungsformen erfolgen über die Selektion, indem z.b. Hintergründe weggelassen werden....(z.b. Der Lehrer reagiert verärgert auf den Schüler, weil sich der Schüler nicht in ausreichendem Maße gruppenkonform verhält. Der Schüler erzählt anderen, dass er einen bösen Lehrer hat. Der Schüler hat den Hintergrund – die eigene Schuld – weggelassen, damit er selbst gut dasteht, der Lehrer aber schlecht. Die umgekehrte Schüleraussage: „Der Lehrer hat sich gebessert." Hintergrund: Der Schüler verhält sich besser. Auch hier wird der Lehrer im Nachhinein für schuldig erklärt.)
- Witz, Ironie, Vergleiche und Bilder arbeiten mit den Möglichkeiten der Umänderung auf der Basis der zwei unterschiedlichen Ausdrucksebenen, die jeweils enthalten sind. So kann das eigene Idealbild vergleichsweise verbessert und der andere abgewertet werden. Der Witz hat sogar den Vorteil, dass er gesellschaftlich anerkannt ist und sich der Abgewertete daher kaum wehren kann, weil er die Mehrheit der Lacher gegen sich hat. Auch Lacher machen sich dann mitschuldig.

Der Zeitdruck wirkt oft – wie der Überindividualismus – vereinfachend, übertreibend, untertreibend... Starke Menschen können starke und schnelle Handlungen aus dem Unterbewusst tätigen, wenn die Hintergründe bereits vielseitig angebunden wurden. Ist das nicht der Fall, müssen Inhalte zuerst situationsgerecht zusammengefasst werden, je differenzierter, desto länger dauert dies. Zeitdruck führt dann oft zu falschen oder wenig hintergründigen Ergebnissen.

Die extreme Position des Überindividualismus wirkt sich in allen Lebensbereichen extrem und daher negativ aus. Ein Extrem bedeutet immer auch das andere Extrem als Ausgleich. Um diesen Ausgleich zu tätigen, muss zuerst das „Falsch" erkannt und aufgegeben werden. Von einem Extrem zum anderen ist immer ein ständiges Auf und Ab, ein weiter Weg. Schwer wird dieser Weg für den Überindividualismus aber darum, weil ein Extrem immer irgendwann auch das Eingeständnis für ein „extrem Falsch" benötigt, damit einhergehend auch ein „extrem schuldig", damit einhergehend wird auch eine extrem gute Frustrationstoleranz benötigt. Eine gute Frustrationstoleranz hat der Überindividualismus aber nicht, denn er möchte besonders gut sein. Das „Falsch" wird daher noch länger verdrängt, das Extrem noch extremer. Auch aus dieser Perspektive wird klar, warum sich der Überindividualismus oft weit von der Realität entfernt, warum er sich Gedankengebäude schafft, die realitätsfremd sind, warum er sie aufrecht erhält, auch wenn die ganze Umgebung sehen kann: „So nicht!" Für hintergründig denkende Menschen ist immer wieder unnachvollziehbar, wie lange auch offensichtliche Realitäten verleugnet werden.

Die *Frustrationstoleranz* ist eine Form der *Absturzsicherung*, wenn Differenzen zum Du auftreten. Diese Absturzsicherung verhindert Überreaktionen oder Übergriffe auf andere. Für die Frustrationstoleranz ausschlaggebend ist die eigene Sicherheit, das Selbstwertgefühl. Auf einer übermäßigen Ich-Basis kann ein Individuum nicht stark sein, nur mächtig oder ohnmächtig, weil die Stärke immer die Orientierung/Bindung zum Du benötigt. Durch das Verständnis für das Du, kann neidlos ein „Falsch" anerkannt werden, es kann emotional nachvollzogen werden, warum das Du etwas „Falsches" sieht, etwas anderes möchte. Verdrängung, Neid und Eifersucht sind so unnötig, es erfolgt auch keine Bindungsschädigung. Klar ist: Der Überindividualismus stört aufgrund geringer Frustrationstoleranz ständig Bindungen, indem er als Absturzsicherung die Abwertung des Du wählt oder unrealistische Ich-Aufwertungen. Eine gestörte Bindung zum Du stresst, sie muss mühselig wieder aufgebaut werden, das braucht Zeit. Meist geht man sich aus dem Weg, eine verlorene Zeit, die nicht für die ständige Du-Orientierung genützt wird.

Das Problem des Überindividualismus: Er kann nicht, was er vermehrt können muss, nämlich Frustrationen bewältigen. So kann der Überindividualismus nur verdrängen, cool sein... Frustrationen überlagern sich so zu größeren Problemen und finden beim zufälligen Überlaufen einen Ausbruch. An falscher Stelle treten Probleme zutage, die dort nicht zu klären sind – Stress pur. Für die Schule bedeutet dies: Überindividualistische Kinder sind häufiger gestresst, sie verursachen Stress, sind häufiger frustriert, ohne adäquate Mittel zur Frustrationsbewältigung zu besitzen.

Für manche Lehrer stellt sich die Frage, wo denn die Schüler mit ihren Frustrationen hin sollen und suchen eine „Plattform" dafür. Die Lösung muss bei der Ursache beginnen, bei einer ständig praktizierten Du-Orientierung, damit die Frustrationen nicht so hoch werden und über die Du-Orientierung (= Beziehung, Bindung, Einsehen, Schuld...) besser verarbeitet werden können.

„Frustrationstoleranz üben" heißt, jedem Kind die Möglichkeiten zu geben, die eigenen Frustrationen wahrzunehmen und auf die Ursache hin zu hinterfragen. Beanstanden Eltern z.B. eine Note, können Kinder die Note nicht als Differenzausgleich wahrnehmen und daraus lernen, sondern die Eltern bestätigen indirekt das kindliche Idealbild. „Mitleid" ist bei der Frustrationsbewältigung daher kontraproduktiv und bedeutet „Rückschritt", weil das Mitleid im Sinne von „ach du armes Kind" aufgefasst wird und keine aktive Bewältigung zulässt. Die Aussage „ist ja nicht so schlimm", wenn etwas doch schlimm ist, kommt einer Untertreibung gleich und nimmt das Kind nicht ernst. Frustrationen müssen also vorwärts gerichtet bewältigt werden im Sinne von: „Mehr üben, langsamer arbeiten, besser aufpassen, noch einmal probieren..." nur mit vorwärts gerichteten Lösungsmöglichkeiten kann ein Kind zur aktiven, positiven Lebensbewältigung angeleitet werden. Rückwärts gerichtet wäre: „Ja, der Lehrer verlangt halt so viel", „die Kinder sind mit den Ansprüchen der Schule überfordert"... Mit solchen Aussagen wird der Lehrer nicht nur dazu „gezwungen", sich den Schülern anzupassen, ihm bleibt auch die Schuld beim Misslingen. Den Lehrer macht diese rückwärtsgerichtete Einstellung doppelt ohnmächtig. Er wird erstens daran gehindert, die unumgänglich wichtige gesellschaftliche Anpassung für das Kind vorzunehmen und zweitens ist er noch schuld für das vorprogrammierte Misslingen. Das Wissen um die hintergründigen Zusammenhänge kann auch hier helfen.

Das Erlernen der Frustrationstoleranz muss bereits im Elternhaus geschehen, weil dort die Voraussetzungen günstiger sind, mit dem Kind die Frustration gut zu bewältigen, wenn es damit noch überfordert ist. In einer familiär vertrauten Umgebung kann das Kind schneller sehen: „Ich werde trotzdem geliebt, auch wenn ich etwas nicht konnte." In der Familie kann ein Kind somit schneller wieder aufgefangen werden. Die Großgruppe einer Klasse kann den Umgang mit Frustrationen schlechter aktiv bewältigen und kann dies umso weniger, je geringer die Zahl jener Kinder ist, die noch ein ausgeprägt gutes Sozial- und Bindungsverhalten besitzen.

Die geringe Frustration gegenüber schlechten Noten kann zwar leistungsstarke Schüler hervorbringen, der Aufwand dafür ist aber übergroß, weil die Motivation nicht das Interesse am Lehrstoff ist, sondern die schnelle und direkte Ich-Aufwertung. Steigen die Anforderungen, sodass mit wenig Einsatz keine Ich-Aufwertung mehr erfolgt, fallen diese Schüler in ihrer Leistung stark ab. Die Diskrepanz zwischen dem „Wollen von guten Noten" und dem hintergründigen „Nichtwollen von Inhaltsaneignung" wird so zur deutlichen Überforderung mit Leistungseinbruch. Auch hier gilt: Es ist nicht die Schule, die überfordert, sondern der falsche Lernhintergrund.

3.3 Bindungsersatz – schwache Entscheidungen – Ziellosigkeit

Anstatt der gesunden Lehrer-Schüler-Bindung haben sich im Laufe der Zeit Ersatzbindungen herausgebildet. Alle beruhen auf dem Prinzip der eigennutzenorientierten Manipulation oder lassen eigennutzenorientierte Manipulation zu und sind daher typisch für den Überindividualismus.

Die Ersatzbindungen wirken oberflächlich wie echte Bindungen, wirken wie Gemeinschaft nach dem Motto „wir sitzen doch im selben Boot". Eine Klasse oder Schule kann durchaus als eine Einheit betrachtet werden, daher ist dieses Bild auch logisch nachvollziehbar. Solange alles passt, rudern alle gemeinsam, wenn jemand keinen Vorteil sieht, steigt er aus. Der Pädagoge hat dabei die Ruder in der Hand und rudert, denn schließlich ist er Pädagoge und dafür ausgebildet. Der Schüler als vergleichsweise Unwissender, kann dem Ruderer die Schuld für das mangelnde Weiterkommen geben. Der Pädagoge hat den Nachteil, dass er nicht aussteigen kann, er soll seine Schüler ja ans Ziel bringen. Ein schönes Bild, es zeigt auch die Erwartungshaltungen einer überindividualistischen Gesellschaft an die Lehrer. Ein anderes Bild: Der Lehrer hat im Boot nicht die Funktion des Ruderers, sondern er gibt den gemeinsamen Ruderschlag vor, damit die Schüler gemeinsam rudern. Die Schüler und Eltern brauchen dabei das Vertrauen, dass die Geschwindigkeit stimmt, auch müssen sie für die optimalen Voraussetzungen ihres Kindes sorgen, sodass es mitrudern kann und die anderen nicht behindert. Auch brauchen Die Eltern das Vertrauen in den Lehrer, dass der Ruderschlag stimmt. Die positive Bindungsfähigkeit ist dafür die Basis, nervöse Überreaktionen sind hinderlich.

Als Bindungsersatz kann u.a. Folgendes gelten:

- funktionale Bindung = „wir brauchen uns"
- Verlagerung der Schülerhierarchie auf die Hierarchieebene des Lehrers
- Manipulative Kommunikationstechniken wie „Bindungs-Einforderungstaktik", „Freunde-Technik"…[26]

---

26 vgl. Beck S.161 f.

- Bindung als Machtressource
- Mitbestimmung von Eltern und Schülern in der Schule

Die mitteleuropäische Gesellschaft lebt vermehrt *funktionale Bindungen*, die sich weniger am Gesamtwohl der Gesellschaft, sondern am Individuum orientieren. Die Bindung erfolgt dabei nach den Gesichtspunkten der Nützlichkeit. Lebensgemeinschaftspartner z.b. erfüllen bestimmte Kriterien. Andere Gruppenzusammengehörigkeiten sind dort zu finden, wo sich das Individuum kurzfristige Vorteile sieht. Sind die Ziele erreicht, zerfällt die Gruppe. Meinrad Pichler spricht von einem „Schwarm"[27] statt einer Gruppe, der sich nach der Nützlichkeit orientiert und dann wieder ausschwärmt. Der Nachteil von funktionalen Bindungen: Je höher die Anzahl der Funktionen ist, desto höher ist das Individuum durch die funktionalen Grenzen und deren Hierarchien oder Machtverhältnisse gefordert. Der Überindividualismus muss ständig darauf achten, dass er in der Gruppe möglichst gut aussteigt, von ihr profitiert und das ohne großen Aufwand, denn schließlich ist es nicht das Du, für das er sich einsetzt, von dem er eventuell Dankbarkeit, Zuneigung oder Liebe erhält, sondern primär das Ich, das schnell und ohne Aufwand ein Ziel erreichen möchte. Ohne Einbindung des Du oder der langfristigen Gesellschaftsverantwortung bleibt das Ich aber auf sich selbst reduziert, eine wichtige emotionale Ebene fehlt. So beschränkt sich der schnelle Erfolg auf die schnelle Ich-Aufwertung durch die Gruppe. Verliert sich die Gruppe, weil die Funktionen andere werden, verliert sich ein Teil der Ich-Aufwertung, weil diese ja im Zusammenwirken mit der Gruppe entstanden ist und die Eigenleistung dabei reduziert war. So wird der Verlust der Gruppe zu einem Verlust, obwohl die Gruppe gar nichts gegeben hat, sondern nur als Funktion vorhanden war. Langfristig ist der funktionale Einsatz in einer Gruppe daher ein Ersatz, ein „Verlustgeschäft".

Mehrfachforderungen in funktionalen Gruppen wirken sich auch mehrfach stressig aus und machen krank, weil die natürliche Du-Orientierung und Du-Bindung fehlt. Z.B. können Schüler zwar unter Umständen mit wenig Aufwand zur Matura kommen, wenn sie gemeinsam blockieren und von der ganzen Klasse nicht viel erwartet werden kann. Löst sich die Klasse aber auf, war es nicht der individuelle Einsatz, der zum echten Selbstwertgefühl verhalf, sondern die positiv erlebte Gruppendynamik. Vielleicht werden jene Schüler im weiteren Leben nie erfahren, dass sie wenig gelernt haben, aber ihr Selbstwertgefühl konnte durch die mangelnde Forderung und deren Bewältigung nicht gestärkt werden.

---

27 Meinrad Pichler (Direktor eines Gymnasiums) aus: Vortrag „Schwierige Jugendliche", Kodex L im WIFI, Dornbirn, am 8. Feb. 2010.

Die ersatzweise Verlagerung der Bindung auf eine *flache Hierarchieebene*[28] ist eine Möglichkeit, Bindung vorzutäuschen, wo keine vorhanden ist. Auch diese Verlagerung ist typisch für den Überindividualismus, der mit Hierarchien nicht gut umgehen kann. Für ihn wirkt Hierarchie schnell wie das einschränkende Du im Sinne von „Differenz, Macht, Druck, Gefahr", dagegen muss man sich wehren. Die Hierarchie wird vom Überindividualismus daher nicht als notwendige Einrichtung gesehen, damit gemeinsame Ziele für viele erreicht werden können. Der Überindividualismus strebt danach, hierarchischen Druck zu reduzieren, die hierarchische Distanz zum Lehrer aufzuweichen. Das „Duzen" bietet sich an, aber auch durch gemeinsame Feste wie „Käpplefest" (ein Schülerfest im Maturajahr, bei dem auch Lehrer eingeladen werden) Schulfeste mit Eltern/Schülern/Lehrer... Auch die Abwertung des Lehrers – als effektivste, schnellste und ständig verfügbare Variante – wirkt wie eine Aufweichung der Hierarchie. Der Schüler kann sich bei geringeren hierarchischen Distanzen besser durchsetzen, ein Mehr für sich einfordern, ohne Aufwand. Als Gegenpol zur Lehrerabwertung kann die „Freunde-Technik"[29] gesehen werden. So kann der Überindividualismus den Druck herausnehmen, den er sich selbst erzeugt und das auf gesellschaftlich anerkannte Weise.

Kurzfristig täuschen Hierarchieverschiebungen auf gleiche Ebenen „Bindung" vor, langfristig führen sie zu „rebellischen" Schülern, weil sie ihren Überindividualismus festigen konnten und sich nun vermehrt eigennutzenorientiert durchsetzen wollen. Die Grenzsetzung auf der positiven Spannung verlagert sich somit auf später, wird dort aber schwerer durchzusetzen sein. Der kurzfristige Vorteil für den Lehrer: Er steht als guter Lehrer da, der zu den Schülern eine gute „Bindung" aufbauen konnte. Der Nachteil: Er muss später auf einer geringen hierarchischen Stellung vehementer einfordern.

Die autoritative, hierarchische Distanz ist notwendig, denn sie zeigt klar: „Ihr seid Schüler, ihr müsst lernen." Die Einstellung „wir sind gleichwertig und legen uns nichts in den Weg" bringt eine erhöhte Ersatzspannung mit sich im Sinne von „wir sind zwar gleichwertig, aber der Lehrer fordert und schafft Differenzen". Diese Ersatzspannung braucht langfristig viel Energie, stresst und ist daher kontraproduktiv. Klare Verhältnisse sind besonders für den Überindividualismus wichtig, auch wenn er nach unklaren Verhältnissen strebt, damit der Eigennutzen verborgen bleibt – wieder ein Extrem, ein Paradoxon des Überindividualismus.

---

28 In der Wirtschaft werden oft mit Erfolg „flache Hierarchien" eingesetzt. Die Schuler kann jedoch nicht mit einem Wirtschaftsbetrieb gleichgesetzt werden. Dies wird im letzten Teil erläutert.
29 vgl. Beck S.161

Die *Bindungs-Einforderungs-Taktik* wird von sehr überindividualistischen Schülern sehr fordernd getätigt. Der Schüler hat drei Hauptgründe Gründe dafür: Erstens kann er ohne Du-Orientierung nicht leben, weil er seine hohe Ich-Stellung allein gar nicht wahrnehmen kann. Zweitens sucht ein überindividualistischer Mensch verzweifelter nach Bindung, weil er Bindungen ja ständig „zerstört". Drittens kann er über die Bindung – besonders gut bei Ersatzbindungen – das Du besser eigennutzenorientiert manipulieren. Zu den Bindungs-Einforderungs-Taktiken gehört alles, was gesellschaftlich anerkannt ist, wie z.B.

- das Fragenstellen, weil es Interesse für den Unterricht vortäuscht
- die Freundlichkeit, weil Lehrer froh über jede positive Rückmeldung sind
- die Hilfsbereitschaft
- schnelle Eingeständnisse bei Fehlverhalten

Und wo beginnt der Eigennutzen? Die Fragen haben z.B. wenig Bezug zum Unterricht oder sind inhaltsleer. Die Freundlichkeit ist zu dauerhaft, die Hilfsbereitschaft zu aufdringlich, das Eingeständnis erfolgt mit einem Schmunzeln und den Worten: „Ich habe das Mädchen zwar geschlagen, ich gebe es aber zu" – im Sinne von „wenn ich es zugebe, kann ich alles machen".

Stellt man diesen Schülern das Fragen ab, reagieren sie empört bis beleidigt, nach dem Motto „der böse Lehrer, jetzt darf man nicht einmal fragen, obwohl wir das Fragen doch immer eingebläut bekommen haben und wo das Fragen doch ein Ausdruck der Intelligenz ist". Die Empörung ist logisch, denn die anerkannte Methode, zu guten Noten zu kommen, funktioniert nun nicht mehr so einfach, denn jetzt ist Inhalt gefragt. Auch die positive Aufmerksamkeit des Lehrers ist dahin, ein Frusterlebnis.

Die *Bindung kann auch als Machtressource* eingesetzt werden. Hier sind nicht nur die Bindungsunfähigkeit, die Bindungseinforderung oder die Verschiebung der Hierarchieebenen durch Ersatzbindung maßgebend, sondern der *manipulative Bindungsunwille oder Bindungsverweigerung*. Dies geschieht vornehmlich dann, wenn der Lehrer deutlich zeigt, dass er Bindung sucht. So gerät der Lehrer auf die Geberseite und der Schüler auf die Nehmerseite. Der Lehrer macht sich in dieser Position davon abhängig, ob der Schüler nehmen will oder nicht. Erhält der Schüler zu wenig, blockiert er die Bindung und zeigt dem Lehrer „mit dir doch nicht". Jetzt muss sich der Lehrer vermehrt um die Bindung kümmern, der Schüler erhält dadurch ein Mehr. Oft spürt der Lehrer dabei die bewusste Ablehnung der Bindung einerseits, zum anderen aber gleichzeitig auch die unterbewusste, übergroße Bedürftigkeit nach Bindung und Bindungssuche, wie sie überindividualistischen Kindern eigen ist. Der Bindungsunwille kann dem Lehrer somit gleichzeitig zeigen: „Ich mag dich nicht, streng dich mehr an!" – „Schaffe Bindung, liebe mich!" Auch diese „Borderline-Verhaltensweise" ist bereits krankhaft und typisch für eine überindividualistische Gesellschaft, die mächtig einfordert, was sie nicht erhält.

Mächtiger Bindungsunwille kann aber auch ausdrücken: „Mit dir doch nicht". Der Bindungsunwille wertet den Lehrer vergleichsweise ab und blockiert somit den Lernerfolg. Nimmt der Lehrer schließlich keine Notiz mehr vom Schüler, merkt das der Schüler sehr schnell, denn schließlich muss ein Bindungsdefizit ausgeglichen werden. Sein Augenmerk ist vermehrt auf „Bindung ja oder nein" gerichtet. Spürt der Schüler eine vermeintliche „Ablehnung", verpufft seine Machtressource wirkungslos. Jetzt muss der Schüler die gegenteilige Taktik anwenden, er kann es über das Einfordern eines Mehr an Aufmerksamkeit versuchen. Disziplinschwierigkeiten ergeben sich, der Lernerfolg wird wieder blockiert. Der Lehrer hat nun keinen Handlungsspielraum mehr. Sucht er Bindung, wird sie der Schüler ablehnen und stärkt somit seine Machtposition, lehnt der Lehrer die Bindungssuche ab, wird der Schüler die Klassendisziplin stören. Klar wird somit: Extreme machen richtungslos bis ohnmächtig, sowohl den Schüler als auch den Lehrer. Extreme brauchen auch für alle viel unnötige Energie und machen trotzdem handlungsunfähig.

Der Bindungsunwille wird oft auch von überindividualistischen Eltern auf die Kinder übertragen. Es sind Eltern, die bereits beim Erstkontakt mit dem Lehrer ein Vorurteil gegen den Lehrer aufgebaut haben. Die Kinder stehen dabei oft im stressigen „Kreuzfeuer". Ein geeignetes Lehrerverhalten gibt es dabei nicht. Was bleibt, ist das Mitleid mit den Schülern, ein stagnierender Ausdruck der Ohnmacht.

Die *Mitbestimmung von Schülern und Eltern* in der Schule kann ein weiteres Bindungsverhalten vortäuschen, im Sinne von „gemeinsam sind wir stark". Diese Haltung funktioniert langfristig nur bei starken Menschen, nicht aber bei (altersbedingt) vergleichsweise wenig starken Schülern oder bei überindividualistischen Menschen. Die Hintergründigkeit der Schüler ist altersbedingt noch gering, die Hintergründigkeit von überindividualistischen Eltern ist oft eigennutzenorientiert und daher realitätsverzerrt, aber auch eine unwissende Rolle. Starke und langfristige Entscheidungen bleiben reduziert. Spätestens dann, wenn sich die Eltern und Schüler um pädagogische Belange in der Schule kümmern, betreten sie eine Hierarchieebene, die nicht ihre ist.

Manipulative Kommunikationstechniken treten immer häufiger an Stelle der Bindung – von Elternseite und Schülerseite – indem Bindung vorgetäuscht wird. Die besondere Freundlichkeit gehört dazu. Selbst vom Lehrer wird betonte Freundlichkeit erwartet, damit Bindung entstehen soll. In Ausnahmefällen wird von Eltern eingefordert: „Dann gehen Sie doch mal betont freundlich in die Klasse" – und dies, wenn die Klasse noch lange gar nicht merken will, dass der Lehrer bereits da ist und man eigentlich schimpfen sollte, weil die Schüler gegen die Schulordnung verstoßen. Diese Aufforderung zur „Lüge" = manipulative Technik verlagert die Pädagogik weit in den Negativbereich des Bildungskonsums. Der Schüler kann machen, was er will, der Lehrer ist trotzdem freundlich. Je länger die Tradition des Überindividualismus andauert, desto geschickter werden die manipulativen Kommunikationsmethoden eingesetzt, bei „besonders guten" Eltern aber oft auch übertriebener. In vielen Büchern kann man die Manipulationstechniken nachlesen, immer mehr Erwachsene beherrschen die typischen überindividualistischen Manipulationstechniken aber aus dem Unterbewusstsein, immer mehr auch Kinder, ohne es zu wissen. Logisch, denn der Überindividualismus formt seine eigene Sprach- und Ausdrucksfähigkeit.

Bindung hilft, sich auch für langfristige Ziele einzusetzen. Die Bindung gibt dem eigenen Ich Stabilität, auf der sich Frustrationen leichter verarbeiten lassen. Bindung schafft somit jene Voraussetzungen, die es ermöglichen, auch lange „Durststrecken" für ein langfristiges Ziel zu erreichen. Dem Überindividualismus fehlt somit eine grundlegende Basis für jede Langfristigkeit. Da Kinder von sich aus nur sehr eingeschränkt fähig sind, für langfristige Ziele wie eine Matura Einschränkungen in Kauf zu nehmen, ist es die Bindung, die teilweise den Mangel an schulischer Weitsichtigkeit überwinden kann. Dabei ist es besonders auch die primäre Bindung an das Elternhaus – später die Bindung an die Gesellschaft – die ein langfristiges Ziel für Schüler erreichbar macht.

Die Bindungsunfähigkeit des Überindividualismus kann auch an der Unfähigkeit zur Integration in eine Gemeinschaft erkannt werden. Die Integration in einer Klasse umfasst das soziale Miteinander in den Pausen, bei der Gruppenarbeit, auch die Anpassung an Neues ist Bindung/Anbindung. Eine eingeschränkte Bindungsfähigkeit reduziert das Wohlfühlen in einer Klasse, die Akzeptanz des Lehrers als natürliche Autorität, die Lernfähigkeit...

Eigennutzenorientierte Grenzüberschreitungen zum Du führen vermehrt zu Spannungen, offenen Konflikten und mangelnder Disziplin. Da der Überindividualismus Konflikte eher nicht über Kompromisse löst – also über die gegenseitige Orientierung – kann auch die Konfliktlösung (= gegenseitige Du-Orientierung) nicht zu Bindung führen.

Mangelnde Einsichten in das Du verhindern das Schuldeingeständnis. Da die Hintergründe für eine Schuld realitätsverzerrt werden, kommt Schuld gar nicht auf. Leider ist auch von Mediatoren und Psychologen die „Schuld" nicht vorgesehen. Sie propagieren „Konflikte lösen ohne Schuld", eine typische Erscheinung des Überindividualismus, der mit Schuld nicht mehr umgehen kann, weil sie für ihn eine „tiefgreifende Abwertung" darstellt. Schuldeingeständnisse schaffen aber Bindung zum Du, weil sie das Du in seinen Bedürfnissen wahrnehmen und anerkennen. Auch hier wieder ein Paradoxon des Überindividualismus: Er schafft vermehrt Konflikte ohne geeignete Konfliktlösungskapazitäten zu besitzen.

Zusammengefasst betrachtet:

Die Bindungsfähigkeit steuert den positiven Lernprozess, beeinflusst das Selbstwertgefühl positiv und nachhaltig, sie hilft Kindern stark zu werden und langfristige Ziele zu erreichen. Die Ersatzbindungen des Überindividualismus wirken störend, brauchen viel Energie für alle Beteiligten und bleiben doch hauptsächlich blockierender Ersatz, der verzweifelt nach dem überindividualistischen „Mehr und Besser" strebt, aber ohnmächtig macht. Der Überindividualismus schafft somit Mittelmäßigkeit, obwohl er das „Mehr und Besser" anstrebt, eine Diskrepanz, die gar nicht zufrieden machen *kann*, weder das Kind noch die Eltern.

3.4 Der Überindividualismus ist unflexibel, unkritisch, unkreativ, schafft Vorurteile, blockiert innovatives Wissen

In diesem Kapitel werden einige Negativeigenschaften des Überindividualismus erklärt, die das Lernen beeinträchtigen. Prinzipiell gilt: Der Überindividualismus verschiebt durch das nervöse Streben nach dem „Mehr und Besser" alle an sich positiven Eigenschaften in den Negativbereich.

Die vermehrte Förderung von Kompetenzen wie „verknüpftes Denken", „kritisches Hinterfragen", „problemlösungsorientiertes Arbeiten", „innovatives Anwenden von Wissen"[30] wurde bereits von vielen Schul- und Wirtschaftsbeteiligten als notwendig erkannt. Alle diese Kompetenzen sind aber überindividualistisch blockiert. Eine Verbesserung muss daher bei der positiven Spannung zwischen dem Ich und dem Du ansetzen.

---

30 vgl.: 20 Punkte „Wofür sich Einsatz lohnt. Moderne Bildungspolitik." Hrsg.: Unterrichtsministerium für Unterricht und Kunst, Wien in: ww.bmukk.gv.at/medienpool/194000/bildungsreform. Seite 4, Stand Juni 2010.

Wie bereits erwähnt, basiert das Lernen auf der Fähigkeit des flexiblen Einlassens auf neue Inhalte. Durch die Verknüpfung der Inhalte können neue, eigenständige Inhalte entstehen, die differenzierter sind als die schnelle und einfache Anknüpfung in Gegensatzpaaren. Das flexible Einlassen und Verknüpfen von neuen Inhalten führt somit zur Basis der „innovativen Wissensanwendung", eine Forderung der modernen Bildungspolitik[31]. Das Problem: Der Individualismus ist nicht sehr flexibel, sondern zeigt auch hier seine negative Übertreibung, die „Richtungslosigkeit".

Abbildung 5: Wertequadrat – Flexibilität und Richtungslosigkeit

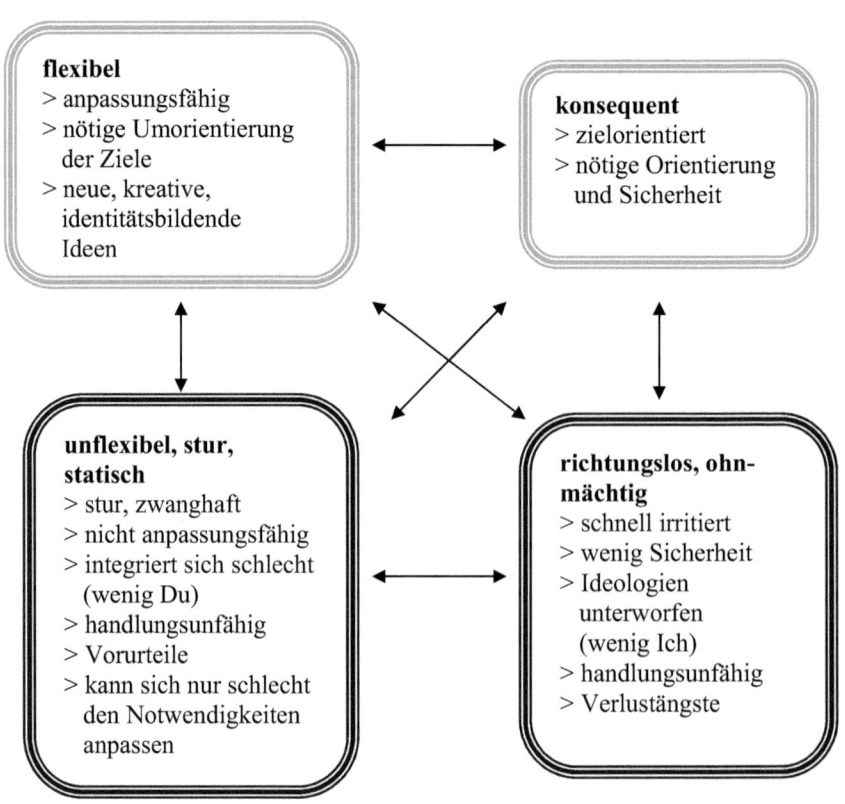

flexibel
> anpassungsfähig
> nötige Umorientierung
  der Ziele
> neue, kreative,
  identitätsbildende
  Ideen

konsequent
> zielorientiert
> nötige Orientierung
  und Sicherheit

**unflexibel, stur,
statisch**
> stur, zwanghaft
> nicht anpassungsfähig
> integriert sich schlecht
  (wenig Du)
> handlungsunfähig
> Vorurteile
> kann sich nur schlecht
  den Notwendigkeiten
  anpassen

richtungslos, ohnmächtig
> schnell irritiert
> wenig Sicherheit
> Ideologien
  unterworfen
  (wenig Ich)
> handlungsunfähig
> Verlustängste

31 vgl.: 20 Punkte „Wofür sich Einsatz lohnt. Moderne Bildungspolitik." Hrsg.: Unterrichtsministerium für Unterricht und Kunst, Wien in: ww.bmukk.gv.at/medienpool/194000/bildungsreform. Seite 4, Stand Juni 2010.

Für eine langfristig starke Zielorientierung benötigt es Flexibilität. Kommen neue Erkenntnisse oder Änderungen hinzu, müssen diese in die Zielorientierung eingearbeitet werden, damit das Ziel weiterhin langfristig stark bleibt. Der positive Gegenpol der Konsequenz sorgt für das Kontinuum, denn nur so sind auch langfristige Ziele erreichbar.

Der Überindividualismus gerät darum in die Negativbereiche von „Richtungslosigkeit und Statik", weil nur eine geringe Zahl von Hintergründen dem Gedankenkomplex Halt geben. Auch werden notwendige, neue Inhalte durch die mangelnde Du-Orientierung lange nicht als notwendig erkannt, was statisch bis stur wirkt. Stur wirkt auch, dass sich der Überindividualismus nicht gerne ein Fehlverhalten eingesteht und dies erst sehr spät macht, wenn es sich nicht mehr verdrängen oder vertuschen lässt. Kann der Überindividualismus neue Inhalte erkennen, wirkt die Anbindung an ein ohnehin löchriges Gebilde richtungslos bis ohnmächtig. Das Gebilde muss grundlegend neu aufgebaut werden, was Zeit braucht und vom Überindividualismus wieder nur mangelhaft löchrig bewältigt werden kann, schließlich fehlen Hintergründe. Da die Neuorientierung immer auch das „Falsch" beinhaltet, kommt die drohende Abwertung hinzu. Das ist keine erfreuliche Basis für eine Neuorientierung: ein löchriges Gebilde ergibt keine starke Basis, auch die Abwertung muss verhindert werden und blockiert die fremde Hintergründigkeit abermals. Die Extreme des Überindividualismus sind auch hier sichtbar: Gering hintergründige Realitätsgehalte schaffen Probleme, die Probleme werden spät erkannt, die Lösung der Probleme geht nur träge bis unflexibel vor sich, bzw. erfolgt richtungslos bis ohnmächtig.

Vorurteile sind ein weiteres Charakteristikum des Überindividualsimus mit dem immer gleichen Ursprung der fehlende Du-Orientierung zur Realitätsabgleichung. Wer das Du nicht kennt, weil er es nicht wahrnimmt, der wird es nicht einschätzen können, wird ihm misstrauisch gegenübertreten, traut ihm alles zu, fragt aber nicht nach. Dieses Misstrauen geht hand in hand mit Vorurteilen und behindert immer wieder die Schule, indem alt hergebrachte elterliche Einstellungen gegenüber der Schule und ihrer Lehrer lange aufrecht erhalten und weitertransportiert werden. Wer die Entwicklungen in der Schule nicht sehen kann, der wird die eigenen Schulverhältnisse zumindest 1 : 1 auf die Verhältnisse der Kinder übertragen, auch in der eigenen, nervösen Überteibung.

Auch die *Kreativität* baut auf dem Verknüpfen von Bekanntem auf, nur dass die Verknüpfungen eben neu sind, so wie sie noch niemand getätigt hat, sodass Unbekanntes entsteht. So wird auch die Kreativität durch den Überindividualismus eingeschränkt, bzw. sie beschränkt sich auf den Überindividualismus selbst. Tatsächlich kommt in der Kunst die überindividualistische Kreativität gut an. Sie baut darauf auf, dass sie sich nicht am Du orientiert und gar keine Neu-Verknüpfungen machen muss. In der Wirtschaft blockiert die überindividualistische Kreativität überwiegend, weil sie meist auf dem Status quo aufbauen muss, also hintergründig real sein muss.

Das unbedingte Festhalten am Alten hat somit kurzfristige Eigenvorteile für den Überindividualismus, weil er durch Einsichten tiefer hinuntergerissen wird. Der Überindividualismus muss daher an Altem festhalten, bewährt oder nicht. So sind überindividualistische Menschen oft Menschen, die ständig eigenutzenorientiert nach Neuem streben und an Altem eigenutzenorientiert solange festhalten, bis absolut klar ist: „Die Umstände lassen es nicht mehr zu." Die „Umstände" sind dabei oft die anderen, ihnen wird die Schuld zugeschoben, denn so kann die Selbstabwertung gelindert oder verhindert werden und die Fremdabwertung einen vergleichsweisen Imageaufbau bringen. Mit ein Grund, warum sich auch schulische Maßnahmen dann halten können, wenn sie schon lange kontraproduktiv sind, besonders auch darum, weil Direktoren und Schulentscheider oft über viele Jahre hinweg die Fäden in der Hand halten und Entwicklungen erst spät sehen können.

Die Folgen für die Schule zusammengefasst:

- Die Unflexibilität behindert das Lernen, verhindert Basiskompetenzen wie differenziertes Denken, logisches und kreatives Verknüpfen, Kritikfähigkeit... Unflexibilität behindert die Neuorientierung durch Zusammenarbeit, Konfliktfähigkeit und Toleranz; Vorurteile entstehen.
- Die Richtungslosigkeit bringt mangelnde Wertorientierung, mangelnde Zielorientierung und somit Ängste. Die Richtungslosigkeit schwächt das Ich → das Ich ist Ideologien unterlegen, es richtet seine „Fahne nach dem Wind" → Kritikunfähigkeit, Gruppenunfähigkeit, Mitläufertum...

...und wieder das Paradoxon: Der Überindividualismus strebt vermehrt nach Individualität und wird dadurch zum übermäßigen Mitläufer.

Da die Unflexibilität auch einen negativen Gegenpol besitzt, hat sich die überindividualistische Gesellschaft die „anything goes-Einstellung" zugelegt. Diese gilt aber nicht als „richtungslos", sondern als „tolerant". Das Motto dabei: „Es bleibt jedem selbst überlassen, was er macht". Die Problemerörterungen der

Schüler enden sehr oft mit dieser Assage, kaum einer kommt auf die Idee nachzufragen, wo die langfristigen Nachteile liegen, auch wenn es sich um eine Problemerörterung handelt und die du-orientierte Problemorientierung ausdrücklich gefordert und geübt worden ist. Echte Toleranz beginnt dort, wo langfristig auch die Grenzen des anderen respektiert werden, die beinhaltet also immer auch das „Weniger". Die „anything goes-Einstellung" des Überindividualismus macht dies nicht und ist daher ein modernes Synonym für überindividualistische Richtungslosigkeit.

3.5 „Macht" und „Stärke" anhand von zwei Beispielen

Zur Wiederholung:
Starke Entscheidungen sind hintergründig, du-orientiert und weitsichtig, weil sie das starke Du zur Realitätsfestigung nützen und nicht durch den Eigennutzen filtern. Schwache = mächtige Entscheidungen sind realitätsverzerrt, eigennutzenorientiert und kurzfristig. Sie schaffen Defizite, die den Ausgleich über vermehrte Konflikte finden. Auch müssen Realitätsverzerrungen ständig zurechtgerückt werden, was keine langfristig haltbaren Entscheidungen erlaubt und Energieverluste für alle Beteiligten mit sich bringt.

Anhand von zwei schulischen Beispielen wird nun dargestellt, wie sich schwache Handlungsweisen negativ mächtig auswirken, wie sie mächtig wirken und mobben. Es wird gezeigt, wie eine hohe, hintergründige Differenzierung zu einer langfristig, starken Handlung werden kann, während der kurzfristige Eigennutzen allen schadet, auch dem überindividualistischen Menschen.

Mobbing bedeutet, dem anderen zu zeigen, dass er fehlt am Platz ist, damit die eigene Person eine vergleichsweise Aufwertung erfährt. Dieses überindividualistische Mobbing passiert oft aus „Ungeschicklichkeit"[32], wie sich Hirigoyen ausdrückt, die Hintergründe für diese „Ungeschicklichkeit" sind aber immer machtvoll empfundene Differenzen, wie sie sehr oft von überindividualistischen Menschen empfunden werden, weil sie ja das Mehr suchen.

Zu Mobbingopfern werden sehr oft ausgesprochen du-orientierte Menschen, weil die Erfolgsaussichten auf eine kurzfristige, eigennutzenorientierte Besserstel-

---

31 vgl. Hirigoyen Maire-France: Mobbing. Wenn der Job zur Hölle wird. Seelische Gewalt am Arbeitsplatz und wie man sich dagegen wehrt. Deutscher Taschenbuchverlag, München 2004.

lung bei ihnen am höchsten ist. Auch reagieren diese weniger heftig auf die Abwertungen, sie sind daher auch langfristige Opfer.

Aber auch starke Menschen sind beliebte Mobbingopfer und das gleich aus drei Gründen: Zum einen befinden sich starke Menschen vergleichsweise immer noch auf einer geringeren Ich-Basis als ein überindividualistischer Mensch, was den starken Menschen augenscheinlich zum geeigneten Mobbingopfer macht. Zum anderen spüren mächtige Menschen die Stärken des Starken, wodurch der Starke zum gegnerischen „Feind" wird und abgewertet werden muss. Hinzu kommt: Diese Ambivalenz – Einschätzung des Gegenübers als „schwach" und „stark" – bringt viel Unruhe für den Mächtigen mit sich. Der Mächtige wirkt vergleichsweise ohnmächtig und sucht verstärkt nach Sicherheit über das machtvolle Verhalten. Nur über das klare Feindbild-Ziel kann er für sich eine eindeutige Einschätzung vornehmen.

Mächtige Menschen werden hingegen nicht gemobbt, weil sie auf die meisten Menschen stark wirken und nur geringe Erfolgsaussichten zu erwartet sind, schließlich reagieren diese sofort und heftig auf jede vermeintliche Kritik oder Abwertung. Für den Mobber ist dies nicht angenehm.

Mitläufer von Mobbern fühlen sich grundlegend schwach (auch die Macht fühlt sich oft schwach) und erhöhen ihr Machtpotential über den Mobber in Form der Introjektion. Ihre Rolle ist praktisch, denn sie haben einen „Vorarbeiter" und fühlen sich nicht mitschuldig.

3.5.1 Beispiel 1: Lehrerin „mobbt" Lehrer

Situation:
Eine Lehrerin – auch Deutschlehrerin, aber nicht in dieser Klasse – liest im Klassenbuch, dass der Deutschkollege dieser Klasse die Problemerörterung durchnimmt. Sie stellt daraufhin vor dieser Klasse fest: „Die Problemerörterung ist für 13-jährige Schüler zu schwer."

Auswirkungen:
Die Lehrerin greift mit dieser Aussage nachhaltig in das Unterrichtsgeschehen des Fachkollegen ein, denn sie schafft eine Differenz zum Fachkollegen, indem sie ihr eigenes Fachwissen vergleichsweise aufwertet, das Fachwissen des Kollegen hingegen wird dadurch vergleichsweise abgewertet. Die Fachkollegin bleibt auf ihrer vermeintlich sachlichen Wissensbasis offensichtlich unangreifbar.

Diese Differenz wirkt auf den Lehrer mächtig, weil seine Fachautorität bei den Schülern gesunken ist und so die „Machtverhältnisse" zugunsten der Schüler verschoben wurden. Die Schüler werden jetzt darauf bestehen, die Problemerörterung zu streichen, weil sie angeblich schwer und nicht altersgerecht sei. Der Lehrer braucht somit mehr Überzeugungs- und Durchsetzungskraft für das Erarbeiten der Problemerörterung, er muss seine Fachautorität beweisen und deutliche Erfolge haben. Der Lehrer ärgert sich über seinen Mehraufwand für eine ohnehin schwierige Aufgabe, aber er hat starke Hintergründe, warum er diese Aufgabe angehen will. Zum einen ist die Klasse reif genug dafür, auch sind die Vorarbeiten dafür erfolgt. Der Lehrer weiß, dass die Aufgabenstellung entwicklungspsychologisch richtig und sogar wichtig ist, weil Schüler in diesem Alter dringend lernen müssen, die Perspektive des Du zu betrachten, auch wenn sie es noch nicht gut können. Der Lehrer wird die Anforderungen auch altersgemäß bewerten. Der Lehrer hat somit viele Hintergründe, die der Lehrerin anscheinend nicht bekannt waren. Sie hat somit auf einem geringeren Hintergrundwissen eine Einmischung in das Unterrichtsgeschehen des Lehrers vorgenommen.

Kurzfristige Auswirkungen (oberflächlich, primär):

- Die Lehrerin macht sich bei den Schülern beliebt, weil die Schüler ihren kurzfristig geringsten Widerstand von fachlicher Seite (relativ hohe Hierarchie) unterstützt bekommen.
- Der Lehrer macht sich unbeliebt, weil er erstens fordert, was anscheinend nicht geht und zweitens muss er jetzt härter durchgreifen, als er möchte, damit er mit einer verringerten fachlichen Autorität sein Ziel erreicht.

Langfristige Auswirkungen (hintergründig, sekundär):

- Bleibt der Lehrer gegen den Willen der Schüler bei der Aufgabenstellung, muss er seine Anstrengungen erhöhen, wenn seine Schüler erfolgreich sein sollen. Gelingen den Schülern gute Ergebnisse, kann er umso bessere Rückmeldungen geben und die Anstrengungen der Schüler loben. Vergleichsweise steigt das Selbstwertgefühl der Schüler höher, wenn die Aufgabenstellung schwer war. Je mehr das Selbstwertgefühl der Schüler profitiert, desto besser steigt der Lehrer für die Schüler (und Eltern) aus. Jetzt ist es die Lehrerin, die indirekt fachlich abgewertet wird, weil sie den Schülern die Aufgabenstellung nicht zugetraut hat. Ihr mangelndes Vertrauen in die Schülerfähigkeiten wertet somit die Schüler ab.

- Selbst wenn der Lehrer sich durchsetzt und die Schüler Erfolgserlebnisse haben, hinterlässt derart mächtiges Verhalten der Lehrerin Unsicherheit bei den Schülern. Besonders überindividualistische Schüler versuchen bei nächster Gelegenheit aus dieser indifferenten Lehrerin/Lehrersituation einen weiteren Eigennutzen zu erzielen.
- Können die Schüler keinen direkten Erfolg spüren – dies ist durchaus nicht immer gleich der Fall, sondern oft erst im nächsten Jahr – bleibt bei den Schülern im Unterbewusstsein eine verringerte fachliche Vertrauensbasis zum Lehrer übrig.
- Senkt der Lehrer aber erkennbar seine Erwartungen an die Schüler, bleibt er vergleichsweise „schwach", seine fachliche Autorität bleibt untergraben, was ein weiteres Agieren erschwert.
- Der Schaden liegt auch auf der Schülerseite, denn sie lernen etwas nicht, was aus mehreren Gründen wichtig und auf einer guten autoritären Basis auch machbar gewesen wäre.

Fazit:

Das eigennutzenorientierten Verhalten des Überindividualismus wirkt mächtig und schadet allen Beteiligten. Je differenzierter und hintergründiger der Lehrer seine Entscheidung angelegt hat, desto stärker kann er sie langfristig durchsetzen, desto erfolgreicher wird er sich auch gegen andere Meinungen durchsetzen können. Die kurzfristig eigennutzenorientierte Selbsterhöhung der Lehrerin wird dann zu ihrer eigenen fachlichen Abwertung. Hätte sie vom Erfolg des Lehrers erfahren, müsste sie jetzt ihre vergleichsweise Abwertung wieder wettmachen. Die Basis für einen „Kampf" ist gegeben, weiterem Mobbing ist Tür und Tor geöffnet.

Wie man sehen kann: Die Stärke ist langfristig stärker als die Macht, ein Grund für den Mächtigen, den Starken weiter zu mobben, sich Mitläufer dafür zu suchen. Dabei gilt: Je höher und anerkannter die Autorität, desto wirkungsvoller verläuft das Mobbing. Ein Direktor hat z.B. eine höhere gesellschaftlich anerkannte Autorität, seine machtvollen Eingriffe wirken fataler. Will eine erfahrene Lehrerin einem unerfahrenen Kollegen fachlichen Rat geben, darf dies nicht auf der niedrigere Schüler-Hierarchieebene passieren.

3.5.2 Beispiel 2: Schüler manipulieren Lehrer

Situation:
Die Schüler regen sich über eine umfangreiche Hausaufgabe auf.

Reaktionen von überindividualistischen Schülern:
Sie „motzen", dass sie „schon wieder so viel" Hausaufgabe bekommen, sie hätten soviel zu tun, es sei Wochenende, sie wollen ausschlafen ... Überindividualistische Schüler neigen zu Übertreibungen und Verallgemeinerungen, damit sie einen kurzfristigen Vorteil erzielen. Ein Durchsetzen ist oft auch ein aufwertender „Sieg" für das Individuum, nicht „Notwendigkeit", die aus dem Zeitmangel resultiert. Schüler argumentieren daher oft vorauseilend mit „schon wieder" und „so viel", ohne sich überlegt zu haben, ob das wirklich stimmt. *Gefühlt* ist vermutlich für sie alles zuviel, denn sie stehen unter außerschulischem Dauerstress. Die Hausaufgaben werden schnell als Argument vorgeschoben, obwohl die Zeit vor dem Computer und Fernseher schnell ein 10-Faches beträgt. Gibt der Lehrer nach, ist es zwar ein kurzfristiger Sieg für die Schüler und motiviert zu weiterem „Motzverhalten", langfristig wirkt sich ihre Interaktion aber negativ auf sie aus, denn die Hausaufgaben häufen sich später. Da auch der Übungseffekt nach der Lernphase größer ist, gehen durch das Hinausschieben Lerninhalte verloren oder müssen mit einem Mehraufwand wieder erarbeitet werden.

Durchschnittlich können sich überindividualistische Schüler weniger gut organisieren, weil es dazu die weitsichtige Du-Orientierung im Sinne von „was wird nächste Woche in welchen Fächern zu erledigen sein" braucht. Organisation braucht aber auch langfristige Zielorientierung und Überwindung. Dem Überindividualismus stehen also nur eingeschränkte organisatorische Fähigkeiten zur Verfügung, weil er dem kurzfristigen Eigennutzen tendenziell den Vorrang gibt. Der Überindividualismus wird daher auch öfter versuchen, sich kurzfristige Vorteile zu sichern.

Reaktionen eines Schülers in positiver Spannung zwischen dem Ich und dem Du: Sie wollen wissen, *warum* sie so viel Hausaufgabe bekommen haben, suchen somit die Hintergründe der Entscheidung und lernen die Notwendigkeit der Entscheidung kennen. Z.B. steht die nächste Schularbeit bevor und die Hausaufgabe ist wichtiger Übungsstoff oder es sind viele Unterrichtsstunden ausgefallen und die Klasse ist mit dem Einüben des Unterrichtsstoffes noch hinten... Du-orientierte Schüler können sich auf diese Argumente flexibel und du-orientiert einlassen, sehen die Notwendigkeit für das langfristige Ziel und sind bereit, sich dafür einzusetzen. Sie sind nicht in ihrem Selbstwert gekränkt im Sinne von „der Lehrer mag uns nicht, er will uns eins auswischen und gibt daher viel Hausaufgabe".

Die Unterschiede in Konfliktsituationen liegen daher bei der Schülerintention. Sucht ein Schüler die Du-Orientierung, fragt er nach. Sucht ein Schüler den Eigenvorteil, regt er sich auf, weil dies schnell Wirkung zeigt, auch wenn keine Hintergründe vorhanden sind.

Teil II Individualismus – soziokulturelle Basis der Schule

In Teil I wurden die Hintergründe und einige Auswirkungen des Überindividualismus erklärt und in einen ersten Zusammenhang mit Schulblockaden gestellt. Der zweite Teil zeigt historische und gesellschaftliche Denkweisen auf, die zu Schulblockaden führen, bzw. wird klarer, warum heute hintergründiger gedacht werden muss, damit gesellschaftsbedingte Denkweisen sich nicht schulschädigend auswirken.

„Wir machen unseren Gott selbst" ist bereits ein altbekanntes Wissen. Jede Gesellschaft bringt jene Religion hervor, die sie „verdient". Ob Religion aggressive Ausmaße annimmt oder ob der Gott in den Augen der Menschen ein liebevoll verzeihender ist, hängt von den sich entwickelten soziokulturellen Einstellungen (auch Notwendigkeiten) einer Gesellschaft ab. Einer dieser soziokulturellen Einstellungen ist der Individualismus. Eine sehr ich-orientierte Gesellschaft zum Beispiel braucht/will das Du des Gottes aus vielerlei Gründen nicht.

- Der Gott „hilft" → Hilfe bedeutet für den Überindividualismus vorausgegangene „Schwäche" und „Abwertung", die er verhindern muss.
- Der Gott „verzeiht" und ist „gütig" → Verzeihung setzt Schuld voraus, diese wird vom Überindividualismus als abwertend und ich-gefährdend aufgefasst und daher abgelehnt.
- Der Gott „nützt" nicht im Sinne von „Wohlstandwachstum", im Gegenteil, es fallen Kirchensteuern an.
- Ein Gott setzt Du-Orientierung voraus.

Die Schule kann nicht mit einem Gott verglichen werden, aber auch sie unterliegt der soziokulturellen Meinungsbildung einer überindividualistischen Gesellschaft. Wenn eine ganze Gesellschaft überindividualistisch geprägt ist, bedeutet dies: Schulpolitik, Direktoren, Lehrer, Eltern, Schüler, die Pädagogik, Methodik, Didaktik... und kaum einer merkt es, weil sich alle in einem System befinden, das Schwierigkeiten hat, sich selbst als Außenstehende zu sehen. Bei einer dominanten soziokulturellen Ich-Perspektive fällt die nötige Du-Orientierung schwer, logischerweise die Hintergründigkeit, logischerweise auch die Langfristigkeit. Richtungslosigkeit ist die Folge. Logischerweise werden Menschen mit weniger überindividualistischen Sichtweisen abgewertet und gelten dann als „übersensibel, irreal...", wenn sie dem Überindividualismus andere Grenzen setzen, als sie der Über-individualismus gerne hätte.

1. Historische Entwicklung der Schule vom „Dürfen" zum „Müssen" zum „Nicht-Können"

Die Einstellungen zur Schule haben sich immer schon gesellschaftsrelevant entwickelt. So erlangte z.b. die *Schrift* – als Vermittlerin von elementarem Wissen – an Bedeutung, als vermehrt Forschung betrieben wurde. Später war es nicht mehr nur das Erhalten und Weitergeben von vorhandenem Wissen und die Sicherung der Kontinuität, sondern es kam die *Kritik am Alten* hinzu, damit Neues entstehen konnte. Ein Wandel erfolgte bei den Griechen (später Ägyptern) über die bloße *Berufsorientierung* hin zum Mittel für die *Erhaltung der gemeinsamen politischen Kultur* als vermeintliche Voraussetzung für einen gesellschaftlichen Erfolg. Bildung wurde bei den Griechen um 400 n. Chr. zum Privileg des männlichen Bürgertums. Im 5. Jh. n. Chr. stellten u.a. die Sophisten den Menschen in den Mittelpunkt und legten somit eine Basis zum Individualismus. Die Städtebildungen im 12. und 13. Jahrhundert waren Ursache für die Anfänge des weltlichen Schulwesens, der aufkommende Handel erforderte dies. Latein wurde in den europäischen Klosterschulen als einheitliche Sprache wichtig. Mit dem Bekanntwerden der arabischen Zahlen im 15. Jahrhundert wurde das Rechnen leichter und hielt vermehrt Einzug in das europäische Schulwesen. Die Seefahrt brachte jene Horizonterweiterung, die das naturwissenschaftliche Denken förderte, der Buchdruck ließ gezielte Wissensvermittlung erst richtig zu. Die Bildungskrise im Gefolge der Reformation führte abermals zu weltlichen Anstrengungen für eine „gute" Schule, politische Hintergründe der Landesherren waren dafür ausschlaggebend. Im 18. Jahrhundert vereinheitlichte sich die deutsche Sprache und sie konnte als gemeinsame Unterrichtssprache dienen...[33] Die Europäische Union fordert vermehrte Fremdsprachenkenntnisse, die Globalisierung erfordert eine allgemein anerkannte Sprache, das Englisch.

Die Zeiten, in denen Bildung auf freiwilliger Basis in der Freizeit stattfindet und nur jenen privilegierten Schichten vorbehalten war, die über Freizeit und die Mittel verfügten, sind vorbei. Die Bildung ist schon lange Notwendigkeit für alle und ist daher vom Staat übernommen worden. War die Bildung somit früher noch ein begehrter Luxus, so ist Bildung heute zu einem Muss „abgesackt", eine schlechte

---

33 zusammenfassende historische Entwicklung der Schule nach Franz-Michel Konrad: „Geschichte der Schule."

Basis für die Schule. Damit nicht genug, gibt es bereits viele Elterngenerationen, die zur Bildung „gezwungen" worden sind. Deren Unterbewusstsein gibt den Kindern weiter, was sie selbst nicht wollten. Geht man davon aus, dass durchschnittlich ca. 80 – 95% aus dem Unterbewusstsein heraus agiert wird, ist klar: „Bildungsunmut" hat sich historisch-gesellschaftlich entwickelt und wird über das Unterbewusstsein der Eltern weitergegeben. Dabei steht ein Gutteil der Schüler unter jener extremen Spannung, die Eltern verursachen, wenn ihr Unterbewusstsein eigene, negative Schulerlebnisse enthält, sie jedoch wissen, dass sie das Schuldasein der eigenen Kinder notwendigerweise fördern müssen. Diese Spannung ist neben dem Bildungsunmut nur ein weiterer soziokultureller Hintergrund, auf dem unsere Schule aufbaut.

Auch Lerninhalte und Werthaltungen unterliegen dem soziokulturellen Wandel. Latein wird an österreichischen Universitäten immer noch als Basis für Fremdsprachen, Germanistik und Medizin eingefordert. Tatsächlich werden diese Kenntnisse dort nicht gebraucht. Sie haben für Schüler daher historisch-soziokulturellen Stellenwert, aber keinen realen und werden zum unnötigen Muss, das viel Zeit und Energien bindet. Die langfristige Zielorientierung bestimmt auch hier, ob ein Unterrichtsgegenstand Sinn macht. Es wäre wichtig, wenn humanistisch gebildete Entscheidungsgremien ausreichend Distanz zur Schule besitzen und diese nicht auf der Basis ihrer eigenen Bildung beurteilen. Nur so kann die Schule eine gute Schule für unser gesellschaftliches Wirtschaften bleiben.

Betrachtet man die enorme berufliche Vielfalt, gerät die Schule in ein großes Spannungsfeld zwischen: Viele schulische Inhalte haben keinen spezifischen, künftigen Wert. Die Schule kann aber auch nicht mit neuen, geeigneten Inhalten gefüllt werden, weil die Berufsvielfalt zu hoch ist. Die Schüler haben somit eine lange Schulzeit vor sich, eventuell eine universitäre Ausbildung und haben in vielen Fällen damit nur geringe berufliche Voraussetzungen erworben. Teuer für jede Gesellschaft, wenn die schulische Bildung nicht mehr bringt. Teuer auch für Eltern, für sie wird die Schule ihrer Kinder zur verlängerten Pflichtversorgung. Schlechte Voraussetzungen für Schüler, die ein langes, relativ richtungsloses „Muss" durchhalten müssen. Dies mag die Arbeitslosenstatistik bislang verschönert haben, die Schule jedoch bleibt relativ richtungslos. Genau genommen hätte die Schule heute die Zeit für das Erlernen jener Grundkompetenzen, die der Überindividualismus reduziert.

Tatsächlich können Schulwissen und Berufsvielfalt immer weniger übereinstimmen, auch wenn eine schulische Vielfalt gegeben ist. So sind es wieder die Basisfächer wie Mathematik, Physik und Chemie, die vertieft werden müssen, weil diesbezügliche Anforderungen steigen. Aber auch Englisch als Weltsprache und die Kommunikation als Grundlage für einen vernetzten Großraum, wie ihn Europa darstellt, werden künftig wichtig sein, weil sich der europäische Raum mit anderen Großräumen messen muss.

Die schulische Vergleichbarkeit macht immer weniger Sinn und die unterschiedlichsten Wirtschaft muss vermehrt selbst herausfinden, wer jeweils die besten Qualifikationen mitbringt. Für die Universitäten wird immer irgendwo schulisches Vorwissen fehlen. Umso dringender müssen Schüler lernen, sich dieses Wissen selbst anzueignen, bzw. müssen sie sich von etwaigen Ängsten vor der eigenständigen Aneignung befreien. Sind die Lehrer zu gut und geben alles vor, bleibt den Schülern wenig Spielraum für die Eigenständigkeit.

Und der Überindividualismus:

- Der Überindividualismus trennt sich nicht gerne vom Alten, weil er unflexibel ist. In einer schnellen, vielfältigen Zeit müssen auch Schulsysteme schneller und flexibler sein. Das benötigt eine teilweise Dezentralisierung, zumal auch auf regionale Märkte Rücksicht genommen werden muss. Das Bedeutet im positiven Gegenpol aber auch: Eine gemeinsame, zentral gelenkte schulische Basis muss erhalten bleiben, damit die positive Spannung zwischen beiden Polen (zentral und dezentral) geben ist.
- Der Überindividualismus selbst leidet unter dem Extrem der Ohnmacht besonders stark, weil er wenig flexibel ist. Er versucht daher auch im Extrem zwanghaft zu ordnen. Statistiken sind für ihn ein Mittel, auch wenn dabei Unvergleichbares verglichen wird, wie zum Beispiel in der Pisastudie.

Im 21. Jahrhundert wurde bereits erkannt, dass soziale Kompetenzen wichtig sind. Der Überindividualismus wird aber auch hier bestimmen, welche sozialen Kompetenzen dabei gemeint sind. Die Du-Orientierung ist es nicht, denn sie wäre für den Überindividualismus eine Einschränkung. Was aber geht: Der Überindividualismus wird solche Strategien lehren und erlernen, mit denen er seine Bedürfnisse und Ansprüche besser durchsetzen kann. Wenn er dem Durchschnittsmenschen immer etwas voraus ist, kann er seine Forderungen besser durchzusetzen. Langfristig betrachtet entsteht aber ein soziales Manko, eine schwache Gesellschaft.

Die Pflicht der Schule: Sie muss starke Menschen heranbilden. Die Pflicht des Staates ist es dort einzugreifen, wo die Familie von sich aus nicht mehr in der Lage ist, ihren gesellschaftlichen Beitrag zu leisten oder nicht bereit dafür ist. Ansonsten wird die kommende Generation den Generationenvertrag nicht einhalten können, sie wird nicht das können, was ein starkes Wirtschaften braucht und so auch die Finanzierung einer teuren Schule rechtfertigt.

Der Überindividualismus will zwar eine bessere Ausbildung, aber er will/kann sich deswegen nicht mehr dafür einsetzen, weder Eltern noch Kinder. So bleibt der Druck bei der Schule. Sie muss besser werden, die Lehrer müssen besser werden, es werden Statistiken über das Wissen der Schüler erstellt. In Ländern, in denen die überindividualistischen Verschiebungen geringer sind, ist auch die Bildungseffizienz im Vergleich zu den eingesetzten Mitteln höher (z.b. in Südamerika). Wie sich zeigt, reicht es auch schon, wenn die Schule etwas kostet (Privatschulen), oder etwas fordert (z.b. Helene Langeschule: kein Fernseher im Zimmer der Kinder...) oder wenn die Bildung nicht zum Konsum verkommt (z.b. in Albanien).

Bildung ist heute keine Freizeitgestaltung mehr für einige privilegierte Männer wie im alten Griechenland. Die Bildung gilt heute in hohem Maß als die Basis für das Wirtschaften, mit dem Ziel des materiellen Wohlstands. Der materielle Wohlstand ist als Ersatz für den Überindividualismus überaus notwendig und somit wird die Schule zusätzlich und verstärkt zum „Muss". Das „Mehr und Besser" ist gefragt – AHS mit Matura vor Hauptschule, Wirtschaftsstudium vor Handelsakademie. So wird das Anstreben einer möglichst hohen Ausbildung vermehrt zum „Muss" für ein überindividualistisches „Mehr und Besser" (= Ersatz) und das, obwohl die überindividualistischen Schulblockaden zunehmen.

Das „Müssen" ist nicht wirklich schlecht, es kann durchaus auch gesellschaftsorientiert sein. Nur der Überindividualismus kommt damit nicht klar, weil seine Freiheiten dadurch eingeschränkt werden. Früher war man bereits als Kind in den Arbeitsprozess eingebunden, ob man wollte oder nicht, man musste. Heute muss man in die Schule gehen. Es ist eine Frage der Einstellung, ob das Müssen zum Problem wird. Eine überindividualistische Gesellschaft erhebt das Müssen zum Problem, sodass es zum Nicht-Können wird.

Da stellt sich noch die Frage: Ist es wirklich das Wissen der Schule/der Universitäten, das eine Wirtschaft belebt und materiellen Wohlstand mit sich bringt oder die Tatsache, dass Schüler/Studenten (oder deren Eltern) geduldiger, durchhaltefähiger, einsatzbereiter oder langfristige Zieldenker sind. Der Überindividualismus strebt nervös nach dem „Mehr und Besser", er hat aber das Problem, dass er sich langfristig selbst dabei im Wege steht und somit immer einen hohen Aufwand für eine geringe Ausbeute tätigen muss, die noch dazu nicht langfristig ist.

Historisch betrachtet ist der Individualismus als „Wert" mit der Bildung von Städten und mit dem Wohlstand entstanden. Überall dort, wo viele Menschen zusammenkommen, müssen sie sich abgrenzen; überall dort, wo sie es sich leisten können, sind sie vordergründig weniger auf das Du angewiesen. Die Individualismusbestrebungen der 68er-Bewegung können somit eher als Reaktion des Wirtschaftsaufschwunges gesehen werden, die ohne finanzielle Basis der Eltern nicht gelingen hätte können. Die 68er-Bewegung war daher weniger die Eigenleistung einer „reifen" Jugend, sondern die Reaktion auf gewisse Umstände. Die Schule und die Erziehung werden in den 70er-Jahren besonders stark vom Individualismus geprägt. Gruppenstrafen sind jetzt verpönt, die individuelle Förderung von Talenten der Kinder gerät immer mehr in den Vordergrund. Mit dem Zunehmen der überindividualistischen Lernblockaden werden Methodik und Didaktik wichtig, während die unangenehme Pädagogik = Erziehung in den Hintergrund tritt.

Die Schulpolitik wird auch heute noch von politischen Vertretern der 68er-Generation gemacht, die den Individualismus als unumgänglich erstrebenswert hält. Ein Beispiel sind die Orientierungsarbeiten in den 5. und 7. Schulstufen in Österreich. Sie ermöglichen laut Verfasser „eine objektive Standortbeurteilung für jedes einzelne Kind und bieten dadurch eine Grundlage für Individualisierung im Unterricht"[34]. Überindividualistische Eltern nehmen diese Aussage mehr als ernst und fordern dieses Mehr an individueller Betreuung ein. Es ist praktisch für sie, denn die Verantwortung lastet nun vermehrt auf dem Lehrer. Aber: In einer Klasse kann die individuelle Förderung nur sehr eingeschränkt gegeben werden und schon gar nicht in ein bis fünf Wochenstunden pro Fach und Lehrer. Individuelle Betreuung – auch *nach* der Orientierungsarbeit – wird sich statistisch betrachtet immer auf die Schüleranzahl aufteilen. Bei 25 Kindern trifft es maximal zwei Minuten pro Kind und Unterrichtsstunde. Lässt man den langsameren Kindern mehr zukommen, erhalten die schnelleren Kinder vergleichsweise weniger und werden benachteiligt. Die individuelle Betreuung kann somit *nicht* gesteigert werden, weil sie durch die Schülerzahl begrenzt bleibt.

Im Extrem gedacht: Zwei Minuten pro Person ist wenig, während beim Unterricht in der Gruppe gleichzeitig viele Schüler etwas mitnehmen können, wenn sie die Voraussetzungen dazu haben. Der Überindividualismus hat die Voraussetzungen nicht, in der Gruppe zu lernen, er tendiert diesbezüglich zum Nicht-Können, das durch individuellen Nachhilfeunterricht ausgeglichen werden muss. Das Ergebnis der Forderung nach einer Individualisierung in der Schule: Von den Lehrern (der Schule) wird etwas erwartet, was sich in einer Gruppe gar nicht ausgehen *kann*.

---

34 Information über die Orientierungsarbeiten im Rahmen der Vorarlberger Mittelschule, Herbst 2010, Landesschulrat für Vorarlberg

Auch praktisch kann sich das nicht ausgehen, weil der Überindividualismus keine schulischen Ziele anstrebt, sondern überindividualistische Ersatzziele. Er blockiert somit auch alle Methoden des individuellen Lernens in der Gruppe wie z.B. Gruppenarbeit und Freiarbeit. Fazit: Du-orientierte Kinder können in der Gruppe effektiv lernen, überindividualistische Kinder brauchen möglichst Einzelbetreuung, sie können auch in Kleingruppen oder von anderen Kindern nur eingeschränkt lernen.

Von Lehrer wird daher gefordert: Sie sollen weiter den Individualismus nähren, der sich schon lange im Negativbereich des Überindividualismus befindet und bewirken dadurch, dass sich das Lernen in der Gruppe weiter verschlechtert. *Krass ausgedrückt: Die Schule zerstört sich selbst, wenn sie individualistischen Forderungen in der Gruppe nachkommt.* Anders ausgedrückt: Vergleichsweise kann der Lehrer nur schlechter werden, weil er nicht bewältigen kann, was ihm vermehrt aufgebürdet wird und... er hilft bei der Verschlechterung der Schulsituation selbst mit, wenn er den Individualismus weiter in die negative Übertreibung bringt.

Überindividualistische Eltern glauben gerne an eine individuelle Förderung in der Schule und verlassen sich auf sie, weil sie so ihrer Pflicht als Eltern enthoben sind. Die Schulpolitik kennt das politische Denken im Sinne von „wir müssen etwas unternehmen, wenn wir glaubwürdig werden wollen" und überlegen: Was *wollen* die Eltern und die Kinder, was *will* unsere Zeit, welche Politik braucht es...? So gibt der gesellschaftliche Überindividualismus die Richtung vor, die Politik reagiert auf die Gesellschaft und steigt vordergründig gut aus. Die Frage einer starken Politik darf aber nicht lauten: „Was *will* unsere Gesellschaft?", sondern „Was *braucht* unsere Gesellschaft langfristig?" Das wäre gute Politik, wird aber nicht einer überindividualistischen Gesellschaft entsprechen und braucht daher viel Aufklärungsarbeit. Wenn z.B. ein Elternvertreter in der Schulpolitik mitspricht und mit erhobenem Kugelschreiber in die Drohgebärde geht mit den Worten: „Die Politik wird ihre Rechnung bei der nächsten Wahl erhalten", ist das nicht nur das Ergebnis der falsch verstandenen Demokratie eines überindividualistischen Individuums, sondern machtvolles Verhalten, das in der Schule nichts zu suchen hat.

Die Schule *darf* die Individualisierung gar nicht fördern, im Gegenteil, sie allein hat die außerordentliche und einzigartige Chance und die Pflicht, den Schüler in einer Gemeinschaft zu einem starken Individuum zu machen, indem es dem Kind das starke Du bietet, das es zu Hause oft nicht mehr im ausreichenden Maß hat. Starke Kinder können nur über die Verantwortung zum Du und die Gesellschaft zu starken Individuen erzogen werden, nicht durch vermehrten Individualismus. Die Forderung nach individualistischer Förderung in der Schule erzeugt somit ein Defizit zwischen den Erwartungshaltungen der Eltern und den eingeschränkten, tatsächlichen Möglichkeiten. Die Schüler werden also nicht so individuell gefördert, wie von Eltern und Schülern erwartet wird, weil das gar nicht geht. Jedes Defizit wirkt negativ mächtig. In der Schule wird dem Lehrer die Schuld für die misslungene Individualisierung gegeben, seine Autorität sinkt und somit seine Möglichkeiten des pädagogischen Handelns. Der Lehrer gerät auch dadurch in eine Handlung einschränkende Position und das, obwohl er vermehrten Handlungsbedarf durch den Überindividualismus hat. Das macht ohnmächtig.

Der Nachhilfeunterricht kann individuell fördern und somit das ausgleichen, was das Elternhaus und die Schule nicht können. In Zürich z.B. geht man davon aus, dass bereits die Hälfte aller Oberstufenschüler Nachhilfeunterricht erhalten. Das geht anscheinend so weit, dass sie sich in der Schule unter einem Vorwand entschuldigen lassen und in dieser Zeit Nachhilfeunterricht nehmen. Für den Überindividualismus ist der logische Gedankengang: Die Schule und die Lehrer sind schlecht, weil die Schüler privat und teuer nachholen müssen, was in der Schule versäumt wird. Auf den Kenntnissen des Überindividualismus betrachtet bedeutet dies: Der Überindividualismus kann nicht das leisten, was die ausgeglichene Spannung zwischen dem Ich und dem Du kann. Der Überindividualismus braucht individuelle, persönliche Betreuung, wo hingegen Kinder auf der positiven Spannung auch in der Gruppe und mit der Gruppe lernen können. Die sozialen Kompetenzen sind bei der Forderung nach positiver Spannung mit eingeschlossen, es müssen nicht zuerst Bücher gedruckt, Methoden entwickelt, Projekte durchgeführt und Unterrichtsfächer eingeführt werden, die mehr oder weniger oberflächlich und kopflastig „soziale Kompetenzen" vermitteln und einer Öffentlichkeit zeigen: „Seht her, wir arbeiten modern und vermitteln auch soziale Kompetenzen".

Zusammenfassend betrachtet:
Schulentwicklungen sind immer auch historische Entwicklungen. Die Entwicklungen können unterschiedlicher Natur sein wie politisch, wirtschaftlich, soziokulturell, sie können räumliche Basis haben (EU, Globalisierung)... Für Mitteleuropa gilt momentan: Egal, ob die Schulentwicklung politische, wirtschaftliche, soziokulturelle, oder räumliche Hintergründe hat, alle Hintergründe sind *über*individualistisch überformt und verlaufen daher grundlegend negativ. Die überindividualistische Stellung ist eine kranke Stellung, die nicht stark und zufrieden machen kann.

Giesecke[35] – Jg. 1932, Dr. phil., emeritierter Professor für Pädagogik und Sozialpädagogik an der Universität Göttingen – hat in seinem Buch „Pädagogik quo vadis?" die Bildung als Generationenvertrag bezeichnet, den alle einhalten müssen. Die

---

35 Giesecke S. 82

Investitionen müssten sich daher amortisieren und die nächste Generation sollte fähig sein, die Bildung auch für ihre Kinder zu finanzieren. Für Giesecke ist es untragbar, dass alle einen Gymnasiumsabschluss anstreben und viele eine universitäre Ausbildung, auch wenn sie keine wirklich günstigen Voraussetzungen dafür haben.

Ich würde die „günstigen Voraussetzungen" durch die „Gruppenfähigkeit" ergänzen. Gruppenunfähige Kinder blockieren den Unterricht mehr als leistungsschwache Kinder und das mit dem Ergebnis, dass leistungsschwache Kinder nicht ausreichend gefördert werden können. Warum die Schulpolitik überindividualistische Einstellungen so lange fördert, ist aus der Perspektive des Überindividualismus zwar logisch, aber trotzdem kontraproduktiv. „Bildung für alle" darf nicht gleichbedeutend sein mit „jede Bildung unter allen Umständen", denn so wird sie zum „Nicht-Können".

Wir befinden uns seit Jahrzehnten in einem ständigen Bemühen um die Bildung der Kinder und es ist viel geschehen, was der Schule tatsächlich gut tut, wie: Klassenraumgestaltung, bewegter Pausenhof, kindgerechte Literatur, Themen- und Problemorientierung... Problematisch wird es aber dort, wo den Schülern und Eltern etwas vorgemacht wird, was die Schule gar nicht halten kann und auch nicht darf, wie die einseitige Förderung des Individualismus. Die Schule muss der Ort bleiben, wo sich Kinder integrieren müssen, selbständig Leistung bringen müssen, ohne dass ständig ein Lehrer auf sie eingeht und mit diversen methodischen Mitteln vorgibt, was ein Schüler selbst „erdenken" muss. Wir dürfen nicht zu gut sein, weil wir damit eine wichtige Basiskompetenz der Kinder blockieren, nämlich das selbständige Denken und Arbeiten. Die Selbständigkeit im Denken und die Fähigkeit, starke Entscheidungen zu treffen (hintergründig, du-orientiert, langfristig), wird in einer vielgestaltigen Berufswelt die entscheidenste soziale Kompetenz sein, die man Kindern in der Schule mitgeben kann. Heute entscheiden Kinder zwar auch immer früher selbständig, aber immer häufiger überindividualistisch und daher schwach. Diese Form der Selbständigkeit ist Ersatz auf der negativen, kompensatorischen Seite.

2. Soziokulturell-ideologische Basis der Pädagogik – Schulblockaden

Die Erziehung von Kindern ist seit eh und je bei allen Völkern der Erde ein Wert, der von der Gemeinschaft mitgetragen wird. Viele Kulturen vor uns haben bereits erkannt, dass die leiblichen Eltern mit der Erziehung für eine Gemeinschaft „überfordert" sind, dass es auch die Gemeinschaft für die Erziehung braucht. Werden die

Familien durchschnittlich kleiner, ist die gemeinschaftliche Erziehung eine besonders große Herausforderung – auch an die Gemeinschaft – allerdings eine mit vielen Gesichtern, mit vielen Problemen und vielen Meinungen und nicht zuletzt deshalb für viele ein „heißes Eisen". Eltern wollen ihre Kinder oft nicht von Lehrern miterziehen lassen und das, obwohl es gar nicht sie selbst sind, die unter den schwierigen disziplinären Verhältnissen arbeiten müssen. Gemeinschaftsrelevante „Erziehungsmaßnahmen" sind verpönt, auch das ein soziokulturelles Erbe unserer (Individualisierungs-)Geschichte. Das Hitlerregime und der kommunistische Sozialismus in Osteuropa haben dem „Westen" jahrelang gezeigt, wie „schrecklich" Mitläufertum ist. Wir sehen bereits jahrzehntelang unsere individualistische Entwicklung als jenes herausragende Kulturgut unserer Demokratie an, wofür sich unsere Vorfahren mit ihrem Leben eingesetzt haben. Doch alles, was zu intensiv und zu lang betrieben wird, ist schädlich. So ist der Überindividualismus nur der negative Gegenpol zum Nationalsozialismus, mit weniger Toten, aber vielen seelisch Verletzten.

Zusammengefasst betrachtet:
Wir haben bislang die Folgen von mehreren gesellschaftlichen Denkfehlern in unsere Schule eingebracht, drei davon sind:

1. Der politische Hintergrund des Nationalsozialismus, der als logische Folge zum negativen Pol des Mitläufertums (= zu starke Abhängigkeit von einem Du – sie macht abhängig) in den negativen Gegenpol des Überindividualismus (= zu starke Abhängigkeit vom Ich – sie macht richtungslos) geraten ist. In der Weiterentwicklung des Nationalsozialismus propagierte der Westen den negativen Gegenpol (= Entwicklung des Einzelnen) zum negativen Pol des einseitigen osteuropäischen Sozialismus (= Entwicklung für alle gleich).

2. Die Forderungen der 68er-Generation können als *politische Loslösung der Individualismus-Entwicklung* hin zu einer *gesellschaftlichen Individualismus-Entwicklung* gesehen werden, die im Zusammenhang mit den Möglichkeiten des Wirtschaftsaufschwungs gedeihen konnte. Rückwirkend wird der Überindividualismus durch das vermehrte wirtschaftliche Konkurrenzdenken gestärkt. Die überindividualistische Wirtschaft blockiert sich dabei selbst, genauso wie eine überindividualistische Politik oder wie eine überindividualistisch untermauerte Schule blockiert wird. Gesunde Konkurrenz kann anspornen, der Überindividualismus blockiert.

3. Der grundlegende Denkfehler der Psychologie: Ein Ich entwickelt sich nicht vom Ich zum Du zur Gesellschaft, sondern in ständiger Wechselwirkung mit dem Du. Den „gesunden" frühkindlichen Individualismus kann es daher gar nicht geben, nur stört er weniger, als jener von Pubertierenden, bzw. sind Eltern auch stolz auf die Pseudostärke ihres Kindes. Auch die Pubertät darf sich nicht auf die vermehrte Ich-Du-Orientierung in diesem Alter „hinausreden". Zwar ist die hormonell gesteuerte Du-Orientierung eine zusätzliche, sie fällt aber nur jenen Pubertierenden besonders schwer, die sich erst in der Pubertät zum Du und zur Gesellschaft hin entwickeln.

Einen Überblick über die grundlegenden Entwicklungen in der deutschen Bildungspolitik gibt Hermann Giesecke in seinem Buch „Pädagogik – quo vadis? – Ein Essay über die Bildung im Kapitalismus" (2009). Giesecke zeigt zwei grundlegende Entwicklungen in der deutschen Bildungspolitik auf, die meiner Meinung nach auch für die österreichische Schulentwicklung maßgebend sind. Giesecke[36] greift die Verworrenheit und Kompliziertheit der momentanen Bildungsdebatte auf und fordert, dass sie wieder auf die Basis der Pädagogik gestellt werden sollte. Er fordert die Pädagogik „von unten" anzugehen, was für ihn aber nicht gleichzusetzen ist mit Rezepten, die für den pädagogischen Alltag mehr versprechen würden, als sie halten können, solche Bücher gebe es bereits zuhauf. Für Giesecke geht es darum, die Grundprobleme des pädagogischen Handelns freizulegen. Oberste Priorität hat für ihn die „Forderung" als pädagogisches Prinzip, welches für ihn im Wettbewerb mit ideologischen Widersachern steht. Die negative Psychologisierung und die negative Ökonomisierung als ideologische Beeinflussung der Schule werden diesbezüglich – unter anderem – von ihm genauer erläutert.

Giesecke erkennt die Pädagogik als historisch notwendige, gesellschaftliche Funktion wie die Politik, Wirtschaft oder Rechtssprechung. „Notwendig" heißt für Giesecke, dass ohne sie soziales, bzw. gesellschaftliches oder staatliches Leben nicht funktionieren kann. Giesecke dazu wörtlich:

> „Kinder werden in eine bestimmte, historisch überlieferte, kulturelle und politisch-soziale Verfasstheit hineingeboren, an die sie sich anpassen müssen, um an ihr teilhaben zu können. Das müssen sie über Jahre hinweg lernen und dazu brauchen sie Menschen, die es ihnen beibringen."[37]

---

36 Giesecke S. 9 ff.
37 Giesecke S. 17 f.

Auf dieser „Entwicklungstatsache" sei alle Pädagogik begründet. Giesecke schreibt weiter:

> „Alles andere, was unter dem Stichwort ‚Pädagogik' oder den daraus abgeleiteten Begriffen wie ‚Bildung' und ‚Erziehung' erörtert, gefordert, begründet und gerechtfertigt wird, ist weitgehend variabel, beruht auf Traditionen, Erfahrungen, Vorurteilen, Moden, auf wissenschaftlichen Erklärungsversuchen – jedenfalls nicht auf etwas, was zeitlos gewiss gültig wäre."[38]

Was aber, wenn sich unsere Jugend sehr wohl an unsere „Gesellschaft" oder ihrer medialen Vertretung anpasst, aber an eine schädliche?

Ich möchte Giesecke zustimmen, allerdings gibt es für mich einen gemeinsamen Nenner unserer vorherrschenden Traditionen, Erfahrungen, Vorurteile, Moden, Erklärungsversuche..., nämlich den Überindividualismus. Der Überindividualismus ist eine soziokulturelle Vorbedingung, die den Überindividualismus weiter stärkt, indem er überindividualistische Grundlagen wie Gesetze, Richtlinien, Verordnungen... schafft und das auch in der Pädagogik. So verliert die Pädagogik im Überindividualismus den Stellenwert der Gemeinschaft und betont dafür den Stellenwert des Individuums. Die von Giesecke angesprochene Psychologisierung der Schule ist somit ein Ergebnis der historischen Individualisierung. Die Pädagogik führt sich somit selbst ad absurdum, wenn die Überindividualisierung und die Psychologisierung zur Basis der Pädagogik werden.

2.1 Die Angst des Überindividualismus vor der Forderung

Eine soziokulturell-ideologische Basis der Pädagogik, Didaktik und Methodik ist die Angst des Überindividualismus vor der Forderung. Das Ergebnis: Die Methodik bietet „spielerisches Lernen" an, es wird auch von den Eltern eingefordert, denn die Kinder sollen es nicht so schwer haben wie die Eltern. Und wie sehen die Schüler das? „Das Lernen durch Spiele wird von ihnen gar nicht ernst genommen, schließlich lautet die soziokulturelle Einstellung in unserer Gesellschaft: Spiel = Freizeit, nicht Notwendigkeit. Ein Lernspiel mit der ganzen Klasse ist unerträglich laut und nahezu undurchführbar, auch deshalb – methodisch betrachtet – nur wenig effektiv. Fazit: Stress für alle. Im Schüler wird eine indifferente Haltung erzeugt,

---

38 Giesecke S. 18

die Spannung erzeugt: Spiel und trotzdem Lernen. Die Disziplin muss vom Lehrer beim Spiel deutlicher eingefordert werden, das Spiel wird unangenehm unterbrochen. Gruppenkonforme Schüler können besser vom Spiel lernen, sie wollen sich nicht ständig selbst in Szene setzen. Überindividualistische Schüler benötigen sehr klare Grenzen, weil sie schneller den bequemen Eigennutzen im Spiel sehen. Für sie muss es heißen: Zuerst die Forderung, dann das Spiel als Belohnung. Und der Lehrer? Er wird die spielerischen Methoden scheuen, gilt bei Außenstehenden aber schnell als schlechter Lehrer. Auch hier gilt: aufgeweichte Strukturen (= Vermischen von Spiel und Notwendigkeit) ergeben eine Diskrepanz, die Stress für alle erzeugt und ineffektiv ist, weil Schüler damit altersbedingt und soziokulturell bedingt überfordert sind. Dem Kind schadet eine Reduzierung der Lernforderung, weil das Selbstbild nicht gestärkt wird, sondern nur der ersatzweise Spaßfaktor.

Für Giesecke liegt das oberste Prinzip der Pädagogik in der *Forderung* an die Kinder, damit der Generationenvertrag weiterhin seine Gültigkeit haben kann. Investiert die Gesellschaft viel Geld in die Schule, muss sie auch einen großen Output von den Kindern erwarten können, damit Bildung weiter finanziert werden kann. Benötigt der Staat viel Geld für die Bildung, weil der Überindividualismus nur die individualistische Einzelförderung in kleinen Klassen zulässt, wächst der Druck auf die Kinder, den Generationenvertrag erfüllen zu können. Da die Gesellschaft aber den Druck nicht auf die Kinder weitergeben will, sind Schule und Lehrer aufgefordert, diesen Druck herauszunehmen. Schlagworte wie „Schüler sollen sich wohlfühlen", „Lernen ohne Druck", „schnelles Lernen ohne Aufwand", „gezieltes Lernen"... müssten die Gesellschaft eigentlich nachdenklich stimmen. Auch die Flut an methodischen Büchern und Hilfsmitteln müsste nachdenklich stimmen. Was sollen sie verbergen? Soll verborgen werden, dass die Schule zu wenig leistet und daher zu teuer ist, dass die Schüler überfordert sind, dass der Generationenvertrag gar nicht eingehalten werden *kann*? Nun sind es die Lehrer, auf denen der Druck des nicht einhaltbaren Generationenvertrages lastet, die als Stoßdämpfer fungieren müssen. „Gut", könnte man sagen, „die Lehrer sehen, wie wichtig sie sind", so haben sie mehr Autorität.

Tatsächlich passiert Folgendes: Die Lehrer erhöhen ihre Anstrengungen und verschieben so die ausgeglichene Spannung zwischen Schüler- und Lehrereinsatz in die beiden Negativbereiche.[39] Vom Lehrer wird gefordert, die Schüler können sich auf die Bildungskonsumseite begeben, die natürliche Autorität der Lehrer verringert sich von selbst, die Schule macht sich zum einseitigen Dienstleister. Das

---

39 vgl. Wertequadrat „Bildungskonsum"

Einfordern wird verstärkt auf die Noten verlegt, der Druck der Schüler steigt dort – ein Teufelskreislauf.

Eine überindividualistische Gesellschaft will den Kindern kein „Muss" zumuten. Schüler werden schulisch durch kleinere Klassen unterstützt, neue Lehrbücher, methodische Mittel, Abwechslung, Spaß, Wohlfühlen... und es wird ihnen genommen, was ihnen zu ihrem starken Selbstwertgefühl verhilft: Einsatz. Bildung ist heute nicht nur *selbstverständlich* geworden und hat dadurch einen Wertverlust erlitten, darüber hinaus wird zusätzlich ein konsumorientierter Erlebnisfaktor gefordert. Der Erlebnisfaktor kann mit dem Fernseh- und Freizeiterlebnis aber nicht Schritt halten, denn schließlich hat der Fernseher keinen primären Bildungs- und Erziehungsauftrag. Logisch, dass die Bildung vergleichsweise schlecht dasteht.

Forderung an die Schule:

Die Schule muss das selbständige Lernen in der *Gemeinschaft* fordern und dieses Lernen auch fördern. Nur so wird der Finanzierungsdruck der Schule nicht auf dem Rücken der Schüler und nachfolgender Generationen oder der Lehrer mächtig abgeladen. Das bedeutet nicht, dass die Klassenschülerzahl wieder erhöht werden soll, aber die Forderung an ein Lernen in der Gruppe muss ein schulischer Grundsatz sein.

Forderung an die Eltern:

Für die Individualbetreuung müssen weiterhin die Eltern aufkommen. Sie selbst müssen jene vorschulische und schulische Basis schaffen, die dem Kind die Schule ermöglicht, bzw. erleichtert. Dazu gehört die positive Einstellung zu Schule und Lehrer, weiter die Erziehung zu einem gruppenfähigen Menschen mit altersgemäßem, echtem Selbstwertgefühl. Gelingt dies den Eltern nicht oder wollen sie die nicht, können sie die Individualbetreuung in andere Hände geben. Die Gesellschaft darf nicht dafür verantwortlich gemacht werden.

Forderung an die Schüler:

Kinder müssen für den finanziellen Einsatz von Eltern und Staat eine Gegenleistung bringen, den Einsatz in der Schule. Giesecke betont dabei, dass nicht nur die „Forderung" wichtig sei, sondern auch die bestmögliche „Förderung"[40] der kindlichen Entwicklung. Für ihn ist die „Förderung" ohne „Forderung" aber gar nicht möglich. Abschließend zur „Forderung als pädagogische Maxime" findet es

---

40 Giesecke S. 41

Giesecke bedenklich, dass im Schulbetrieb nicht mehr von Forderungen geredet wird. Mit seinen Worten:

> „Diese Abstinenz hat für alle Beteiligten zunehmende Desorientierung zur Folge und kann auch nur unter Verwendung politischer und pädagogischer Lebenslügen über die wahren Verhältnisse durchgehalten werden. Die pädagogische Praxis – etwa in den Schulen – lässt sich jedoch auf Dauer nicht betrügen; wenn es dort nicht gelingt, grundlegende Forderungen durchzusetzen, droht die Verwahrlosung der Schüler und der Institution selbst – die Lehrer durchaus eingeschlossen.“[41]

Auch aus der Perspektive des Überindividualismus und meiner Erfahrungswerte in der Schule kann ich Giesecke nur voll und ganz zustimmen. Überindividualistische Pädagogen (Eltern und Lehrer) haben Angst vor der Forderung, denn Forderung stößt auf Widerstand, besonders bei überindividualistischen Kindern. Besitzen aber alle das gleiche Hintergrundwissen über die Notwendigkeit der Forderung, können alle an einem Strang ziehen und eine Schule für starke Schüler ist möglich, die auch ohne übergroßen finanziellen Aufwand auskommt.

2.2 Kritik an der Psychologisierung – die Notwendigkeit von sozial angelegten Sanktionen

Giesecke übt folgende Kritik an gängigen pädagogischen Konzepten: Sie gingen alle

> „eher von der subjektiven Innerlichkeit des einzelnen Kindes aus, als ginge es darum, diese gleichsam als Selbstzweck evolutionär zur Entfaltung zu bringen. So erleben wir in den letzten Jahrzehnten, dass die biologische und die soziokulturelle Notwendigkeit der Pädagogik und die daraus resultierenden Konsequenzen zugunsten der Kultivierung der individuellen Innerlichkeit in den Hintergrund treten. Die Forderung verschwindet hinter betulichem „Verständnis“ für alles und jedes – selbst für brutale Gewalttaten....“[42]

---

41 Giesecke S. 42
42 Giesecke S. 23

Weiter zitiert Giesecke den Kinderpsychiater Michael Winterhoff[43], der für ihn ein Hauptproblem folgendermaßen zusammengefasst hat: Viele Erwachsene würden sich aus Angst um die Liebe ihrer Kinder nicht mehr wie Erwachsene verhalten wollen und sich deshalb nicht mehr abgrenzen. Das sei emotionaler Missbrauch und kehre die Rollen um. Kinder könnten heute permanent bestimmen, im Kindergarten die Spielgruppe frei wählen, in Neigungsgruppen, Wahlfächern... Mit dieser Feststellung ist Winterhoff nicht allein. Auch aus der Perspektive des Überindividualismus täuscht diese soziokulturelle Einstellung eine praktische Selbständigkeit der Kinder vor, lässt Kinder aber auch richtungslos werden, weil ihnen eine hintergründige Entscheidungsbasis für längerfristige Ziele fehlt. Jede längerfristige Entscheidung ist eine Überforderung für die Kinder.

Für Giesecke ist die ganze Gesellschaft für das Aufwachsen der Jugend zuständig. Heute sei dies – laut Giesecke – ein Problem:

> „Wenn Minderjährige im öffentlichen Raum Regeln der Sitte und des Anstandes offensichtlich verletzen, wurde das früher oft von solchen Erwachsenen montiert, die sich gerade vor Ort befanden. Wer das heute versucht, könnte leicht mit einer Strafanzeige rechnen. Zuständig für erzieherisch begründete Intervention in der Öffentlichkeit ist eigentlich nur noch die Polizei – aber auch die nur im Hinblick auf rechtlich relevante Verstöße. Erziehung ist aus der Öffentlichkeit der Straßen und Plätze verbannt worden."[44]

Giesecke stellt fest, dass die enge Sozialkontrolle, wie sie früher in einem Dorf oder einer kleinen Stadt vorhanden war, heute für einen überwiegenden Teil der Kinder fehle.

Erziehung findet also nur noch im Elternhaus statt – wenn überhaupt – und in der Schule – wenn überhaupt. Denn es sind nicht nur die Eltern, die – u.a. aufgrund des Überindividualismus – immer schlechtere Bedingungen für die Erziehung haben, es sind auch die Lehrer. Ein Lehrer kann sich mit seiner geringen natürlichen Autorität und mit den zur Verfügung stehenden pädagogischen Mitteln eher lächerlich vor den Schülern machen oder strafbar, aber nicht gruppenverantwortlich erziehen.

Giesecke beschreibt in Kapitel 2 einen grundlegenden Denkfehler: Man könne ein soziales Defizit nicht durch etwas Psychisches korrigieren.[45] Ich denke auch:

---

43 Giesecke S. 23
44 Giesecke S. 29
45 Giesecke S. 56

Eltern können auf ein Einzelkind psychologisch eingehen, die Schule muss vorrangig gruppenorientiert agieren. Die Hauptaufgabe der Schule muss nach wie vor die Sozialisierung bleiben, die gesellschaftsrelevante Forderungen stellen muss.

Ein weiterer Aspekt von Giesecke: Für ihn müssen sich erzieherische Maßnahmen auf den jeweiligen sozialen Hintergrund beziehen. Geschehe dies,

> „dann spricht zum Beispiel der Lehrer nicht als Einzelindividualität gegen ein einzelnes Schülerindividuum eine Schulstrafe aus, sondern als Repräsentant einer Sozialität – der Klasse, der Schule oder bei entsprechend wichtigen Vergehen auch des Schulträgers."[46]

Folgendes Beispiel bei Giesecke zeigt, warum der soziale Bezug zu Sanktionen so wichtig ist: Eine Lehrerin ist auf

> „einem Ausflug von Salem nach München und lässt sich die Einhaltung bestimmter Regeln versprechen. Drei Schüler halten sich nicht daran, verschwinden auf einer U-Bahnstation, werden eine Weile von der Lehrerin und von Schülern gesucht und schließlich rauchend auf der Toilette erwischt. Die Lehrerin schickt sie nach Hause (bzw. ins Internat)."[47]

Giesecke zeigt an diesem Beispiel, auf welch verlorenem Posten die Lehrerin mit ihrer Sanktion steht, wenn den anderen Schülern das Warten egal ist oder sie sich nicht trauen, etwas gegen ihre Mitschüler zu sagen. Die Masse wird zu Mitläufern, der Lehrerin fehlt der soziale Rückhalt der Schüler und sie muss daher auf einer verringerten autoritativen Stellung drastischere Maßnahmen für eine Sanktion ergreifen. Sie wird somit auch zum einzigen „Feind" der drei Schüler, denn die Klasse hat sich aus der Verantwortung genommen.

Giesecke meint, eine Sanktion sei umsonst, wenn die „öffentliche Meinung" dabei fehle. Giesecke sieht es daher als eine der wichtigsten Aufgaben in pädagogischen Einrichtungen und Institutionen, dass eine entsprechende „öffentliche Meinung" vorhanden ist. Schulregeln, die mit/von Schülern ausgemacht werden, müssten daher immer klarstellen, dass sich Schüler an Schülern vergehen, nicht an einer abstrakten, normativen Idee. Giesecke dazu:

---

46 Giesecke S. 64
47 Giesecke S. 64 f.

„Einschlägige Taten sind nicht nur vom Lehrer, sondern von der tonangebenden Mehrheit der Klasse zu bestrafen – z.b. durch offene klare Missbilligung[48]

Formuliert man diese Überlegungen von Giesecke anders, bedeutet dies:

- Die Schüler werden als grenzensetzendes Du ernst genommen, indem ihnen nicht zugemutet wird, dass sie für andere irgendwelche Unannehmlichkeiten in Kauf nehmen müssen. Sie müssen nicht zu untätigen Mitläufern werden und zuschauen, wie sich andere Schüler individualistisch verhalten, indem sie die anderen warten lassen oder gar Unrecht geschieht. Sie lernen die Verantwortung in der Gruppe aktiv leben.
- Den Schülern wird zugetraut, dass sie alt genug (stark genug) sind, negative Verhaltensweisen zu erkennen.
- Der Lehrer hat die Verstärkung der Betroffenen hinter sich und wird so nur zu demjenigen, der als Gesellschaftsvertreter die Grenze auf hierarchisch anerkannter, höherer Position durchsetzt.
- Der Lehrer braucht keine besondere, individuelle Autorität, die gesellschaftliche Autorität hilft ihm, sie ist auch wirkungsvoller

Meine Sicht aus der Perspektive des Überindividualismus: Die tonangebende Mehrheit für eine starke, erzieherische Entscheidung wird es im Überindividualismus nicht geben. Dazu ist der Überindividualismus für viele Menschen zu praktisch und gleichzeitig ist die Angst vor dem überindividualistischen Gegenüber zu groß. So wird nach schwachen Prinzipien agiert wie:

- jeder, wie er will,
- mit Sanktionen macht man sich unbeliebt,
- Angst vor dem Mobbing

Wie wir am Beispiel von Giesecke sehen können, schafft der Überindividualismus mächtige Verhältnisse („faschistoide"), indem die einen Schüler sich nicht an Abmachungen halten und daher mächtig agieren, also zum Nachteil der anderen. Die anderen Schüler werden zu Mitläufern, die sich nicht trauen, als Gesellschaftsvertreter aufzutreten, denen eine unnötige Einschränkung widerfahren ist. Der Unterschied des Überindividualismus zum Faschismus: Im Überindividualismus wird nicht die Volksgemeinschaft mythifiziert, damit ein Diktatorenziel erreicht wird,

---

48 vgl. Giesecke S. 66

sondern der Überindividualismus, der seine individuellen Machtbestrebungen selbst durchsetzen will. Im Fallbeispiel von Giesecke wird aber deutlich, dass die überindividualistische Verhaltensweise der drei Schüler davon ausgeht, die „Volksmasse" auf ihrer Seite zu haben, bzw. mächtiger als sie zu sein.

Die politisch/gesellschaftlichen Folgewirkungen des Überindividualismus in anderen Worten:

- Der Überindividualismus entmündigt das gesunde Individuum, indem er macht, was er will. (Im Faschismus: Diktator und die herrschende Masse bilden den überindividualistisch negativen Pol).

- Eine überindividualistische Gesellschaft lässt eine demokratische Regierung ohnmächtig werden, weil die Gesellschaft den Ton angibt, indem sie – durch Umfragen der jeweiligen Parteien recherchiert – vorgibt, welche Inhalte sie wählen wird. Eine andere Variante einer Partei ist – wie sie schon länger praktiziert wird: Gar keine Wahlversprechen mehr zu machen, denn sie können nur uneinhaltbar sein, wenn sie sich an einer überindividualistischen Gesellschaft orientieren. So verhindert die Partei, dass sie sich von vornherein einer überindividualistischen Gesellschaft ohnmächtig unterwirft. So wird aber auch jede Demokratie im Überindividualismus zur Farce, die politischen Parteien werden „ausgeschaltet", weil sie keinen Spielraum haben im Sinne von „was *braucht* die Gesellschaft", sondern nur die Möglichkeit von „was *will* die Gesellschaft". (→ Vgl.: faschistischer Antiparlamentarismus)

Zurück zur Schule: Auch sie wird richtungslos ohnmächtig, wenn sie sich dem Überindividualismus unterwirft. Sozial angelegte Sanktionen können dem negativen Gegenpol zu den negativen, faschistischen Ideologien entgegenwirken. Der Vorschlag von Giesecke – gruppensoziale Interaktion von einer Mehrheit der Schüler – wäre somit theoretisch gut und richtig. Wenn gruppensoziale Interaktionen aber die einzige Grundlage bleiben, wird der Vorschlag am Überindividualismus scheitern, denn er ist die Ursache. So denke ich, dass Lehrer anerkannte Repräsentanten der Gesellschaft sein müssen und als solche erzieherische Maßnahmen von ihrer Seite aus wirkungsvoll sein müssen. Erst dann kann die Verantwortung für die Gruppe wieder positiv ausfallen.

Die derzeit geringe Autorität der Lehrer blockiert die Erziehung zu starken Kindern, eine höhere Autorität ist vom Überindividualismus aber nicht gewünscht, für ihn ist „Autorität" das sprichwörtliche „rote Tuch", wie wir gehört haben. Die Sozialität muss daher von einer höheren, gesellschaftlichen Hierarchieebene eingefordert werden, wenn sie wirken soll. Die Schulpolitik muss diesbezüglich klare Bekenntnisse abgeben und die gesetzlichen Voraussetzungen für starke Lehrer und starke Schüler schaffen.

Giesecke[49] spricht auch jene Konfliktschlichtungen in der Psychologie an, die ohne „Schuld" und ohne „Blamage" auskommen. Konflikte würden auf diese Weise relativiert, das „Gesagte" gelte nicht mehr als das „Gemeinte", weil hinter dem Gesagten oft ein positiver Wunsch des „Täters" stecke, wie z.b. Aggression als fehlgeschlagener Kontaktwunsch.

Ich denke auch: Schuldlose Konfliktinterventionen blockieren stabile zwischenmenschliche Beziehungen, weil die Konfliktauflösung Schuld und Entschuldigung braucht. Sie braucht zwar immer wieder das Verständnis für den schuldigen Mitmenschen, das darf aber erst nach dem Schuldeingeständnis (= du-orientierte Aufarbeitung des Geschehens) erfolgen. Die echte Entschuldigung muss die „Einsicht" für das Du beinhalten, auf deren Basis erst die Kluft zum Du wieder gekittet werden kann. Wie wir erkennen können: Auch in der Psychologie spielt der soziokulturelle Wert der Individualisierung eine Rolle, auch hier eine negative.

Am Beispiel aus der Schule: Bei Konferenzen werden disziplinäre Maßnahmen immer wieder dadurch mitbestimmt, ob der Schüler für seine Tat etwas *dafür* kann, z.B. wenn er in einem schwierigen Elternhaus aufwächst. Die richtige Lösung muss auf einer strikten Trennung von Hintergrund und Auswirkung basieren: Die Tat muss so bestraft werden, dass der Schüler die Sanktion auch als Strafe verspürt. Dies kann individuell unterschiedlich sein. Mädchen reagieren durchschnittlich schneller auf eine Strafe als Buben. Die begleitenden Maßnahmen, damit so etwas nicht wieder vorkommt, sind ein langfristiges Unterfangen, das darauf *aufbaut*, dass ein Verhalten unerwünscht ist. Die begleitenden Maßnahmen müssen psychologisch angelegt sein, sie beziehen sich somit auf die Disposition des Kindes. Werden *Hintergrund* und *Auswirkung* vermischt, kommt es dazu, dass kein minderjähriges Kind bestraft werden kann, weil jedes Kind einen Grund für sein Verhalten hat, auch wenn wenig geschulte Lehrer diesen nicht sehen können. Hier fängt nicht nur die Ungerechtigkeit an, sondern auch eine Vermischung von zwei unterschiedlichen Notwendigkeiten.

---

[49] Giesecke S. 66 f.

Giesecke kritisiert auch eine andere Forderung der Psychologie: Das Individuum solle seine Beziehungen zu anderen so gestalten, dass es am besten die eigene Bestimmung verwirklichen kann, die eigenen Bedürfnisse am besten erfüllt werden.[50] Diese Einstellung ist typisch für eine überindividualistische Gesellschaft und bereits sehr deutlich überall spürbar. Als Lehrer hat man immer öfter und deutlicher das Gefühl, man wird durch kommunikative Techniken wie „Freunde-Technik", „Einschmeicheltechnik", „Mitleidstechnik"...[51] manipuliert. Es sind Techniken einer überindividualisierten Gesellschaft, die bereits von Kindern immer besser beherrscht werden. Manipulative Techniken gehören heute schon zu einer akzeptierten Grundeinstellung unserer Gesellschaft nach dem Motto: „Schaffe jene Beziehungen, die zu deinem Wohl sind." So hat man oft Schüler vor sich, die mit viel Charme Lehrer und Direktoren jahrelang um den Finger wickeln. Sie erhalten die besseren Noten, können sich mehr erlauben, auch Verhaltensweisen gegen die Schulordnung werden länger toleriert und sie kommen aufgrund ihrer undifferenzierten, kommunikativen Fähigkeiten und dem Drang nach dem „Mehr und Besser" vorzugsweise in Positionen wie Klassensprecher und Schulsprecher, wo ihre kurzsichtigen, eigennutzenorientierten Einstellungen der ganzen Klasse und sogar Teilbereichen der Schule schaden können.

Giesecke fragt sich, warum sich gerade die Psychologisierung in der Pädagogik durchgesetzt hat und findet keine adäquate Antwort[52]. Für mich ist die Psychologisierung ein klares Ergebnis der übermäßigen und bereits lang anhaltenden Individualisierung. So wie sich Menschen den „Gott" aus ihren inneren Einstellungen heraus selbst schaffen, so schaffen sich Menschen auch ihre pädagogische Umwelt. Da auch immer mehr Frauen als Pädagoginnen tätig sind, die bereit und auch fähig sind, in hohem Maße auf ein Individuum einzugehen, wurde die Psychologisierung der Schule rasch umgesetzt.

2.3 Kritik an der Ökonomisierung[53] der Schule – volkswirtschaftlicher Schaden

Ein volkswirtschaftlicher Schaden entsteht immer dort, wo nicht mit den richtigen Ressourcen (Hintergründen) Prozesse in Gang gesetzt werden. Giesecke übt in sei-

---

50 Giesecke S. 69
51 vgl. Beck
52 Giesecke S. 72
53 Giesecke S. 75 - 136

nem Buch „Pädagogik – quo vadis? Ein Essay über Bildung im Kapitalismus" auch Kritik an der Ökonomisierung der Schule.

Für Giesecke ist die Pädagogik sehr überschaubar, entweder von den Sachverhalten her konstruiert oder von den lernenden Subjekten – den Schüler – und ernähre nur wenig Personal. Mit dem Hinzukommen der Psychologie und anderen subjektorientierten Wissenschaften „wird dann erheblich mehr Personal benötigt, auch wenn der praktische Nutzen für den Unterricht letzten Endes gering ist"[54]. Giesecke stellt somit fest:

> „Je mehr die einzelnen Subjekte im Mittelpunkt stehen – und je weniger die zu vermittelnden Sachverhalte – umso mehr steigen die Chancen einer professionellen Expansion."[55]

Giesecke ergänzt auch, dass ein Individualitätskonzept

> „geradezu passgenau dem unermüdlich propagierten neoliberalen gesellschaftlichen Wunschbild des ‚Entrepreneur seiner selbst' im Sinne eines bedingungslos radikal sich selbst inszenierenden Marktteilnehmers entspricht."[56]

Ich kann Giesecke nur zustimmen. Jeder Markt sucht seine Marktlücken. Zum anderen ist es aber logisch, dass sich eine Gesellschaft für ihre Kinder das aussucht, was die Kinder vermeintlich brauchen: Individualbetreuung statt Unterricht in einer Gemeinschaft für eine Gemeinschaft. Auf der psychologischen Schiene lassen sich Entschuldigungen für negatives Verhalten finden, Entschuldigungen für mangelndes Können, der Markt reagiert darauf. Die Flut an Lehrbüchern, Unterrichtsmodulen, didaktischen Vorschlägen... ist unüberschaubar und hat ein Ziel: Sie müssen dem Schüler „gerecht" werden. Die Übertreibung kann dem Schüler aber nie! „gerecht" werden.

Giesecke spricht im Kapitel der Ökonomisierung[57] auch die „Reduktion gesellschaftlicher Erwartungen auf ökonomische Verwertbarkeit von allem und jedem"[58] an. Begriffe wie „Effektivität, Effizienz, Dienstleistung, Evaluation, Standard,

---

54 Giesecke S. 77
55 Giesecke S. 77
56 Giesecke S. 77
57 Giesecke S. 75 - 136
58 Giesecke S. 79

Qualitätssicherung, Modularisierung...“[59] werden von Giesecke angeführt und dies-bezügliche Denkmuster historisch begründet.

Auch ich sehe eine unnötige Ökonomisierung, die viel Geld kostet. Logisch ist sie, denn der richtungslos machende Überindividualismus strebt besonders stark nach dem Gegenpol der Begrenzung, das sind messbare Fakten und messbare, öko-nomische Verwertbarkeit. Logisch auch deshalb, weil die Schule dem Steuerzahler sehr teuer kommt und dafür ein entsprechender Output gewährleistet sein muss. Logisch auch, wenn eine Gesellschaft kein Vertrauen in die Lehrer besitzt, Vorur-teile hegt, Angst hat... und wieder sind dies typische Kennzeichen des Überindivi-dualismus, der als gefestigte soziokulturelle Basis steuert.

Zur Differenzierung:

Das *Messen* ist für eine starke Gesellschaft wichtig. Es erfolgt aber bereits durch Schularbeiten, Tests, Mitarbeitsüberprüfungen, Noten... Alles, was zuviel ist, scha-det, weil es den Schülern und Lehrern Zeit und Energie nimmt, dazu auch teuer kommt.

Zusammengefasst betrachtet:

Die Ressourcen der Schüler sind überindividualistisch stark reduziert. Dies erfor-dert teure und ineffektive Individualisierung, immer neue Unterrichtsmethoden, neue Visualisierungsmöglichkeiten, eine Vielzahl an immer neuen Büchern, Statis-tiken, schulübergreifende Orientierungsarbeiten und Standardisierungstests... Das meiste davon ist Ersatz, der sich schnell abnützt und rückwirkend keine Grundla-genkompetenzen fördert, damit die Ressourcen verbessert werden können oder wenigstens erhalten bleiben. Ein kontinuierlicher Ressourcenabbau ist immer die Folge, wenn diese nicht richtig eingesetzt werden.

2.4 Soziokulturell-ideologische Basis der Didaktik und Methodik – Ersatz statt Grundlage

Kinder besitzen altersbedingt noch keine langfristige Zielorientierung. Damit un-terscheiden sie sich von erwachsenen, starken Menschen, die fähig sind, auf ein kurzfristiges Ziel zu verzichten um ein langfristiges zu erreichen. Die Pädagogen verhelfen den Schülern mittels Didaktik und Methodik zu einem langfristigen Ziel. Auch Didaktik und Methodik unterliegen einem ständigen, soziokulturellen Wan-

---

59 Giesecke S. 78

del, da sich nicht nur die Schülern ändern und sich didaktische Konzepte selbständig abnützen, sondern auch die Erwachsenen im Laufe der Zeit anderen Methoden einen höheren Stellenwert beimessen. Die Einschätzung wird durch den jeweiligen Lebensstil einer Gesellschaft bestimmt. In Deutschland und Österreich sind es vier Grundlagen, die maßgeblich für ein didaktisches Umdenken gesorgt haben, sie beeinflussen sich gegenseitig und wurden teilweise bereits angesprochen:

1. der Überindividualismus
2. die Zeitknappheit
3. der Medienwandel
4. das Verschwinden der Kindheit

zu 1. Der Überindividualismus sucht die Eigenständigkeit, er sucht die individuelle Arbeit, den schnellen Erfolg, das Praktische, den Eigennutzen... Selbständige Schüler sind somit oberste Maxime für eine überindividualistische Didaktik. Mehr Freiarbeit, mehr Gruppenarbeit, die Schüler lernen voneinander, miteinander... wären die Ziele. Für den Überindividualismus und die altersbedingte Kurzfristigkeit eignet sich die selbständige Arbeit aber nur sehr eingeschränkt.

Für die *Gruppenarbeit* gilt: Der Überindividualismus lebt Extreme und reißt entweder die Arbeit an sich um ein „Mehr und Besser" zu machen oder er sucht den kurzfristigen Eigennutzen der Bequemlichkeit und lässt die anderen arbeiten. Hinzu kommt: Das kurzsichtige Denken von Kindern erschwert zielgerichtetes Arbeiten. Ohne ständige Forderung des Lehrers nach dem „Mehr" wird unbegleitete, kindliche Arbeit immer nur so gut sein wie ihre Mitglieder und diese sind Lernende, sie brauchen ständige Anregungen, ständige Zielorientierung und ständige Rückmeldungen. Hat ein Lehrer z.B. sechs Arbeitsgruppen, erhält jede Arbeitsgruppe ein Sechstel an Aufmerksamkeit. Die Kontrolle von sechs unterschiedlichen Gruppen ist auch ein Mehraufwand für Lehrer und führt schnell zu Stress. Da der Lehrer oft auch sechsmal die gleichen „Fehler" beobachtet, arbeitet er ineffektiv. Bei der Gruppenarbeit entsteht auch ein unbeobachteter Freiraum, der von Schülern als Entschleunigung ihres Alltags genützt wird. Daher auch hier ein Paradoxon: Der Überindividualismus liebt die Selbständigkeit, kann mit ihr aber nicht verantwortungsvoll umgehen.

Für die *Freiarbeit* gilt: In der Freiarbeit erarbeiten sich Schüler Inhalte selbst oder üben einen Lernstoff ein. Sie haben z.B. ein Wochenpensum zu erfüllen, das sie an festgelegten Stunden im eigenen Arbeitstempo bewältigen. Das selbständige Erarbeiten lässt nur einfache Inhalte zu, die wenig verknüpft sind und sich in einfachen Worten schriftlich vermitteln lassen. Besonders der Überindividualismus ist nicht bereit, sich auf komplexere Gedankengänge einzulassen, auch wenn Schüler altersbedingt dazu fähig wären. Freiarbeit dient somit der oberflächlichen Anbindung von Inhalten und dem Einüben. Da auch die Differenzierungen überwiegend durch die Lehrerrückmeldungen erfolgen, reduziert die Freiarbeit Lerninhalte, bzw. bleibt eine beschränkende Methode.

Das Einüben von Unterrichtsinhalten in der Freiarbeit lässt ein individuelles Tempo zu, nützt aber hauptsächlich schnellen Schülern, denn sie kommen ohne Hausübung durch die Woche. Das Einüben in einer bestimmten Zeit beschleunigt die Arbeit vieler Schüler, dies aber nicht unbedingt im positiven Sinn. Es wird viel abgeschrieben, weil die individuelle Kontrolle nicht in dem Ausmaß vorhanden sein kann, auch wird schlampig gearbeitet. Die Kontrollen und die Nachkontrollen durch den Lehrer sind viel Aufwand, genau genommen auch gar nicht möglich. Und wieder gilt: Viel Einsatz für einen geringen Anwendungsbereich, viel Einsatz, der nur für wenige Schüler etwas bringt, viel Einsatz für einen reduzierten Output.

Hinzu kommt: Bei kurzer geschriebener Sprache, wie sie in Arbeitsaufträgen Sinn macht, kommen auch häufig verbale Missverständnisse vor. Diese jeweils zu klären ist ein hoher Aufwand, weil die Schüler ja nicht in der Klasse an einer gemeinsamen Arbeit beschäftigt sind. Da auch oft nicht jene Lehrer in der Klasse sind, von denen die Aufgaben kommen, können verbale Missverständnisse die Schülerarbeit blockieren.

Das Ausfüllen von *Lückentexten* ist bei Schülern sehr beliebt, weil es ein schnelles Erfolgserlebnis vermittelt. Die Inhalte müssen dabei gar nicht erst verarbeitet werden, es reicht ein oberflächliches Lesen.

Arbeitsbücher = Ausfüllbücher sind bei Schülern beliebt, aber auch bei Lehrern, die dann eine Weile ruhige Schülern haben. Die Korrektur kann schnell in der Klasse gemacht werden, was nicht gestimmt hat, wird schnell ergänzt, Blamage für einzelne ist keine nötig, ein Gesamtergebnis ist schnell vorhanden. Arbeitsbücher entsprechen somit dem Überindividualismus, der schnelle Ergebnisse fordert, der Blamage aus dem Weg geht. Disziplinäre Probleme können ausgeschaltet werden, der Individualismus wird wenigstens oberflächlich angesprochen, der Buchdruck gefördert, weil die Arbeitsbücher nur einmal verwendbar sind.

Die Automatisierung von Einfüllinhalten verhindert ein Mitdenken in größeren Zusammenhängen, so lassen auch die Schularbeiten nur automatisierte Fragestellungen nach dem gleichen Schema zu.

Fragen zu einem Text beantworten ist eine Methode, die hintergründiges Denken anregen würde, eine Methode, die aber nur von wenigen Schülern angegangen wird, wenn die Antworten nicht auf der Hand liegen, auch dann nicht, wenn man ihnen genügend Zeit lässt. Ein Einlassen würde Du-Orientierung erfordern, eine übergroße Herausforderung für den unflexiblen Überindividualismus. Das Ergebnis von Fragestellungen sind meist sehr oberflächliche Antworten.

Zusammengefasst betrachtet:
Jede individualisierte Arbeitsform ist nur so gut wie das Individuum. Jede Einzelbetreuung oder Gruppenbetreuung kann vom Lehrer aus zeitlichen Gründen nicht so gut bewältigt werden wie die Klassenbetreuung, wodurch für die Schüler jener Spielraum bleibt, der eine Leistungsreduzierung mit sich bringt. Für den Lehrer bringen diese Arbeitformen somit einen erhöhten Aufwand, für die Schüler einen geringeren Output. Außerdem wird dem Schüler eine Selbständigkeit vermittelt, die er letztlich doch nicht hat – eine Diskrepanz, die Spannungen mit sich bringt. Oft sind es auch Eltern, die diese oberflächliche Selbständigkeit gutheißen, weil ihnen nähere Hintergründe fehlen. Für den Schüler wird diese vermeintliche Selbständigkeit zum Idealbild, das so nicht stimmt:

- Der Schüler fühlt sich selbständig.
- Der Schüler glaubt, er habe alles gemacht.
- Der Schüler fühlt sich gut, weil er schnell war.

Er hat aber weder selbständig mitgedacht und verknüpft und somit auch nicht nachhaltig gelernt. Zum Test muss er sich die Inhalte neuerlich aneignen.

Erkennen Lehrer die Nachteile des individualisierten Unterrichts (weg von der gemeinsamen Klassenarbeit), suchen sie die Hintergründe gerne in der Tatsache, dass die Schüler diese Arbeitshaltung nicht gewohnt sind, diese besser in der Volksschule erlernen würden oder eben noch lernen müssen. Tatsächlich sind es überindividualistische Hintergründe, warum ein solches Arbeiten nicht funktioniert.

zu 2. Die *Zeitknappheit* im Unterricht verhindert oft das hintergründige Fragen, behindert das Innehalten zusätzlich. Schnelles Erfassen steht im Vordergrund, Bilder, Grafiken und Filme visualisieren schnell, helfen schnell aufzufassen, lassen aber keine Zeit für die vielfältigen Anbindungen im Gehirn. Es ist nicht nur die „Service, Konsum und Spaßfaktor-Einstellung" der Schüler/Eltern, die den Lehrer zum Umdenken herausfordert, sondern auch der Zeitmangel. Die standardisierte schriftliche Matura in Österreich wird die Geschwindigkeit in Teilbereichen noch fördern, weil der Lehrer nicht mehr nach selektiver Notwendigkeit auf seine Ziele hinarbeiten kann, er muss allgemeiner, „richtungsloser" arbeiten, der Druck auf alle steigt.

In einer schnellen Zeit, verbunden mit schnellen Gedankensprüngen, muss der Ausgleich für die Schüler die Reduzierung der Geschwindigkeit sein. Nicht nur in der Freizeit, sondern auch, damit das verknüpfte Denken wieder Platz hat. Abprüfbar ist das verknüpfte Denken weniger gut, es wird dem richtungslosen Überindividualismus daher nicht entgegenkommen.

zu 3. Will sich die Methodik an die heutigen Schüler anpassen, muss sie schnelle Bilder bieten, etwas Besonderes sein, aufrütteln bis zur Realitätsferne. Auch dürfen Inhalte nicht sehr differenziert sein, denn Differenzierung gehört nicht in die schnelle, bildhafte Medienwelt. Die Herausforderung liegt wieder beim Lehrer, er muss ein großes Defizit ausgleichen. Lesen würde helfen, langsam einen Gedanken an den anderen zu reihen, damit ein eigenes Gesamtbild entsteht. Lesen verlangsamt die Zeit für das Hinterfragen. Das Problem: Das Lesen kann mit den Bildmedien nicht konkurrieren, obwohl die Anzahl der sehr guten Kinder- und Jugendbücher heute sehr hoch ist. Die Ohnmacht des Lehrers und der Schule liegt in der Konkurrenzlosigkeit den Medien gegenüber.

zu 4. Das Verschwinden der Kindheit[60] ist von Neil Postman beschrieben worden. Er beschreibt dabei die Tatsache, dass Kinder immer früher zu eigenen Entscheidungsträgern werden, auch bei Entscheidungen, die eine höhere Hintergründigkeit und langfristigeres Denken benötigt, als es Kinder und Jugendliche haben können. Zum einen ist es sicher die „anything-goes-Gesellschaft", die selbst richtungslos ist und gar keine langfristigen Entscheidungen mehr treffen kann, zum anderen wird den Kindern aber immer mehr Entscheidungsfreiraum gelassen, was sie früher selbstverantwortlich macht. Für Eltern und Pädagogen vordergründig praktisch, zum anderen unumgänglich, wenn z.B. beide Elternteile arbeiten oder nur ein Elternteil in der Familie lebt. Das Verhältnis von „hoher Richtungslosigkeit" zu „hoher Selbstbestimmung der Kinder" schafft eine große Differenz bei Kindern, sie wirkt mächtig, aber auch mächtig überfordernd. Wo keine Werte, Richtungen... vorhanden sind, können Kinder auch nicht zielorientiert, langfristig und somit stark handeln, eine Überforderung der Kinder mit überindividualistischen Ursachen. Das Paradoxon in anderen Worten: *Von Kindern wird etwas erwartet, was die Gesellschaft gar nicht bietet.*

---

60 nach Neil Postman (1)

Zusammengefasst betrachtet:

Die Didaktik passt sich ständig dem Kind an, aber dem überindividualistischen Kind, weil bei ihm – als „Problemkind" – didaktische Überlegungen besonders wichtig sind. Das Kind wird durch diese Anpassung weiter geschwächt, anstatt dass es jene Basiskompetenzen erlernt, die es für das Lernen in der Gruppe benötigt. So werden Didaktik und Methodik zu einem schwachen, kurzfristigen Ersatz, der zwar Arbeitsplätze schafft, aber am Schüler vorbeigeht.

3. Macht, Autorität, Hierarchie – die negativen Auswirkungen von Hierarchieverschiebungen

Giesecke kritisiert in seinem Buch „Pädagogik – Quo vadis?" die schon üblich gewordene Kommunikation zwischen Lehrern und Schülern „auf gleicher Augenhöhe"[61]. Giesecke spricht dabei jene Vorstellung der Gesellschaft an, die glaubt, dass Beziehung zu den anderen nur in dem Maße möglich sei, wie die anderen mir gleich seien, d.h., auch autonome, unternehmende, kommunizierende, transparente Subjekte, so wie ich selbst (nach Jan Masschelein S.194). Konkret erkenne man laut Giesecke die positive Einstellung einer Schule zur „gleichen Augenhöhe" daran, dass „Lernverträge" abgeschlossen werden, nach denen die Schüler autonom arbeiten, der Lehrer hingegen die geeignete Lernumgebung anbiete. Giesecke kritisiert diese Einstellung als pädagogisch weltfremd – wenn sie auch als „cool" gelte – weil die Reduktion auf angeblich individueller Autonomie in der gesellschaftlichen Realität nirgends zu finden sei[62].

Auch aus meiner Sicht entspricht die „gleiche Augenhöhe" nicht der Realität. Je größer eine Gemeinschaft ist, desto klarer müssen Hierarchien sein, damit ein größeres, gemeinsames Ziel erreicht werden kann. Hinzu kommt: Weder Schüler noch der Überindividualismus sind so langfristige Zieldenker, dass eine flache Hierarchie, für sie sinnvoll ist. Der Umgang mit Autoritäten und Hierarchien muss daher erlernt werden, die Schule bietet die besten Voraussetzungen dazu. Rückwirkend hätten Lehrer letztlich wieder jene Autorität, die sie im Überindividualismus vermehrt brauchen.

Immer wieder kommen in der Schulpolitik einzelne Stimmen auf, im Sinne von: „Gebt den Lehrern wieder ihre Autorität und sie sind zufrieden". Im Zusammenhang mit Gehaltsdiskussionen klingt dies abwertend, weil diese Aussage von vielen Menschen aufgefasst wird wie: „Wenn die Lehrer Autorität (sprich Macht) haben,

---

61 Giesecke S. 69 f.
62 Giesecke S. 70

brauchen sie kein Geld". Differenziert betrachtet ist die mangelnde Autorität aber tatsächlich ein *grundlegendes* Problem, warum Schule – besonders in einer überindividualistischen Gesellschaft – nicht funktioniert.

Die Macht wird von vielen Menschen dann als „negativ" angesehen, wenn sie die körperliche Gewalt beinhaltet. Für mich ist Macht jener Negativbereich, der sich aus der Verschiebung des Ich-Du-Verhältnisses im Wertequadrat ergibt, d.h. sie wird dort schädlich, wo der Eigennutzen überwiegt, denn er schafft ein Defizit zum Du, das folglich mächtig wirkt. Der Unterschied ist also der *Schaden,* egal ob physisch oder psychisch. Damit es zu keinem Schaden kommt, benötigt es Hierarchien, die lenken. Keine Hierarchie funktioniert, wenn sie keine geeigneten Rechte hat.

Rechte stehen aber auch immer im Verhältnis zur „Verantwortung" für die Gesellschaft. Fehlt die Verantwortung entwicklungsbedingt, müssen die Rechte geringer sein. Fehlt die Verantwortung aufgrund des Mitläufertums in der Masse, müssen die Rechte auch geringer sein. Die Schüler dürfen schon darum nicht die gleichen Rechte haben, weil sie Lernende sind und sich daraus autoritativ andere Stellungen ergeben. Hier wird der Einsatz für die Gesellschaft mitbestimmend für die Rechte. Die Einhaltung von Recht und Pflicht/Unrecht muss gesetzlich geregelt werden und überprüfbar sein, ansonsten verkommen beide Werte in der richtungslosen, wertelosen Ohnmacht.

Das Verhältnis „Macht und Ohnmacht" im Verhältnis zu „Autorität und Mitbestimmung" wird im nachfolgenden Wertequadrat gegenübergestellt.

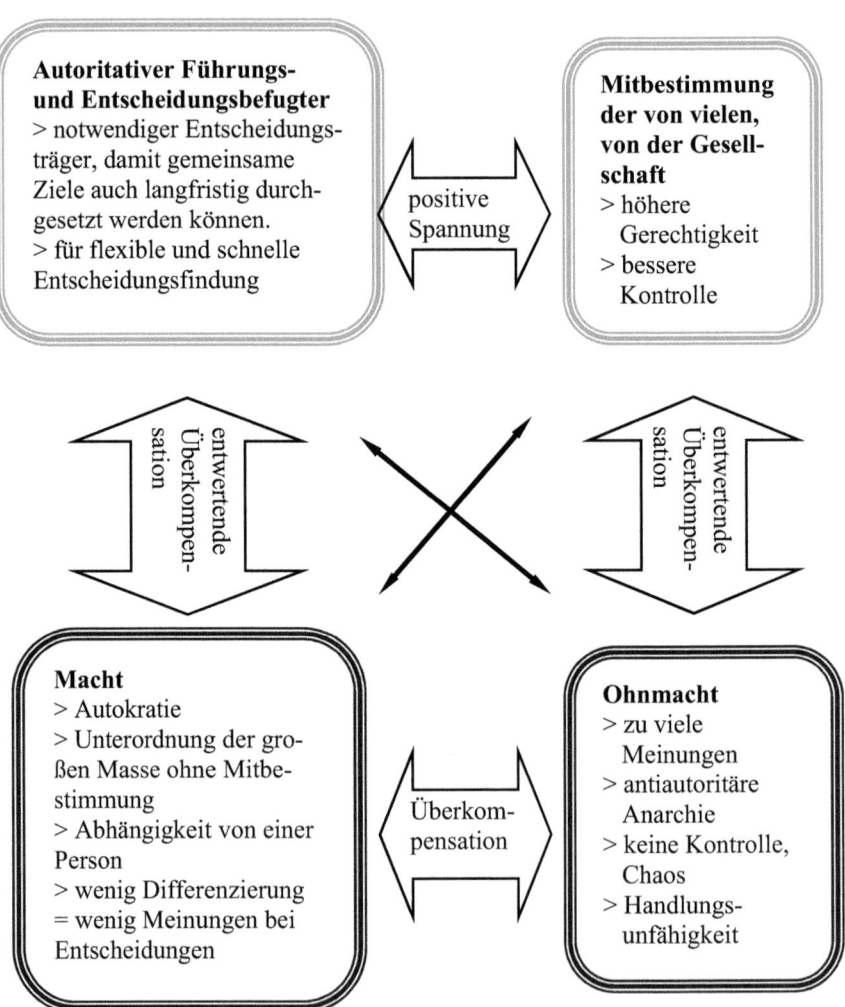

Pädagogen sind natürliche Autoritäten, die es braucht, damit eine Gruppe von vergleichsweise wenig starken Individuen starke Ziele erreichen kann. Der Pädagoge kennt Hintergründe, Mittel, das langfristige Ziel, er kann daher starke Entscheidung für Schüler treffen. Je größer die Gruppe ist, desto weniger individuell sind dabei die Handlungsspielräume jedes Einzelnen.

Die Hierarchie legt fest, welche Stufen der Autorität es jeweils braucht, damit ein System funktioniert. Modern sind momentan „flache Hierarchien" bei denen auch untere Ebenen mehr Mitspracherecht erhalten, bzw. eine höhere Zahl an Hierarchieteilnehmern auf mittlere Führungsebenen gelangen können. Auch die flachen Hierarchien unterliegen der soziokulturellen Einstellung unserer Gesellschaft. Flache Hierarchien machen dann Sinn, wenn starke Menschen zusammenarbeiten und die gleichen Ziele haben, wie z.B. den Profit. Flache Hierarchien lassen aber auch eine gute, gegenseitige Kontrolle zu. Das Bedürfnis nach guter Kontrolle *entsteht* aus dem Misstrauen, kann dem Misstrauen aber auch *vorbeugen*. Der Überindividualismus wird flache Hierarchien anstreben, weil er sich mit Hierarchien schwer tut, auch ist er tendenziell misstrauisch *und* leichtgläubig. Da an flachen Hierarchien viele Personen teilnehmen können, haben viele das Gefühl der Mitbestimmung, auch wenn trotzdem alles von oben bestimmt wird oder bestimmt werden muss, weil zu viele Meinungen letztlich ohnmächtig wirken und oft keine oder nur schwache Entscheidungen ermöglichen. Viele Einzelindividuen ergeben keine Entscheidungsbasis, wenn sie sich nicht organisieren oder wenigstens kommunizieren. Der Überindividualismus neigt zum unorganisierten Einzelgängertum in der Gruppe, was konkrete Ergebnisse verhindert. Wenn es einen deutlichen und schnellen Vorteil in der Gemeinschaft gibt, wird der Überindividualismus zum Mitläufer, keine gute Ausgangsbasis für eine Gesellschaft.

Flache Hierarchien können dem Mitläufertum zwar entgegenwirken, haben aber auch Nachteile für den Überindividualismus. Er muss ständig und ängstlich darauf achten, seine hierarchische Position nicht zu verlieren, auch fühlt er sich bei ständiger Kontrolle durch die Umgebung nicht wohl. Flache Hierarchien sind zwar vom Überindividualismus sehr gefragt, sie fördern bei ihm aber auch das Konkurrenzdenken, Mobbing, Stress, Burnout..., weil der Überindividualismus ängstlich nervös nach dem „Mehr und Besser" strebt, damit er nicht zu kurz kommt. Das Konkurrenzdenken würde die Wirtschaft zwar weiterbringen, aber nicht im Überindividualismus, dort blockiert es, wie wir gehört haben.

Das Konkurrenzdenken gibt es vermehrt auch unter den Schülern. Ein Lob für den einen wird häufig als Differenz und somit Abwertung für den anderen aufgefasst. Da Kinder und Jugendliche altersbedingt vermehrt nach der ausgeglichenen Spannung zwischen dem Ich und dem Du suchen, eignen sich flache Hierarchien nicht für eine Schule. Da Schüler auch keinen direkten Geldprofit (= gesellschaftliche Machtressource) für ihre Tätigkeit erhalten, im überindividualistischen Bildungskonsum auch wenig Eigenmotivation aufbringen, kann die Schule nicht mit den flachen Hierarchien – wie in kleineren und mittleren Wirtschaftsbetrieben – agieren. Besonders „gute" Lehrer kommen den überindividualistischen Bestrebungen nach flachen Hierarchien möglichst nach, können auf dieser Ebene aber nur unter ständigen Extremen zwischen Druck und Zugeständnissen ihre Forderungen durchsetzen. Beide Extreme stressen Schüler und Lehrer unnötig. Der Druck kann praktisch nur über den Notendruck erfolgen, die Zugeständnisse können nur kurzfristig sein und müssen an anderer Stelle wieder wettgemacht werden, egal ob es zeitliche Zugeständnisse sind oder vorübergehend fachliche Reduzierungen. Am wenigsten Stress haben jene Schüler, die sich von pädagogischen Autoritäten leiten lassen können, weil sie die Notwendigkeit sehen.

Nachfolgend wird aufgezeigt, welche natürlichen Hierarchieebenen die Schule aufweist. Die unterschiedlichen Signaturen stellen unterschiedliche, hierarchische Positionen dar. Jeweilige gesetzliche Bestimmungen lassen ein Übergreifen auf andere Hierarchieebenen zu. Dieses Übergreifen kann der Realitätsabgleichung dienen, wenn es sich um ein reines *Informationsrecht* handelt. Besteht jedoch ein *Mitbestimmungsrecht*, kommt es zur Aufweichung der Hierarchien, zur Aufweichung von an sich starken Maßnahmen und somit bei allen Beteiligten zu unnötigen Reibungspunkten. Die Reibungspunkte erfordern wiederum von allen Beteiligten einen sehr hohen, kommunikativen Aufwand für die Lösungen. Missmut hinterlassen die Reibungspunkte bei allen Beteiligten, auch werden dadurch alle Beteiligten in ihrer Autorität oder in ihrem Selbstwertgefühl unnötig geschwächt. Diese Schwächung aller Beteiligte ist *eine* Ursache für das Misstrauen zwischen Schülern, Eltern und Lehrern.

Abbildung 7: Schulhierarchien

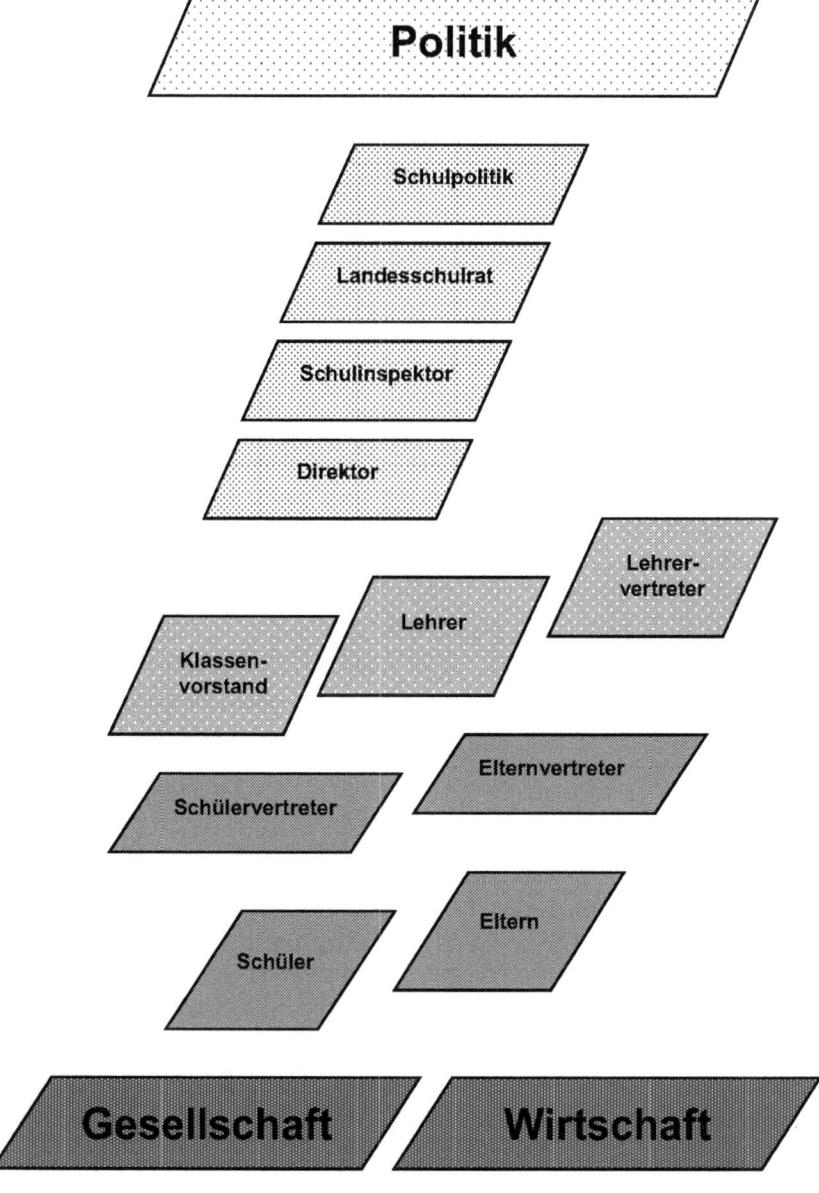

Die Hierarchien werden somit über unterschiedliche Funktionen und die damit verbundenen Einflussnahmen definiert. Ein Überschreiten der Hierarchien durch *Mitsprache* bedeutet somit direkte Kontrollmöglichkeit und Lenkung, das bedeutet aber auch eine Aufweichung der Hierarchien. *Informationsrecht* bedeutet eine kommunikative Abgleichung im Sinne der Du-/Gesellschaftsorientierung. Zum anderen ist die Schulhierarchie aber auch nach dem Ziel hin ausgerichtet, die je nach Interessensgruppen unterschiedlich sind. Theoretisch sind die Ziele aller gleich, nämlich eine möglichst gute Ausbildung. Praktisch weicht dieses Ziel bei überindividualistischen Schülern und Eltern besonders stark vom Idealziel ab, nämlich: Mit wenig Einsatz und Aufwand zu einem möglichst hohen, anerkannten Ausbildungsniveau zu gelangen, nicht inhaltlich, sondern durch Zeugnisse. Diese Differenz bringt es mit sich, dass sich eine flache Hierarchie in Schulen nicht eignet. Auch die Wirtschaft und die Gesellschaft können ein Mitspracherecht erhalten, aber auch sie können Hierarchien negativ aufweichen.

Innerhalb dieser farblich markierten Interessensgruppen gibt es weitere Differenzierungen, die sich aus Sonderfunktionen ergeben, wie z.B. Bildungsbeauftragter, Mediator, Gruppenleiter einer Planungsgruppe... Aus den Interessensgruppen, Hierarchieebenen und Sonderstellungen ergeben sich die natürlichen Nahebeziehungen, aber auch die notwendigen Abgrenzungen. Heikel sind die Nahebeziehungen dort, wo unterschiedliche Interessen *Mitspracherechte* haben, aber kein starkes Ziel verfolgen, weil aufgeweichte Hierarchien nie so stark wie klare Hierarchien sind. Aufgeweichte Interessen lassen Eigeninteresse zu. Im Überindividualismus müssen die Hierarchien zwischen den einzelnen Interessensgruppen zwangsläufig sehr klar sein.

Die Schule muss den gesellschaftlichen Kontext im Auge behalten. Der gesellschaftliche Kontext darf wiederum nicht zu nahe bei der Politik liegen, denn diese ist – besonders im Überindividualismus – zu sehr von den Wählern abhängig. Tragische Situationen ergeben sich z.B. bei schulischen Podiumsdiskussionen, bei denen Politiker machtvoll auf ihrem politischen Niveau bleiben, das aufgrund manipulativer Techniken und Unkenntnis keine Differenzierung zulässt und bestenfalls Angriffe auf die anderen Parteien beinhaltet. Indirekt wird die Schule auch auf dieser Selbstoffenbarungsebene abgewertet, denn dem Außenstehenden wird klar: Die Schule ist richtungslos, sie ist schlecht. Da der Politiker eine anerkannt höhere hierarchische Stellung innehat als der Lehrer, wirken die Aussagen von Politikern tiefgreifender als jedes Gegenargument, als jedes Hinterfragen von Seiten eines Lehrers. Auf den Lehrer wirkt dies ohnmächtig.

Gemeinsame Ziele, wie z.B. gemeinsame Verhaltensregeln in der Schule, gemeinsames Leistungsniveau... können kommunikativ differenziert werden, die Entscheidung muss aber bei der obersten dafür zuständigen Schulhierarchie liegen, denn sie hat die Verantwortung in der Schule, die Verantwortung für die Gesellschaft, sie muss die Folgen einer Entscheidung tragen und auch die Konsequenzen bei Nichtbeachtung von Regeln durchsetzen. Die Schulpädagogik darf somit nicht durch Schüler- und Elternmitsprache aufgeweicht werden.

Die *Gesellschaft* möchte eine möglichst billige Schule, die *Wirtschaft* braucht eine möglichst effektive Schule. Wie wir sehen, sind die Forderungen an die Schule vielfältig, es braucht eine starke Hierarchie, die für möglichst viele auch langfristige Ziele verfolgen kann.

Wollen *Lehrer, Direktoren und die Schulpolitik* an einem Strang ziehen, muss die Kommunikation funktionieren. Eine große Lehrerzahl macht die Kommunikation nach oben hin schwer, womit der Direktor als Stellvertreter diese übernehmen muss. Seine einzig richtige Stellung wäre daher nahe bei den Lehrern, aber mit dem Nachteil, dass nötige autoritative Entscheidungen schwerer fallen, besonders aber bei überindividualistischen Lehrern nötig sind.

Da tendenziell Lehrer nach dem Direktorposten streben, die nach einem „Mehr und Besser" streben, also eher geringe Bindungen zu ihren Kollegen aufweisen, wird die Schule auch in diesem Bereich überindividualistisch eingebremst, die Kommunikation *von unten nach oben* bleibt reduziert.

Für die *Schulpolitik* gilt: Trifft sie Entscheidungen, wodurch die natürliche Autorität des Lehrers untergraben oder seine pädagogische Arbeit eingeschränkt wird, sind dies schwache Entscheidungen. Erwartet man z.B. vom Lehrer individuelle Entscheidungen, wo gruppenorientierte Entscheidungen gefordert sind, stimmen die Grundlagen nicht, was sich vergleichsweise schwach auswirkt. Schwache Entscheidungen können von einer anderen Interessensgruppe ausgenutzt werden und führen zu schlechteren Ergebnissen.

Die *Gesellschaft und die Politik* gehen in gewissem Sinne eine Symbiose ein. Was die Gesellschaft sagt, muss die Politik ausführen, wenn sie die Stimmen haben will. Die Gesellschaft kann blockieren, wenn sie das durchsetzen möchte, was Eltern/Schüler kurzfristig zufrieden macht. Die überindividualistische Stellung der Eltern – zu nahe beim Kind – beeinflusst somit über Umwegen die Schulpolitik und ist negativ.

Die Ziele einzelner Interessensgruppen sind somit abweichend, auch wenn alle Schulbeteiligte sind. Aus dieser Perspektive eignen sich flache Hierarchien nicht für die Schule. Wir sehen auch: zwischen „Anbieter" und „Nachfrager" muss die Hierarchie am deutlichsten sein, weil auch die Interesen am unterschiedlichsten sind. Eine starke Schulpolitik berücksichtigt das in ihrer Gesetzgebung, zumal die

Schule nicht mit einem Wirtschaftsbetrieb verglichen werden kann, denn sie hat primär auch gesellschaftsrelevante Aufgaben.

Konkrete Beispiele sollen noch einmal zeigen, wie sich Hierarchieverschiebungen auswirken.

Beispiel 1: Schüler/Eltern – Schulhierarchie
In Österreich hat ein Elternvertreter des Schulgemeinschaftsausschusses ein Mitspracherecht, wenn es um die Androhung auf Ausschluss eines Schülers aus der Schule geht. Im Vorfeld werden die Hintergründe für die Androhung geklärt. Auch wenn für alle Lehrer die Situation eindeutig ist und nur ein Elternvertreter gegen die Androhung stimmt, im Sinne von: „Ich bin Elternvertreter, ich stehe auf der Seite der Eltern, ich möchte mich mit den Eltern gut stellen", bedeutet dies für den betroffenen Schüler: Keine starke Grenze von mindestens diesem Elternteil. Für die Lehrer bedeutet dies: Der Elternvertreter hat kein Vertrauen in die Lehrer, die sich alle *für* die deutliche Verwarnung ausgesprochen haben. Der Elternvertreter hat somit eine schwache Entscheidung getroffen, weil sie eigennutzenorientiert war, aus der Angst entstanden, aus falscher Solidarität heraus und somit nicht schüler- und problemorientiert. Ein Elternteil genügt meist nicht, die Abstimmung zu Fall zu bringen, aber sie hinterlässt Spuren und es sind die vielen Spuren, die den Weg austreten.

Beispiel 2: Direktorenhierarchie
Dort, wo Kompetenzbereiche nicht vereinbar sind, ergeben sich mächtige Konflikte. Erhält der Schuldirektor z.B. ein Mitspracherecht bei der Lehrerauswahl, gerät er in größere Distanz zum Lehrerkollegium, denn er ist mit einer zusätzlichen „Machtressource" ausgestattet. Der Direktor muss jedoch klarer Vertreter der Lehrer sein und nach oben hin vermitteln, was an der Basis läuft. Einfacher ist es für ihn und die oberste Schulhierarchie, wenn die Lehrer klar auf großer Distanz gehalten werden, für das Schulgeschehen ist es aber schlechter.

Die Kontrollfunktion des Direktors hingegen stört nur jene, die ihre Pflicht nicht eigenständig erwachsen erfüllen. Die Begleit- und Beratungsfunktion eines Direktors stört die Hierarchieebene ebenfalls nicht, weil sie Wissensdefizite ausgleicht, für starke Menschen ist das immer positiv.

Störend würde wirken, wenn sich ein Direktor auf die hierarchische Ebene der Eltern stellt. Zugeständnisse an Eltern ohne die Rücksprache mit den Lehrern gehören dazu und wirken auf den Lehrer mächtig autoritätsuntergrabend, indem sie den Lehrer zum Anbieter machen, womit er nicht fordern kann, der Schüler aber gleichzeitig Konsument wird. Diese doppelte Verschiebung wirkt zusätzlich mächtig, weil die Verschiebung von einer hohen hierarchischen Stellung ausgegangen ist.

Beispiel 3: Lehrerautorität – Zentralmatura in Österreich
Die größten negativen Auswirkungen von Hierarchieverschiebungen und Untergrabung der Lehrerautorität ergeben sich immer für den Lehrer. Er befindet sich in seiner Stellung am unmittelbarsten bei jener Hierarchieebene, die ein anderes Ziel hat. Rücken nun auch die oberen Hierarchieebenen (Direktor, Schulpolitik...) ihre Ebene vom Lehrer weg, befindet sich der Lehrer in einer einsamen hierarchischen Stellung und daher unter besonderem Druck.

Die Zentralmatura ist eine Forderung der höchsten Hierarchieebene und unterstützt den Lehrer bei seinen Zielen – auf der einen Seite. Auf der anderen Seite steigt aber auch die Verantwortung des Lehrers, möglichst genau jenen Lehrstoff zu vermitteln, den die Schüler für die Matura benötigen, das bedeutet: möglichst viel. Somit steigt der Druck auf die Lehrer und gleichzeitig auf die Schüler. Auch kann der Lehrer den Unterrichtsstoff nun weniger flexibel gesellschaftsrelevant selektieren und gewichten. „Gut", kann man sagen, so stimmt wenigstens die Forderung an beide. Das Problem dabei: Es wird wieder der Lehrer sein, der schuld ist, wenn die Forderungen nicht erfüllt werden können und dies ist im Überindividualismus vorhersehbar. Der Lehrer wird somit gesellschaftlich angreifbarer, seine Autorität ist weiter gefährdet.

Die Zentralmatura kann somit kurzfristig helfen, der schulischen Ohnmacht entgegenzuwirken, indem sie vereinheitlicht. Die ausführenden Lehrer werden in den Augen der Gesellschaft aber die Alleinverantwortlichen für die Schule sein, wenn die Schule trotz der Zentralmatura keine besseren Ergebnisse bringt. Die Schulpolitik kann dann noch den Notenschlüssel senken, wie z.B. in Deutsch, wo künftig der Inhalt vergleichsweise geringer bewertet wird, also weniger Hintergrund und weniger verknüpftes Denken erwartet wird – übrigens ein Widerspruch zu den geforderten Kompetenzen. Da die Rechtschreibung zunehmend vom Computer getätigt wird, reduziert sich die schriftliche Matura auf „Stil, Ausdruck und Aufbau" und somit auf ein Weniger, obwohl ein Mehr an Unterrichtsstoff durchgenommen werden muss – eine Diskrepanz.

Beispiel 4: Schuldiskussionen
Schuldiskussionen auf dem Rücken der Pädagogen führen selbstredend zu Hierarchieverschiebungen im Sinne von „Autoritätsuntergrabung" und „Vertrauensbruch". Beides führt zu extremen Aussagen auf der Beziehungsebene: Einerseits

wird die Distanz zum abgewerteten Lehrer groß, weil das Vertrauen reduziert wird, andererseits erfordert die Distanz wieder mehr Nähe und führt zu schülerseitigen Distanzverkürzungen. Die Autoritätsuntergrabung verstärkt somit die abwertende Distanzverkürzung. Wie wir sehen: Die hierarchische Dynamik beeinflusst die Schule bereits außerschulisch und das, obwohl die Schule ohnehin höchst anfällig für Störungen ist.

Beispiel 5: Eltern
Eltern, die sehr nahe beim Kind stehen, schaffen automatisch Distanz zum Lehrer. Sie meinen, sie seien gute Eltern, tatsächlich müssen sie sich vom Kind loslösen, wenn es eigenverantwortlich werden soll. Eltern dürfen z.B. ihre Kinder nicht unterstützen, wenn diese auf eine Grenzüberschreitung hin eine autoritative Grenze erhalten haben. Kinder müssen ihre Grenze deutlich spüren können, ohne dass sie von Elternseite autoritativ aufgeweicht wird. Eine Aufweichung erfordert ein mehr vom Lehrer, damit die Grenze wieder deutlich genug wird. Wollen die Eltern das? Auch Eltern müssen diese Grenze im Sinne von „Forderung an die Schüler" setzen, ansonsten können Kinder nicht stark werden. Tatsächlich suchen wenig losgelöste Eltern auch vermehrt nach Möglichkeiten der Distanzverringerung zum Lehrer, weil sie mit einer kleineren Distanz ihre Forderungen besser durchsetzen können. Sie fordern einerseits vermehrt ein Mitspracherecht im Unterricht ein – fachlich und pädagogisch, gemeinsame Schulfeste, übertrieben verstandene Schulpartnerschaften... Die Bewusstwerdung der Eltern würde helfen, denn sie meinen es grundlegend gut, wenn auch zu gut, was sich schlecht auswirkt.

Beispiel 6: Lehrer
Lehrer begeben sich hierarchisch nahe zu den Schülern, indem sie sich z.B. im Facebook als „Freunde der Klasse" anmelden. Sie täuschen die Schüler, weil ein Lehrer kein Freund ist, sondern ein Erzieher. So überschreitet er die Grenze zum Du/zur Klasse, was dem Lehrer durch vermehrtes Wissen neue Machtressourcen bringen kann. Die Schüler müssen jetzt die Distanz zum Lehrer erhöhen, damit ein Ausgleich erfolgt.

Beispiel 7: Das „Käpplefest"
Das Käpplefest – ein Schülerfest in der Maturaklasse vor der Matura, bei dem auch Lehrer eingeladen sind – ist eine Möglichkeit der Schüler, die (gefühlte) Distanz zu verringern. Eine geringere Distanz kann weniger fordern, was vor der Matura aber wenig geeignet ist. Ein gemeinsames Fest nach der Matura (= Valet) als gemein-

samer Abschluss und Dankeschön an die Lehrer schließt hingegen jeden Eigennutzen aus, es schließt daher geeignet ab.

Beispiel 8: Schulpolitik
Hat die Schulpolitik Angst vor Elternforderungen, wird sie die Hierarchieverhältnisse negativ verschieben, zu Ungunsten der Lehrer. So ist die eigene hierarchische Position gewährleistet. Eine Schulpolitik unter Druck ist dabei besonders angstgefährdet.

Beispiel 9: Gesellschaft
Ist die Gesellschaft der Schule gegenüber negativ eingestellt, verschiebt sie die Hierarchieebenen negativ, indem die Schule abgewertet wird.

Zusammengefasst betrachtet:
Macht, Autorität und Hierarchie hängen eng zusammen. Werden Autoritäten machtvoll untergraben, verringert sich die Durchsetzungskraft auf der hierarchischen Ebene und es benötigt ein Mehr an Autorität. Die Ebenen verschieben sich emotional, quasi auf eine eigennutzenorientierte Software-Ebene. Dort können sie schneller manipuliert werden. Die Gesetzgebung ist dabei die zweite Möglichkeit, die hierarchischen Ebenen zu festigen, indem sie Autorität gewährleistet, sie ist die Hardware. Negativ mächtige Hierarchieverschiebungen sind aber immer auch das Ergebnis des Überindividualismus und können nur auf dieser Basis wirklich gelöst werden.

Teil III Eltern und Familie – Schulblockaden

Die Ursachen für Schulblockaden sind vielfältig. Das können Schlafdefizite bei der Umstellung in die Sommerzeit sein, koffeinhaltige Getränke, die teilweise auch in Schulen verkauft werden, schlechte Ernährung bei häufigem Nachmittagsunterricht, Internetzugang an allen Orten, in allen Pausen, auf den Gängen, Computerspiele auf dem Smartphone, anstatt Bewegung...

Der Familie kommt bei Schulblockaden ein besonderer Stellenwert zu, denn sie kann die genetischen Bedingungen an der Basis steuern. Das schulische Umfeld ist mitbeteiligt, kann aber schlecht individuell regulieren. Die Familie ist somit auch heute *die* Basis für eine gesunde Entwicklung der Kinder und somit auch für eine günstige schulische Entwicklung. Die Eltern = Wähler sind aber auch ein „heikler Punkt" für die Politik. Nur starke Politiker trauen sich auszusprechen, dass die Eltern die Basisverantwortung haben, dass Eltern durch ihre Verantwortung mitbestimmen, ob Bildungsgelder effizient eingesetzt sind, ob Kinder fähig werden, den Generationenvertrag einzuhalten im Sinne von: „Der Staat finanziert die Bildung der Kinder, die Kinder finanzieren die Bildung der nächsten Generation und unsere Altersversorgung. Es ist nicht das Mitspracherecht der Eltern in der Schule wichtig, wie viele glauben, sondern die gute Basis im Elternhaus. Leicht gesagt, wenn beide Elternteile arbeiten gehen wollen/müssen/sollen.

Der Überindividualismus hinterlässt auch bei der elterlichen Basisverantwortung Extreme. Als Lehrer merkt man genau, wo Eltern *zuviel* Einsatz für die schulische Förderung der Kinder erbringen und die Schüler unselbständig und unterfordert bleiben, ebenso merkt man, wo die schulische Förderung *vernachlässigt* wird, im Sinne von „mein Kind muss selbst wissen, was es macht". Man merkt auch, wo Kinder nicht das ruhige Umfeld erleben können und daher vorschulisch nervös bis gestresst wirken, auch merkt man bereits in der ersten Unterrichtswoche in einer neuen Klasse, wo extreme, mächtige Verhaltensweisen das schulische Dasein stören werden. Schade, dass der gesunde Mittelweg so oft nicht gefunden wird.

Primär ist daher auch die Bewusstwerdung der Eltern wichtig, die lernen können, wo der Mittelweg liegt, warum man ihn ständig suchen soll und wie man ihn erreichen kann. Wenn sie nicht wissen, wie groß ihr vorschulischer Anteil am Gelingen der Schule ist – ohne mit dem Kind zu lernen oder die Hausaufgaben zu machen – können sie auch nicht ihr Bestes dazu beitragen. Tatsächlich sind es viele Faktoren, die zusammenwirken, wie z.B.:

- Bindungsfähigkeit der Eltern (zum Kind und vor allem auch zum Partner)
- Grad der Übererindividualisierung der Eltern (Stärke oder Macht = Schwäche für das Grenzensetzen)
- Elternpräferenzen (Arbeit, Freizeitverhalten, Gemeinsamkeit... → Zeitmangel zur regelmäßigen Kontrolle, Förderung, Freizeitstress mit den Kindern, Bildschirmverhalten...)
- Differenzierungsfähigkeit der Eltern und sprachliche Ausdrucksfähigkeit
- Einstellungen zur Schule (Vorhandensein von elterlichen Schulängsten, Bedeutung der Schule, Vertrauen in die Lehrer, Arbeitseinstellung für die Schule anlegen....)

1. Familienbindung – Bindungsopfer – Bindungsstress

Über die Bedeutung von *Bindung* für den direkten Lernprozess wurde bereits ausführlich geschrieben. Welche Negativverschiebungen und Auswirkungen die *Familienbindungen* mit sich bringen, wird in diesem Kapitel aufgezeigt.

Kinder sind von sich aus keine Machtressource, weil sie teuer sind und (finanziell) abhängig machen. Diese Abhängigkeit kann von überindividualistischen Partnern ausgenützt werden, wodurch sich Positionsverschiebungen auf dem Wertequadrat ergeben. Dabei besitzen meist die Männer die wichtigste Machtressource, das Geld. Die Machtressourcen „Kinder, Geld und Ansehen" machen die Frau vom Mann abhängig und können sie auf die einseitige Du-Orientierung bringen. Dem Mann steht somit die hohe Ich-Position offen. Das Kind kann sich in der Mitte positionieren, aber auch auf der hohen Ich-Position agieren, *weil* die Mutter auf der einseitigen Du-Orientierung steht. Möglicherweise verlässt die Mutter dem Kind gegenüber aber ihre Position und agiert dem schwachen Kind gegenüber ich-bezogen mächtig. Voraussichtlich erhält das Kind von den Eltern aber divergente Verhaltensmuster zugeordnet, das Kind wird hin- und hergerissen, es wirkt wenig ausgeglichen, neigt immer wieder zu Idealbildern, aber auch zu Minderwertigkeiten. Das nachfolgende Wertequadrat visualisiert diese mögliche Familienkonstellation. Klar wird dabei auch: Der Vater wird sich schwer mit echter Bindung tun, er wird den Ersatz suchen.

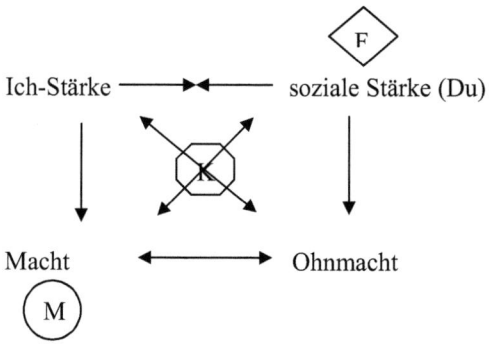

Die Abbildung 9 zeigt die gesunden Positionen der Familienmitglieder. Nur hier können starke Kinder heranwachsen und es braucht keinen negativen Bindungsersatz über das Kind.

Abbildung 9: Wertequadrat – Partnerschaft 2

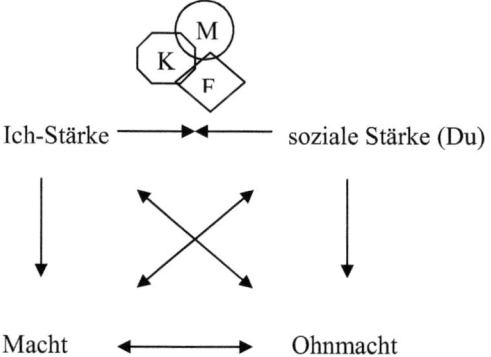

Die Abbildung 10 zeigt eine typische Familienkonstellation des Überindividualismus, in dem sich alle Familienmitglieder auf einer erhöhten Ich-Position befinden. Jeder versucht ständig, seine eigenen Bedürfnisse durchzusetzen. Die Bindung zum Du bleibt reduziert, wodurch Ersatzbindungen entstehen. Die Ersatzbindungen können zum Konsum und Freizeitverhalten hin erfolgen, aber auch über die Kinder laufen. Werden Kinder zum Bindungsersatz, werden sie in ihrer (schulischen) Entwicklung blockiert. Ganz deutlich werden diese Bindungsblockaden in der Schule, denn hier treffen viele Einzelindividuen zusammen und die familiären Ersatzbindungen werden unbrauchbar.

Abbildung 10: Wertequadrat – Partnerschaft 3

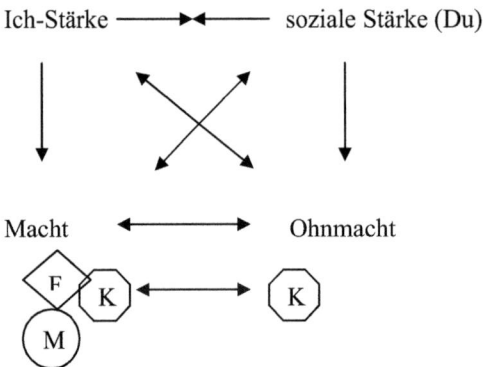

Sind die Eltern nur eingeschränkt bindungsunfähig, werden Kinder häufig zum Bindungsersatz, bis hin zum *Partnerersatz*, oft auch zur *guten Freundin*. Logischerweise schadet das den Kindern, weil sie nicht über ihre eigene Rolle erwachsen werden können, sondern permanent überfordert sind. Mit der falschen Bindung kann natürlich auch keine richtige Loslösung vom Elternhaus erfolgen, was in der Pubertät zu heftigen Loslösungskämpfen führt oder im anderen Extrem zu mangelnder Loslösung.

Das *Verwöhnen* ist eine andere Ausdrucksweise von falscher Elternbindung. Arbeiten beide Elternteile oder leben diese getrennt, ist die Wahrscheinlichkeit groß, dass Bindungsersatz durch das Verwöhnen stattfindet. Oft stehen Eltern auch in partnerschaftlicher Konkurrenz zueinander und geraten in Extrempositionen. Dies passiert dann, wenn wenigstens ein Partner den mächtigen Eigennutzen = Bindungsbonus zum Kind sucht. Meist geraten aber beide Elternteile in ein konkurrierendes Bindungsverhalten dem Kind gegenüber.

Da Kinder keine Machtressourcen wie Geld, Image, Erwachsenenstatus... haben, lernen sie schnell, die Bindung zu den Eltern als *Machtressource* zunützen. Das machen sie intuitiv dann, wenn keine echte Bindung zu einem Elternteil möglich ist, sie suchen die Ersatzbindung. Oft sind es gewisse Freiheiten wie Fernsehschauen, lange aufbleiben oder Konsumgüter, die Kinder einfordern und als Bindungsersatz auch erhalten. Das *Einfordern von Mitleid* ist ein beliebter Bindungsersatz und wirkt besonders gut zwischen Müttern und Söhnen.

Wie wir sehen können: Familiäre Verhältnisse sind komplex und sie werden von jenen bestimmt, die Machtressourcen besitzen. Auch die *Erziehung selbst ist eine Machtressource*. Oft wird sie in Familien mit Macht/Stärke-Problemen zur Machtressource, indem die Kinder von einem Partner *keine* Grenzen erhalten. So steigt der andere Partner vergleichsweise schlechter aus.

Wenn einer der Partner seine Stellung gefährdet sieht, kann er sie z.B. auch über die Kinder verbessern, indem er übermäßig nervös den Partner abwertet. Sämtliche eigennutzenorientierten Verzerrungen sind dabei möglich, denn Kinder können altersbedingt nicht so differenziert hinterfragen und die kommunikativen Mittel erkennen. Auch Untreue ist eine Möglichkeit der Abwertung, sie zeigt am deutlichsten: „Mit dir doch nicht, ich habe freie Wahl."

Wie wir sehen können: Die Partnerschaft der Eltern wirkt sich immer auf die Kinder aus und schafft außerschulischen Stress, den man als Lehrer spüren kann, wenn man darauf sensibilisiert ist. In Staaten mit geringer Gleichberechtigung wird die Schule immer stärker vorschulisch blockiert sein, für Burschen etwas anders als für Mädchen.

Der mitteleuropäische Überindividualismus verringert die Bindungsmöglichkeiten an ein starkes Elternhaus. Diese geringen Bindungsmöglichkeiten werden durch die geringen Familiengrößen noch reduziert. Auch aus dieser Perspektive: Eine schlechte Basis für die echte Bindung, eine schlechte Basis für die Schule.

Für den überindividualistischen = bindungsschwachen Menschen bedeutet das Leben ein ständiges Spannungsfeld auf der 0-Summen-Machtkonfrontation[63] im Sinne vom eigennützigen „Mehr und Besser", ständiger Konkurrenz, ständigem Stress. Auch wenn sich nur *ein* überindividualistisches (= nervöses) Familienmitglied in der Familie befindet, wenn nur *einer* chronische Zeitknappheit hat, bedeutet das für alle Spannung im Sinne einer Differenz, im Sinne des Weniger.

Der *familiäre Überindividualismus* in Mitteleuropa basiert auch auf der geringen Gleichberechtigung zwischen Mann und Frau. Österreich hinkt dabei weit hinterher, wie schon die ungleichberechtigten Scheidungsgesetze zeigen, die geringe Zahl an Kinderbetreuungsstätten, die stark unterschiedlichen Gehälter von Mann und Frau, die geringen Aufstiegschancen von Frauen...

Die Auswirkungen des Überindividualismus sind aber noch vielfältiger:

- So leiden z.B. überindividualistische Bindungen vermehrt unter der Angst vor dem Bindungsverlust, er prägt auch die Kinder und führt nur zu oberflächliche Bindungen.

---

63 vgl. Stalb S. 18

- Familienauflösungen lassen kaum Erziehung zu, weil der „Kampf" um das Wohlwollen der Kinder dominiert und Bindungsverschiebungen entstehen. Der Kampf beginnt bereits Jahre vor der Trennung und kann auch jahrlang nachwirken.
- In Kleinstfamilien herrschen Bindungsextreme (Überbehütung + übermäßige Lösungsversuche der Kinder aufgrund der Überbehütung).
- Alleinerzieher/Alleinentscheider sind stressanfälliger (Berufstätigkeit + Erziehung), sie suchen ein schnelles „Mehr und Besser".
- In „Konfliktehen" und Patchworkfamilien ist die Erziehung ca. 3-5 Jahre eingeschränkt, weil sich die Autoritätsverhältnisse verschieben, bzw. unklar sind.
- Übermäßige „Ersatzbindungen" der Eltern zueinander wirken vernachlässigend auf die Kinder, oder im negativen Gegenpol entsteht eine ersatzweise Überbehütung.
- Bindung ist eine Voraussetzung für das Anerkennen von elterlicher Autorität. Fehlt diese, können Eltern auch kaum schulischen Forderungen an ihre Kinder stellen.
- Überindividualistisches Pubertätsverhalten verläuft bei Bindungsschwäche extremer, beginnt früher und dauert länger, in vielen Fällen bis ins hohe Alter...
- Intensive Suche nach Bindungsersatz bei Gleichaltrigen, Lehrern... → Negative, schwache und falsche Bindungen können entstehen.
- Eine gering gebundene Bezugsperson hat wenig Zugang zu den emotionalen Bewegtheiten eines Kindes und kann diese nicht ausdrücken oder verarbeiten helfen. Das Kind muss mit seiner Frustration allein fertig werden...

Für die Schule bedeutet dies:

- Gering bindungsfähige Eltern und die geringe Eltern-Kind-Bindung lassen keine natürliche Lehrerbindung zu, somit ist/wird auch das Vertrauen zum Lehrer geschwächt, seine Autorität verringert.
- Je geringer die Bindungsfähigkeit, desto stärker wird die Bindung zum Lehrer gesucht oder abgelehnt, auch über Disziplinschwierigkeiten eingefordert oder abgelehnt.
- Schizotype Störungen/Borderlinestörungen: Die Schüler suchen beim Lehrer Bindung, können das hohe Maß an nötiger Bindung in der Gruppe/Schule nicht erhalten und wechseln in das Extrem der hohen Ablehnung.

Die Ohnmacht der Lehrer ist vorbestimmt, solche Bindungsstörungen lassen praktisch keine Lösung in der Gruppe zu.
- Die Loslösung von „falschen" Elternbindungen wird oft beim Lehrer geübt, weil diese nicht negativ auf die Loslösung reagieren können. Diese Versuche sind somit ungefährlich bezüglich dem elterlichen Bindungsverlust.
- Schlechtes Bindungsverhalten – Angst vor Bindungsverlust zu den Eltern – lässt keine echte Konfliktbewältigung im Elternhaus zu, sie wird in der Schule geübt...

Die Schule wird durch das schlechte überindividualistische Bindungsverhalten vielfach blockiert. Der Lehrer als „teuer" bezahlter Gesellschaftsvertreter wird als erster zur Rechenschaft gezogen, er soll nun aufarbeiten, was die Familie nicht mehr kann. Und genau damit ist die Schule überfordert. Die Schule kann nicht das nachholen, was die Familie nicht kann. Auch wenn die Schule Mittel, Zeit und Personal hätte, sie ist schlichtweg der falsche Ort. Die Basis der Bindung und Erziehung kann nur im vertrauten Familienrahmen erfolgen, wo wenigstens eine konstante Bezugsperson vorhanden ist, wo Kinder ständig Rückmeldung über ihre Person erhalten, ohne sich vor ihren Kollegen zu blamieren, wo man schnell wieder aufgefangen wird, wenn man in einem Tief steckt, wo man nicht cool sein muss, sondern seine Persönlichkeit an den starken Grenzen von vertrauten Personen stärken kann. Dieser wichtige Familienbezug mag jetzt konservativ anmuten, hat aber nach wie vor einen unumgänglich hohen Stellenwert, wenn wir keine Bindungsopfer erhalten wollen, die den gesellschaftlichen Anforderungen nur eingeschränkt nachkommen können.

Immer wieder werden skandinavische Schulen mit mitteleuropäischen Schulen verglichen. Dies geht schon darum nicht, weil das skandinavische Sozialgefüge – auch familiär-rechtlich - ein traditionell anderes ist.

2. Kleinstfamilien, Patchworkfamilien, Peergroups, Vereine, gegengeschlechtliche Bindungen – was sie nicht können

Wir können feststellen:

- Bei überindividualistischen Partnern kann das Kind nicht gesund aufwachsen, es gerät in Bindungsspannungen und in den Überindividualismus. Kinder erleben Extreme wie „Verwöhnung, Vernachlässigung, Überforderung"

- Kleinstfamilien sind in ihrer Bindungsfähigkeit eingeschränkt, weil sie wenig Du-Orientierung bieten, auch meist keine finanziellen Einschränkungen vorhanden sind, die Grenzen in den Bedürfnissen setzen.
- Familien mit AlleinerzieherInnen geraten oft in Bindungsverschiebungen, aber auch in vermehrte Ängste und Erziehungsdruck.
- Patchworkfamilien sind in ihrer Erziehungsfähigkeit eingeschränkt. In Patchworkfamilien wird von den Erwachsenen oft unbewusst ein besonders hohes Toleranzverhalten von allen neuen Mitgliedern/Kindern eingefordert. Die Scheintoleranz erleichtert der neue Erwachsenenbindung den Einstieg – ist somit eigennutzenorientiert – die Scheintoleranz kann aber Bindungsblockaden nicht lösen, sondern verdrängt sie. Da auch die hierarchisch/autoritären Verhältnisse keine „gewachsenen" sind, müssen sie unter erschwerten Bedingungen – auch kurzfristig und schnell – erst aufgebaut werden. Geschwindigkeit ist immer eine schlechte Basis für die Bindung. Vermehrte Konflikte sind bei Patchworkfamilien vorprogrammiert – auch finanzielle und räumliche, aber auch zu frühe Bindungsloslösung von bereits älteren Kindern sind wahrscheinlich, auch dann, wenn es sich um eine augenscheinlich „glückliche" Patchworkfamilie handelt.

Je geringer die Bindung zur Familie ist, desto intensiver wenden sich Kinder und Jugendliche *Peergroups* zu, also Gruppen gleichaltriger Jugendlicher, mit zumindest dem einen gemeinsamen Ziel der „eigenen Generation", meistens sind es aber andere, kurzfristige Ziele, die sich gesellschafts- oder freizeitbedingt ergeben.

Prinzipiell gilt: Die „Peergroup-Erziehung" ist so gut wie ihre Mitglieder. Befinden sich starke Individuen in einer Gruppe, die bereits gesellschaftliches Zusammenleben gelernt haben, reagieren sie auch in der Gruppe gesellschaftskonform und können einzelne Mitglieder in ihre gruppenkonformen Grenzen verweisen. Diese Abgrenzung schafft gleichzeitig Bindung. Der Einzelne kann so in einer Gruppe stärker werden, allerdings nur unter der Voraussetzung, dass er nicht sehr überindividualistisch ist. Überindividualistische Gruppenmitglieder werden die Gruppe schnell wechseln, wenn sie negative Rückmeldungen erhalten. Befinden sich viele überindividualistische Gruppenmitglieder in einer Gruppe, muss das Gruppenziel ein sehr starkes sein. Ein „großer Feind" eignet sich gut als Gruppenziel. Dumm für den Lehrer, wenn er der „Feind" ist.

Gewaltbereite Peergroups haben als Ziel die projektive Gewalt nach außen und halten somit länger zusammen, weil sich die Gruppenmitglieder für ihren Selbstwerterhalt „brauchen". Die zweite, sehr starke Bindung entsteht aus der Gesetzeswidrigkeit. Die Möglichkeit des Verrats bindet alle stärker zusammen, denn es entsteht ein „Verantwortungsgefühl" auf Ersatzbasis. Ersatzweise darum, weil jeder weiß: „Ich bin selbst dran (Bestrafung durch Gruppe und Gesetz), wenn ich Verrat begehe." Indirekt nützt der Eigennutzen, er bindet aber nicht tiefgreifend, im Gegenteil, er schürt auf dieser negativen, extremen Basis des Vertrauens auch das extreme, negative Misstrauen.

Gewaltbereite Peergroups hatten früher einen überindividualistischen, mächtigen Gruppenführer und schwache, sehr du-orientierte Mitläufer, die vorübergehend bereit sind, sich für eine Selbstwerterhöhung dem Gruppenreglement zu unterwerfen. Eine zusätzliche hierarchische Gliederung (= überindividualistische Mitläufer) verhinderte im Konfliktfall den schnellen Zusammenbruch der Gruppe. Die gemeinsame Gewalt an anderen ist der mächtig überindividualistische Ausdruck aller Mitglieder. Bei sehr du-orientierten Mitgliedern ist es die negative Kompensation zur übermäßigen, ohnmächtigen Du-Orientierung, die sich gewaltbereit Luft macht.

Auch bei gewaltbereiten Peergroups haben sich die Verhältnisse überindividualistisch verändert, wie z.B. aus den nördlichen Stadtteilen von Liverpool berichtet wird. Immer weniger gibt es sehr du-orientierte Mitläufer, sodass jetzt viele überindividualistische Einzelgänger nur noch den Gruppennamen verwenden, ansonsten aber selbständig und kurzfristig situationsbedingt dealen, morden...

In einer überindividualistischen Gesellschaft ist die Wahrscheinlichkeit von überwiegend überindividualistischen Gruppenmitgliedern sehr groß. So kann die Gruppe nicht leisten, was sie auch während des Nationalsozialismus nicht konnte: Gemeinsam jene Verhaltensweisen erlernen, die sich in positiver Spannung zwischen dem Ich und dem Du befinden. Im Nationalsozialismus konnte die Gruppe dies deshalb nicht, weil viele Gruppenmitglieder einseitig *du-orientiert* waren und daher richtungslose Mitläufer. Heute kann die Gruppe oft deshalb keine positive Spannung mehr vermitteln, weil die einzelnen Gruppenmitglieder einseitig *ich-orientiert* sind. Der Überindividualismus neigt zu losen Gruppierungen, weil er keine gesellschaftlichen Werte kennt. Das Ich wechselt dann schnell bis richtungslos ohnmächtig die Gruppe, wenn seine Bedürfnisse nicht befriedigt werden. Für ein Starkwerden in der Gruppe sind lose Gruppierungen nicht geeignet – im Gegenteil – der schwache Überindividualismus bewegt sich im Fall der Interessensgemeinschaft auf dem schwachen Negativextrem des unselbständigen Mitläufers, weil es bequem ist, wenn andere für die Eigenbedürfnisse arbeiten, auch kann man sich hinter der Gruppe verstecken, wenn negative Auswirkungen zu erwarten sind, im Sinne von: „Wieso, alle haben das so gemacht?!" Noch immer gilt diese Aussage bei vielen als Rechtfertigung für ein Verhalten, indem die eigene Verantwortung dabei eigennutzenorientiert ausgeschaltet wird.

Der zweite Grund, warum eine Peergroup nur begrenztes, persönliches Weiterkommen (= Erziehung) leisten kann, ist die mangelnde Differenzierungsfähigkeit des Jugendlichen. Differenzierung kann durch viele Gespräche mit dem Du erlernt werden, besonders gut aber von der differenzierungsfähigen „Altersweisheit". Geringe Differenzierung bedeutet immer auch „machtvolles Mitgliederverhalten", wovor sich jedes Gruppenmitglied schützen muss. Schutzverhalten ermöglicht wiederum nicht jenen vertrauten Rahmen, den Entwicklungsprozesse brauchen. Eine Peergroup mit überindividualistischen Mitgliedern ist daher undifferenziert und wirkt cool bis undifferenziert naiv.

Der Umgang mit Frustrationen kann in einer Peergroup nicht gelernt werden, weil echte Frustrationen den Überindividualismus beängstigen, einschränken, gruppengefährdend wirken..., sie sind daher nicht erwünscht.

Die „Gruppen" in den neuen Medien bieten für Frustrationen eine scheinbar geeignete Plattform, weil die Bindung zwischen dem Schreiber und den Lesern meist sehr gering ist und Frustrationen niemanden stören, sondern eher faszinieren. Wirklich lösen können solche Plattformen die Frustrationen nicht. Aber was beruhig: Ein Anklicken genügt um „Freunde" zu haben. Diese „Freundschaftsbindung" muss nicht ständig bestätigt werden, indem man anruft und nachfragt, ob jemand Zeit für ein Treffen hat. Diese unverbindliche Form der Bindung ist daher typisch für den Überindividualismus, kann das Ich aber nicht stärken. Die Auswahl der Freunde erfolgt wenig differenziert im Sinne von „ich möchte mit dir weggehen, reden, weil..." sondern bei vielen nach dem selbstwerterhöhenden Mehr und im Sinne des Bindungsersatzes.

Vereine sind gesteuerte, geregelte Gruppen/Peergroups mit einem erklärten Gruppenziel und erklärten Gruppenregeln, die autoritativ eingefordert werden. Sind Vereine vermehrt ein Elternhausersatz, muss man sich fragen, ob sie können, was ein Elternhaus – wenigstens theoretisch – kann.
Vereine sind von Erwachsenen geleitet, haben gemeinsame Ziele (Fußball, Blasmusik, Chor, Karate....) und festgelegte Regeln, nach denen sich alle richten müssen. Fairness ist oberstes Gebot und kann mit der positiven Spannung zwischen Ich und Du gleichgestellt werden. Tatsächlich sind diese Eigenschaften eines Vereins in einer überindividualistischen Gesellschaft ein unverzichtbares Förderinstrument für Jugendliche.
Der Verein kann aber nicht alles, was ein Elternhaus kann. Das Fehlermachen wird nur im Rahmen der Spielregeln erlernt, es wird durch die eingeschränkte Zielorientierung reduziert. Außerdem reduziert meist auch die geringe zeitliche Dauer intensive Bindungsprozesse. Besonders wenig gruppenkonforme Kinder halten sich

nicht lange in einer Gruppe auf, schon gar nicht in einer, in der Einsatz verlangt wird, ohne dass schnelle Erfolge absehbar sind.

Was der Verein kann: Er „kann" positive Einstellung zum Üben und zur Leistung stärken. „Kann" deshalb, weil wieder die Elternvorgaben entscheidende Basis für die Leistung und den Verbleib in der Gruppe ist.

Der große Unterschied der Vereine zur Schule liegt in der relativen Freiwilligkeit. Die Stellung der Schule ist somit schlechter als die des Vereins. Im Verein befinden sich auch Kinder, deren Eltern die Kinder vereinsbezogen unterstützen, es sind durchschnittlich einsatzbereite Kinder, die anderen gehen ohnehin vorzeitig. In der Schule haben wir alle Kinder.

Unsere Gesellschaft neigt dazu, die Kinder auch in der Freizeit Lehrern zu überlassen. Schwimmen, Schifahren... lernen Kinder heute im Schwimmkurs, durch Schilehrer... Für die Elternbindung bedeutet dies: Teilerfolge und Erfolgserlebnisse werden nicht mehr live mit den Eltern geteilt, die Eltern sind nicht mehr Mitbeteiligte, Ansporn, Fordernde... sie sind daher auch nicht diejenigen, zu denen das Kind über die Erfüllung von Forderungen eine intensive Bindung herstellt. In anderen Worten: Die Erzählung des Kindes von einem Erfolg ist zwar Ausdruck individueller Freude, fördert aber die Bindung zwischen Eltern und Kind weniger, als wenn Eltern Mitbeteiligte waren. Der Erfolg schafft somit Primärbindungen zum Lehrer, der verschwindet aber später wieder aus dem Gesichtsfeld des Kindes, zumal Lehrer auch nur vorübergehende Bezugspersonen sein *dürfen*, sie *müssen* die Schüler wieder gehen lassen.

Auch die Vereine kennen die negativen Auswirkungen des Überindividualismus:

- schneller Mitgliederwechsel, wenn keine schnelle Ich-Befriedigung vorhanden ist.
- Viele Kinder/Erwachsene sind bei vielen Vereinen tätig im Sinne von „Mehr und Besser", was Oberflächlichkeit mit sich bringt.
- Die Mitglieder sind immer weniger bereit, sich für den Verein einzusetzen. Das Mehr an Leistungsbereitschaft ist nur dort gegeben, wo der Überindividualismus seine Chance auf übermäßigen Erfolg sieht. So stehen auch Vereine unter dem Druck, die Kinder mit wenig Eigenaufwand zu schnellen, sichtbaren Erfolg zu bringen.

Frühe *gegengeschlechtliche Bindungen* sind für jene eine Alternative, die sich – oft aufgrund eines elterlichen Bindungsdefizites – stark nach persönlicher Zuneigung sehnen und keine Angst vor Bindung wahrnehmen. Auch hier gibt es den negativen Gegenpol: Die Bindungsängste können im Übermaß vorhanden sein und werden durch Beziehungen verdrängt, bzw. ausgeglichen. Es ist wie eine „Üben" – oft mit wechselnden Partnern – zugleich kann aber auch das überindividualistische Ich erhöht werden, im Sinne von: „Seht her, ich werde geliebt, ich bin gut." Je stärker die Bindung auf einem jugendlichen Hormonüberschuss aufbaut – der bindungsschwache Überindividualismus neigt zur einseitigen „Hormonbindung" als Bindungsmotivation – desto häufiger der Partnerwechsel. Die Sexualität kann vorübergehende Bindungskrisen übertauchen, aber letztlich keine intensive Bindung schaffen. Frühe Partnerbindungen bringen frühen Partnerstress mit sich, auch er blockiert das schulische Leistungsvermögen.

Zusammenfassend betrachtet:
Vereine und Peergroups können nicht das, was eine Familie theoretisch könnte. Vereine und Peergroups sind flexibel austauschbar und lassen bei gefühlter Enge durch Grenzen/Forderung die „Flucht" zu. Ein hohes Maß an Vereinstätigkeiten und häufiger Aufenthalt in Peergroups verringern rückwirkend die Familienbindung, auf welcher die starke Erziehung stattfinden könnte. Auch hier gilt: Ein Zuviel an Verein/Peergroup/gegengeschlechtliche Bindung behindert die familiäre Bindung und kann nicht entsprechend stark machen.

3. Überindividualistisches Erziehungsdilemma = Schuldilemma

So manch ein Elternteil ist heute stolz darauf, dass sie Kinder haben, die sich schnell und deutlich, auch lautstark durchsetzen können. Sie glauben, starke Kinder zu haben und sind mit ihrer Erziehung zufrieden. Tatsächlich haben sie das gemacht, was einfach geht: Sie haben der angeborenen, kindlichen Ich-Orientierung freien Lauf lassen, waren aber bei Konflikten = Du-Orientierungsübungen für das Kind kein stabiles Du, mit dem es sich koordinieren musste, mit dem es Kompromisse gibt, mit dem der Umgang mit kleinen Frustrationen geübt wird. Ein Boxer, der nur Luftschläge trainiert, trainiert wenig effektiv. Spätestens dann, wenn sich das vermeintlich starke Kind in einer Gruppe bewähren muss, fehlen ihm alle Voraussetzungen dazu: Es kann sich nicht auf andere einlassen, es kann sich nicht einordnen, es kommt mit seinen Frustrationen nicht klar. Die Vorpubertät – eine Phase der verstärkten Du-Orientierung – wird nicht bewältigt, was zunehmend Gruppenstress mit sich bringt, bereits bei den Zehnjährigen. Die Pubertät – eine Phase der Loslösung vom Elternhaus – kann nicht bewältigt werden, weil das Eltern-Du als

Abgrenzung fehlt. Grenzen werden jetzt verstärkt herausgefordert, bei Eltern, Lehrern... die Kinder wollen stark werden und müssen nun nachholen, was in der Kindheit nicht vorhanden war: die Grenzen zum Du. So wird das Erziehungsdilemma zum Schuldilemma.

Für die Schule bedeutet dieses falsche Verständnis von „Stärke": Die Überindividualisierung zu Hause steht in sehr krassem Gegensatz zur nötigen Gruppenerziehung in der Schule. Da sich der Überindividualisierungsstress durch die Gruppendynamiken in der Schule besonders wirkungsvoll zeigt, wird jetzt die Schule dafür verantwortlich gemacht. Aufklärung über die Wechselwirkungen von „Macht und Stärke" würden alle zufriedener machen und Eltern können sich sicher sein, dass sie in der Pubertät keine unliebsamen Überraschungen erleben werden. Ich denke, es ist wieder einmal Zeit, eine Erziehungsoffensive zu starten, damit Eltern die Chance erhalten, unsere Zeit auf neuestem Stand zu reflektieren, damit sie die Chance haben, ihr Wissen für sich und ihre Kinder zu nutzen.

Die falsch verstandene *Toleranz* ist ein weiteres Erziehungsdilemma, das zum Schuldilemma wird. Da das Grenzensetzen bei Pubertätsproblemen für niemanden lustig ist, weil die Reaktionen oft extrem heftig sind, scheuen sich Eltern vor dieser unbequemen Arbeit. Sie formen die positive Erziehungsarbeit in den vermeintlich positiven Wert der Toleranz um und fordern auch von den Lehrern Toleranz ein. Bei einer hohen Schülerzahl ist nicht viel Toleranz möglich, also sind jetzt die Lehrer die „Bösen", die in den Augen der Eltern zu wenig tolerant sind. Die Lehrerautorität ist somit untergraben und zusätzlich sind es wieder die Lehrer, die den Pubertierenden die Grenzen setzen müssen, nur inzwischen unter der erschwerten Bedingung der verringerten Autorität. So wird die Abschiebung der Elternverantwortung zum Schuldilemma.

Die Erziehung des Überindividualismus befindet sich somit auf dem negativen Eckpunkt der Richtungslosigkeit und beschränkt das Ich gleichzeitig auf sich selbst, womit das Ich eingeschränkt ist. Die Richtungslosigkeit kennt aber noch ein weiteres Erziehungsdilemma. Erziehungsmaßnahmen sind immer ein Versuch, extreme Verhaltensweisen auf die positive Spannung zwischen zwei positiven Gegenpolen zu bringen. Der sozialisiert verstärkte Überindividualismus ist nicht differenziert und flexibel in der Anpassung, sondern richtungslos und extrem, jeweils in seinen negativen Gegenpolen. Er hat es gelernt, zwischen einem Extrem und dem anderen schnell hin- und herzuspringen, wenn eine Verhaltensweise schlecht ankommt. Über den negativen Gegenpol wird somit ein Ausgleich versucht, wo er natürlich *auch* negativ ist. Egal, welche Erziehungsmaßnahme man gegen ein Extrem setzt, der Überindividualismus weicht in das andere Extrem aus, weil er ein schnelles „Mehr oder Weniger" wahrnimmt und nervös überreagiert, bevor eine Ich-Abwertung zu erwarten ist. Auch im anderen Extrem benötigt der Lehrer eine extreme Begrenzung, aber die entgegengesetzte. Ein hoher Energieaufwand für Schüler und Pädagogen, eine ständige Gratwanderung des Pädagogen und trotzdem lässt sich ein Überkippen in das andere Extrem nicht verhindern.

So befinden sich z.b. in jeder Klasse eine Zahl an überindividualistischen Schülern, die sich durch Störungen ständig überindividualistisch in Szene setzen, die Gruppengrenzen und jene zum Du ständig überschreiten und sich auf der anderen Seite äußerst du-orientiert, freundlich, zuvorkommend, einsichtig geben – was gut wäre, aber auf dieser Position auch viel Mitleid einfordern, was schlecht ist. Auf der Mitleidsbasis können sie ihre Interessen nach vermehrter Aufmerksamkeit wieder besser durchsetzen, man ist ihnen weniger böse, sie erhalten geringere Grenzen..., ein Erziehungsmanko entsteht.

Pädagogen mussten seit eh und je fähig sein, Situationen richtig einzuschätzen, damit sie starke, pädagogische Ziele erreichen konnten. Der Pädagoge von heute muss dies immer schneller, immer extremer, bis zur Handlungsunfähigkeit und Ohnmacht, nämlich dann, wenn Schüler gar keine pädagogischen Maßnahmen mehr zulassen, weil sie sich jeder Maßnahme durch konträre Verhaltensweisen entziehen. Bleibt die Erziehung wirkungslos, bleibt der Lehrer ohnmächtig zurück, was seine Autorität gefährdet. Kein Wunder, dass viele Lehrer nicht mehr an eine effiziente, schulische Erziehung glauben, bzw. diese auch verweigern, sie ist immer wieder unmöglich.

Ein weiteres Erziehungs- und Schuldilemma geht von überindividualistischen Lehrern aus. Sie übernehmen die praktische Einstellung „Toleranz statt Erziehung" und schaffen somit eine mächtige Differenz zu den KollegInnen. Die überindividualistischen Lehrer stehen bei den Schülern gut da. Langfristig reduziert dies aber die Möglichkeiten der Forderung und somit der Leistung. Hinzu kommt: Die anderen Lehrer müssen vermehrte Erziehungsarbeit leisten und sind – aus überindividualistischer Sicht – auch vermehrt die Bösen. Ist die Anzahl der überindividualistischen Eltern und Lehrer hoch, werden starke Lehrer gemobbt im Sinne von: Deine Maßnahmen stimmen nicht, du gehörst nicht in diese Schule. Wie wir sehen: Die überindividualistische Sichtweise verzerrt, damit sie sich am Eigennutzen orientieren kann und nicht am langfristigen Schaden.

In vielen Fällen reicht die Frustrationstoleranz der Schüler auch nicht für einfache Verwarnungen aus, sie werden schnell pappig, äffen nach..., von Einsicht und Schuld weit entfernt. Auch wenn es sich „nur" um sachliche Unterrichtsinhalte handelt, sind Schüler immer häufiger „angefressen". Für eine Schule untragbar, denn sie baut darauf auf, dass Kinder Fehler machen und daraus lernen. Starke Kinder sind das nicht, sondern Kinder, die sich in einem familiär- und gesellschaftsbedingten, erzieherischen Dilemma befinden.

Von Eltern hört man oft: *„Das haben wir doch auch gemacht".* Sie meinen damit, man solle eben nicht so streng sein, etwas Verständnis für die Kinder haben... Ein Mensch, der sich stark weiterentwickelt hat, würde sagen: „Das haben wir doch auch gemacht, aber es war falsch, ich möchte es für meine Kinder anders haben und erkundige mich, was ich dafür tun muss." Diese Aussage „Das haben wir doch auch gemacht" entstammt also einer überindividualistischen Haltung, die nicht einsieht, dass etwas falsch am eigenen damaligen Handeln war, die auch nicht sieht, was ein Du braucht, damit nicht die Gemeinschaft (das Du, der Lehrer) darunter leiden muss.

Das Erziehungsdilemma beginnt somit auch bei den Einstellungen im Elternhaus. Manche Eltern wollen gar nicht anders erziehen, weil sie ihr eigenes Fehlverhalten in der Jugend immer noch rechtfertigen müssen, d.h. sie haben immer noch nicht ausreichend Selbstwertgefühl, als dass sie sich eingestehen können: „O.k., das war falsch, ich sehe es ein." Auch wenn man selbst zu wenig Grenzen erhalten hat, darf man sie den eigenen Kindern nicht vorenthalten, weil sie sonst schwach bleiben.

Das Erziehungsdilemma anders ausgedrückt: *Der Überindividualismus lässt Erziehung nicht zu, obwohl er die Grenzen zum Starkwerden dringender nötig hat.*

4. Elternautorität – Lehrerautorität – schulische Störungen

Sowohl Eltern als auch Lehrer besitzen eine natürliche Erziehungsautorität, die aber unterschiedlich ist. Aus diesen Unterschieden ergeben sich unterschiedliche Rechte und Pflichten, aber auch immer wieder Differenzen zwischen Eltern und Lehrer, die sich mächtig negativ auswirken, wenn das Wissen um die Unterschiede fehlt.

Elternautorität	Lehrerautorität
- genetisch bedingte Autorität/ gesellschaftliche Autorität	- staatliche/gesellschaftliche Autorität
- gewohnte Autorität	- fremde Autorität
- hohe Bindung oder Scheinbindung	- geringere und vorübergehende Bindung
- allgemeine Autorität – Lebenserhalter	- schulisch zielgerichtete Autorität
- Autorität einer Kleinstgruppe	- Autorität einer Großgruppe
- einzige Autorität	- viele Autoritäten
- gesellschaftlich anerkannte Autorität	- gesellschaftlich wenig anerkannte Autorität

Die grundlegende Autorität von Geburt an sind die Eltern. Diese Autorität verlagert sich langsam auf die Gesellschaft. Kindergruppen, Kindergärten und Lehrer sind Gesellschaftsvertreter. Der Übergang zur Lehrerautorität – das Loslassen – ist für viele Eltern ein Problem – ein Bindungsproblem – aber auch eine Frage von „Besser-sein-Wollen". Die Folge davon ist das vermehrte „An-sich-Reißen" der Autorität durch Einmischen und Mitreden in schulische Angelegenheiten. So erfolgen immer wieder Autoritätsverschiebungen – vordergründig zugunsten der Elternbindung – grundlegend aber auf Kosten der Erziehung und der Schule. Der Lehrer kann nicht mehr das gleiche mit den gleichen Mitteln einfordern, weil der Schüler den „Rückenwind" der Eltern spürt, sondern er muss stärkere Mittel anwenden. Der „Rückenwind" der Eltern wird von Eltern aber nicht als solcher empfunden, sondern schafft für sie Bindung zum Kind, sie fassen den Rückenwind als „Unterstützung des Kindes" auf. Der Schüler muss nun vom Lehrer konsequentere und deutlichere Mittel zur Zielerreichung „ertragen", weil die Forderung der Eltern wegfällt. Logisch, dass die Eltern für sich eine Aufwertung erfahren und der Lehrer der übermäßig Böse ist. Die Differenz zwischen Eltern und Lehrer wird vergrößert, eine schlechte Basis für das Kind. Der Hintergrund des falschen Bindungsverhaltens kann direkt mit ihren Bindungsproblemen in Zusammenhang stehen, aber auch Eifersucht der Mutter auf die Bindung des Kindes zum Lehrer ist möglich, besonders dann, wenn die Mutter den Lehrer ablehnt, die Tochter aber nicht. Klar wird auch: Die Bindung kann als Machtressource dienen, auch wenn sie von Eltern nicht absichtlich eingesetzt wird, sie wirkt trotzdem so.

Überindividualistische Eltern neigen zum „Einmischen" in die Lehrerautorität, weil durch die Lehrerautorität die eigene Autorität eingeschränkt erscheint, sie verspüren ein „Weniger". Auch haben sie höhere Ängste, ein „Mehr" für die Kinder (indirekt für das eigene Selbstwertgefühl) nicht erhalten zu können. Kommt hinzu, dass auch die Kinder überindividualistischer Eltern überindividualistisch sein müssen, wenn sie zuhause ihr Ich nicht auf die einseitige Du-Orientierung rücken lassen wollen, ist eine überindividualistische Reduzierung der Lehrerautorität in unserer Gesellschaft eine logische. So werden die Eltern verstärkt zur gesellschaftlich anerkannten Autorität, die gesellschaftliche Autorität der Lehrer wird gleichzeitig reduziert.

Lehrer haben aber auch einen entscheidenden, natürlichen Autoritätsvorsprung den Eltern gegenüber. Sie sind „fremde" Autoritäten, Eltern sind „gewohnte" Autoritäten. Alles Gewohnte nützt sich ab. Diese Abnützung bringt mit sich, dass fremde Autoritäten mit geringerem Einsatz oft mehr erreichen können. In einer Schulklasse wäre das wichtig, schließlich müssen Lehrer viele Schüler gleichzeitig betreuen. Von überindividualistischen Eltern werden die besseren Erfolgschancen von „fremden" Autoritäten als Defizit aufgefasst. Meist sind es überindividualistische Mütter, die solche Prozesse aus dem Unterbewusstsein heraus manipulieren und vorzeitig dort eingreifen, wo es gar nicht nötig wäre, damit ihr vermeintlicher Defizitausgleich erfolgt. Die Differenz zwischen der Elternbindung und der Lehrerbindung wirkt wie ein Konkurrenzverhältnis, das den Differenzausgleich auch im Mobbing sucht. Wenn sich Eltern beratend zusammenschließen, sind meist realitätsverzerrte Lehrer-Elterndifferenzen der Hintergrund und die Gefahr der negativen Einflussnahme oder des Mobbings ist hoch. Je geringer die Elternbindung zum Kind ist (auch bei Ersatzbindungen), desto deutlicher wird die Differenz empfunden, zumal sich ein schwach gebundenes Kind vermehrt andere Bindungen – auch Lehrerbindungen – sucht. Drückt das Kind nur annähernd das Wohlwollen gegenüber einem Lehrer aus, den die Mutter in der ersten Lehrerbegegnung als stärker oder mächtiger empfunden hat, wird die Mutter wenigstens minimal reagieren und die Lehrer-Kind-Bindung stören, bis hin zum divergenten „Haß-Liebe-Verhalten" des Kindes dem Lehrer gegenüber. Weniger problematisch sind Schüler-Lehrerbindungen, wenn Eltern die Lehrer gar nicht kennen und keine Vorurteile über Dritte verstärken. Fehlt die Voreingenommenheit, halten Eltern auch bei Erzählungen ihrer Kinder eine größere sachliche Distanz zum Geschehen. Auch hier sind es oft – wie in der Liebe – Erstkontakte der Eltern, die über das Gelingen von Schule mitentscheiden. Da Erstkontakte immer aus dem Unterbewusstsein geleitet werden, sind sie individuell, aber auch überindividualistisch gefärbt. Der Überindividualismus ist für Vorurteile besonders anfällig, weil er Urteile ohne ausreichende Du-Orientierungen = Hintergründe fällt, sondern die eigene Disposition – Verhältnis Stärke zur Macht – als Entscheidungshintergrund heranzieht.

Ein weiteres Autoritäts- und Bindungsproblem basiert auf der Tatsache, dass die Elternbindung und die Lehrerbindung unterschiedliche Bindungsformen sind. Immer wieder beobachten die Eltern die Lehrer-Kind-Bindung und stellen fest „der Lehrer mag mein Kind nicht" und meinen damit, dass weder Kind noch Eltern eine besondere Bindung zum Lehrer erkennen können. Eltern und Kinder können dies als abwertend empfinden oder sie haben das Wissen, dass es bei 27 Schülern weniger Bindung gibt, als sie das von zuhause gewohnt sind. Der Überindividualismus empfindet diesbezüglich ein besonders großes Defizit.

Ein weiterer Bindungsunterschied: Die Lehrer dürfen nur vorübergehende Bindungspersonen sein, keine langfristigen „Freunde". Die Bindung dient überwiegend dem Zweck, viel mehr ist in einer Klasse nicht möglich. Nähere Bindung kann nur bei einer Gruppe von vier bis fünf Kindern erfolgen.

Aufgrund der Tatsache, dass Eltern eine gesellschaftlich anerkannte Autorität für Kinder sind, wäre es jetzt für die Gesellschaft praktisch zu sagen: Die Eltern müssen die Kinder besser erziehen. Tatsächlich ist es aber auch Aufgabe der Gesellschaft, die Kinder auf die Gesellschaft vorzubereiten, es ist somit auch Aufgabe der Schule. Dazu bräuchte der Lehrer aber die gesellschaftliche Akzeptanz. Auch bräuchte es Lehrer, die wieder bereit sind, die Erziehung anzugehen, damit sie als gemeinsame Autorität wieder stark sein können, geeignete Gesetzesgrundlagen mit eingeschlossen.

Unterschiedliche Autoritäten haben unterschiedliche Voraussetzungen und treffen daher andere pädagogische Entscheidungen. Das tendenziell *psychologische Leitbild der Eltern* trifft auf ein *gruppenorientiertes Leitbild in der Schule*. Beide Leitbilder haben situationsbedingt ihre Berechtigung, nur müssen beide Erziehungsbeteiligten die jeweils andere Situation verstehen und akzeptieren lernen. Wenn Eltern feststellen: „Aber mein Sohn wird doch nicht die ganze Stunde stören", fehlt die Vorstellung der Gruppen- und der Lehrersituation. Ein Schüler stört mit *jedem* lauten Satz, wenn er nicht aufgefordert wurde und auch viele Einzelgeräusche summieren sich in einer Klasse untragbar. Auch muss eine große Gruppe straffer organisiert sein, zumal ein gemeinsames Ziel erreicht werden muss. Im Elternhaus entstehen nie so viele ungeliebte Ziele wie in der Schule.

Da Lehrer die Autorität einer Großgruppe sind und Eltern nicht, *können* Eltern nicht dieselben Entscheidungshintergründe haben wie ein Lehrer. Der Lehrer steht im Unterricht, reagiert auf eine Summe von Entscheidungshintergründen, die von den Schülern gar nicht wahrgenommen und auch den Eltern nicht vermittelt werden können. Es fehlen den Schülern und Eltern somit jene wichtigen Hintergründe, Vergleiche, langfristigen Ziele, die einen Pädagogen zum guten Pädagogen machen. So kommt es zu Realitätsverzerrungen zwischen Schülern, Lehrern und Eltern, besonders bei undifferenzierten, nervösen Schülern. Eltern verstärken zusätzlich nervös, auch hören sie von den Kindern Ähnliches, wie sie von ihrer eigenen Schulzeit kennen (auch eine kindliche, undifferenzierte und nervöse Wahrnehmung) und setzen undifferenziert gleich. Wird mit anderen Eltern über ähnliche Inhalte kommuniziert, wirken diese Inhalte wie eine Verstärkung, obwohl es in vielen Fällen doch nur die ständige Reaktion auf Einzelsituationen ist. Diese Summierung der Schuldzuweisungen ist auch darum falsch, weil bereits eine einzelne Schuldzuweisung bei Kindern meist nicht die *Ursache* als Schuld erkennt, sondern die *Auswirkung*, also dem Lehrerverhalten die Schuld gegeben wird. So wird der Lehrer der Böse, der nichts anderes zu tun hat, als die Schüler zu schimpfen, ihnen mehr Hausaufgabe aufzugeben als nötig... *Der „Vergleich" wird somit zum „Beweis" erhoben* und die Umstände werden jetzt so übertrieben deutlich, dass sich besonders nervös-überindividualistische Eltern verantwortlich fühlen zu reagieren.

Die Lehrerperspektive: Das Einmischen der Eltern wirkt auf den guten Pädagogen besonders überheblich und mächtig überindividualistisch, denn er hat viele Entscheidungshintergründe, die Schüler und Eltern nur wenige. Oft sind es auch Lehrereltern, die sich besonders stark einmischen, mit dem Argument: „Ich weiß, wie es läuft." Tatsächlich sind die Situationen durch Schüler vorselektiert und bestenfalls vergleichbar, aber nicht gleichzusetzen.

Eltern wollen aus verschiedenen Gründen bei der schulischen Erziehung ihrer Kinder mitreden: Ängste, mangelndes Vertrauen, Eigennutzen für den Schüler, Unverständnis von Situationen... Tatsächlich ist in der Schule der Lehrer der Erziehungsbeauftragte, er entscheidet stellvertretend für die Gesellschaft. Die Eltern haben ein Informationsrecht im Sinne der Realitätsabgleichung, dürfen aber kein Mitspracherecht haben. Schwierig und zeitaufwändig wird die Realitätsabgleichung durch den Lehrer dort, wo ein besonders hoher Wissensrückstand vorhanden ist oder wo die Fähigkeiten zur Du-Orientierung eingeschränkt sind wie beim Überindividualismus.

Die Probleme für die Lehrer zusammengefasst:

- Überindividualistische Schüler sind in ihren Wahrnehmungen besonders eingeschränkt.
- Überindividualistische Eltern nehmen die Wahrnehmungsverzerrungen als Realität, verstärken diese durch die eigenen kindlichen Wahrnehmungsverzerrungen oder vermeintlichem Wissen und suchen den Realitätsausgleich beim Lehrer.
- Lehrer brauchen Zeit und Energie für die vermehrte Kommunikation, die durch den Überindividualismus entsteht. Da kindliche Wahrnehmungen aber fehlen, wird auch die Kommunikation erschwert bis unmöglich, weil die Kommunikation immer auf einer angemessenen Basis an realen Wahrnehmungen aufbauen muss. Ohne Vertrauen in den Lehrer geht dies schon gar nicht. Vertrauen in ein Du ist aber nicht die Stärke des Überindividualimus, womit sich der Teufelskreislauf wieder einmal schließt.

Wenn sich also Elternteile ein Mitspracherecht in disziplinären Maßnahmen oder bezüglich der Notengebung einräumen, wirkt das nicht nur überindividualistisch mächtig auf den Lehrer, es ist auch so. Elternautorität ist zu Hause angebracht, der Lehrer muss uneingeschränkt die Autorität in der Klasse haben. Alles andere schadet langfristig dem Schüler.

Eltern stellen oft fest: „Aber zuhause macht mein Kind das nie...", im Sinne von: „Das muss wohl an der Schule liegen oder am Lehrer." Logischerweise bietet die Schule ein anderes soziales Umfeld, auch hat sie Unterrichtsziele und pädagogische Ziele, die bei den Schülern unbeliebt sind. Würden Eltern z.B. von ihren Kindern statt zwei Stunden Fernsehen pro Tag zwei Stunde Arbeit im Haushalt erwarten, bräuchten die Eltern viel Autorität, dies durchzusetzen. Zielgerichtetes und unerwünschtes Arbeiten ist immer schwerer, es braucht auch andere Richtlinien und Grenzen. Überindividualistische Schüler erleben aus ihrer Sicht ihre Störung nicht als Klassenstörung, sondern als individuelle Bestätigung im Sinne von: „Hier bin ich, ich habe Rechte in diesem Raum."

Die Einstellung von Eltern in der positiven Spannung zwischen dem Du und dem Ich ist: „Andere Verhältnisse machen andere Maßnahmen nötig." oder: „Ich bin froh, dass Lehrer das angehen, was in der Familie bisher nicht möglich war oder gar nicht möglich sein wird." Die gegenseitige Anerkennung der jeweiligen Autorität in ihrem Wirkungsbereich wäre der optimale Weg für den Schüler. Der schulische Kompetenzbereich der Eltern ist zu Hause und umfasst: positive Einstellung zur Schule, Vertrauen zu Lehrern, Kontrolle von Hausübungen und häuslichen Lernprozessen... Oft kann man als Lehrer feststellen: Das Einschreiten der Eltern in der Schule ist oft die Folge von zu geringem Einschreiten zu Hause. Diese Tatsache ist eine Problemverlagerung vom Elternhaus in die Schule. Und wieder werden die Lehrer dafür verantwortlich gemacht.

5. Eltern wollen eine gute Schule

Alle Eltern sehen ihre Kinder gerne in einer guten Schule, das ist ihr gutes Recht. Es gibt viele Ratgeber, die Schulen präsentieren sich auf ihrer Homepage von der besten Seite, Tage der offenen Türe sollen Eltern und Schülern zeigen, dass es in dieser Schule Spaß macht...

Tatsächlich nützt kein Ratgeber und Tage der offenen Türe vermitteln auch nur einen ersten Eindruck, der z.b. ein schönes Schulgebäude zeigt oder einen freundlichen Direktor. Eltern und Kindern lassen sich grundlegend davon beeinflussen. Diese Beeinflussung ist vielleicht ein wichtiger erster Eindruck, die Schule spielt sich aber immer grundlegend im Elternhaus ab. Das mag übertrieben klingen. Aber was nützt ein guter Lehrer, wenn die Schülerdisziplin bis zu 100% des guten Unterrichts zunichte macht? Was nützt ein Geschichtelehrer, der sehr bildhaft, lebendig und in einer schülergerechten Sprache erzählen kann, wenn niemand zuhört? Was nützt Gruppenarbeit, wenn sich der Großteil dabei faul zurücklehnt? Ist doch logisch, dass dieser Lehrer die Schüler schreiben lässt, denn so hat er die Kontrolle, dass jeder wenigstens schreibt.

Das Schulerleben der Eltern prägt wesentlich das Verhältnis der Kinder zur Schule, zum Lernen und zu Lehrerautoritäten. Dazu muss das Kind die Schule nicht nur vorurteilsfrei erleben können, sondern die positive Unterstützung in die schulische Richtung erhalten. Dazu gehören u.a.:

- Arbeitshaltung – schlampig, ausreichend genau, zu genau
- Geduld → Frustrationstoleranz
- Fehlerkultur → Lernkultur
- Selbstwertgefühl durch Bindung → überindividualistische Störungen
- Annehmen von Neuem → Lernen
- Neugier, keine ständige außerschulische Überforderung

An einigen Beispielen werden nachfolgend schulstörende Elternhaltungen hinterfragt.

Beispiel 1: Schuldabschiebung

Eltern fragen sich gerne: „Warum kommt mein Kind in der Schule nicht mit?"
Warum kommen auch andere Kinder in dieser Klasse nicht mit?"

Überindividualistische Eltern stellen fest: „Es muss wohl am Lehrer liegen." Der Schüler konnte so – über die Eltern – die Schuld auf den Lehrer verlagern, die Forderung an den Schüler bleibt somit reduziert; ein Ziel des Schüler, das ihm aber langfristig schadet.

Eltern in ausgeglichener Spannung sagen: „Ihr müsst eben leise sein und besser mitdenken. Wenn ihr dann noch nicht alles versteht, müsst ihr nachfragen." Eltern in ausgeglichener Spannung können sich eine Schulsituation gut vorstellen, sie wissen auch, dass Schüler nicht beim ersten Mal alles verstehen können, überhaupt dann, wenn es sich um komplexe Inhalte handelt. Trotzdem wissen sie, dass auch komplexe Inhalte deswegen nicht einfach weggelassen werden dürfen. Eltern, die eine gute Bindung zum Kind haben, wissen auch um die Schwächen der eigenen Kinder und können diese mit möglichen Schulsituationen kombinieren. Langsame Schüler, bzw. Schüler, die linear denken, brauchen mehr Zeit für komplexe Inhalte und müssen auch öfter nachfragen. Schüler, die schlechte Zuhörer sind, müssen auch öfter nachfragen...

Beispiel 2: Mitleidtaktik als Projektionsmöglichkeit

Die Mitleidtaktik wurde schon öfter erwähnt, noch nicht aber die genaue Funktionsweise über ein Defizit. Überindividualistische Eltern kommen z.B. mit Lehrerautoritäten nicht gut klar. Gibt ein Lehrer seine Autorität zu erkennen, fühlen sie sich ihm gegenüber minderwertig. Das unangenehme Defizit fordert seinen Ausgleich. Den Lehrer direkt abwerten wäre zu offensichtlich, der Lehrer könnte sich wehren, es wäre eventuell auch für das Kind schädlich. Da sich das Eingeständnis dieses Elternteils gegenüber seiner minderwertigen Gefühle meist im Unterbewusstsein abspielt, erfolgt der Differenzausgleich auch aus dem Unterbewusstsein und dies möglichst unerkannt. Geeignet sind dabei alle „Interventionsmöglichkeiten", die in der Gesellschaft als positiv anerkannt werden, auch von diesem Elternteil selbst. Der Überindividualismus bedient sich dabei immer einer *negativ übertriebenen Form*, eines *grundlegend anerkannten Wertes*. Das ist logisch, weil der Überindividualismus erstens besonders gut sein will und außerdem in Extremen agiert und nur im Extrem diese Abwertung auch gelingt. Eine der häufigsten Projektionsmethoden erfolgt im Sinne von: „Du armes Kind, ..." Diese Mitleidtaktik hat kurzfristig viele Vorteile für die Mutter:

- Es ist gesellschaftlich akzeptiert, wenn man sich um arme Kinder kümmert und auch das eigene gut behütet. Diese Manipulationsmethode macht daher unangreifbar.
- Die Folge: Der Lehrer erhält indirekt die Schuld und wird – als vermeintlicher Verursacher – vergleichsweise als „böse" abgewertet.
- Die Mutter stellt ihre Entscheidungsautorität über jene des Lehrers und erhält nicht nur einen Defizitausgleich sondern sogar eine vergleichbare Ich-Aufwertung.
- Die Bindung zum eigenen Kind wird (kurzfristig) erhöht.
- Die Mutter erhält die Bestätigung des Kindes im Sinne von: „Ja, geh der Sache nach, wir verstehen *alle* nicht, was der Lehrer will." → die Mutter fühlt sich als gute Mutter bestätigt, was ihr Selbstwertgefühl erhöht.
- Die Masse der „anderen" bringt eine zusätzliche Machtressource ins Spiel und vervielfältigt die Erhöhung des mütterlichen Selbstwertgefühls, denn sie setzt sich für viele ein.
- Erfolgt eine Intervention als Klassen-Elternvertreter (höhere Hierarchie durch Sonderfunktion), wird ein Urgieren zusätzlich legitimiert und kann so den defizitären Ausgleich einer Einzelperson sehr gut verbergen.

Mütter mit geringen Bindungsmöglichkeiten zu ihren Ehemännern sind besonders anfällig für die „Mitleidtaktik". Ihre Kinder werden langfristig zu „Bindungsopfern". Wie wir sehen: Die Schule beginnt im Elternhaus.

Beispiel 3: Pubertät
Auch die positive Bewältigung der Pubertät muss im Elternhaus angelegt werden. Sie darf nicht in die Schule verlagert werden, denn dort stört sie viele Menschen, nicht nur die eigene Familie. Kurzfristig kann man sagen: „Na ja, man muss für die Pubertät eben Verständnis haben." Kurzfristig ist diese Einstellung bequem und hintergründig zeigt sie: „Mach, was du willst, solange du in der Pubertät bist." Diese Einstellung von Erziehungsberechtigten wirkt desinteressiert, das zum Erwachsenwerden notwendige Du ist schwach. Das Kind kann daher nur mächtig werden, weil ihm nur diese Position im Wertequadrat bleibt.

Der Pubertierende lernt: „Die Pubertät rechtfertigt alles, Eigenverantwortung braucht es keine, das Übel ist die Pubertät." Da die Pubertät aber kein notwendiges

Übel ist, sondern ein wichtiger Entwicklungsschritt, muss die Pubertät genützt werden, damit dieser Entwicklungsschritte stattfinden kann.

Die Einstellung: „Naja, die Pubertät, ich war damals auch noch nicht reif", schadet daher dem Pubertierenden. Sie mag zwar großes Verständnis dem Pubertierenden gegenüber ausdrücken, Bindung vortäuschen, das eigenen Ich indirekt positiv verstärken, praktisch sein.... es ist aber kurzsichtig gedacht, die langfristigen Ergebnisse sind für Eltern, Kinder, Lehrer, Freunde, Gesellschaft... negativ.

Beispiel 4: Verantwortung

Auch die Elterneinstellung: „Sie ist alt genug, sie muss selbst wissen, was sie macht" entzieht sich der Verantwortung. Langfristige Negativfolgen von Fehlverhalten aufzuzeigen ist wichtig, wenn Jugendliche noch nicht ausreichenden Weitblick und Differenzierungsfähigkeit besitzen. Auch wenn der Pubertierende eine Zurechtweisung lautstark ablehnt, sie wirkt langfristig im Unterbewusstsein, wenn sie gerechtfertigt war.

Auch die Einstellung: „Er wird schon merken, dass es so nicht geht" beinhaltet immer auch die Tatsache, dass die Verantwortung auf die Gesellschaft abgeschoben wird, die jetzt die Grenzen setzen muss, wenn sie ein Verhalten nicht akzeptieren kann. Diese Einstellung ist somit eine mächtige Verlagerung er Verantwortung auf das Du, auf die Schule... und wieder beginnt die Schule im Elternhaus.

Beispiel 5: Elternpflicht

Immer wieder glauben Eltern, sie müssten auf alle Fälle zu ihren Kindern stehen. Diese Eltern vergessen aber dabei, dass dies nur solange geht, wie ein Verhalten keine negativen Folgen mit sich bringt. Treten Negativfolgen auf, machen sich Eltern mitschuldig, wenn sie diese akzeptieren oder nichts dagegen unternehmen. Unterstützen Eltern negative Verhaltensweisen, tritt ein negatives Bindungsverhalten ein. Das Kind kann sein Vergehen nicht angemessen wahrnehmen, sondern es nimmt die falsche Bindung wahr. Die Nachteile:

- Das Kind lernt: Bindung ist grenzenlos, egal was ich anstelle, egal ob ich auch etwas dafür leiste.
- Grenzenlose Bindung wirkt langfristig ohnmächtig, weil sie weder Bindung ist, noch kann man sich von einer grenzenlosen Bindung loslösen.
- Ein Kind erkennt sein „Vergehen" sehr wohl und empfindet die Eltern als schwach, wenn sie auf negatives Verhalten des Kindes mit Bindung reagieren anstatt mit deutlichem Abgrenzen.

- Schwache Eltern werden von den Kindern langfristig nicht ernst genommen, weil Kinder nach starken Vorbildern suchen. Der kurzfristige Eigennutzen steht für das Kind zwar im Vordergrund, als Ausgleich wird das Kind aber die Grenzen bei einem starken Menschen einfordern, denn es will stark werden. Verhalten sich Eltern „schwach", bleibt dem Kind nur die mächtige Rolle, eine schulische Blockade.

Beispiel 8: Forderung nach Lehrerwechsel
Immer wieder fordern Schüler und Eltern einen Lehrerwechsel ein, wenn sie mit einem Lehrer nicht klarkommen. Ein Lehrerwechsel wirkt aber immer wie eine mangelnde Grenze. Die Schüler lernen, sie können durch Intervention unangenehmen Dingen und Personen aus dem Weg gehen, sie können flüchten. Eine starke Haltung der Eltern wäre: „Dann benehmt euch so, dass ihr mit dem Lehrer auskommt". Jetzt ist die Du-Orientierung der Schüler gefordert, sie müssen sich einlassen, sie können „Ursache und Reaktion" erkennen, sie müssen ihr Verhalten gesellschaftsadäquat und situationsbedingt anpassen.

Ein Lehrerwechsel hat aber noch andere negative Auswirkungen: Bis ein neuer Lehrer die Schüler kennt und das Niveau entsprechend angepasst hat, dauert es ca. ein halbes Jahr. Diese Zeit geht für eine starke Schule – disziplinär und fachlich – verloren, auch wenn diese Zeit für die Schüler eine „Schonfrist" bedeutet. Ein außerplanmäßiger Schulwechsel eines Schülers wirkt wie ein Lehrerwechsel.

Man kann die Situation drehen, wie man will und verschiedene Perspektiven betrachten: „Kinder brauchen Grenzen", eine alte Weisheit. Neu ist, sie brauchen ein „Mehr" davon, weil der Überindividualismus in seiner Extremposition extrem agiert und Grenzen nicht anerkennen kann. Neu ist auch: Grenzen verfehlen schnell ein positives Ziel, weil sie ein gegensätzliches Extrem hervorrufen.

Immer wieder erscheinen Elternratgeber, die auflisten, worauf Eltern bei der Schulwahl achten müssen. Nahezu erschreckend ist die Auswahl der Kriterien. Sie berufen sich alle auf Äußerlichkeiten und geben vor, hintergründig zu sein wie: Optische Gestaltung der Schule, dürfen Kinder sie mitgestalten, hängen Projektplakate an den Wänden... Man kann die Suche nach Auswahlkriterien den Eltern nicht verübeln. Sie suchen einen verantwortungsvollen Weg für ihr Kind, letztlich haben sie aber auch keine andere Entscheidungsmöglichkeit als jene des oberflächlichen Sehens und selektiven Hörens. Als Elternratgeber würde ich aber anderes empfehlen:

- Die Schule ist so gut wie die eigene Einstellung zur Schule und ihren Lehrern, unabhängig davon, wie sie aussieht, unabhängig davon, was die Lehrer behaupten, was der Direktor anpreist, was das Schulleitbild vorgibt. Die Eltern bilden bis zu 95% die unterbewusste Basis für das schulische Gelingen ihrer Kinder.
- Die Schule ist so gut wie die Schüler. Du-orientierte Kinder sind bessere Schüler. Da der Lehrer die Kinder dort abholen muss, wo sie sind, kann ein Lehrer auch nur so gut sein wie die Kinder. Sein Anteil ist bescheiden gering, wenn man weiß, wo die grundlegenden Störungen liegen und wie mächtig sie sein können. Es ist auch nicht die Methodenvielfalt und die Einrichtungsvielfalt einer Schule, das Gegenteil kann der Fall sein. Die Vielfalt kann ablenken, das Übermaß kann richtungslos und unflexibel machen, es kann kreatives Arbeiten und Lernen einschränken, die Eigenständigkeit blockieren ...
- Die Schule ist so gut, wie es den Lehrern gelingt, langfristig Mittelwege zu finden. Auch kann der Lehrer die Schule nur dort positiv steuern, wo es in seinem möglichen Wirkungsbereich liegt. Der Großteil der Schulstörungen gehört nicht dazu, er ist vorschulisch angelegt und kann in der Schule nicht gelöst, nur mit viel Aufwand auf ein erträgliches Niveau reduziert werden.

Und was soll sich ändern? Mein Vorschlag ist eine „Elternschule", die den Eltern jenes Wissen vermittelt, das für ihre Kinder wichtig ist. Die Bewusstwerdung soll über Teilbereiche verfügen und ähnlich dem Mutter-Kind-Pass in Österreich geführt werden. Die drei Teile sind:

1. Erkennen von elterlichen Möglichkeiten (Grenzen ihrer Möglichkeiten)
2. Erkennen der kindlichen Möglichkeiten (Grenzen eröffnen Möglichkeiten)
3. Erkennen der schulischen Möglichkeiten im Sinne der Du-Orientierung (Schule als sozialer Erziehungsraum und ihre Gesetzmäßigkeiten)

Eine Elternschule könnte bei vielen Eltern Verständnis für die öffentliche Pädagogik bewirken, indem sie Wissensdefizite verringern hilft. Bei jedem Einstieg in eine andere öffentliche Einrichtung wie Kindergarten, Schule... könnte die Bewusstwerdung vieler Eltern erneut situationsbedingt erweitert werden, sodass sie mit ihrem Kind den besten Weg finden und auch die Pädagogen den besten Weg gehen lassen. Ohne Eltern kann die Schule nicht gelingen, ohne Schule aber bleibt die Erziehung der Kinder zu einem gemeinschaftlich denkenden, starken Menschen unvollständig.

146

Teil IV Schüler – Macht und Ohnmacht

In diesem Kapitel wird der Überindividualismus aus der Perspektive des Schülers dargestellt. Teilweise wiederholen sich die Inhalte notwendigerweise, zumal sich die vorschulischen Blockaden erst in der Schule zeigen.

Für Treml[64] ist die Erziehung eine Form der Einflussnahme auf das Lernen im Sinne einer Anpassungsoptimierung – z.b. in der Selbstorganisation – und stellt für ihn einen Unterschied zum Heilen dar. Diese Erziehungseinstellung ist auch für mich grundlegend, weil sie einen Ansatz zum Weiterkommen beinhaltet, somit dynamisch ist und den Eigeneinsatz nicht außer Acht lässt. Erziehung heißt bei Treml aber auch „lernen vom anderen" [65] im Sinne von „Anpassung an das andere/den anderen/die Gesellschaft". Das Heilen hingegen wird mit Medikamenteneinnahme verbunden, die ohne Zutun wirkt. → Lehrer sind keine Heiler, sondern Lehrende und Erziehende, die lenken müssen.

Auf den ersten Blick wird klar: Der Überindividualismus ist in seiner Anpassung an andere Verhältnisse im Sinne des Lernens eingeschränkt, weil er wenig Du-Orientierung besitzt. Unsere Gesellschaft bräuchte daher vermehrt Heiler anstatt Lehrende.

1. Sind Schüler Opfer oder Täter? – Lob oder Bestrafung?

Die Einflussnahme auf das Lernen wird sehr stark durch *Lob und Bestrafung* bestimmt. Die Voraussetzung für Lob und Bestrafung ist immer die Überlegung, ob ein Schüler tatsächlich Täter einer negativen Handlung oder ob er nur Opfer von ungünstigen Umwelt- und Schulfaktoren ist. Außenstehende neigen dazu, den Schüler als Opfer zu sehen, denn sie sehen, wie er unter der Schule und ihren Bedingungen leidet. Je höher die Kenntnisse über die Zusammenhänge sind, desto hintergründiger kann man den Schüler tatsächlich als Opfer sehen und man muss die Opferrolle bestätigen, aber umso klarer muss man auch feststellen: Wird der Schüler nicht als Täter gesehen, *bleibt* er ein Opfer, weil er in seiner Opferrolle nicht eigenverantwortlich und selbständig werden kann. Wir alle sind auch „Opfer"

---

64 vgl. Treml S. 82
65 vgl. Treml S. 82

der Umwelt, aber wir können die blockierenden Elemente nur dann erkennen und aktiv lösen, wenn wir als Täter die Grenzen erhalten. Ansonsten spüren wir uns selbst nicht und noch weniger die Ursachen. Nur über das eigene Spüren sind Lernprozesse für eine weitere Generation möglich. Ich denke aber, dass jede Generation die Verpflichtung hat, dazuzulernen und das geht nur über die Täterrolle.

Beispiel:
Die Eltern fordern von ihren Kindern keine Lernbereitschaft ein. Dem Kind fehlt die Forderung des Du, die Bindung zum Du verringert sich. Das Kind ist somit Opfer in Form der schulischen Vernachlässigung und gleichzeitig Bindungsopfer. Als Lehrer darf ich das Kind aber nicht als Opfer der Elterneinstellungen sehen, im Sinne von: „Du armes Kind, dir fehlt die Lernvoraussetzung durch das Elternhaus, ich gebe dir auch so die besseren Noten, du kannst ja nichts dafür", sondern muss von ihm fordern. Macht das ein Lehrer nicht, macht auch *er* das Kind zum Opfer, weil auch *er* kein Du bietet. Das Kind spürt somit keine Herausforderung, seine Leistung bleibt reduziert, somit auch sein Weiterkommen, sein Selbstwertgefühl, sein Starkwerden… Natürlich hat es dieses Kind schwerer, weil die Forderung nur von einer Autorität kommt und daher verstärkt kommen muss, wenn sie nützen soll. Fordern zwei Personen, reicht wenig, weil sich die beiden Forderungen summieren.

Kinder/Schüler/Menschen müssen daher immer als Täter behandelt werden, wenngleich man oft Unterstützung geben muss, damit sie erkennen, warum sie Täter sind. Je überindividualistischer eine Gesellschaft, desto weniger erkennt sie sich als Täter. Die häufige Schülerreaktion dazu: „Wieso, ich habe doch nichts gemacht?!" Als Lehrer ist man immer wieder erstaunt, wie wenig Eigenreflexion Schüler besitzen und auch eine Stunde des ständigen Störens als „normal" wahrnehmen. „Sind wir wirklich so schlimm?, ist eine andere Schüleraussage. Als Lehrer stellt man sich die Frage, ob es am Schüler liegt, der zu geringe Eigenreflexion besitzt oder am Lehrer, der zu wenig Rückmeldung gibt. Aus Lehrersicht weiß ich inzwischen: Es liegt am Überindividualismus der Schüler. Sie nehmen ihr ganzes Ich-Verhalten als absolut selbstverständlich und zweifelsfrei in ihrem Sinn. Die ohnmächtige Ungläubigkeit der Lehrer basiert hingegen auf dem eigenen Schulerleben, das sagt: „Das wird er doch wohl merken." Relativ betrachtet kommen für den überindividualistischen Schüler die Grenzen erst sehr spät, weil Lehrer davon ausgehen: „Sie können es doch selbst sehen, was in der Klasse abläuft, sie merken doch selbst, wie sich verhalten." Die Lehrer von heute müssen aber umdenken. Überindividualistische Menschen können oft *nicht* sehen, was läuft. Der Überindividualismus braucht daher schnellere Grenzen und diese überdeutlich ausgedrückt, ansonsten erkennt er sie *nicht*. Der disziplinäre Arbeitsaufwand für Lehrer vervielfacht sich so, es dauert auch länger, bis Verhaltensauffälligkeiten situativ kommuniziert worden sind.

Kinder sind immer „Opfer" ihrer Gene, der Familiensituation, unserer überindividualistischen Gesellschaft... Sie sind aber auch „Täter", indem sie den Unterricht blockieren, andere Mobben, den Lehrer abwerten... Die extreme „Opfer-Täter-Situation" des Überindividualismus bringt für Pädagogen aber auch immer Extreme mit sich. Betrachtet man die „Täterrolle" auf dem gemeinsamen Nenner der Überindividualisierung, kommt man zum Ergebnis: Überindividualisierung schadet immer, nicht nur der Person selbst sondern auch den anderen. Das bedeutet: Selbstschädigendes Verhalten darf nicht toleriert werden, gruppenschädigendes auch nicht.

Die Opferrolle der heutigen Schüler ist somit eine vielschichtig extreme, weil die Extremposition der Überindividualisierung alle Werte und Ziele in ihre negativen Extrempositionen verschiebt. Auch das Suchen nach positiven Spannungsverhältnissen verläuft in Extremen, es ist spannungsgeladener.

Fordert z.B. ein Schüler die anderen zu unterrichtsstörendem Verhalten auf, muss er mit einer disziplinäre Maßnahme rechnen, die ihm zeigt, dass eine Grenze überschritten ist. Diese Maßnahme zur nötigen Anpassung an das Unterrichtssystem kostet den Schüler Zeit und Energie. Es gibt Einzelfälle – bereits 5-Jährige – die mit solcher Konsequenz das Gegenteil von dem machen, was der Pädagoge sagt, dass die Annahme nahe liegt: Das kann man nicht ohne unterbewusste Störung, denn irgendwann werden Kinder in einer Gruppe zu Mitläufern, ob sie wollen oder nicht. Überlegung steckt bei 5-Jährigen keine dahinter, so schnell und konsequent kann man nur aus dem Unterbewusstsein agieren, das anders sein will, das mehr Ich spüren will und dadurch unglaublich gestresst ist.

Schüler befinden sich heute in vielen Extrempositionen und Stressverhältnissen:

- Überindividualismus ←→ geringes echtes Selbstwertgefühl auf der Basis eigener Leistungen
- Überbehütung (verwöhnt) ←→ zu frühe Selbständigkeit (vernachlässigt)
- Lange Ausbildungszeit, lange Abhängigkeit, späte Eigenständigkeit ←→ zu frühe Selbständigkeit
- Die lange finanzielle Abhängigkeit verhindert die Loslösung von den Eltern.
- Schule als langfristiges Ziel ←→ berufliche Richtungslosigkeit
- hoher schulischer Wert ←→ Konzentrationsschwächen

- hoher Konsum von Kommunikationsmedien ←→ gering differenzierte, nur mäßige bis geringe Kommunikationsfähigkeiten
- Bildung als einziger Wert ←→ Wertelosigkeit unserer Zeit (= alles gilt)
- Spannungen zum Elternhaus, wenn es ein geringeres Bildungsniveau besitzt und ein höheres erwartet.
- sich selbst als Außenstehende wahrnehmen lernen (= Zurechtrücken bis Zerstörung des bisherigen Selbstbildes) – auf der überindividualistischen Position besonders schwer
- frühes Einsetzen der Pubertät durch den Überindividualismus ←→ überindividualistische Realitätsverluste verhindern das Erwachsenwerden
- frühe Reife wird von ihnen erwartet ←→ der Überindividualismus behindert starkes/reifes Verhalten
- In einer überindividualistischen Gesellschaft müssen auch Kinder ein hohes Maß an Individualismus vorgeben, weil die Gesellschaft das als „stark" empfindet.
- Auf der positiven Spannung zwischen dem Ich und dem Du wird man vom Überindividualismus oft ausgenützt, man kann sich nicht ungestört dort aufhalten.

Schüler sind zusätzlich Opfer:

- überindividualistische Lernblockaden
- von ehrgeizigen oder überindividualistisch-schulgeschädigten Eltern
- Kleinstfamilien
- der Medien
- verändertes Rollenverhalten
- Freizeit- und Konsumopfer
- schnelle Zeit...

Und wie passt die Täterrolle zur weit verbreiteten Annahme, dass positives Lernen nicht über die Strafe erfolgen kann, sondern nur über das Lob und die positive Verstärkung? Auch das ist eine überindividualistische Betrachtung einer soziokulturell überindividualistischen Gesellschaft, die mit Strafe und Grenzen nicht gut umgehen kann. Tatsächlich wird jedes Lob wertlos, wenn es die Bestrafung nicht gäbe. Hinzu kommt, dass auch das Lob der schnellen Abnützung unterliegt, daher sehr dezent und auch zum richtigen Zeitpunkt angewendet werden muss, damit es wirkt und nicht schadet. Viele Pädagogen und Eltern wissen nicht, wie sehr das Lob schaden kann. Oft erhalten Kinder bereits im Elternhaus sehr viel Lob, auch für durchschnittliche Leistungen. Die vielen Vergleichsmöglichkeiten in der Schule zeigen dann – auch schmerzlich für das Kind – dass es *nur* Durchschnitt ist und in der Schule ein Weniger erhält. Ein Kind wird das Lob vehement einfordern. So erleben Lehrer immer wieder Kinder, die nach jedem zweiten Satz zum Lehrerpult vorkommen und eine positive Bestätigung einholen. Kann der Lehrer diese nicht geben, weil er das Niveau kennt, das er halten muss, erhält er Vorwürfe der Kinder und das nicht zu knapp. Überindividualistische Kinder fordert ohnehin ein Mehr an Lob, daher ist das eingeforderte Lob auch immer schädlich für sie, weil es vom gesunden Mittelmaß abweicht.

Die *Toleranz* hängt eng mit „Lob und Bestrafung" zusammen, sie bestimmt praktisch den Zeitpunkt der Bestrafung. Auch hier reagiert der Überindividualismus anders als ein Mensch in positiver Spannung zwischen dem Ich und dem Du. Die gesunde Auffassung von Toleranz beinhaltet die stärkende Bindung zum Du über das Vertrauen, im Sinne von: „Ich habe Geduld mit dir, ich lasse dir die Zeit zum Wachsen und habe das Vertrauen in dich, dass du diese Zeit nützt".

Für den Überindividualismus wirkt die Toleranz des anderen aber nicht wie ein stärkendes Bindungsgefühl durch das Vertrauen des Du, sondern im Sinne einer Aufforderung zur weiteren Überschreitung der Grenze zum Du hin. Der Überindividualismus „testet" gleichsam das Du, wie lange es den Eigennutzen des Ich zulässt. Das machen alle Kinder, aber der Überindividualismus macht dies früher, heftiger, häufiger…

Für den Lehrer kann seine Geduld zur Selbstwerterhöhung werden im Sinne von „ich bin geduldig, ich bin ein guter Mensch". Sinn machen würde die Geduld dann, wenn sich Schüler in der positiven Spannung zwischen dem Ich und dem Du befinden. Sie erkennen ihre Störung der Gemeinschaft schnell, es ist ihnen peinlich, sie werden sich bemühen und benötigen auch keine Bestrafung. Für den Überindividualismus ist Toleranz hingegen eine Aufforderung zum Mehr und daher nur mäßig brauchbar.

Auf der Basis der Toleranz betrachtet, ist es in einer überindividualistischen Gesellschaft nicht förderlich, z.B. die Noten oder das Sitzenbleiben abzuschaffen. Der Überindividualismus empfindet die Grenzerweiterung im Sinne von „es geht auch so". Die Problemverschiebung hin zur Matura ist im Überindividualismus vorbestimmt. Wenig erwachsene Schüler werden das Vertrauen der Gesellschaft nicht positiv umsetzen. Die Überforderung der Schüler ist hier sowohl altersbedingt als auch überindividualistisch vorprogrammiert.

Im Wertequadrat „Lob und Bestrafung" können die positiven und negativen Auswirkungen gegenpolig veranschaulicht werden.

Abbildung 11: Wertequadrat – Lob und Bestrafung

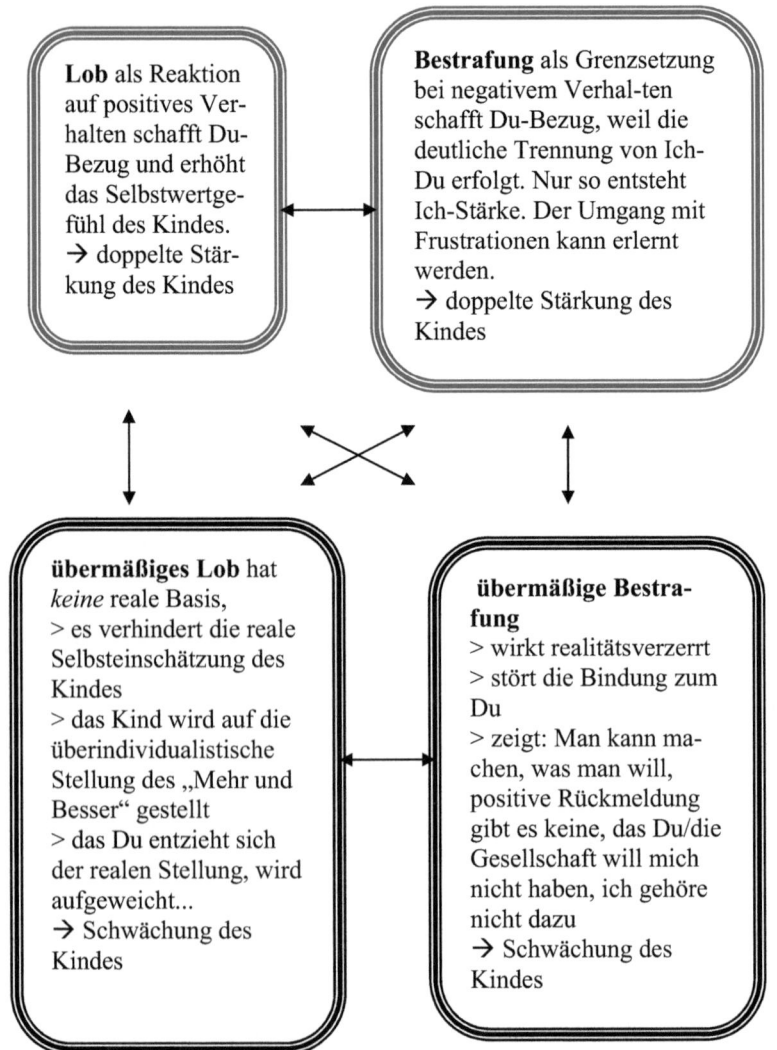

Die Probleme bei der Bestrafung von überindividualistischen Schülern:

- Häufige Extremsituationen benötigen häufige und deutlichere Bestrafungen.
- Auch mäßige Bestrafung wird aufgrund geringer Bindung und der hohen Ich-Stellung übermäßig abgelehnt und aufgrund mangelnder Schuldeinsicht relativ wirkungslos oder als ungerecht aufgefasst im Sinne von „übermäßiger Bestrafung".
- Lehrer werden folglich vermehrt als ungerecht bis bösartig abgewertet, was seine autoritative Stellung und Bindungsmöglichkeiten zu den Schülern reduziert.

Die Probleme beim Lob von überindividualistischen Schülern:

- Die hohe Ich-Stellung benötigt sehr viel Lob. Daher wird Lob auch dort eingefordert, wo das altersgerechte (oder individuelle) Ziel noch kein Lob zulässt. → übermäßiges Lob verzerrt die gesellschaftliche Realität des Kindes.
- Der Lehrer will dort nicht loben, wo es kontraproduktiv ist und wird als ungerecht bis unpädagogisch abgewertet.
- Der Überindividualismus ist sehr neidisch, weil er überschnell Differenzen wahrnimmt. Der Lehrer lobt den einen, der andere fühlt die Differenz und fühlt sich vergleichsweise abgewertet.
- Die Erziehung durch das Lob wurde in den 70er-Jahren in vielen Büchern forciert. Heute wird in vielen Elternhäusern übermäßig gelobt. Besonders für den Überindividualismus ist dies auch eine angenehme Erziehungshaltung. Für die Schule bedeutet das: Der Lehrer *kann nicht* jede individuelle Kleinigkeit loben, er *darf es auch nicht*. Eine diesbezügliche Erziehungsdifferenz zwischen Elternhaus und Schule wirkt sich in der Schule mehrfach negativ aus. Fordern die Schüler und Eltern mehr Lob ein, als der Lehrer bereit ist zu geben, wird die Fachautorität des Lehrers untergraben, weil er anscheinend nicht weiß, was gut ist und wo man loben muss. Zum anderen kann der Schüler seine Fähigkeiten nicht an der Gesellschaft ausrichten. Übermäßiges Lob kann das Selbstwertgefühl nur kurzfristig verstärken, weil die Forderung dahinter fehlt.

Überindividualistische oder unwissende Eltern gehen in Einzelfällen so weit, dass sie eine Verlagerung von pädagogischen Maßnahmen fordern, im Sinne von: „Man solle doch nicht die „Unterrichtsstörer" bestrafen, sondern jene, die den Unterricht *nicht* stören, belohnen." Sie suchen den kurzfristigen Eigennutzen für ihr Kind, denn es wird nicht bestraft oder es erhält sogar Lob für etwas, was zur selbstverständlichen Schulordnung zählt und nicht zu einer besonderen Eigenleistung, die das Kind stärkt.

Die Folgen:
Für die *schulkonformen Schüler* bedeutet dies: Sie erhalten ein Lob für etwas, was die Schulordnung von ihnen als Pflicht einfordert, nicht als besondere Leistung. Sie werden auf das Lob konditioniert und verhalten sich künftig nur noch bei Belohnung schulkonform. Die Pflicht als positive gesellschaftliche Werthaltung verkommt zu einer gesellschaftslosgelösten „Lobheischerei", wieder ein überindividualistischer Ersatz, eine kontraproduktive Fremdbestimmung des Kindes, das lernt, eigenständiges Handeln als gesellschaftliche Forderung außer Acht zu lassen, obwohl diese Forderung gesellschaftliche Bindung und echtes Selbstwertgefühl mit Gesellschaftsbezug fördern würde.

Für die *störenden Schüler* bedeutet dies: Sie werden für ihr Verhalten nicht zur Rechenschaft gezogen, erhalten keine Grenzen zum Starkwerden. Die weiteren Folgen: Da Kinder stark werden *wollen*, werden sie noch heftiger stören als zuvor, damit die Grenzen für das Starkwerden nicht ausbleiben. Diese mächtige Elternforderung macht die störenden Schüler somit richtungslos ohnmächtig.

2. Überindividualistische Kinder sind schlechtere Schüler

Bereits seit Jahrzehnten wird den Schülern immer wieder erklärt: „Du lernst für dein Leben." Ich denke, diese Einstellung entspringt der soziokulturellen Einstellung des Überindividualismus, der das Ich in den Vordergrund stellt. Tatsächlich muss der Schüler im gleichen Maße auch für die Gesellschaft lernen, wie er für sich lernt. Eine Einseitigkeit würde dem Schüler eine Eigenverantwortung überlassen, mit der er nicht nur altersbedingt überfordert ist, sie ist auch gesellschaftsschädigend. Logischerweise sind zuerst die Eltern jene maßgebenden Gesellschaftsvertreter, später aber auch die Lehrer und ihre Notengebung. Der Entwicklungsprozess von gesellschaftlicher Verantwortung und Eigenverantwortung des Schülers ist ein kontinuierlicher und funktioniert nur dann, wenn auch die Du-Orientierung/Gesellschaftsorientierung im Schüler angelegt ist und weiter gefördert wird. Bleibt der Schüler auf sein Ich reduziert, werden seine Leistungen abnehmen, weil die Gesellschaft ja keinen Wert für ihn hat.

Die Psychologie geht davon aus, dass die meisten Schüler erst mit 18 Jahren ausreichend Eigenverantwortung für ihr schulisches Weiterkommen erreichen. Logisch, denn die gesellschaftliche Verantwortung ist bis dahin so weit gediehen, dass ein Ich die gesellschaftliche Verstärkung deutlich wahrnehmen kann. Gehen diese Schüler dann studieren, ist die Loslösung vom Elternhaus deutlich, womit auch die gesellschaftliche Orientierung deutlicher wird und der Einsatz im Studium. „Bindungsgestörte" Schüler werden sich daher auch im Studium schwerer tun, denn ihnen bleibt nur der eigene Ehrgeiz als Einsatz. Das führt unweigerlich zum Burnout. Und wieder wird klar: Das Ich kann ohne Du nicht zum Ich werden. Auch wird klar: Eltern und Lehrer nehmen sich aus der Verantwortung, wenn sie dem Schüler die alleinige Verantwortung überlassen und keine Forderungen stellen.

„Du lernst für dich" ist *eine* überindividualistische Einseitigkeit. Eine andere ist die Forderung von vielen Buchautoren, Schulbetreibern, Eltern... dass die Schule die *Neugier* der Schüler wecken muss, damit Schule gelingen kann. Nicht zuletzt ist auch diese Forderung ein Grund für das hohe Angebot an Unterrichtsmaterialien, für die Bemühungen an allen Ecken und Enden. Eltern und Schüler „wissen" schon lange: „Die Schule ist uninteressant, die Lehrer müssen sich eben bemühen, sie müssen Neugierde wecken."

Oft werden die Noten als „Tod der Neugier" angesehen. Tatsächlich ist jedes Kind von Grund auf neugierig, es will lernen. Zeitlich betrachtet geht die Neugier mit der Schule verloren und die Schule wird somit schuldig gesprochen. Dieses einfache Denken liegt nahe, *weil* es einfach ist, stimmt so aber nicht, wenn man die Hintergründe des Überindividualismus kennt. „Neugier" bedeutet: Gier nach dem Neuen, Einlassen auf Neues, Suchen nach Neuem. Was aber, wenn der Überindividualismus sich nicht auf Neues einlassen *will*? Dann bleibt noch der Notendruck im Sinne von: „Die Gesellschaft fordert". Wir werden in weiteren Kapiteln noch sehen, wie sehr der Überindividualismus die Grundlagen des Lernens reduziert, wodurch der Schule nur zwei Dinge bleiben: Die Erhöhung des Angebotes oder der Druck durch die Noten. Die Erhöhung des Angebotes führt zum einseitigen Bildungskonsum, der nur noch über die Noten – als letzte Du-Orientierung – fordern kann. Die Benotung wirkt dann logischerweise dominant.

Vom Lehrer wird das Wecken der Neugier gefordert. Das *kann* gar nicht gehen, weil das Ich dieses Gefühl selbst aufbauen muss. Das Ich kann zwar Anreize erhalten, aber auch hier reagiert der Überindividualismus überindividualistisch und sucht das „Mehr und Besser", möglichst schnell und mit wenig Einsatz. Das Ergebnis: Die Reize müssen ständig hoch sein und ständig erhöht werden, weil sie sich schnell abnützen. Die bequemen Anreize werden positiv wahrgenommen und der Überindividualismus wartet auf den nächsten Reiz, noch bevor das Gefühl der Neugierde eingesetzt hat und zum Eigeneinsatz führt. Die schnelle Abnützung ist logisch, je weniger das Ich bereit ist, Eigeneinsatz zu leisten. Heikel ist die Reiz-vorgabe zum Neugierde wecken allemal, im Überindividualismus aber besonders. Bildungskonsum ist die Folge, die Schule wird „Anbieter". Neugierde braucht Of-fenheit, nicht „Richtungslosigkeit" oder „Starrheit", wie wir sie bereits als Charak-tereigenschaft des Überindividualismus kennengelernt haben. Werden also Neu-gierde und das Interesse an einer Sache vom schnellen Wunsch nach dem „Mehr und Besser" überlagert, wirkt auch die Neugierde wie ein nutzloser Ersatz, weil sie gar nicht rechtzeitig wahrgenommen wird, bevor der neue Reiz kommt.

Es gibt immer mehr Schüler, die auch bezüglich der Ich-Du-Orientierung Extreme leben. Sie besitzen einerseits die hohe Fähigkeit, sich auf das Gegenüber einzulas-sen, das Du real wahrzunehmen, sind zum anderen Teil aber sehr ich-orientiert, dominant und streben nach dem „Mehr und Besser". Sie nutzen das Einlassen auf andere, wenn es ihnen Nutzen bringt. Müssen sie z.B. ihren SchülerkollegInnen zuhören, von denen keine Belohnung durch positive Rückmeldung erwartet werden kann, schwätzen sie selbst. Das sind oft sehr gute Schüler, die sich aber dann ver-weigern, wenn sie nicht jene Aufmerksamkeit erhalten, die sie benötigen. Solche Schüler wirken wie hochbegabte, unterforderte Schüler. Tatsächlich wird ihre Be-gabung überindividualistisch gestört und auch sie könnten vom Unterricht mehr mitnehmen als sie es machen. Die Noten sind bei diesen Schülern immer schlechter als sie – auch mit wenig Aufwand – sein könnten. Immer wieder weisen diese Schüler ein hohes Schuldbewusstsein auf, wenn sie nicht regelkonform agiert ha-ben, sie geben alles freiwillig zu und entschuldigen sich schnell. Diese offene Ehr-lichkeit überzeugt die Pädagogen, die Grenzen fallen nie sehr stark aus. Das Ver-halten der Schüler hat sich auch hier auf die gesetzeskonforme Strafmilderung ein-gestellt, indem Einsicht gezeigt wird; aus überindividualistischer Sicht eine Form der eigennutzenorientierten Manipulation, die immer häufiger vorkommt.

2.1 Lernstörungen – Basiskompetenzen

Lernen bedeutet „Defizitausgleich". „Super!", denken die Optimisten, der Überin-dividualismus verträgt keine Defizite, daher wird er lernen. Das stimmt für den Teil, dem das schulische Lernen leicht fällt, der seine schnellen Erfolgserlebnisse dadurch ausreichend erhält, das sind ca. 3% der Schüler.

In der Schule erfahren die Schüler also ständig Defizite und Frustrationen: „Der Lehrer kann, der Schüler kann nicht". „Die anderen können, der eine nicht..." Für kleine Kinder ist das Defizit des Nichtwissens selbstverständlich und eine Motivation für das Dazulernen. Für ältere Schüler wird das Nichtwissen zur Abwertung und das Dazulernen zur Plage. Beides wird vom Überindividualismus deutlicher empfunden. Lernprozesse werden somit grundlegend blockiert.

Neben den vielen außerschulischen Blockaden, die wir bereits kennen, sind es die fehlenden *Basiskompetenzen*, die zunehmend ihre Wirkung zeigen, je komplexer die Inhalte in höheren Klassen werden. Besonders der Überindividualismus ist mit dem verstehenden, einlassenden und verknüpfenden Zuhören überfordert. Was nicht über das Du ständig geübt wird, kann man auch nicht können. Die Bildmedien tun ihr Übriges. Wieder sind es die Burschen, die sowohl genetisch bedingt als auch gesellschaftsbedingt im Nachteil sind.

Mit zunehmendem Alter wird somit auch die Differenzierung gefordert, das konnotative Denken, Einordnen, Verknüpfen... Jetzt sind es nicht mehr die einfachen Aufgaben, die – mit Bildern verknüpft – leicht eingeprägt werden können, auch Auswendiglernen durch einfaches Wiederholen reicht in vielen Fällen nicht mehr, es braucht mehr Gedächtnisleistung, mehr Eigeneinsatz, auch mehr Überwindung, mehr Durchhaltevermögen. Jetzt sind es oft langsamere Schüler, die gelernt haben, sich einzusetzen, die schulische Oberhand gewinnen. Sie sind vielleicht darum langsamer, *weil* sie ihr Lernen sehr früh konnotativ und differenziert bewältigt haben, können jetzt aber ihre starken Basiskompetenzen erst anwenden.

Für ein Kleinkind mit nur geringer Wissensbasis ist das *schnelle Auswendiglernen* eine wichtige Basiskompetenz. Auch im weiteren schulischen Erleben bringt es schnelle Erfolgserlebnisse mit sich. So wird das Auswendiglernen lange in die höheren Klassen hinaufgetragen, denn warum sollte man sich von dem lösen, was bisher funktioniert hat? Ideal wären – je nach Unterrichtsinhalt – beide Lernformen: schnelles Auswendiglernen und schnelles, verknüpftes Anbinden.

Die Schule bietet das *verknüpfte Denken* als Basiskompetenz in dem Maß, wie der Lehrer dazu fähig ist, bzw. die Fragetechniken dafür besitzt und die Zeit dazu hat. Die Überprüfungsmethoden hingegen sind tendenziell faktenorientiert, bzw. wenig verknüpft, zumal Lehrer die Überforderung der Schüler sehen, wenn eine Aufgabe nur leicht von einer anderen abweicht. Für schnelle Auswendiglerner bringt die Schule lange gute Noten mit sich. Der Überindividualismus strebt nach schnellen Erfolgen, sodass das Auswendiglernen für ihn eine geeignete Form des Lernens ist. Auch das schnelle Wiedergeben hat einen hohen, gesellschaftlichen Stellenwert. Schnelle Aufzählungen gelten als sachlich, können gleichzeitig erfasst, aber nicht hinterfragt werden und wirken daher stark. Auch sind Tests, die Wissen abfragen oder Multiplechoice-Tests schneller zu korrigieren und lassen gut nachvollziehbare, klasseninterne Vergleiche für die Benotung zu. In der Schule ist also das schnelle Auswendiglernen von Vorteil, wenn man schnell zu guten Noten kommen möchte. Die Lehrer erhalten die Rückmeldung: Die Kinder können den Unterrichtsstoff. Da aber die Basiskompetenzen wie Differenzierung und Verknüpfung nur eingeschränkt angewendet werden, bleibt das Wissen kurzfristig und unverknüpft, d.h. es steht für spätere Anwendungen nicht zur Verfügung.

In Österreich wird die Nachhaltigkeit angeblich durch vergleichende, statistische Orientierungs- und Standardisierungstests geprüft. Hintergründig betrachtet wird klar, dass dies gar nicht gehen *kann*, weil man nicht etwas prüfen kann, das so gar nicht gefordert und geübt wurde. Geprüft wird somit nicht die Schule in ihrem Wirken, sondern eine fehlende Basiskompetenz. Das Ziel wird somit verfehlt, ohne dass man die genauen Inhalte betrachtet und die vielen statistischen Verzerrungen, die sich aus ihnen und dem Überindividualismus ergeben.

Basiskompetenzen sind Grundlagenfähigkeiten. Auch ihr Wert unterliegt dem soziokulturellen Wandel. Galt vor hundert Jahren das Lesen und Schreiben als Basiskompetenz, sind es heute das „verstehende Lesen" das „zielgerichtete Schreiben", die „logisch-verknüpfende Mathematik", aber vermehrt auch jene Kompetenzen, die unter „softskills" subsummiert werden. Dazu zählen kommunikative Fähigkeiten, verknüpftes und innovatives, kreatives Denken... Allen soft-skills gemeinsam ist die *Differenzierung*. Sie bringt es mit sich, dass viele – graduell unterschiedliche – Inhalte verglichen werden, die auch wieder differenziert zu neuen Inhalten verknüpft werden können. Das sinnverstehende Erfassen von Texten oder die Kommunikation machen nichts anderes: auffassen, vergleichen, anbinden, rückmelden, neu einordnen, neu anknüpfen... Achtung: Auch die Differenzierung kann in der Übertreibung richtungslos machen. Heute gelten somit jene Kompetenzen als grundlegend, die durch den Überindividualismus stark reduziert sind.

Betrachtet man nun einige grundlegende Lernformen auf ihre Basiskompetenzen und gesellschaftlichen Voraussetzungen hin, wird klar, wo der Überindividualismus und die Gesellschaft die Schule blockieren.

- hohe Wahrnehmungsfähigkeit/Aufnahmefähigkeit
- positive Einstellung/Bedürfnis/Notwendigkeit
- Zielorientierung – Aufgabe eines kurzfristigen Zieles für ein langfristiges
- Vorstellen/Einlassen/Anbinden von Neuem → Interesse, Neugier
- Verknüpfen von Neuem mit Altem → Kreativität
- Selektion und Differenzierung → Kritikfähigkeit

- Energie/Ausdauer
- Zeit...

Beispiel: Kritikfähigkeit
Als Basiskompetenz gilt auch die Kritikfähigkeit. Die Kritikfähigkeit hängt eng mit der abwägenden Differenzierung zusammen. Auch sie ist grundlegend durch eine eingeschränkte Du-Orientierung reduziert oder verzerrt. Egal, ob der Überindividualismus Kritik austeilt oder annimmt, die Kritik wird von ihm als gefährdend abgelehnt, bzw. nur dort geübt, wo Verzerrungen eigennutzenorientiert möglich sind. Der Überindividualismus hat daher einen eigenen Zugang zur Kritik, auch hier sind es wieder Extreme:

- Der Überindividualismus hat Angst, durch Kritik am Du die Bindung zum Du zu verlieren, weil das überindividualistische Ich im negativen Gegenpol der „Bindungsferne" die Bindung umso verzweifelter sucht. Kritik beinhaltet für ihn somit nicht nur die Ich-Abwertung, sondern auch einen Du-Verlust. Vorgetäuschte Toleranz im Sinne von „alles gilt" ist für den Überindividualismus daher ein Versuch, den negativen Wert der Kritikunfähigkeit in einen vermeintlich positiven Wert zu verwandeln. Tatsächlich ist die Äußerung von Kritik in einer überindividualistischen Gesellschaft nicht wirklich lustig, weil schnelle und heftige Gegenreaktionen des vermeintlich abgewerteten Ichs zu erwarten sind.
- Der Überindividualismus kennt als negativen Gegenpol der „Kritiklosigkeit aus Angst" auch die Kritik an „allem und jedem". Die Kritik an „allem und jedem" dient dabei dem Abreagieren von Frustrationssituationen in Form der relativen Selbstwerterhöhung, sie ist somit eigennutzenorientiert. Damit der Eigennutzen deutlich wird, darf nicht differenziert hinterfragt werden, Realitäten müssen verzerrt werden. Logisch, dass Kritik auf dieser Basis schadet, *weil* sie nur dem schnellen Eigennutzen dient, nicht aber dem Weiterkommen des Kritisierten. Der Witz – bis hin zum Sarkasmus – sind Formen der Kritik an „allem und jedem", die hohe gesellschaftliche Akzeptanz haben, ohne dass die Kritik wirklich ausgedrückt werden muss.
- Der Überindividualismus benützt Kritik nicht, um eventuell Realitäten zwischen dem Ich und dem Du abzugleichen und eine gemeinsame Wissensebene zu schaffen. Gleichheit ist unerwünscht. Die Fremdabwertung durch Kritik ist oft gut getarnt, sie beinhaltet diese Ebene aber immer wieder deutlich, zumal sie aus dem Unterbewusstsein gelenkt wird. Die Kritik wird da-

bei oft auch manipulativ betont als „positive Kritik" dargestellt, gegen die ja niemand etwas einwenden kann.

- Die Du-Rückmeldung des Überindividualismus setzt nicht auf der positiven Spannung zwischen dem Ich und dem Du an, sondern näher beim eigenen „Mehr und Besser". Die Du-Rückmeldungen werden daher schneller zur negativen Kritik, als sie es eigentlich sollten, weil das rückmeldende Ich ja früher und eigennützig kritisiert, bzw. seine Grenzen setzt.

Daher: Überindividualistische Kritik ist überindividualistisch entfremdet, sie ist schwach und wirkt mächtig bis beleidigend auf das Du, weil sie ja nicht stimmt, bzw. undifferenziert ist. Über die abwertende Negativkritik kann unerkannt gemobbt werden, indem die Kritik als positive Kritik ausgegeben wird.

Nach Spitzer[66] (moderne Gehirnforschung) ist „Lernen" gleichzusetzen mit „Synapsen stärken", was zielgerichtet oder planlos geschehen könne. Der Überindividualismus geht planvoll vor: schnelle Ich-Aufwertung. Somit reduzieren sich alle langsamen Lernformen und die grundlegendste Basiskompetenz der Differenzierung. Da die schnelle Zeit die Differenzierung nicht fördert, bleibt sie doppelt reduziert, somit auch die wichtigsten Basiskompetenzen für das Lernen.

Nach Steiner[67] bedeutet „Lernen" u.a.:

- Versuch – Irrtum
- Auswahl – Verbindung
- Effekt – Erfolgsgesetz
- Reiz – Reaktion
- Befriedigung – Unbehagen
- Wahrnehmungskontrolle als Rückmeldung und Erfolg, visuelle Kontrollprozesse
- unordentlich – ordentlich....

Auf einen Blick kann man sehen: Dem Überindividualismus fehlen bei vielen Lernmethoden die optimalen Voraussetzungen. Auf die einzelnen Lernmethoden bezogen ergeben sich folgende Überlegungen:

---

66 Spitzer S. 114
67 Steiner (1988/1996) S. 49

Versuch und Irrtum werden einem überindividualistischen Menschen schwer fallen, weil der Irrtum den ich-abwertenden *Fehler* beinhaltet. Die Frustrationsbewältigung ist nicht die Stärke des Überindividualismus. So haben wir immer wieder Schüler, die zwar ausgezeichnete logische Denker sind, aber besonders häufig Fragen stellen, die einen Irrtum ausschließen helfen, obwohl der Irrtum keine weiteren Konsequenzen mit sich bringen würde. Der Überindividualismus verhindert das Mittelmaß von: So genau wie nötig. Die Fragen stören nicht nur den Unterricht, sie lenken auch den Schüler vom Wesentlichen ab, wodurch er wieder fragen muss. Die Lernmethode von *Versuch und Irrtum* – auch die Wissenschaft baut darauf auf – steht einem überindividualistischen Schüler nur eingeschränkt zur Verfügung und benötigt für ihn viel Stressenergie. Da sie auch Zeit benötigt, passen *Versuch und Irrtum* nicht in unsere Gesellschaft. Die Vorteile dieser Lernmethode für die Lernvoraussetzungen würden aber klar auf der Hand liegen:

- Der Versuch beinhaltet das mögliche Scheitern – den Irrtum → Frustrationstoleranz wird geübt.
- Der Versuch hat eine Ausgangsposition, die mit dem Ergebnis abgeglichen wird. Die negative Differenz ist der Irrtum. So ist man „gezwungen" zu vergleichen und der Vergleich lässt die bewusste Differenzierung zu → Differenzierungsfähigkeit, selbständige Bewusstwerdung, eigenständiges Anbinden, Verknüpfen...
- Der Versuch kann mit anderen Hintergründen neu gestartet werden → Hintergrunddenken, logisches Denken wird gefördert, Mehrfachverknüpfungen erfolgen
- Der Versuch ist zielorientiert → eine Motivationsbasis für das Lernen
- Je nach Versuchsanordnung kann der Versuch eigenständig variiert werden → Eigenständigkeit = Interesse als Lernbasis
- Der Versuch kann in Gruppen durchgeführt werden und so weitere Versuchsanordnungen/Hintergründe für ein starkes Ziel erhalten → Förderung der Gruppe, die ein gemeinsames Ziel hat

Auswahl und Verbindung setzen eine möglichst reale Wahrnehmung voraus und darauf basierend eine differenzierte Selektion. Auch diese Lernmethode steht dem Überindividualismus nur eingeschränkt zur Verfügung, weil ja die du-orientierte Auswahl eingeschränkt ist und somit die Differenzierungsmöglichkeiten.

Effekt und Erfolgsgesetz sind bevorzugte Lernmethoden eines überindividualistischen Menschen, haben aber den Nachteil, dass sie sich schnell abnützen und ein häufiges „Mehr" erfordern. Ist der Lehrer vermehrt auf diese Methode angewiesen, weil andere Methoden nicht oder nur eingeschränkt zur Verfügung stehen, wird er noch schneller in die Abnützung des „Mehr" gedrängt, ein kontraproduktives „Zuviel" ist vorprogrammiert.

Reiz und Reaktion sind bevorzugte Lernmethoden für überindividualistische Menschen, wenn es sich um positive oder attraktive Reize handelt. Sie unterliegen aber – wie *Lob und Tadel* – der schnellen Abnützung und den hohen überindividualistischen Ansprüchen. Die negative Reaktion wird vom Überindividualismus abgelehnt.

Befriedigung und Unbehagen verhalten sich wie *Lob und Tadel*. Das Unbehagen wird mit allen Mitteln vermieden, auch Lügen werden dafür eingesetzt. In vielen Fällen können Schüler ihre Lügen gar nicht mehr als solche wahrnehmen, sie setzen „Lügen" mit „Spaß" gleich, sie sind zur ihrer selbstverständlichen Realität geworden. So belügen sie sich auch schnell selbst und schieben die Ursachen des Unbehagens auf ihre Umgebung ab. Die Lehrer sind nahestehenden Projektionsopfer, ihnen wird die Schuld für das Unbehagen zugeschoben.

Wahrnehmungskontrolle als Rückmeldung und Erfolg, visuelle Kontrollprozesse... Auch *Kontrolle und Rückmeldung* unterliegen den Kriterien von Lob und Tadel. Tatsächlich macht es bei überindividualistischen Schülern aber einen Unterschied, ob Kontrollprozesse visuell erfolgen, geschrieben oder nur verbal sind. Rein verbale Kontrolle unterliegt der hohen Fehleranfälligkeit der Kommunikation und der mangelnden Fähigkeit von Schülern zuzuhören. Zusätzlich wird die verbale Kommunikation vom Überindividualismus schnell eigennutzenorientiert (selbstwerterhaltend) umgedeutet. So wird z.B. die Aussage „ist schon besser" als „ist schon sehr gut" aufgenommen und weitertransportiert. So wertet sich der Schüler auf und er muss keine Verbesserungen vornehmen. Visuelle Kontrollprozesse sind für den Überindividualismus besonders geeignet, weil sie für ihn schnell erfassbar sind, nachweisbar sind und Verzerrungen reduzieren. Die Wahrnehmungskontrolle als Rückmeldung hat im Überindividualismus einen sehr hohen Stellenwert, weil sich der Überindividualismus nur sehr eingeschränkt aus der Du-Perspektive wahrnehmen kann. Die vermehrte Wahrnehmungskontrolle und deren Rückmeldung benötigt aber ständiges, individuelles Einlassen, viel Zeit und Energie des Lehrers.

Unordentlich – ordentlich ist bei Strukturierungsprozessen nötig. Es setzt ein Überblicksdenken voraus, das nur hintergründig und zielgerichtet sinnvoll ist. Das Überblicksdenken baut auf „Wahrnehmung, Differenzierung, Einlassen, Verknüpfen" auf. Dies sind nicht die Stärken des Überindividualismus. Der Überindividualismus schränkt sich selbst ein, ist wenig flexibel, aber auch wenig konstant und kennt neben der „pedantischen Ordnung" das „negative Chaos".

Das *Fragenstellen* wird immer wieder als Ansatz gesehen, die Neugier in den Schülern zu wecken, auch indem sie lernen, *selbst* Fragen zu formulieren, damit eigenmotiviertes Lernen gefördert wird. Der Ansatz wäre gut, die Durchführung wird mit der geringen Fähigkeit des Einlassens und Verknüpfens reduziert. Auch die Zielorientierung spielt bei sinnvollen Fragen eine Rolle. Oberflächliche Fragen werden von Schülern zuhauf gestellt, sie täuschen aber oft ein Interesse vor, das gar nicht vorhanden ist, sondern lassen sich oft eindeutig auf ein überindividualistisches „Ich-bin-da-Verhalten" zurückführen.

Die *Freiarbeit* als Unterrichtsmethode, in der Schüler entscheiden können, welche Arbeitsaufgabe sie zuerst lösen wollen, soll die Selbständigkeit im Arbeiten fördern. Individuelles Arbeiten macht bei sehr unterschiedlich schnellen Schülern Sinn. Es macht auch dort Sinn, wo es keine Lehrerunterstützung braucht. Bei komplexen Inhalten, wie sie verknüpftes Denken erfordert, schalten überindividualistische Schüler schnell ab, weil sie wenig Erfahrung darin haben und außerdem der schnelle, einfache Erfolg nicht gegeben ist. Auch bei der Freiarbeit zeigt sich somit ein Paradoxon: Der Individualismus liebt die Freiarbeit, er tut sich aber oft am schwersten mit ihr, weil er lieber schnell abhakt als anbindet, sich nicht gerne für eine Lösung anstrengt. So kommt es beim überindividualistischen Schüler in der Freiarbeit schnell zum oberflächlichen „Als-ob-Lernen" im Sinne von „alles ist gemacht". Die Synapsen werden dabei nicht gestärkt. Hinzu kommt: Die Freiarbeit reduziert die differenzierte Kommunikation, eine Grundlage für differenziertes Denken.

Das *Vorbildlernen* ist ein Lernen, das besonders beim Erlernen von Werthaltungen eine Rolle spielt. Da Werthaltungen immer einen notwendigen Gesellschaftsbezug beinhalten, ist das Vorbildlernen bei überindividualistischen Kindern eingeschränkt. Und wieder: Wer will von Lehrern lernen, die gesellschaftlich nicht sonderlich anerkannt werden? Lehrer sind so nur eingeschränkt Vorbilder für die Schüler. Häufiger sind es mächtig agierende Lehrer, die als stark angesehen werden und im wahrsten Sinn des Wortes „mächtig Eindruck" hinterlassen.

Untersuchungen zu Lernstörungen haben ergeben, dass die sozialen Kompetenzen bei lerngestörten Schülern durchschnittlich schlecht seien, sie würden nur geringe, du-orientierte Fähigkeiten aufweisen. Tanis Bryan[68] stellt z.B. in einer Studie von 1974 bei Grundschulkindern fest, dass Schulkinder, die Lernstörungen haben, z.B. nicht still sitzen könnten, weniger beliebt seien; Mädchen seien schlechter dran als Burschen. Bei Burschen würde das „Coolsein" einiges wettmachen. Ca. 50 – 80% der Kinder mit Lernstörungen würden abgelehnt bis vernachlässigt werden. Auch die Qualität der Freundschaften sei bei Kindern mit Lernstörungen geringer und entwickle sich auch schlechter.[69] Schüler mit Lernstörungen seien anfällig für soziale Schwierigkeiten[70]. Auch nach Vaughn[71] fördern soziale Kompetenzen den schulischen Erfolg.

Diese Untersuchungsergebnisse sind als Lehrer nachvollziehbar, aus überindividualistischer sicht ebenso, auch wenn das Sozialverhalten der Kinder in den 70er-Jahren oft noch ein umgehrtes war wie heute. Damals gab es noch Kinder, die auf der einseitigen Du-Orientierung standen. Während die zu hohe Ich-Orientierung durch zu geringe Differenzierung blockiert, blockiert die zu hohe Du-Orientierung durch zu hohe Differenzierung. Auch eine zu hohe Differenzierung stresst, weil zu viele Inhalte vorhanden sind, die nicht geordnet werden können. Diese vielen Inhalte lenken vom Wesentlichen ab und der Schüler weiß nicht, wie er zielgerichtet lernen soll, er wirkt richtungslos. Auch solche Schüler brauchen viel Struktur.

Nach Larkin[72] würden sich Schüler mit Lernstörungen selbst als passiv wahrnehmen und Lerninhalte nur passiv verarbeiten. Das Passivverhalten entspricht für mich der Oberflächlichkeit, die aus der geringen Du-Orientierung heraus entsteht und somit das Einlassen auf Neues reduziert. Das Passivverhalten kann aber auch Ergebnis der zu hohen Du-Orientierung sein, auch darunter leidet die eigene Aktivität, nämlich das Anbinden von Du-Inhalten an die Ich-Inhalte.
    Auch nach Larkin gibt es lerngestörte Kinder, deren soziale Kompetenzen *sehr* hoch waren. Solche Schüler empfinden das ständige „Weniger" im Vergleich zum Gegenüber und können ihren Fähigkeiten lange nicht vertrauen. Logisch ist auch, dass bei vielen Kindern beide Extreme angelegt sind, auch wenn nicht beide Extreme augenscheinlich werden. Da die Gesellschaft das überindividualistische Extrem als positiv erachtet, wird dieses präsentiert. Rechnen muss der Pädagoge aber

68 vgl. Pearl (hrsg.) S. 128
69 vgl. Pearl (hrsg.) S. 132
70 vgl. Pearl (hrsg.) S. 134
71 vgl. Pearl (hrsg.) S. 334
72 vgl. Pearl (hrsg.) S. 368

immer mit beiden Extremen. Wieder wird klar: Die ausgeglichene Spannung zwischen dem Ich und dem Du ist wichtig.

Zusammengefasst betrachtet:
Der Überindividualismus ist nur eingeschränkt lernfähig, nämlich nur dort, wo es leicht geht, wo der Reiz passt, wo die Belohnung stimmt, der schnelle Eigennutzen gegeben ist. Die Zahl der geeigneten Lernstrategien für den Überindividualismus ist eingeschränkt oder es sind Strategien, die sich schnell abnützen. Hinzu kommt: Auch eine *geringe Zahl* an möglichen Lernstrategien nützt sich schnell ab oder ist weniger effektiv. Die Suche nach dem Lernersatz und neuen Unterrichtsmethoden, didaktischen Grundlagen, pädagogischen Vorschlägen, psychologischem Einlassen bis hin zu „neuen" Lehrern wird wohl weitergehen, wenn nicht die Ursache der Lerndefizite behoben wird, der Überindividualismus. Der Lehrer mag das Gefühl haben, er sei schlecht, wenn er nicht alle Bücher zur Psychologie, Soziologie, Didaktik, Methodik... gelesen hat, aber es kommt auch Richtungslosigkeit beim Lehrer auf, wenn keines der Konzepte langfristige Wirkung zeigt. Und... die Noten als Lernmotivation werden zum hohen Druck, wenn die anderen Lernmotivationen und Lernmethoden überindividualistisch reduziert sind.

2.2 Disziplin – überindividualistische Ohnmacht

Es besteht ein enger Zusammenhang zwischen Leistung und Disziplin. Allgemein betrachtet kann ohne disziplinierte Arbeitshaltung und ohne Ausdauer kein langfristiges Ziel erreicht werden. Die kurzfristige Suche des Überindividualismus nach dem schnellen „Mehr und Besser" reduziert die disziplinierte Ausdauer.

Der Überindividualismus fühlt sich jederzeit wichtiger als das Gesamtwohl. Für die Disziplin ist dies eine schlechte Ausgangsbasis. Der Überindividualismus merkt daher auch nicht, wenn die anderen weniger zu Wort kommen, weil die eigene Meinung für sie so wichtig ist. Sie hören anderen Menschen auch nur mäßig zu, weil sie das vom eigenen Denken ablenkt. Die Fähigkeit zur vollständigen Kommunikation muss mit dem Du geübt werden, dies kann teilweise aber auch in fiktiven „Gesprächen" geschehen. Überindividualistische Menschen verkürzen dort die Inhalte, wo dies von Vorteil ist, neigen aber auch zu langen wiederholenden Reden. Wiederholungen wirken im Sinne von „was wiederholt wird, ist richtiger", eine einfache Manipulationstechnik, wie wir gehört haben. Überindividualistische Kommunikation ist aber immer auch eine pedantische Suche nach den geeigneten Worten, weil wenig Verknüpfungen zur Verfügung stehen und ein „Falsch" nach

Möglichkeit vermieden wird. Auch rechnet der Überindividualismus wenig mit den Du-Rückmeldungen, die Klarheit in die Kommunikation bringen können, auch werden diese Du-Rückmeldungen für sie schnell als eigene Defizite abgespeichert, wenn sie nur annähernd wie „Einwände" klingen. Abwehrreaktionen würden so die weitere Kommunikation stören. Immer wieder wird „besonders gut" dann zu „besonders lang", was aber meist nicht besser wird, weil die Differenzierung doch immer wieder gering bleibt. So redet der Überindividualismus länger, im Verhältnis aber mit weniger Inhalt.

Zur Differenzierung:
Auch Menschen in ausgeglichener Spannung reden oft lang, besonders dann, wenn sie kein Rückmeldungen vom Du erhalten. Auch dauert die Vermittlung von differenzierten länger, überhaupt dann, wenn die Differenzierung erst im Gespräch erfolgen kann.

Die Disziplin hängt zum einen mit den verbalen Äußerungen zusammen, die während des Unterrichtes störend wirken. Das Herausrufen, das Wort an sich reißen, sodass die anderen keine Beiträge liefern können, langes Reden, „Privatunterhaltungen"... alle Äußerungen stellen die individuelle Ausdrucksweise vor das Gesamtziel, unabhängig davon, ob der Unterricht „langweilig" ist. Das hintergründig negative Bindungsverhalten wurde diesbezüglich bereits erörtert.

Hoffmann[73] stellt sich – wie viele andere Pädagogen auch schon – die Frage, ob heute eine *Fokussierung auf den schwierigen Schüler* stattfindet. Ich denke, dass sich dies von selbst ergeben hat, weil die disziplinären Schwierigkeiten in dem Maß zunehmen, wie sich die Bedingungen für die Schüler verschlechtern. Ich denke aber auch, dass dieses Beachten der Disziplinschwierigkeiten den Überindividualismus negativ bestärken können, indem man ihm dadurch das gibt, was er sucht: Ein „Mehr" im Sinne von „auffallendes Individuum", „mutige und daher angesehene Klassenstellung". Kurzfristig hilft „Wegschauen", langfristig geht aber kein Weg daran vorbei, das Individuum über ein echtes Selbstwertgefühl zu stärken. Je überindividualistischer, desto weniger geeignet ist das Wegschauen, weil der Überindividualismus das „Wegschauen" als neue Herausforderung zur weiteren möglichen Grenzüberschreitung versteht und diese für seine hohe Ich-Stellung auch benötigt. Ganz „freiwillig" stört der Überindividualismus nämlich nicht und nimmt dafür Zusatzaufgaben oder schlechte Mitarbeitsnoten in Kauf. Er ist zum einen auf

---

73 Hoffmann Cornelia S. 92 ff.

die Selbstwerterhöhung durch die Klasse angewiesen, zum anderen braucht er aber auch besonders viel rückmeldendes Du für seine Existenz, weil er nicht in einem ohnmächtig wirkenden Ich-Vakuum leben kann.

So hat auch die Bestrafung für den überindividualistischen Schüler zwei wichtige Funktionen. Erstens bestätigt eine Bestrafung allen Klassenkameraden, dass der Schüler ein „Mehr" erreicht hat im Sinne von „ihr seht, ich trau mich, ich bin stark und nicht feige, ich nehmen sogar Strafen in Kauf", zweitens erfährt er dadurch auch eine Ich-Begrenzung, die er für die reale Ich-Stärkung braucht. Erst wenn sein Ich stark genug ist, wird der Schüler keine „Ich-trau-mich-Herausforderung" mehr brauchen. Stark genug ist er dann, wenn er gesellschaftliche Grenzen ohne Strafandrohung akzeptieren kann. Dann ist auch das Gleichgewicht für ihn hergestellt.

Hoffmann unterscheidet mehrere Abstufungen von unterrichtsstörendem Verhalten[74]:

- unterrichtsstörendes Verhalten
- aggressives und delinquentes Verhalten
- gestörtes sozial-emotionales Verhalten
- schulverweigerndes Verhalten

Auch gibt es für sie zwei Ursachenerklärungen:

- schülerbezogene Ursachenerklärung
- lehrerbezogene Ursachenerklärung

Für mich hat jedes unterrichtsstörende Verhalten den Überindividualismus mit seinen eingeschränkten Möglichkeiten als Grundlage. Die „lehrerbezogene Ursachenerklärung" spielt sich für mich zum einen immer auf der Ebene von „Macht oder Stärke" und überindividualistisch gestörtem „Bindungsverhalten" ab, zum anderen aber dort, wo Lehrer keine Maßnahmen setzen oder haben, damit diese negativen Grundlagen behoben werden können. Unsere Gesellschaft neigt dazu, den Hormonen die Schuld zu geben oder „mein Kind kann eben mit diesem Lehrer nicht" – eine typisch überindividualistische Ursachenverschiebung, die nicht die Ursache erkennt. Sie ist auch negativ rückwärtsgerichtet, denn sie lässt keine Verbesserung zu. Gefragt ist bei den Verbesserungsmöglichkeiten nicht nur der Lehrer, sondern ganz hintergründig auch das Elternhaus.

---

74 Hoffmann Cornelia S. 33

Die Ursachen von Störungen sind immer Defizite, die nach einem Ausgleich suchen. Stellt man sich die Frage, wer wem gegenüber ein Defizit verspürt, fällt einem nur der Schüler ein. Der Schüler kann immer weniger, er muss machen, was ihm gesagt wird, er hat weniger Rechte, er muss lernen, der Lehrer erhält Geld für seine Tätigkeit, der Lehrer wirkt stärker, der Lehrer erinnert als erwachsene Autoritätsperson an die Eltern...

Defizite gibt es überall, nicht überall suchen sie aber einen Ausgleich. Der Überindividualismus hat das Problem, dass sein Ich höhere Erwartungen erfüllen muss, das Defizit ist daher größer. Da der Überindividualismus die Defizite aber auch selbst schafft, indem er realitätsverzerrt agiert oder das Gegenüber abwertet, nimmt er das grenzensetzende Gegenüber auch häufiger wahr und fühlt sich häufiger abgewertet.

Durch den Überindividualismus entsteht somit ein zwischenmenschliches Macht-Stärkeverhältnis, das ein Miteinander oder Gegeneinander lenkt. Verlässt nur einer von beiden die positive Spannung, wird ein negatives Machtverhältnis ausgelöst. Dabei gilt:

- Trifft ein überindividualistisch mächtiger Schüler auf einen überindividualistisch mächtig agierenden Lehrer → *Macht trifft auf Macht,* wird der Lehrer sehr früh sehr deutliche Grenzen setzen, auch über die deutliche Abwertung des Schülers. Diese Abwertung erfolgt vorzugsweise über „Witz, Ironie, Vergleich und Beispiel", denn diese verbale Technik ist nicht nur gesellschaftlich anerkannt, sondern auch witzig für die anderen, sie bietet einen Unterhaltungswert. So kann sich der Lehrer sicher sein, dass er die anderen Schüler auf seiner Seite hat. Die Folge: Der Schüler kennt seine Grenzen nun sehr genau, denn auch die anderen haben mitgelacht, womit sie eine starke, gemeinschaftliche Grenze setzen. Der überindividualistische Lehrer scheint für überindividualistische Schüler somit der „richtige" Lehrer zu sein, denn er setzt schnelle und deutliche Grenzen. Der betroffene Schüler wird nicht begeistert von diesem Lehrer sein, die anderen werden ihn aber als starken Lehrer sehen.

- Trifft ein überindividualistischer Schüler auf einen Lehrer, der auf der positiven Spannung zwischen dem Ich und dem Du steht → *mächtiger Schüler trifft auf starken Lehrer,* wird der Schüler eigennützig vom Lehrer einfordern, weil der Schüler die Du-Orientierung des Lehrers wahrnimmt und als individuelle Möglichkeit für sich interpretiert. Der überindividualistische Schüler empfindet den Lehrer vergleichsweise als schwach, je überindividualistischer, umso mehr, weil die Differenz zum Lehrer höher ist. Lehrer in positiver Spannung werden von überindividualistischen Schülern daher eher gemobbt als mächtige Lehrer, weil sie Potential in der vermeintlichen „Schwäche" sehen. Setzt sich der starke Lehrer doch durch, ist die Frustration umso höher, weil die Voraussetzungen so günstig waren.

- Trifft ein Schüler in positiver Spannung auf einen Lehrer in positiver Spannung → *Stärke trifft auf Stärke*, wird das Schuldasein für beide spannungsfrei sein, der Output ist am höchsten, weil diese Stellung echte Bindung, Einlassen, Langfristigkeit... zulässt. Kleine Differenzen lassen sich schnell verbal ausgleichen, sie wirken nicht lange störend.
- Beidseitige Du-Orientierung → schwacher Schüler trifft auf schwachen Lehrer, wird im Schulleben nicht vorkommen, weil bereits die Lehrerstellung ein fachliches Ich aufweist, im günstigen Fall auch ein pädagogisch Grenzensetzendes. Probleme mit dem Einzelschüler würde es keine geben, wohl aber mit der Klasse. Denn sieht ein schwaches Individuum für sich die Machtressource – wie z.B. die Klassengemeinschaft – begibt sich besonders der schwache Schüler schnell auf die Seite der Mitläufer.
- Treffen Schüler in positiver Spannung auf einen überindividualistischen Lehrer → *starker Schüler trifft auf mächtigen Lehrer,* werden die Schüler in ihrer Entwicklung zum Erwachsenwerden eingebremst, weil geringere Differenzierungen erfolgen. Starke Schüler können aber sehr gut von Vorbildern lernen, auch von „negativen" Vorbildern. Schwächer werden sie dadurch nicht.

In der Realität besitzen heute auch überindividualistische Lehrer ausreichend Schülerorientierung, weil sich praktisch kaum noch ein Kind ständig auf der einseitigen, überangepassten Du-Orientierung bewegt, im Gegenteil. Der hohe überindividualistische Anteil bei Schülern lässt den überindividualistischen Anteil des Lehrers nur eingeschränkt zu. Gesetze, die den Lehrer in seinem Handlungsspielraum begrenzen, bräuchte es vermutlich keine, im Gegenteil.

Der aufmerksame Leser könnte sich nun die Frage stellen, ob wir zu schwache Lehrer haben, weil es zu häufigen Disziplinschwierigkeiten kommt. Die Antwort: Je überindividualistischer die Schüler sind, desto mächtiger müssen die Lehrer agieren, wenn sie überindividualistisch verstärkte Disziplinschwierigkeiten begrenzen wollen. Mächtiges Agieren stresst und macht krank. Nach den Ärzten sind es anscheinend die Lehrer, die am zweithäufigsten unter Burnout leiden. Männliche Pädagogen sind durch ihren gesellschaftlich bedingten Geschlechtervorteil die besser anerkannte Autorität. Bereits die männliche Stimme ist ein soziokulturell bedingter Vorteil, auch wenn sie nicht lauter ist als die einer Frau. Männer müssen daher nicht so viel geben, wie Frauen, damit sie ernst genommen werden.

Zusammengefasst betrachtet:
Kinder mit Disziplinschwierigkeiten weisen immer eine unausgeglichene Spannung zwischen dem Ich und dem Du auf. Für Eltern und Pädagogen sollte dies ein Warnsignal sein. In der Schule können sich diese Schwierigkeiten beim Lehrer auswirken (auch bei anderen Schülern). Der Lehrer ist höchstwahrscheinlich aber nicht die Ursache. Immer öfter ist es nicht nur das unterrichtsstörende Verhalten, das Lehrern zu schaffen macht, sondern auch aggressives, delinquentes, gestörtes sozial-emotionales Verhalten, bis hin zum schulverweigernden Verhalten. Während früher die Schulverweigerer früh aus der Schule ausstiegen, machen sie heute oft die Matura, weil sie ausreichend schulische Intelligenz oder Manipulationstechniken besitzen.

Für Hoffmann sind es „die Lebensformen im Ganzen..., die zu Disziplinschwierigkeiten in der Schule führen...“[75] Für sie belaufen sich alle Lösungsvorschläge hauptsächlich auf ein Kurieren von Symptomen:

- Problemverschiebung
- Schaffung von Auffangeinrichtungen
- Verschärfung der Auslesekriterien[76]

Auch sieht Hoffmann bei Disziplinschwierigkeiten eine notwendige Entwicklung von „Ich mache das, wie ich will“ hin zu „Ich mache das *nicht*, weil ich das Einsehen habe“[77].
Ich kann mich diesen Meinungen von Hoffman nur anschließen. Das *Einsehen* basiert auf der Du-Orientierung. Auch für mich sind die Versuche von schulischen Umgestaltungen, die Schaffung von Auffangeinrichtungen, verschärfte Auslesekriterien... mit dem Wissen um die Zusammenhänge des Überindividualismus zu *Problemverschiebungen* geworden.

Arno Dalpra[78] – er arbeitet seit Jahren mit schwierigen Jugendlichen – sieht die Krisen der Jugend u.a. in folgenden Bereichen.

---

75 Hoffmann Cornelia „Disziplinschwierigkeiten in der Schule“, S.13
76 Hoffmann Cornelia „Disziplinschwierigkeiten in der Schule“, S.13
77 Hoffmann S. 92 ff.

- Die Erwachsenen sagen nicht, was sie denken. → geringe Wertevermittlung und Orientierung → Richtungslosigkeit, Ohnmacht
- Der Jugendliche will Grenzen kennenlernen. → Konsequenzen → Beharren statt falsche Diplomatie als Lösung
- Grenzüberschreitung als Unterhaltungswert
- Erwachsene geben den Jugendlichen zu wenig Angst mit. → schlechter Umgang mit der Angst, zu wenig Vorsicht
- In der Schule versuchen Lehrer Einzelsympathien zu erhaschen. → Sie akzeptieren zu viel.
- Zu viel Kollegialität der Lehrer zu den Schülern, zu wenig Werte
- zu geringes Repertoire an Sanktionen
- geringe Eigenverantwortung der Schüler, sie spüren zu wenig Konsequenzen
- zu geringe Dankbarkeit der Schüler
- zu wenig Mitfühlen mit anderen
- zu geringer Glaube an etwas...

Ich denke, Dalpra hat recht. Die Grundlage des schulischen Gelingens müssen die Erwachsenen sein, die Du-Orientierung sein müssen und Grenzen setzen. Nur Vorbild zu sein, indem man sich selbst richtig verhält, ohne dem anderen die aktiven Rückmeldungen zu geben, ist zu wenig. Der Überindividualismus kann nur schlecht von einem vorhandenen Vorbild lernen, er muss deutlich wahrnehmen, wo sich das Du-Defizit befindet, auch wenn er dies negativ quittiert.

Der Brockhaus „Psychologie"[79] grenzt die „Lernstörung" von der „Lernbehinderung" ab. Die Lernbehinderung wird als schwerwiegender charakterisiert, einhergehend mit einem niedrigen IQ. Bei den Lernstörungen werden u.a. aufgezählt: Schulängste, Identitätskrisen in der Adoleszenz, Anpassungsstörungen (als Folge von psychosozialen Belastungen) und längerfristige, emotionale Störungen, wobei emotionale Störungen die Motivation zum Lernen beeinträchtigen würden. Lernstörungen könnten sich aber auch zu Lernbehinderungen auswachsen, wenn sie nicht erkannt werden..., so der Brockhaus. Die Psychologie erkennt einen Wandel von der „Lernbehinderung" (IQ-definiert) hin zur „Lernstörung". Auch diese zu-

---

78 Vortrag vom 8. Februar 2010: „Schwierige Jugendliche". Kodex L, eine Veranstaltung des Wirtschaftförderungsinstitutes und des Landesschulrates für Vorarlberg, Veranstaltungsort: Dornbirn WIFI/Vorarlberg

79 Brockhaus „Psychologie" S. 338 f.

sammenfassenden Beobachtungen des Brockhaus lassen sich durch den Überindividualismus erklären. Der Überindividualismus *ist* eine ernst zu nehmende „Identitätskrise", er *ist* eine ernstzunehmende „Anpassungsstörung", er *ist* eine „längerfristige emotionale Störung", nicht nur für Kinder. Nehmen die Lernstörungen zu, nehmen auch disziplinäre Störungen als Ausdruck der Lernstörungen zu und umgekehrt.

2.3 Werthaltungen – Richtungslosigkeit

Das Lernen beinhaltet auch das Erlernen von *Werthaltungen*, auch sie sind Basiskompetenzen, auch sie unterliegen dem soziokulturellen Gedankengut einer Gesellschaft. Das Schwinden von bestimmten Werthaltungen hat es daher immer schon gegeben, weil sich die Gesellschaft an seine Rahmenbedingungen anpasst. Eine unreflektierte Gesellschaft passt sich unreflektiert nach dem kurzfristigen Eigennutzen an, eine langfristig agierende Gesellschaft muss hintergründiger reflektieren. Nicht jede Gesellschaft ist gleich hintergründig. Nehmen die Frauen z.B. am gesamtgesellschaftlichen Leben nur mäßig teil, oder werden sie übergangen, fehlt ein Teil der gesellschaftlichen Du-Orientierung und somit auch ein Teil von gesellschaftlichen Werthaltungen. Das Problem beginnt aber erst dort, wo sich der Mangel von gewissen Werthaltungen langfristig auf *alle* negativ auswirkt. Die übertriebene Stellung des Ich hat zur Folge, dass alle Charaktereigenschaften in die Übertreibung gelangen. In den Charaktereigenschaften drücken sich aber die Werte aus. Treten diese Charaktereigenschaften häufig auf, gewöhnen sich Menschen daran, bzw. suchen sich den Gegenpol als Ausgleich. Jetzt gelten alle Negativbereiche, man gewöhnt sich daran, die Kommunikation passt sich an und... man glaubt auch an die Kommunikation als Abbild der Realität. So macht sich der Überindividualismus seine Realität selbst und das in undifferenzierten Extremen. Werte sind somit immer Ausdruck der Du-Orientierung, ohne die nur die Richtungslosigkeit – bis hin zur Ohnmacht – herrscht. Umgekehrt ausgedrückt: Fehlt die Du-Orientierung, fehlen die Werten.

Für die Schule bedeutet ein Fehlen von Undifferenziertheit, von geringer Du-Orientierung, von Werten u.a.:

-   Schüler haben oft kein Gespür dafür, welche Lautstärke in welchen Situationen angebracht ist, damit die jeweilige Unterrichtsmethode funktioniert. Gruppenarbeiten werden schnell so laut, dass sie unmöglich werden. In

Bildnerischer Erziehung und Werken kann meist geredet werden, aber die Lautstärke wirkt schnell wie akustischer Dauerstress und ist weder für den Lehrer noch für die Schüler zumutbar.

- Schüler stellen etwas an und stellen fest: „Wieso, ich habe doch gar nichts gemacht... ja das, das war doch nicht schlimm... ja das, stört es?"
- Schüler verstoßen gegen die Hausordnung mit der Feststellung: „Das machen doch alle."
- Man nimmt einem Schülern den Schwindelzettel aus dem Heft und er stellt fest: „Wieso, ich habe doch gar nicht geschwindelt." Er hat vielleicht nicht vom Schwindelzettel profitiert, aber er differenziert auch nicht eigenständig, dass bereits ein Versuch vom Lehrer geahndet werden muss, weil der Profit ja nicht nachgewiesen werden kann. Früher wussten das die Schüler noch, heute wollen sie es nicht mehr wissen. Solche Verhaltensweisen wirken naiv.

Persönliches Weiterkommen ist ohne Werthaltungen nicht möglich, es blockiert nicht nur die zwischenmenschlichen Beziehungen, sondern auch das schulische Vermögen der Schüler durch Dauerstress.

Und die Lehrer: Sie haben sich oft schon an diese geringe Werteorientierung gewöhnt. Ihnen fällt der äffige, pappige Tonfall der Schüler oft gar nicht mehr auf, sie haben keine Lust mehr, auf die vielen Übertretungen der Hausordnung zu reagieren, gehen lieber so weit, die Hausordnung neu zu überarbeiten, damit sie weniger Überschreitungen mit sich bringt und somit weniger Kontrolle und Einschreiten erfordert.

3. Burschenproblematik – die gesunde Rauferei und die gesunde Ohrfeige

Burschen fallen leistungsmäßig besonders ab der 14. Schulstufe hinter den Mädchen ab. Auch sind es überwiegend Burschen, die disziplinär auffallen und das nicht nur, weil sie lautere Stimmen haben, sondern diese auch absichtlich laut einsetzen. Burschen besitzen genetisch- und entwicklungsbedingt andere Voraussetzungen mit als Mädchen.

Genetisch bedingt besitzen Burschen nachweislich durchschnittlich weniger Synapsenverbindungen, die ein schnelles Aufnehmen und Verarbeiten vieler Informationen gleichzeitig ermöglichen. Die Informationsanbindung kann daher nicht so schnell und gleichzeitig nicht so differenziert erfolgen. Die Fähigkeiten, sich am Du zu orientieren, sind somit eingeschränkt, denn eine umfassende Orientierung benötigt ja vier verbale und nonverbale Kommunikationsebenen. Bei Gesprächen mit mehreren Personen bleiben die angebundenen Informationsinputs reduziert. Auch für komplexe Gedankengänge sind viele Synapsen von Vorteil. Besonders das soziale Bindungsverhalten wird durch ein hohes Maß an komplexem Erfassen bestimmt. Die reine Sachebene hingegen kann einfach-linear wahrgenommen werden. Wie wir aber wissen, ist die Sachebene in vielen Situationen eine isolierte Ebene, sie reißt aus dem Zusammenhang heraus und kann Realitäten verzerren.

Ganz deutlich wird in der Schule: Schüler mit der Fähigkeit des schnellen, inhaltlichen Anbindens sind im Laufe ihrer Schulentwicklung langfristig im Vorteil. Ihre relativ hohe Zuhörfähigkeit und schnelle Reflexionsfähigkeit bietet ihnen die Möglichkeit, aktiv mitzuarbeiten, sich schulisch in den Vordergrund zu stellen. Da es mehr Lehrerinnen gibt, wird die schnelle Anbindung zusätzlich zur schulischen Stärke erhoben.

Lineare Denker, die einen Schritt nach dem anderen setzen, sind oft gute Mathematiker. Sie arbeiten genau, konsequent, zielorientiert, lassen sich nicht durch plötzliche Unsicherheiten ablenken, wie das oft bei Mädchen der Fall ist. Das „Hinterfragen" in alle Richtungen, mit vielen Anbindungen lenkt eben auch ab, macht unsicher, wirkt für viele auch unsicher. Lineare Denker wirken sachlicher.

Die einfache Sachlichkeit hat vordergründig gesellschaftliche Vorteile. Sie wird in unserer Gesellschaft immer noch mit „richtiger – glaubwürdiger" gleichgesetzt. Für Mädchen sind sachlich wirkende Burschen daher stärkere Burschen. Die Emotionalität gilt immer noch als typisch weiblich, sie gilt sogar als abwertend schwach, weil sie angreifbar macht. Tatsächlich ist eine zu hohe Emotionalität auch realitätsverzerrend, wie wir gehört haben.

Besonders in der Pubertät geraten viele Burschen in die Situation, dass sie hohe emotionale Inputs im Vergleich zu ihren geringeren Verarbeitungsmöglichkeiten haben. Die coole Rolle ist praktisch ein Rettungsversuch aus dem Burnout. Sie bietet sich als „versachlichte" Ebene an, reduziert Kommunikationsinhalte selektiv, damit keine emotionale Überforderung stattfindet.

Auch entwicklungsbedingt sind Burschen durchschnittlich höheren Stressfaktoren ausgesetzt als Mädchen:

- Von Burschen wird in Mittel- und Südeuropa eine – sozialisiert bedingt – höhere individualistische Stellung gefordert als von Mädchen, auch nach Jahrzehnten der Emanzipation.
- Emotionalere Burschen werden von den anderen Burschen oft gemobbt, obwohl sie meist den gesünderen Mittelweg in der ausgeglichenen Spannung zwischen dem Ich und dem Du gehen.
- Burschen werden durch falsche Mutterbindungen negativer beeinflusst als Mädchen durch falsche Vaterbindungen, weil die Väter in der Erziehung meist eine geringere Rolle spielen.
- Die Suche nach der gleichgeschlechtlichen Bindung zum Vater gestaltet sich für Burschen schwierig, weil diese zeitlich und emotional weniger anwesend sind. Da Väter aber oft trotzdem „stärker" wirken = mächtiger sind, weil sie sachlich distanzierter wirken, streben besonders Burschen oft den Vätern nach. Je weniger die Väter vorhanden sind, desto weniger differenziert werden sie wahrgenommen, oft nur über die einfachen Machtstrukturen. Die Überindividualisierung – als sichtbarster Ausdruck des Vaters – wird daher am schnellsten übernommen, zumal er auch praktisch ist.
- Gegengeschlechtliche Bindungen sind immer sehr emotional und für Burschen meist schlechter zu bewältigen. So gehen sie geringere Bindungen ein und bleiben damit auch eher auf ihre Sexualität beschränkt. Eine dominierende Sexualität in der Beziehung macht längerfristig nicht zufrieden, sie wirkt wie ein Bindungsersatz. Ein häufiger Partnerinnenwechsel ist die Folge, das stresst, zumal viele Burschen ja mit *einer* Partnerin lange emotional überfordert sind. Vom geringen, emotionalen Bindungsmöglichverhalten von Burschen sind auch Mädchen betroffen, besonders von der Loslösung. Sie fällt zwar kurzfristig schwerer, weil sie sich intensiver binden, sie können sich aber schneller in Unvermeidliches fügen wie überindividualistische Burschen.
- Der Überindividualismus weist reduzierte Bindungsmöglichkeiten auf, womit die Emotionalität auf die Sexualität verlagert wird. Wieder sind Burschen mehr von diesem überindividualistischen Bindungsersatz betroffen, immer mehr werden es künftig aber auch Mädchen sein.
- Der hohe jugendliche Testosteronspiegel der Burschen lässt zusätzlich sexuell überreagieren und schafft Defizite bezüglich ihrer emotionalen Aufarbeitungsmöglichkeiten. Mädchen können mit ihrer „hormonellen Überemotionalität" durchschnittlich besser umgehen.
- Geringere Verarbeitungsmöglichkeiten (weniger Synapsen) schaffen ein Defizit zu den schnellen und hohen Anforderungen unserer Zeit.

Von Burschen wird somit erziehungsbedingt ein höherer Individualisierungsgrad „gefordert". In einer vergleichsweise überindividualisierten Gesellschaft ist diese höhere Stellung gleich doppelt schädlich. In der Schule kann die Anerkennung über die Leistung eingeholt werden oder über eine besondere soziale Stellung.

Burschen stehen somit in einem sozialen Dilemma: Sie müssen cool sein, weil das stark wirkt, obwohl es ihnen schadet. Burschen sollten auch für Mädchen „stark" wirken, die „coole" Rolle wird von Mädchen aber immer mehr abgelehnt, weil diese die Ich-Stellung der Mädchen minimiert. Die undifferenzierte und geringe Vorstellung von „stark" wird der Jugend immer wieder zum Problem.

Burschen suchen aufgrund ihres Rollendilemmas vermehrt nach Rollen, die sowohl ein „Mehr und Besser" bieten als auch bei der Umgebung gut ankommen. Diese Möglichkeiten sind sehr eingeschränkt, weil eine Selbstwerterhöhung das Gegenüber relativ abwertet und beziehungsschädigend wirkt. Coolsein wirkt eher unter Burschen und bei jüngeren Mädchen, die noch keine gegengeschlechtliche Bindung suchen. Dann kann Coolsein auch zum Fun-Faktor werden.

Das Gegenteil des emotionslosen, unangreifbaren Coolseins ist die *Clownrolle*. Die Clownrolle präsentiert etwas Besonderes, bringt ein Mehr an Aufmerksamkeit, sie hat die Lacher auf ihrer Seite und schafft somit eine vorübergehende Du-Bindung. Sie wirkt sachlich *und* emotional, auch wenn es oft keine echte, eigene Emotionalität ist, sondern eine gespielte, je länger die Clownrolle geübt wird. Langfristig wird der „Clown" aber durch das Du abgewertet, weil er auf seine Rolle beschränkt und nicht mehr als eigenständiges Ich wahrgenommen wird. „Clown-Schüler" erleiden indirekt einen Ich-Verlust. Da auch der Witz ein oberflächlicher Ersatz ist, nützt er sich schnell ab, es braucht ein Mehr, bis hin zu Grenzüberschreitungen (Schulgesetze, Du-Abwertung). Die Clownrolle ist somit ein oberflächlicher Ersatz, schadet dem Schüler und sollte von Lehrern unterbunden werden, wenn sie häufig angewendet wird. Nur selten wird ein Mädchen die Clownrolle übernehmen. Dies hängt nicht *nur* mit der Rolle zusammen, sondern auch mit der Tatsache, dass der Witz kurz, übertrieben, undifferenziert gegensätzlich und sachlich sein muss, damit er wirkt. Dies ist immer wieder die Stärke von Männern.

Der *Softie* – als Gegenpol zum coolen Macho – besitzt eine du-orientierte Oberfläche, ist aber nur der negativ übertriebene Gegenpol zum coolen Macho. Die Softierolle kann sehr gut manipulativ eingesetzt werden, im Sinne von: „Ich tu niemandem etwas zu Leide, tu mir auch nichts". Der Softie erhält somit Emotionen wie Mitleid vom Du, wiegt das Gegenüber in Sicherheit und macht sich so gleichzeitig unangreifbar, weil man ja niemandem etwas antun möchte, der so gutmütig und verletzlich ist. Ein Softie vermittelt: „Tust du mir etwas, bist du böse." Diese indirekte Abwertung wird besonders von Frauen schnell – weil emotional – aufgenommen und eigennutzenorientiert umgewertet. Frauen geben ihr Mitleid zu erkennen und können sich so selbst wieder gut fühlen, auch wenn der versteckte Appell gelautet hat: „Wehe!" Softies beherrschen es somit, über eine weiche Manipulationsmethode ihren Eigennutzen durchzusetzen. Die Softierolle wird besonders gut von jenen Burschen beherrscht, deren Mütter die Manipulation nicht durchschauen. Auch Mütter, die sehr gut sein wollen, lassen sich schneller auf die Softierolle ein. Das Problem für den Schüler: Er erhält weniger negative Rückmeldungen, weil er ja so verletzlich ist, sondern eher Mitleid. Das Mitleid kann ihn aber nicht stark machen.

Das nächste Problem für den Softie-Schüler: Mädchen/Frauen haben weniger Angst vor dem Softie und werten sein emotionales Verhalten als „echt sozial" um, obwohl es manipulativ eigennutzenorientiert eingesetzt wird. Der Softie täuscht somit Bindung vor, sie ist aber Ersatz, der auf Kosten des Du geht. Und wieder sind beide Beteiligten langfristig schlechter dran.

Zusammengefasst betrachtet:

Die Beschwerden der Burschen bei ihren Lehrern „immer sind wir die Schuldigen", hat somit seine Hintergründe, nicht nur jenen, dass Burschen stimmlich lauter sind. Die Anzahl der Synapsen wird sich vermutlich im Laufe unserer schnellen Zeit auch bei Männern evolutionär erhöhen, der Überindividualismus hingegen muss von allen hinterfragt werden. Auch wenn Burschen ihr Wissen lange selbstbewusst und sachlich „verkaufen" können, langfristig wirkt sich dies wie eine zu geringe Forderung an sie aus, sie bleiben schwach.

Defizite suchen nach Ausgleich. Burschen suchen den Ausgleich oft über die körperliche Gewalt. Das Raufen als „Ventil", wie es unter den Burschen geübt und auch toleriert wird, gilt oft als „gesunde Rauferei". Vom Jugendpsychologen Arno Dalpra[80] wird sie – wie jeder andere körperliche Übergriff – abgelehnt. Für ihn steht die Bewusstwerdung von Emotionen und Problemen ganz oben, nicht das Einüben von Problemlösungen durch körperliche Übergriffe.

Auch aus der überindividualistischen Perspektive kann man feststellen: Jeder körperliche Übergriff hat einen machtvollen Hintergrund, nämlich das Bedürfnis

---

80 Vortrag vom 8. Februar 2010: „Schwierige Jugendliche". Kodex L, eine Veranstaltung des Wirtschaftförderungsinstitutes und des Landesschulrates für Vorarlberg, Veranstaltungsort: Dornbirn WIFI/Vorarlberg

nach Aufwertung und Abwertung. Es ist nicht der Wunsch nach körperlicher Nähe, der zu körperlichen Übergriffen führt, die würden anders aussehen. Die Verlagerung auf körperliche Übergriffe erfolgt darum, weil keine andere, schnelle Konfliktbewältigung möglich ist. Konfliktbewältigung benötigt ein hohes soziales Potential, körperliche Übergriffe nicht. Arten Raufereien nicht aus, gibt es meist einen emotional Unterlegenen. Dieses emotionale Defizit tritt oft an anderer Stelle umso heftiger wieder zum Vorschein, oft bei deutlich unterlegenen Schülern. Der Überindividualismus – das Verhältnis zwischen Macht und Stärke – ist bei diesen Raufereien ursächlich mitbestimmend, nur dort kann der Konflikt für Kinder nicht gelöst werden. Raufereien können nur einem kurzfristigen Defizitabbau dienen und meist nur für einen Beteiligten, sie sind daher ein schlechter Ersatz.

Bei Raufereien stellt sich auch die Frage: „Wie erfolgt der Übergang von „heute noch akzeptiert, später nicht mehr?" Haben sich die Burschen in nervös-emotionalen Situationen später im Griff, wenn ihr Unterbewusstsein abgespeichert hat, dass Defizite über Körpergewalt geregelt werden können?

Warum gilt die „gesunde Ohrfeige" als körperlicher Übergriff, die „gesunde Rauferei" aber nicht? Die „gesunde Ohrfeige" von einer natürlichen Autorität dient der Erziehung, sie hat somit keinen Eigennutzen. Ist die Grenze gesetzt, ist die Sache beendet. Die „gesunde Rauferei" dient primär dem Eigennutzen der Selbstwerterhöhung. Diesem Eigennutzen liegt ein Defizit zugrunde, das höchstwahrscheinlich nicht einmal beim Kampfpartner entstanden ist.

In unseren Breiten wird die verletzungsfreie „gesunde Ohrfeige" negiert. Ein Grund: „Der Körper ist das ‚heiligste Gut' eines Menschen." Die Kriegsgeneration hat allen Grund, körperliche Angriffe als pure Abwertung zu sehen, sie hatte die körperliche Gewalt ständig, drastisch und mächtig erlebt. Die Nachfolgegenerationen erleben immer häufiger, wie auch die psychische Gewalt mächtig wirkt, nur nicht so direkt sichtbar, langfristig aber durchaus auch anhaltend verletzbar. Im Vergleich dazu, wirkt die „gesunde Ohrfeige" weniger drastisch, es sei denn, der soziokulturelle Wert erhebt die „gesunde Ohrfeige" zur übergroßen Abwertung. Jede spürbare Strafe ist spürbar, auch die psychische. Wäre eine Strafe nicht spürbar, wäre es keine pädagogisch sinnvolle Strafe, bestenfalls eine gefährliche, wenn sie als psychische Strafe nur im Unterbewusstsein wahrgenommen wird. Der psychische Schmerz ist für Kinder oft schwerer durchschaubar, oft hält er auch emotional länger an, als eine direkte Ohrfeige auf ein direktes Vergehen. Auch hier gilt: Die gesellschaftliche Einstellung bestimmt, ob die „gesunde Rauferei" und die „gesunde Ohrfeige" akzeptiert sind. Hintergründig betrachtet ist die „gesunde Rauferei" nicht gesund, während die „gesunde Ohrfeige" immer wieder überbewertet wird. Trotzdem bin ich gegen die „gesunde Ohrfeige", weil die Vorbildwirkung auf die körperliche Gewalt durchaus akut vorhanden ist. Auch kann die *verletzungs-freie* Grenzsetzung schnell überschritten werden, genauso wie bei der „gesunden Rauferei".

Die Grenzsetzung selbst muss hingegen immer deutlich spürbar sein, ansonsten wird kein adäquater Gedankenprozess in Gang gesetzt. Die Basis für den Gedankengang ist die negative Emotion, die zeigt, dass ein unerwünschtes Verhalten von der Gesellschaft auch mit unerwünschten Rückmeldungen quittiert wird.

Übrigens gehört auch die Schuld zum psychischen Schmerz, weil sie unangenehm ist. Auch dieser Schmerz ist für den gesunden Entwicklungsprozess einer Gesellschaft wichtig, nicht nur der Grenzen setzende Schmerz.

4. Klassendynamik – Mobbing – Gruppenverantwortung

Die Gruppendynamik ist immer vom Suchen nach der positive Spannung zwischen dem Ich und dem Du geprägt. Die Gruppe ist dann homogen, wenn möglichst für alle ein relativer Differenzausgleich erreicht werden kann. Die Schüler werden sich wohl fühlen, es kann gut mit ihnen gearbeitet werden. Der Weg zum Differenzausgleich sind die kleinen Meinungsverschiedenheiten, im Extrem sind es Konflikte. Da sich der Überindividualismus im Extrem befindet, sind die Defizite auch extrem, es ergeben sich aber auch extreme Defizit-Ausgleichsversuche. Kompromisse als Endziel bedeuten „Einsicht für die Bedürfnisses des Du", dafür muss das Du aber zuerst real wahrgenommen werden können. Für den extremen Defizitausgleich in einer Klasse benötigt es sehr viel Zeit, diesbezüglich geschulte Pädagogen, gute Gesetze und Eltern, die Vertrauen haben. Als Vergleich bieten sich viele Pendel an, die sehr weit ausschlagen. Sie kollidieren mit dem Nachbarpendel, werden eingebremst, von anderen wieder angestoßen, sind also immer in Unruhe, immer auf Kollisionskurs, es gibt ständige Reibereien und Konflikte. Würden alle Pendel nur so weit ausschlagen, wie Raum für sie ist, gäbe es keine Kollisionen. Um dies zu erreichen, müsste jeder genau beobachten, wo sich die anderen Pendel befinden.

Der Überindividualismus lernt anders, nämlich eigennutzenorientiert. Er lernt daher auch von Konflikten anders. Er erlernt von Konflikten meist keine hintergründige, starke Du-Orientierung im Sinne von „jetzt weiß ich, wo die Bedürfnisse des Du liegen, ich werde sie möglichst respektieren", sondern er lernt durch Konflikte

= Misserfolge seine Strategien zu verbessern. Die Aufwertung des Ich und die Abwertung des Du wird dann mit erhöhter Anstrengung verfolgt, die Manipulationstechniken dazu werden verfeinert. Die Folgen sind immer die gleichen, Besserung ist keine in Sicht.

Durch die jeweilige Position auf dem Wertequadrat ergeben sich – wie im Verhältnis Lehrer/Schüler – folgende Stärke- und Machtverhältnisse unter den Schülern. Diese Verhältnisse bestimmen jeweils das Maß des Mobbings, das Maß der Abwertung von anderen. Die Verhältnisse zwischen „Macht" und „Stärke" werden noch einmal mit etwas geändertem, bzw. mit erweitertem Blickwinkel aufgeführt:

→ Trifft die *Macht auf Macht*, haben beide „Angst" voreinander, weil von beiden Seiten schnelle und starke Grenzen gesetzt werden. Beide „akzeptieren" sich solange, bis einer die größeren Machtressourcen besitzt und diese ausspielen kann. Eine gute Note kann reichen, aber auch ein Defizit, wenn z.B. ein Schüler vom Lehrer getadelt wurde.

→ Trifft die *Macht auf Stärke*, sieht die Macht ihre Möglichkeiten zur Grenzerweiterung, weil das Du flexible Grenzen setzt im Sinne von: „Ich muss zuerst mit dem Du abgleichen." Für gewöhnlich lassen sich aber starke Schüler nicht von mächtigen Schülern herausfordern, sie gehen ihnen aus dem Weg. Umgekehrt suchen mächtige Schüler nach den „starken" Schülern, weil die „Stärke" für sie relativ „schwach" ist, zumal sie sich weniger dominant in Szene setzt. Der Mächtige versucht die Du-Orientierung auszunützen. Langfristiger ist aber die Stärke. Sie wird „siegen" ohne dass sie kämpft, *weil* sie ihre Ziele zielgerichteter und ohne den Ersatz von ständigem Ich-Aufwertungsersatz verfolgt, also selbstbewusster und mit weniger Energie. Da sich die Stärke in ausgeglichener Spannung befindet, muss sie auch gar nicht so „hart" kämpfen, weil sie weniger zu verlieren hat. Die Macht hingegen empfindet dies als besonders abwertend, weil die Ausgangsbasis so einfach war und ihr „Kampf" ein so langer. Die Stärke sammelt nur Hintergründe und Beweismaterial, das bedeutet: Etwas länger Geduld haben, dann stellt sich die Macht von selbst bloß, weil sie ja nicht langfristig ist. Langfristig wird auch klar: Die Macht findet keine „Auswege", kann die Schuld nicht mehr glaubwürdig abschieben. Diese Enge fordert einen neuen Ausbruch heraus, der Abwertung und Aufwertung beinhaltet. Die Macht hat aber auch *dann* sehr schnell Angst vor der Stärke, wenn die Stärke deutlich zeigt, dass sie sich nicht von der Macht beeindrucken lässt, wenn sie sich davor abgrenzt. Nun wird die Angst des Mächtigen – die ja ständig überreagieren lässt – selbst erlebt und wirkt somit mächtig auf den

Mächtigen. Ein Eigentor, könnte man sagen, das macht mächtige Menschen „rasend" bis ohnmächtig handlungsunfähig.

→ Trifft die *Macht auf ausschließliche Du-Orientierung (= Schwäche),* dann hat die Macht leichtes Spiel, denn die Schwäche braucht die Macht und ist bereit, sich ihr unterzuordnen. Das Verhältnis geht langfristig auf Kosten des Schwachen.

→ *Schwäche und Schwäche* wird sich wenig anziehend finden, weil jeder Mensch sich lieber dem Starken zuwendet. Er will von der Stärke lernen und sich bei ihr sicher fühlen. Besonders sicher fühlt sich die Schwäche bei der Macht, denn diese wirkt deutlich. Mit den geeigneten Machtressourcen wechselt der Schwache schnell auf die Machtposition.

→ Trifft *Stärke auf Stärke,* ist ein harmonisches Miteinander voraussagbar, es braucht wenig Grenzen, jeder kennt die des anderen, Konflikte lassen sich schnell real lösen, sie stauen sich nicht auf, überlagern sich nicht, jeder kann mit Konflikten umgehen, ist flexibel genug, sein Verhalten bei Bedarf du-orientiert zu ändern, sich anzupassen ohne einen Ich-Verlust zu spüren, denn ein starkes Ich verliert sich nicht so leicht im Du.

→ trifft *Stärke auf Schwäche,* ist dann ein gutes Verhältnis möglich, wenn die Schwäche bei besseren Machtressourcen nicht den Gegenpol der Macht sucht. Das gute Verhältnis kann darum bestehen, weil der Starke den Schwachen nicht ausnützt. Langfristig muss der Schwache vom Starken lernen, denn die Differenz wirkt auf den Schwachen mächtig, er wird damit nicht lange umgehen können.

→ Viele Schüler vereinen *Macht und Schwäche* in sich. Zum einen sind dies logische Gegenpole, die sich aus der extremen Stellung des Überindividualismus und des Kindseins ergeben, zum anderen lassen diese Gegenpole aber auch Manipulationsmöglichkeiten zu, die das Gegenüber richtungslos machen, weil die Stellungen extrem und auch richtungslos *sind.*

Mobbing geschieht immer vom *vermeintlich* Stärkeren aus. Mobber wirken mächtig, sind aber schwach und suchen sich Mitläufer aus, denn die Gemeinschaft wirkt stärker. Die undifferenziert agierenden *Mitläufer* haben selbst ein Bedürfnis nach Stärke und fühlen sich dem Mobbingopfer unterlegen. Das Mobbing gegen Schüler ist somit als unterbewusste bis bewusste Machtdemonstration zu verstehen. Gemobbt wird dort, wo gefühlte Defizite vorhanden sind. Geschickte Mobber suchen sich die Verstärkung der Klasse. Solche Mitläufer haben Schüler für gewöhnlich dann hinter sich, wenn es gegen die Lehrer geht. So nimmt im Überindividualismus auch das Mobbing von Lehrern durch die Schüler zu. Das vermehrte Mobbing in Schulen ist nicht nur das Ergebnis der Übersensibilität von Schülern und Lehrern auf Mobbingsituationen, sondern ein überindividualistisches Phänomen, das Bindung stört und ein zwischenmenschliches Wohlfühlen reduziert.

Auch die *Gruppendynamik* in einer Klasse ist überindividualistisch geprägt und geht oft von den Burschen aus, weil diese traditionellerweise immer noch überindividualistischer erzogen werden. Diese Dynamik zwischen „Macht und Stärke" wird in den Pausen gelebt, bestimmt die Disziplin und die Gruppenarbeiten im Unterricht. Die gelebte Distanz zum jeweils anderen Geschlecht – ab der ersten Schulstufe – ist bereits ein Extrem, das später in Form einer gedanklichen „Eigenmanipulation" wieder überwunden werden muss. Geschieht diese Meinungsänderung zum anderen Geschlecht nicht grundlegend du-orientiert, sondern auf hormoneller Basis, ist keine längere gegengeschlechtliche Bindung möglich. Wie man sieht, ist die Basis für Partnerbeziehungen bereits in der Schule vorgeprägt.

Die Gruppendynamik wird aber auch durch die spezielle Auswahl von Freunden und deren Rollen beeinflusst. Bei den Burschen sind es die extremen Rollen wie „emotional weiblich" oder „betont männlich", bei den Mädchen „betont weiblich" oder „legere". Diese Gruppierungen sind jeweils wenig kompatibel. Ein emotionaler Bursch wird sich eher nicht in der „körperbetonten Fußballclique" bewegen.

Gruppendynamisch kann das Macht-Schwäche-Stärke-Verhältnis in einer Klasse z.B. folgende Auswirkungen haben:

- Befindet sich eine *große Anzahl relativ starker Mädchen* in der Klasse, kann sich eine Minderheit von mächtigen Burschen nicht durchsetzen. Diese Minderheit hat die Möglichkeit, vom du-orientierten Klassenklima der Mädchen zu profitieren, die Klasse wird sich gut führen lassen. Für einzelne sehr überindividualistische Schüler bietet das aber die Möglichkeit, sich doch auffallend hervorzutun.
- Befindet sich eine *große Anzahl überindividualistischer Mädchen* in der Klasse, kommt es zu häufigem „Zickenkrieg" zwischen den Mädchen und auch Burschen. Sind die Mädchen dominanter, werden sie die Klasse mächtig-dominant bestimmen, weil Mädchen oft überemotional agieren. Sie erleben Lehrereinschränkungen, wo noch gar keine vorhanden sind und regen sich vorzeitig auf. Das benötigt viel Lehrerenergie.
- Befindet sich eine *Anzahl sehr überindividualistischer Burschen* in der Klasse und eine *große Anzahl schwacher, sehr du-orientierter Mädchen*, können die Burschen ihre Dominanz verstärken. Das „Mehr" an Aufmerksamkeit suchen sie über die mangelnde Disziplin, vornehmlich dann, wenn

für die Mädchen ein Unterhaltungsfaktor entsteht, der den Burschen ein „Mehr" bringt. Die Mädchen werden zu Claqueuren, die durch ihre Zustimmung diese negative Gruppendynamik verstärken. Die Klasse wird sehr schwer zu führen sein.

- Befindet sich eine gleiche Anzahl von sehr überindividualistischen Mädchen und Burschen in einer Klasse, wird es zu ständigen, auch größeren Rangkämpfen bis hin zum Mobbing kommen. Beschließen z.b. einzelne Schüler, sich durch Mitarbeit im Unterricht hervorzutun, erhalten sie eine Aufwertung des Lehrers, die von den anderen nicht gerne gesehen wird. Sie werden als „Streber" abgewertet.

Ist eine negative Klassendynamik in Gang, bei der eine Gruppe die andere negativ verstärkt oder unterstützt, braucht es gruppenorientierte Mittel zur Grenzsetzung, denn die Klasse hat gelernt, dass man in der Gruppe mächtig ist, dass sie Schutz bietet, wenn man sich nicht gegenseitig „verrät".

Das „gestörte" Verhältnis zum „nicht Verraten" wird teilweise auch von den Eltern an die Kinder weitergegeben, es scheint aus dem Nationalsozialismus zu kommen. Tatsächlich macht sich ein Mitwisser einer Straftat nach unseren Gesetzen mitschuldig. Sinnvoll wäre es, wenn Schüler das bereits in der Schule lernen.

Auch die mangelnden Schulgesetze zur Gruppenverantwortung scheinen ein historisches Gedankengut zu sein. Jahrzehntelang wurde uns der Ostblocksozialismus als jenes Regime von Unfreiheit vorgezeigt, das sich der Gruppe unterwerfen muss und darunter leidet. Tatsächlich ist es die Pflicht der Schule, aus den Schülern gruppenverantwortliche Mitglieder der Gesellschaft zu machen. Ein Dilemma für den Lehrer, wenn er keine Möglichkeiten dazu hat. Er kann sich lächerlich oder „strafbar" machen, auf alle Fälle aber sinkt seine Autorität in der Gruppe bis hin zur Ohnmacht.

Dass die *Gruppenverantwortung* mit der Gruppengröße sinkt, ist grundsätzlich *kein* „natürliches, menschliches Phänomen", sondern eines von Stärke-Macht-Schwäche. Schwache Menschen werden keine Gruppenverantwortung übernehmen, mächtige werden die Gruppe eigennutzenorientiert „missbrauchen". Trotzdem gilt: In der Gruppe fühlt man sich stärker als man ist und diese Differenz macht gleichzeitig relativ schwächer, weil lange nicht auf Negativverhältnisse reagiert wird. Was noch gilt: Gruppen mit mächtigen und schwachen Mitgliedern brauchen eine starke Hierarchie. Die Hierarchie einer Gruppe muss oft zuerst geklärt sein, bevor sie agieren kann. Dadurch erscheint die Gruppe lange unfähig und verantwortungslos bis richtungslos.

Die Forderung nach einer starken, positiven Gruppenverantwortung kann letztlich nur durch die Möglichkeit der Bestrafung erfolgen. Keine Forderung und kein Gesetz wirkt, wenn die negativen Auswirkungen bei Nichtbeachtung nicht deutlich sind. Das Fehlen von Gruppenstrafen verstärkt somit mächtiges Gruppenverhalten, es schwächt die Gruppenverantwortung und somit die Gesellschaft. Übertreiben kann man natürlich auch mit Gruppenstrafen. Zuerst muss eine differenzierte Lösung angestrebt werden. In den meisten Fällen wird das *Wissen* um die Gruppenstrafe reichen. Wichtig ist sie, weil sie den positiven Gegenpol zur individuellen Bestrafung und zur Gruppenbelohnung darstellt und auch das Mitläufertum bestraft wird.

Viele Eltern sagen: „Ja, das ist doch gut, wenn die Schüler als Gruppe zusammenhalten, das ist doch wichtig, dass sie das lernen, das zeigt doch, dass sie keine Überindividualisten sind." Diese Einstellung darf nur dann existieren, wenn keine negativen Auswirkungen mit einem Gruppenverhalten verbunden sind. Beim Überindividualismus steht aber immer der schnelle Eigennutzen im Vordergrund und das „Verstecken können" des Eigennutzen in der Gruppe.

Die positive Gruppendynamik schließt mit ein, dass ein Schüler etwas Positives für den anderen macht, auch wenn er dafür selbst ein „Weniger" in Kauf nehmen muss. Positive Gruppendynamik schließt auch mit ein, dass ein gemeinsames, positives Ziel verfolgt wird, hintergründig und langfristig. Die falsch verstandene Gruppenverantwortung im Sinne von „wir halten auf alle Fälle zusammen" ist ein gesellschaftliches Defizit, das hinterfragt werden muss, wenn Kinder auch für die Gesellschaft stark werden sollen.

5. Wohlfühlen – Mitsprache – Feeback – Lehrerbeurteilung

Das „Wohlfühlen der Schüler" ist in vielen Schulen zu einem wichtigen Thema geworden. Pädagogen werden aufgefordert, über das Wohlfühlen in der Schule nachzudenken, die Schüler werden befragt. Man überlegt sich auch, wie man den 7. und 8. Schulstufen die Schule schmackhaft machen könnte. Aus der Perspektive des Überindividualismus betrachtet: Der Überindividualismus fühlt sich nie wohl, er braucht ständig ein „Mehr und Besser", er sucht Ersatz und beides nützt sich schnell ab. 12-14-Jährige befinden sich entwicklungsbedingt auf der vermehrten Ich-Suche und das doppelt, weil in einer überindividualistischen Gesellschaft eine besonders *hohe* Ich-Orientierung „erwartet" wird. Zum Wohlfühlen eignet sich diese Voraussetzung grundsätzlich nicht, sie „schreien" nach Ersatz.

Wohlfühlen bedeutet *Selbstwertbestätigung* und somit *Zufriedenheit* mit sich selbst. Wohlfühlen kann aber nur mit dem eigenen Ich gefühlt werden, es ist somit eine Ich-Wahrnehmung und die ist relativ. Man kann sich z.b. in einem fast leeren Raum wohlfühlen, indem man feststellt: Schön warm, nichts stört, eine angenehm weiche Matte, Ruhe, es geht mir gut, dass ich eine Stunde in diesem Raum der Erholung genießen darf. Ich kann aber auch feststellen: „Kahler Raum, wo hängen die Bilder, die mir gefallen, ich hätte gerne ein ordentliches Bett, ich fühle mich einsam..." Der Überindividualismus braucht ein „Mehr", damit er das Wohlfühlen wahrnimmt, er wird weniger zufrieden sein. Da sich das „Mehr" auch schnell abnützt, bleibt es eine relative Größe. Die Zufriedenheit ergibt sich somit nicht durch Klasseneinrichtungen, farbige Wände... Wenn ein Kind nicht fähig ist, die Farbe als wohltuend zu empfinden, bleibt die Farbe nur Farbe und man gewöhnt sich an sie.

Die grundlegende *Selbstwertbestätigung* hingegen kommt über das Erfolgserlebnis, das sich auch nach der Höhe des Eigeneinsatzes richtet, ob es tiefgreifender empfunden wird und länger anhält. Die Fähigkeit, das eigene Empfinden wahrzunehmen, kann auch die kleinen Erfolgserlebnisse tiefgreifend empfinden. Eine schnelle und undifferenzierte Gesellschaft wird sich dabei schwer tun. Das Ergebnis des Eigeneinsatzes muss dabei nicht einmal zwingend positiv sein, es kann auch relativ als Teilerfolg abgebucht werden, wenn der *Weg* zufriedenstellend war. Eigene und fremde Erwartungshaltungen sind dabei mitbestimmend.

Die *Eigenmotivation* und die *Freiwilligkeit* sind weitere Kriterien, die landläufig als Beitrag zum optimalen Wohlfühlen in der Schule gelten. Differenziert und langfristig betrachtet, funktioniert dies nicht, wenn nicht ein gesellschaftliches Ziel damit verknüpft wird. Das funktioniert genauso wenig wie eine Ich-Entwicklung ohne die Du- und Gesellschaftsorientierung. Wird z.B. unfreiwillige Arbeit (= Arbeit für ein Du/die Gesellschaft) erledigt, ist das Erfolgserlebnis *sehr hoch,* wenn die Arbeit einmal gut bewältigt ist, weil der Einsatz sehr hoch war. Wurde der Einsatz von einer Erziehungsperson (hierarchisch höher) gefordert, kann diese Person auch positive Rückmeldung geben. Die *hierarchische Stellung* der rückmeldenden Person ist dabei mitentscheidend für die Höhe des Selbstwertgefühls. Rückwirkend wird wieder die Bindung zur hierarchischen Person gefestigt, das lässt neue Forderungen zu. Die ständige autoritative Untergrabung der Lehrer schwächt den Output des Schülers und somit den Schüler. Wie wir sehen: Stimmt das Verhältnis von *Autorität, Forderung, Bindung...,* kann über das Selbstwertgefühl ein grundlegendes Wohlfühlen erreicht werden, das auch „Durststrecken" überwinden kann und zu einer gewissen „Eigenmotivation und Freiwilligkeit" führt, wenngleich die Schule deswegen noch nicht als „freiwillig" erlebt wird. Die Eigenmotivation und die Freiwilligkeit als Wohlfühlfaktor bleiben somit eine relative Größe, die von der Gesellschaft gelenkt werden. Sinken beide, ist anzunehmen, dass die Forderung der Gesellschaft nicht stimmt. Bezieht man die Freiwilligkeit und Eigenmotivation der Schule auf das wirtschaftlich notwendige Ziel, sind Schüler hingegen mit dieser Form der langfristigen Freiwilligkeit altersbedingt überfordert. Dem Überindividualismus stehen die gesellschaftsunterstützte Freiwilligkeit und Eigenmotivation ohnehin nur eingeschränkt zur Verfügung, er sucht den schnellen Eigenvorteil. Schnelle und schlampige oder abgeschriebene Hausübungen fördern das Selbstwertgefühl nicht.

Ein grundlegender Mechanismus für das Wohlfühlen der Schüler ist die *persönliche Bindung zueinander*, die sich ja oft auch in die Freizeit ausweiten und dort verstärkt werden. Ich muss nicht mehr erklären, wie die persönlichen Bindungen überindividualistisch reduziert bleiben, auch der „lose Schwarm" trägt wenig zum Wohlfühlen bei, auch wenn er vorübergehend ein Ersatz ist und Sicherheit vortäuscht.

Aus der Sicht des Kindes ist die Frage: Wohlfühlen in der Schule?", eher eine relativ leere Floskel und wird mehr oder weniger mit Chillen gleichgesetzt. Das Wohlfühlen ergibt sich für sie eher aus dem Unterbewusstsein auf die Fragen: „Bin ich erfolgreich, bin ich akzeptiert?" Zusätzlich wollen Schüler mit wenig Aufwand zu guten Noten kommen, dabei gut unterhalten werden und Spaß haben. Die Anlage eines echten „Selbstwertgefühls" als Voraussetzung für ein starkes Ich steht dabei nicht auf der Schülerliste zum Wohlfühlen, weil sie die dynamischen Voraussetzungen dazu gar nicht kennen. Hier braucht es den Pädagogen, der stärkere Hintergründe hat. Gute Lehrer können die Voraussetzungen für das Wohlfühlen in ihrem Zuständigkeitsbereich schaffen, aber nur bis dorthin, wo sie nicht gesellschaftlich eingegrenzt werden. Die Schüler müssen ihr Umfeld in *ihrem* Bereich so gestalten, dass sie sich wohlfühlen. Klassengemeinschaftsstunden können zwar helfen, Eskalationen zu vermeiden, das individuelle Wohlfühlen muss aber bei jedem selbst beginnen. Der Pädagoge kann geschickte Bewusstwerdungsprozesse einleiten, die Annahme hängt vom Individuum ab. Zweifelsohne können auch gute Anregungen für das Wohlfühlen von Schülern kommen, aber die kommen auch ohne zeit- und materialaufwändige Umfragen.

Hinterfragt man also das Wohlfühlen genauer, wird klar: Wird das Wohlfühlen von der Gesellschaft eingefordert, ist es eine überindividualistische Forderung, die nur kompensatorischer Ersatz sein kann, im Sinne des überindividualistischen „Mehr und Besser". Fragt man die Schüler, ob sie sich wohlfühlen, oder was sie gerne hätten, werden überindividualistische Schüler das nützen, im Sinne von „ich kann meine Ansprüche erhöhen". Die überindividualistische Ich-Stellung wird gleichsam verstärkt, das Konsumdenken angekurbelt und die Basis für das Lernen in den negativen Bereich des Bildungskonsums verlegt.

Frustrationen behindern das Wohlfühlen. Immer wieder fragen sich Lehrer, welche Möglichkeiten die Schule bieten kann, damit Schüler ihren „Frust ablassen" können, ohne dabei sich und andere zu blockieren. Wo ist jene Plattform fürs Ausreden? Schulen bieten Mediation an, gelenkte Gespräche zwischen Schülern und Lehrern, von ausgebildeten Lehrern; auch Schüler werden in die Grundkenntnisse der Mediation eingeweiht und dürfen sich in ihr üben. Der Grundgedanke dabei: Konflikte lösen ohne Schuld, ohne neue Differenzen, ohne neue Frustrationen...

Der Überindividualismus handelt sich viele Frustrationen ein und er kann sie nicht relevant = hintergründig verarbeiten. Da hilft nur das Einüben einer ständigen Du-Orientierung als Ausgleich zur Überindividualisierung... und... die Gesellschaft muss dem frustrierten Schüler seine Frustrationen lassen, sie darf ihm nur bei der adäquaten Aufarbeitung helfen, also bei der Ursachenerforschung. Der Pädagoge muss dabei auch den anderen helfen, sich vor fremden Frustrationen abzugrenzen.

Die Plattform für die Frustrationsbewältigung wird es in der Schule nur situationsbedingt und daher begrenzt geben können. Ein Lehrer kann mit jenen Schülern sprechen, deren Schularbeitnote schlecht ausgefallen ist, er kann das Selbstbild des Schülers vor einem übergroßen Absturz bewahren, indem er z.B. den Stellenwert der Note erläutert und das neue Ziel vor Augen führt. So muss der Schüler nicht seine ganze Person abwerten, sondern kann die schlechte Note als das auffassen, was sie ist: Sie zeigt ein „Mehr" oder ein „Weniger" im gesellschaftlichen Kontext mit dem Ziel eines Lernprozesses.

Zusammengefasst betrachtet:
Wohlfühlen bedeutet: Ein Weiterkommen auf der Basis der eigenen Möglichkeiten im Hinblick auf die gesellschaftliche Eingliederung durch Eigeneinsatz. Die Schule kann den Eigeneinsatz einfordern, sie kann aber nicht das Wohlfühlen anbieten. Das Wohlfühlen ist eine Frage des Individuums und seiner Stärke. Die Schule kann die Kinder stark machen, dann werden sie sich immer öfter wohlfühlen. Bietet man in der Schule das Wohlfühlen an, kann die Enttäuschung nur auf die Schule zurückgeführt werden, denn die Schule kann langfristig nicht halten, was sie verspricht. Das „Versprechen" auf Wohlfühlen in der Schule ist auch darum kontra-

produktiv, weil es den Schüler auf die negative Übertreibung der eigenen Bedürfnisbefriedigung verschiebt. Diese Verschiebung verringert die Eigenmotivation und die Eigenverantwortung (oder jene der Eltern).

Ein *Mitspracherecht für die Schüler* mag zwar kurzfristig vermitteln, dass Schüler etwas wert sind, langfristig bedeutet das aber *Frustration* für sie, weil die Schule starke Entscheidungen braucht. Damit sind Schüler überfordert, ihre Mitsprache wird eher keine langfristigen, positiven Änderungen bewirken. Daher ist auch das *Schülerfeedback* – als Instrumentarium zur Verbesserung der Lernsituationen für die Schüler – nicht geeignet. Auch die Feedbackkultur schadet, weil sie etwas vorgibt, was sie nicht halten kann. Und warum? 97% der Schüler sind in ihrer Gegenposition zum Lehrer und auf der Basis einer relativ undifferenzierten Sichtweise als Schüler mit einem konstruktiven Lehrer-Feedback überfordert. Schüler (auch die meisten Erwachsenen) reagieren bis zu 95% aus dem emotionalen Unterbewusstsein. Dieses stützt sich auf das allgemeine Wohlbefinden, das wiederum mit (über)individualistischen Einstellungen gekoppelt ist, bzw. noch in starker Abhängigkeit zu elterlichen Einstellungen steht. Nur zum geringsten Teil können diese Einstellungen die hintergründige Lehrersicht beinhaltet. Wäre dies der Fall, bräuchte ein Lehrer keine pädagogische Ausbildung. Da könnte man jetzt sagen: „Aber genau diese inneren Einstellungen des Kindes sind doch wichtig, ob es ihm gut geht, ob es sich wohl fühlt...“ Sind die Einstellungen überindividualistisch, beinhalten sie: „Achtung, Möglichkeiten zur Grenzerweiterung!“ Die meisten Grenzerweiterungen sind aber bereits überindividualistisch angelegt und müssen jetzt vom Lehrer hintergründig zurechtgerückt werden. „Gut, könnte man sagen, so erklären die Lehrer den Schülern wenigstens, warum dies und jenes nicht geht und warum etwas anders gemacht wird.“ Die Erfahrung zeigt, dass Erklärungsversuche des Lehrers vom Überindividualismus nicht aufgenommen werden, diese Du-Orientierung wird nicht gerne aufgebracht, sie würde ja auch ein Ziel verhindern. Für das Verstehen von vielen Erklärungen fehlt aber oft auch die Differenzierungsmöglichkeit über das Wissen und über die Erfahrung. So sind es sowohl die Schüler als auch die Lehrer, die ohnmächtig zurückbleiben. Die Schüler, weil sie offensichtlich zu dumm sind, die Lehrerposition nachzuvollziehen, die Lehrer, weil sie offensichtlich zu dumm sind, sich verständlich zu artikulieren. Dumm sind beide nicht, nur haben sie unterschiedliche Hintergründe, mit denen Schüler oft noch überfordert sind.

Als du-orientierter Lehrer nimmt man die Schülerforderungen ständig wahr, überlegt ständig, ob es starke Forderungen sind oder nicht. Die Zeiten haben sich geändert. Fast alle Schüler trauen sich dem Lehrer verbal gegenüberzutreten, auch sehr fordernd bis unfreundlich.

Die Selbstoffenbarungsebene des Feedbacks lautet für den Überindividualismus: „Der Lehrer muss die Schüler fragen, er ist zu wenig Autorität...". Ist das ein Ziel von Feedback?

Je überindividualistischer Schüler fordern, desto höher wird die Schülerfrustration nach einem Feedback sein, weil der Lehrer den meisten Schülerforderungen nicht nachkommen *darf*, wenn er ein *guter* Lehrer sein will. Die Aussagen der Schüler nach einem Feedback lauten immer wieder: „Es nützt ja eh nichts." Natürlich kann man das eine so oder so machen, unterschiedliche Methoden haben auch unterschiedliche Vor- und Nachteile. Feedbacks rücken den überindividualistischen Schüler immer ein Stück weiter auf die überindividualistische Stellung und den Lehrer auf die Du-Orientierung. Auf dieser hohen Stellung ist auch die Frustration hoch, wenn sich nichts für die Schüler verbessert. Es zeigt dem überindividualistischen Schüler: „Schülerfeedbacks geben vor, was sie nicht halten können" und wirken auf die Schüler rückwirkend negativ mächtig im Sinne von: „Wir nehmen euch ernst, aber wir ändern nichts". Das Ergebnis: Beide Parteien befinden sich nun auf einer schwächeren Position.

Starke Schüler akzeptieren auch andere Vorgehensweisen, als sie selbst gerne hätten, sie können sich einlassen, akzeptieren Notwendigkeiten, können sich anpassen, natürliche Autoritäten akzeptieren und brauchen so wenig Energie, sich gegen Inhalte, Methoden... aufzulehnen. Diese Energie steht ihnen für den Unterrichtseinsatz zur Verfügung.

Als Lehrer braucht es Mut, ein Feedback abzulehnen, die Ablehnung wird von Unwissenden als „Angst vor Kritik", als „Verweigerung zur Verbesserung", als „Kontrollverweigerung durch Außenstehende" ausgelegt. Der Frust ist bei einem „Feedback-Verweigerer" groß, aber auch bei einem „Feedback-Befürworter", weil er überwiegend Inhalte lesen muss, die realitätsverzerrt, einseitig und übertrieben sind und daher beleidigend abwertend. Auch positive Schülerrückmeldungen muss man aufgrund der kindlichen Undifferenziertheit und aufgrund manipulativer Schülermethoden sehr relativ betrachten. Der unnötige Zeitaufwand auf beiden Seiten und die Kopiekosten kommen noch hinzu. Der Schaden für beide Seiten ist somit unvergleichlich höher als der Nutzen. So bleibt das Feedback in Schulen eher eine Überlegung des ohnmächtigen Überindividualismus als eine echte Chance auf Verbesserung.

Auch die „Mitsprache" in Form der *Lehrerbeurteilung* durch *Schülerbenotung* ist massiv schulschädigend. Auch hier werden die Hierarchieebenen vertauscht: Eine niedrige Hierarchieebene beurteilt eine höhere. Hinzu kommt: Lehrer müssen unerwünschte Erziehungsaufgaben bei den Schülern erfüllen. Welcher Chef lässt sich öffentlich von seinen Untergebenen beurteilen und noch dazu von vergleichsweise schwachen Kindern? Auch hat ein Chef nicht gleichzeitig einen gesellschaftlichen Erziehungsauftrag, er kann seine Mitarbeiter entlassen. Die Lehrerbeurteilung durch Schüler kann nur ein Ergebnis des unhinterfragten Überindividualismus sein, der mit Autoritäten nicht gut klarkommt.

6. Qualitäten und Unterschiede von Jugendlichen: früher – heute

Eine Möglichkeit zur differenzierten Schulbetrachtung kann der Vergleich sein, wie ihn Meinrad Pichler[81] (Direktor an einem Gymnasium) angestellt hat, indem er den Unterschieden und Qualitäten der *heutigen* Jugendlichen zur Jugend von *früher* nachgegangen ist. Für ihn sind es u.a.:

- Umgang/Zugang mit/von Medien
- die Flexibilität, Tempo
- der Individualismus in Form von sozialen Unverbindlichkeiten
- „Schwarm" statt „Gruppe" – zweckorientiert
- der veränderte Spielraum – mehr Sekundärerfahrungen, weniger Primärerfahrungen
- die demokratische Erziehung → Schüler fordern mehr Mitsprache ein
- die Konsumwelt – alles ist käuflich, auch die Bildung (zweiter Bildungsmarkt)

Ob es sich bei diesen Unterschieden langfristig um „Qualitäten" handelt, kann die hintergründige Betrachtung aus der Perspektive des Überindividualismus bringen.

Der „*schnelle und häufige Umgang mit den Medien*" ist dann positiv, wenn er mehr Vorteile als Nachteile bringt. No, na, logisch, wer kann das schon messen. Aus der Perspektive des Überindividualismus betrachtet: Die Medien sind passgenau auf den Überindividualismus zugeschnitten, sie unterstützen und vervielfachen ihn vielfältig über alle grundlegenden, menschlichen Antriebsmöglichkeiten:

- Geschwindigkeit → Oberflächlichkeit, Verlust der Realitätskontrolle
- Kommunikation → Kommunikationsdefizite und Realiätsverzerrungen

---

81 Vortrag vom 8. Februar 2010: „Schwierige Jugendliche". Kodex L, eine Veranstaltung des Wirtschaftsförderungsinstitutes und des Landesschulrates für Vorarlberg, Veranstaltungsort: Wifi Dornbirn/Vorarlberg.

- Konsum als Ersatz → oberflächliche Bedürfnisse statt langfristiges Selbstwertgefühl
- Verringerte Bindung → Bindungsverlust, Verlust der Du-Orientierung...

Da mögen die Medien auch Vorteile haben, die Nachteile können sie nie und nimmer aufwiegen. Die Geschwindigkeit wird die Basis für alles Handeln und Denken. Die Flut der Informationen fördert Selektion, Ungenauigkeit, das Schauen minimiert die Fähigkeit zuzuhören, die verringerte Zuhörfähigkeit behindert die Kommunikationsfähigkeiten auf allen vier Kommunikationsebenen, die Inhalte werden realitätsverzerrt aufgefasst...

Werden z.B. die Problemerörterungen mit dem Computer geschrieben, ist schnelles Formulieren möglich, schließlich können Fehler mit Strg. X/C/V schnell bearbeitet werden. Immer weniger braucht es die vorherige Überlegung nach Gesichtspunkten eines klaren Aufbaues, der inhaltlichen Richtigkeit, der Verständlichkeit, der richtigen Schreibweise, immer weniger wird das Schreiben durchdacht, hinterfragt, schnelle Ergebnisse werden abgeliefert. Diese Ergebnisse können auch richtig sein, aber sie fördern nicht die Fähigkeit, vor dem Schreiben konstruktiv zu denken. Wird das beim Schreiben nicht erlernt, fehlt diese Fähigkeit auch beim Sprechen. Oft sind die Deutsch-Hausübungen aber nur Zufallsergebnisse auf der Basis der ersten auffindbaren Internetseite. Gedankliche Eigenleistung beim Verfassen von Texten wird noch im Unterricht gefordert, doch Zeit ist dafür eigentlich nicht, auch die Anstrengungen bleiben häufig sehr reduziert.

Medien können Differenzierung bringen, aber auch das Gegenteil, wenn die Zeit fehlt oder der Spaßfaktor im Vordergrund steht. Zusammengefasst: Die Mediennutzung müsste *sehr* gezielt eingesetzt werden, damit sie nicht schaden und genau hier beginnt das Problem von 98% der Eltern, Schüler und auch Lehrer. Aus meiner Sicht ist die Mediennutzung für Schüler meist schädlicher, als sie nützt, von den einzelnen Inhalten noch ganz abgesehen. Erlernt werden muss die Mediennutzung trotzdem, weil kein Weg an ihr vorbeiführt. Die zeitliche Dauer der Mediennutzung ist dabei das Hauptproblem, sie blockiert die Jugend.

Die „Flexibilität" der Jugend ist für die Zukunft sicher wichtig, tendiert bei überindividualistischen Menschen aufgrund ihrer Extremposition aber zur Richtungslosigkeit und Ohnmacht, wie bereits in Teil I beschrieben wurde. Der Überindividualismus befindet sich auch in diesem übertriebenen Bereich, daher braucht er vermehrt Richtung und Ziele.

Der *„Individualismus in Form von sozialer Unverbindlichkeit"* schadet dem Menschen auf Dauer, wie wir bereits gehört haben, weil sie keine realen Bindungen *mit* dem realen Du schafft, sondern machtvoll nach eigennütziger Aufwertung *über* das Du strebt. Das Du wird Mittel zum Zweck. Zweckgemeinschaften bleiben nur so lange erhalten, wie sie Sinn machen, können dort aber mächtig wirken, weil sie sich später – aufgrund der mangelnden Bindung – gegenseitig keine Rechenschaft ablegen müssen. Der zweckorientierte *Schwarm statt der Gruppe* ist aufgrund mangelnder sozialer Bindungen nicht stark, weil die Ängste zum Du bleiben, Differenzen schaffen und ein Starkwerden verhindern.

„Mehr Sekundärerfahrungen, weniger Primärerfahrungen" bringt mit sich, dass die Jugend weniger gut mit Hintergründen agieren kann, weil diese auf Primärerfahrungen basieren, sprich Erfahrungswerten, die z.b. im gemeinsamen Spiel erworben werden können, aber auch bei helfenden Tätigkeiten, bei praktischen Tätigkeiten... Wer z.B. nicht aktiv an einer lebendigen Alltagskommunikation verschiedener Lebenslagen teilnimmt, wird weniger persönliche Rückmeldung zur Realitätsabgleichung erhalten, wird sich schwer tun, das Gegenüber schnell und richtig einzuschätzen, weil er die nonverbalen Kommunikationsebenen nicht schnell deuten, die Selbstoffenbarungsebene nicht hören kann (die im Fernseher ja nur sehr eingeschränkt mitgeliefert wird). Das Ich wird auf jene menschlichen Verhaltensweisen reduziert, die es von sich kennt, falls es überhaupt welche bewusst wahrnimmt. Mächtige Menschen neigen z.B. dazu, eine „freudige Aussage" des anderen als „Angebertum" zu interpretieren oder erleben „kribbeligen Eifer" des Gegenübers bereits als „eigene Abwertung" im Sinne des Weniger. Mehr Primärerfahrungen im differenzierten Umgang mit Menschen wären wichtig.

Das soziale Lernen am gemeinsamen Spiel wurde schon erwähnt, es gehört zu den wichtigen Primärerfahrungen, weil dabei ständig „Flexibilität, Verlust, Frustration..." geübt wird. Ein Kind lernt, dass ein Verlust keinen grundlegenden Selbstwertverlust darstellt, sondern nur einen Spielverlust, einen Teilverslust. Die Absturzsicherung kann so geübt werden und die Frustrationstoleranz erhöht, weil das Ich ja geringere Absturzängste hat. Die sozialen Bindungen, die bei der Hilfestellung zur Frustrationsbewältigung durch die Eltern entstehen, sind dabei enorm wichtig für die Bindung und die weiteren Forderungen an das Kind.

Ich denke, es sind aber nicht nur die sozialen Primärerfahrungen, die heute fehlen, sondern auch die körperlich-handwerklichen. Das Lernen über *Versuch und Irrtum* kann besonders bei kindlichen, handwerklichen Erfahrungen viel besser geübt werden, weil der Irrtum meist keine tiefgreifende Ich-Abwertung mit sich bringt. Der Irrtum kann so positiv abgespeichert werden im Sinne von „noch einmal probieren".

Pichler hat das Schwinden der Primärerfahrungen als negativ einstuft, weil die Voraussetzungen für den gemeinsamen Unterricht immer weniger vorhanden sind. Tatsächlich variiert der gefühlte Altersunterschied bei 5-Jährigen bereits um bis zu zwei Jahre, bei 10-Jährigen um vier Jahre..., Rückstände, die nicht mehr aufgeholt werden können, im Gegenteil, sie vervielfältigen sich meist.

Eine *„demokratische Erziehung der Schüler bringt mit sich, dass Schüler auch mehr Mitspracherecht einfordern".* Das Fordern nach mehr Mitspracherecht ist aus überindividualistischer Perspektive logisch, es darf aber nur im klaren Erziehungsrahmen gewährt werden. Es würde auch ein Gedankenfehler vorliegen, wenn die „demokratische Erziehung" mit dem „Mitspracherecht in der Schule" gleichgesetzt wird. Zu frühe Demokratie ist immer eine Überforderung für Schüler, nicht nur in der Schule, weil die Differenzierungsbasis noch fehlt. Wie wenig hintergründig auch Maturanten noch denken, zeigt sich immer wieder in erschreckend oberflächlichen Problemerörterungen.

Beispiel:
Jeder Lehrer kennt z.B. die häufigen Diskussionen: „Warum brauchen wir das?" Aus überindividualistischer Sicht betrachtet ist dies kein Hinterfragen auf der Basis einer selbständigen, mündigen Jugend, die sich eben nicht mehr alles aufzwingen lässt. Solche Fragen suchen den Eigennutzen im Sinne von „möglichst wenig Aufwand".

Die Tatsache, dass *„Bildung käuflich"* ist, macht die Schule zu einer Ware, Einsatz ist nicht gefragt, Geld reicht. Der Wert der Schule verringert sich somit mit dem Wohlstand. Die käufliche Bildung fördert nicht jene Qualitäten, die sich positiv auswirken wie Einsatz, unbedingtes Wollen...

Diese Vergleichsliste von Meinrad Pichler kann ergänzt werden. Es gibt noch etliche Unterschiede zu früher, die sich bei genauem Hinsehen und Differenzieren aber alle negativ auf die Kinder und somit auf die Schule auswirken.

Die neue Tendenz zur *„Unbekümmertheit"* (vgl. fehlende Angst[82]): Z.B. sind Noten – besonders jene der Nebenfächer – bei vielen Eltern nicht mehr so wichtig, weil

---

82 vgl. Arno Dalpra: Vortrag vom 8. Februar 2010: „Schwierige Jugendliche". Kodex L, eine Veranstaltung des Wirtschaftförderungsinstitutes und des Landesschulrates für Vorarlberg, Veranstaltungsort: Wifi Dornbirn/Vorarlberg.

sie „Stress" bedeuten, den man dem Kindern nicht mehr antun möchte. Diese Einstellung kann auch als negative Gegenreaktion auf die einseitige Motivation durch Noten gesehen werden. Lehrer geben nach und senken ihre Erwartungshaltungen, damit die statistische Kurvenform der Notengebung erhalten bleibt, die zeigt, dass die Noten klassenorientiert stimmen (kaum Fünfer, einige Vierer, viele Dreier, einige Zweier, wenig Einser). Diese statistische Benotung wird von vielen Schulverantwortlichen heute immer noch gefordert, damit man sieht: „Alles geht seinen richtigen Weg".

Zur unbekümmerten Einstellung der Schüler zählt z.B. auch die Einstellung „ich bin in Mathematik talentiert, daher bin ich gut und muss nicht üben" oder „ich bin in Mathematik untalentiert, da nützt ohnehin nichts, ich muss gar nicht erst üben. Diese Einstellungen sind beide rückwärtsgerichtet. Vergleicht man diese Einstellungen mit jener von japanischen Kinder, lautet diese: „Ich habe geübt, daher bin ich gut." Es ist wichtig, Kindern zu sagen, dass nicht jeder gleichviel Talent für alles haben kann, es ist aber auch wichtig von ihnen trotzdem den Einsatz zu fordern, sonst führt fehlendes Talent zum innerlichen Rückzug.

Auch ärztliche Atteste von Dyskalkulie, Legasthenie, ADS... werden vermehrt für eine unbekümmerte Haltung herangezogen. Die Haltung von „ich kann eben nicht" zu fördern ist immer schädlich. Oft zeigt sich, dass gute Fortschritte und Erfolgserlebnisse erzielbar sind, wenn jene Schüler lernen, sich Schritt für Schritt auf einen Arbeitsgang zu konzentrieren, wenn sie sich Lernstrategien zurechtlegen, wenn sie Inhalte anbinden lernen... eine Arbeitsleistung, wie sie auch von „nervösen Charakteren" geübt werden muss: eines nach dem anderen, unterstützt von bindungsfähigen Erwachsenen.

Was Kinder heute besser können als früher: Kinder besitzen oft ein *hohes Maß an aktiv kommunizierten Manipulationstechniken,* die glaubwürdig wirken, weil sie bereits vom Elternhaus selbst benützt oder zugelassen werden. Für starke Menschen sind diese oft nicht zu durchschauen, weil sie von ihnen nicht verwendet werden. Auch von überindividualistischen Menschen werden sie nicht immer durchschaut, weil sie gerne daran glauben, dass z.B. die Freundlichkeit der Schüler mit ihrer eigenen Person zu tun hat. Die freundliche Unverbindlichkeit als Mittelmaß ist nicht die Stärke des extremen Überindividualismus, auch hier übertreibt er eigennutzenorientiert.

Viele Kinder besitzen heute vermehrt ein *gezeigtes Selbstbewusstsein,* das vom *echten Selbstwertgefühl* weit weg ist. Oft sind es die dominantesten Schüler, die auf der Schiwoche Heimweh haben, die am meisten lügen, weil sie für die Wahrheit zu wenig stark sind, die auch bei guten Noten schwindeln, weil sie Angst vor dem Versagen haben. Daher: Man kann Schüler immer häufiger nicht mehr so nehmen, wie sie sich geben, sie spielen schon sehr früh Rollen. Die Erwartungshaltungen müssen daher oft niedriger angesetzt werden, weil Schein und Sein auseinanderdriften.

Überholt ist auch jene Annahme, dass Schüler sehr viel *durch Vorbilder lernen*. Überindividualistische Kinder lernen vermehrt, was praktisch für sie ist und haben dafür eine ausgeprägte Sensibilität entwickelt. „Von Vorbildern lernen" geht nur dann, wenn das Du wenigstens vom Unterbewusstsein in seiner Gesamtheit wahrgenommen wird und nicht selektiv eigennutzenorientiert. Auch in einer schnellen Zeit erfolgt die Wahrnehmung überwiegend selektiv: „Was schadet mir, was nützt mir." Überindividualistische Schüler haben daher oft ein ausnehmend feines Gespür, was der Lehrer will, wie sie das ohne Aufwand erhalten oder wie sie dem entgehen können. Am meisten lernen sie von „mächtigen" Vorbildern, weil diese auf ihrer „Verständnis-Schiene" liegen.

Weitere Unterschiede von heute zu früher:

- Kinder wirken selbständiger, sind aber länger von den Eltern abhängig.
- Kinder erhalten höhere Entscheidungskompetenzen zugesprochen, können aber weniger gut verantwortungsvoll agieren, weil dies der Überindividualismus nicht zulässt.
- Die Bild- und Kommunikationsmedien hinterlassen quasi-autistische Kinder, die sich mit Mimik, Gestik, differenziert Artikulation und nonverbaler Kommunikation schwer tun, denn diese wird weder beim SMS-Schreiben noch auf Facebook, noch in langen, gemeinsamen Gesprächen geübt.
- Die häufigen Telefonate sind oberflächliche Scheingespräche, die dem Jugendlichen das Gefühl geben, als Ich vorhanden zu sein.
- Immer weniger werden Rollenklischees von den Mädchen angenommen. Auch sie tendieren zu überindividualistischem Verhalten.

Viele Lehrer beobachten: *Die Kinder kommen immer früher in die Pubertät,* die Schüler sind schneller aufmüpfiger als früher, auch wenn es gar keinen Grund gibt. Diese „frühe Pubertät" in Form von „Aufmüpfig-Werden, Disziplinschwierigkeiten..." ist für mich vielmehr der Ausdruck des gesellschaftsbedingt verstärkten Überindividualismus, der sich in seiner Isolation nicht wohlfühlt, die vermehrte Du-Orientierung der Vorpubertät und Pubertät blockiert und gar keine starke Pubertät im Sinne der du-orientierten Differenzierung zulässt. Die heutige Jugend lässt somit oft den wichtigsten Schritt zum Erwachsenwerden aus. Logisch, dass es einen Ersatz für den positiven Umgang mit dem Du braucht. An manchen Schulen ist das verpflichtende Unterrichtsfach „Höflichkeitserziehung" eingeführt worden. Dieses Fach kann auf einer theoretischen Ebene Du-Orientierung vermitteln, wenngleich diese auch keine natürlich gewachsene ist. Immerhin setzt sie auf der Oberfläche du-orientierte Zeichen.

Positiv ist für mich heute, dass sich auch schüchterne Schüler etwas sagen trauen und dass es immer noch Schüler gibt, die sich auf dem Weg zur positiven Spannung zwischen dem Ich und dem Du befinden.

Teil V Lehrer

„Der Lehrer hat Disziplinschwierigkeiten mit einer Klasse" ist eine typische Aussage eines verzerrten Schulbildes, bei dem der Lehrer die Schuld hat. Die Disziplinschwierigkeiten haben die Schüler, denn sie sind es, die sich nicht in einer Gemeinschaft integrieren können. Lehrer gelten bei Unwissenden als die Hauptverantwortlichen für das Gelingen von Schule, weil sie schulisch am nächsten und häufigsten mit den Schülern zu tun haben, sie sind auch die teuren Pädagogen. Tatsächlich sind sie es, die Schüler beeinflussen = erziehen können, aber nur dort, wo Schüler keine Du-Orientierungsstörungen aufweisen und nicht von schulexternen Umständen in eine andere Richtung „manipuliert" werden. Wie wir bereits gehört haben, beginnt hier das Problem der Lehrer.

Die geringe autoritative Stellung des Lehrers von heute ist nur ein Kriterium für das Misslingen der Schule. Sie kann über den Vergleich zu früher dargestellt werden. Früher waren der Lehrer und der Pfarrer die wissenden Autoritäten eines Dorfes. Kinder/Schüler wurden auch im Elternhaus hauptsächlich auf der Position der einseitigen Du-Orientierung gehalten. Diese Stellung lässt kein gesundes Selbstwertgefühl wachsen, was bei etlichen Schülern zu mächtigem Abreagieren im negativen Gegenpol geführt hat. Die 68er-Bewegung machte schließlich den Individualismus in großem Umfang populär, der Durchbruch des Individualismus war erfolgt.

Die damaligen Schulverantwortlichen brachten die Individualisierungs-Bewegung auch in die Schule im Sinne von „mehr Rechte und Mitbestimmung für die Schüler". Der Zeitpunkt ist logisch, erfolgte aber bereits zu einem Zeitpunkt, an dem die Individualisierung der Schüler sehr schnell fortschritt, bzw. schon verbreitet war. Da Schüler aufgrund ihres Alters an sich noch einen hohen Ich-Stand aufweisen, weil die du-orientierte Differenzierung ja erst erlernt werden muss, braucht die Schule für die Großgruppe immer deutliche Grenzen, damit sie einfordern kann, was die Gesellschaft benötigt. Da sich der Überindividualismus schnell selbst verstärkt, können wir uns vorstellen, unter welch schlechten Bedingungen Lehrer heute arbeiten und auch die Schuld dafür erhalten.

Früher galt: Der Lehrer agierte machtvoll, erhielt überwiegend gehorsame, einfach zu handhabende Schüler. Das Hinterfragen dieser mächtigen Stellung galt als widerspenstig und unangepasst, es war verpönt, wurde bestraft. Der Schüler von damals hinterfragte aus einer ungesunden, einseitigen Du-Orientierung heraus, der

Schüler von heute hinterfragt auf der Basis einer ungesunden, einseitigen Ich-Stellung. Die einseitige Du-Orientierung ist langfristig weniger schädlich, weil es leichter ist, sich auf die Ich-Orientierung zu begeben, überhaupt dann, wenn es die wirtschaftlichen Verhältnisse zulassen. Die Ich-Orientierung aufzugeben hingegen bedeutet oberflächlich betrachtet einen Verlust für das Individuum. Langfristig betrachtet wäre sie aber ein individueller, gesellschaftlicher und wirtschaftlicher Gewinn.

Heute befindet sich der Schüler auf der machtvoll überindividualistischen Seite im Wertequadrat – oft von den Eltern unterstützt – und der Lehrer versucht, sich noch weiter individuell auf die Schüler einzulassen, weil es von ihm gefordert wird. Es wird klar: Der Schüler lernt die Du-Orientierung auch in der Schule nicht. Historisch betrachtet wird auch klar: Wir befinden uns heute im negativen Gegenpol zu früher. Die Zeiten, in denen der Lehrer neben dem Pfarrer der Einzige war, der lesen konnte, sind vorbei, die anerkannte Machtressource als einziger Wissender fehlt. Wie wir sehen: Sind wir zu gut, indem wir auch in der Schule den Individualismus verstärkt fördern, werden wir schlecht.

1. Lehrer – unbeliebte Sozialarbeiter

Wie wir gehört haben: Der Überindividualismus rückt den Lehrer auf die einseitige Du-Orientierung, wo er keine natürliche Autorität besitzt. Die geringe, gesellschaftlich anerkannte Autorität des Lehrers ist dabei das eine Schulproblem, das andere ist der *gesellschaftlich geringe Stellenwert der Sozialarbeit* an sich. Es fehlt bereits die Machtressource des „Ansehens", was zusätzlich negativ verstärkt wird, weil der Lehrer jetzt nicht nur zum einseitigen Dienstleister geworden ist, sondern auch das Image des Sozialarbeiters mit sich trägt. Die Sozialarbeit wäre an sich nichts Schlechtes, im Gegenteil, nur hat sie in unserer Gesellschaft ein negatives Image und das aus mehreren Gründen. Zum einen wird sie traditionsgemäß und kostenlos überwiegend von Frauen gemacht und gilt daher als selbstverständlich. Da Frauen historisch und traditionsgemäß auch heute noch – für viele im Unterbewusstsein – einen geringeren Stellenwert haben, ist auch die soziale Arbeit nur mäßig in ihrem Wert gestiegen. Hinzu kommt, dass in Industriestaaten jene Leistungen einen soziokulturell höheren Status haben, die in Zahlen nachweisbar und für jedermann ersichtlich sind. Das sind Profite, die in Zahlen ausgedrückt werden, Anwesenheitspflichten, die auf einer Zeituhr gemessen werden können. Die Sozialarbeit hingegen entzieht sich weitgehend der Kontrolle. Da die Sozialarbeit auch auf Emotionalität aufbaut, die als wenig sachlich gilt, wird sie erstens Frauen zugeschrieben, auch gilt sie als schwach. Die Machtressource „Geld" wäre gesellschaftlich anerkannt, sie ist aber auch bei akademisch gebildeten Lehrern im Vergleich z.B. zum Richteramt – es gilt als sachlich und hat somit hohes Ansehen – gering.

Zusammengefasst betrachtet:
Lehrer sind emotional agierende Dienstleister mit geringem sozialen Stellenwert, von denen ständig immer mehr gefordert wird, was sie situativ gar nicht leisten können. Dafür sind sie trotzdem verantwortlich, müssen Rechenschaft ablegen und erhalten die Schuld am Versagen der Schule. Die schwierigen überindividualistischen Verhältnisse konfrontieren den Lehrer fortschreitend mit Kindern einer bereits „kranken" Gesellschaft. Somit rutscht der Lehrerstand noch weiter in den Stand der Sozialarbeit, nur mit schlechteren Arbeitsbedingungen wie ein Sozialarbeiter, denn er muss – je nach Unterrichtsfächer – für eine volle Lehrverpflichtung bis zu 200 Schüler betreuen und hat ein zusätzliches Ziel, das ein Sozialarbeiter bestenfalls sekundär hat: Schule, Unterricht und einen Lehrstoff, der in immer kürzerer Zeit bewältigt werden muss.

Je höher die Differenz zwischen Schülermöglichkeiten und Ziel, desto heftiger müssen Lehrer fordern, teilweise auch mächtig. Der Lehrer ist also nicht der Stein im Getriebe, der stört, weil er den Schülern ihre Zukunft „verbaut", sondern er wurde dort hineingetrieben, kann nicht heraus und wird von allen Rädern zermalmt, weil das Getriebe nicht richtig funktioniert. Ein heftiger Vergleich, er muss nicht wörtlich genommen werden, aber er soll zeigen, was Ohnmacht bedeutet, die eine logische Konsequenz auf machtvolle Ursachen ist. Und was braucht der Lehrer, damit er besser arbeiten kann? Er braucht ein funktionierendes Getriebe, bei dem jeder Beteiligte seine Funktion genau kennt und nicht verrückt. Er braucht eine lenkende Hierarchie, die eine arbeitsfähige, autoritäre Basis herstellt. Diese muss von der Schulpolitik kommen und von der Gesellschaft anerkannt werden. Das *Wissen* um die Verflechtungen im Schulsystem kann zur *Anerkennung* aller Beteiligten beitragen.

Ein weiterer Vergleich: Pauschale Lehrerabwertungen sind gleich abwertend wie pauschale Abwertungen der Polizei. Auch die Polizei führt aus, was ihnen die Gesetze vorgeben, auch die Polizei bestraft das Verhalten einer Person. Es ist nicht die Polizei, die „böse" ist. Der Polizist hat dem Lehrer gegenüber aber viele Vorteile:

-   Er hat ein Gesetz hinter sich, das die „Amtsbeleidigung" kennt. Dieses Gesetz wertet seine autoritative Stellung auf.

- Menschen fühlen sich durch die Polizei umso sicherer, je unsicherer die Verhältnisse sind.
- Die Strafen der Polizei sind gesetzlich allgemein anerkannt und stören nur die Schuldigen. Die anderen sagen da nur „selber schuld" und distanzieren sich von den „Übeltätern". Bei Eltern hingegen geht die Angst um, wenn ein Lehrer als „streng" gilt, sie lassen sich unhinterfragt anstecken, leben das bequeme Vorurteil, agieren gemeinsam gegen den Lehrer.
- Die Polizei muss nicht über die „Zukunft" *aller Kinder* von *allen Eltern* „urteilen".
- Die Nahebeziehung der Angehörigen zum Delinquenten ist altersbedingt durchschnittlich niedriger als die Nahebeziehung Eltern-Kind.

Die vielen Schuldiskussionen – egal ob es um die Unterrichtszeiten, die Bezahlung... geht – werden in der Öffentlichkeit ausgetragen. Die diesbezügliche „Mediengeilheit" verschärft jede Diskussion um ein Vielfaches, indem ständig wiederholt wird. Die Wiederholung ist eine Verstärkung der Synapsen, diese Inhalte bleiben im Gedächtnis und werden durch die Wiederholung als wahr eingestuft. Die Schule – sichtbare Vertreter sind die Lehrer – verliert durch richtungslose Schuldiskussionen an Ansehen, ohne dass nur ein Wort gegen die Lehrer gesagt worden ist. Die Schüler übernehmen die Stimmung der Gesellschaft und drücken diese auch gegenüber dem Lehrer aus. Agiert der Lehrer als letzten Ausweg mit dem Notendruck, sofern er ein geeignetes Fach hat, spüren das wieder die Kinder und die Eltern, sie empfinden dies als „Leistungsdruck", auch wenn dieser heute objektiv geringer ist als früher. Es gibt weniger Semester, weniger Schularbeiten, keine unangesagten Überprüfungen, die Zahl der Unterrichtsstunden ist in den meisten Schulen gesunken, auch kann man mit einer guten Mitarbeit einen guten Anteil der Noten erarbeiten... Selbst schlechte Pisaergebnisse werden dem Lehrer anlastet und es wird neidvoll auf die vielen Ferien geschaut.

Giesecke stellt sich in seinem Buch „Pädagogik – quo vadis?" die Frage, warum sich Lehrer das solange gefallen ließen.[83]. Mögliche Antworten:

- Es gibt viele Junglehrer. Ihnen fehlt noch der Überblick, sie suchen die Schuld lange bei sich.
- Viele Teilzeitbeschäftigte: Sie leiden weniger unter dem Druck der Schule. Der Druck wird auch weniger kommuniziert, weil die Distanz zur Schule größer ist.

---

83 vgl. Giesecke S. 149

- Ältere Lehrer lernen immer besser ihre Kommunikation diffizil auf das machtvolle Schülerverhalten auszurichten. Dies geschieht intuitiv auch machtvoll, weil tatsächlich nur machtvolles Verhalten machtvollen Schülern jenen „Respekt" verschafft, der die Akzeptanz des Lehrers auf der „Null-Summen-Machtkonfrontation" erhalten kann.
- Die Lehrerenergien sind beschränkt, während der Schulzeit ohnehin. In den großen Ferien wollen viele Lehrer logischerweise gar nichts von der Schule wissen, denn nur so können sie sich für ein neues Schuljahr ausreichend erholen.
- Lehrer sind „Einzelkämpfer", wenn auch nicht freiwillig. Situationsbedingt können nur relativ wenige Wissensabgleichungen vorgenommen und nach oben transportiert werden.
- Es ist schwer für die Lehrer, ihre „Unfähigkeit" mit dem Überindividualismus einzugestehen, weil sie dieses Phänomen gar nicht fassen können und daher Angst haben, ihre Autorität als guter Lehrer vollends aufzugeben. Ein hintergründiges Verständnis der Gesellschaft für schulschädigende Hintergründe wäre dringend erforderlich, würde die Lehrer handlungsfähiger machen und weniger ohnmächtig.
- Auch die Beobachtungen als Klassenvorstand/Klassenlehrer sind ganz spezifische und können aus Zeitgründen oft nur mäßig mit anderen Lehrern kommuniziert werden. So bleiben größere Zusammenhänge reduziert.
- Die Veränderungen der Schülergenerationen erfolgen über Jahre, sodass Gewöhnungseffekte die Situation erst spät realisieren lassen. Eine „Abhärtung" der Lehrer ist die Folge.
- Verstärktes Mitspracherecht für Eltern und Schüler weichen Hierarchieebenen auf. Lehrer können daher weniger gut deutlich agieren. Man lässt auch nicht die Autofahrer mitreden, wie hoch die Strafe für das Falschparken sein sollte. Die Strafe muss erzieherischen Sinn machen.
- Die Vorwürfe von Eltern an Lehrer sind oft sehr realitätsverzerrt, kommen geballt, daher kann auch nicht richtig auf sie reagiert werden, sie machen ohnmächtig.
- Der Überindividualismus verlagert die Schuld gerne auf jene, die keine starke Stellung innehaben. Lehrer werden im Überindividualismus daher immer mehr auch zu geeigneten Mobbingopfern.
- Da Direktoren aufgrund ihrer hierarchischen Stellung keinen ständigen Austausch über die kleinen Alltäglichkeiten haben, fehlt ihnen die Summe der Kleinigkeiten, die hintergründige Gesamtergebnisse erst ausmachen. Sind sie noch mit wenigen Stunden im Unterricht tätig, sind ihre Eigenbeo-

bachtungen nicht die gleichen, weil sie auf einer höheren Hierarchieebene erfolgen.

- Aufgrund vieler, unterschiedlicher schulischer Hierarchieebenen erfolgt die Kommunikation nur schwerfällig.
- Die Schulpolitik wird häufig von schulexternen Leuten gemacht, die entweder schon lange nicht mehr im Schuldienst sind oder noch nie waren oder die Situation nur einseitig aus der Direktorenperspektive betrachten können. (vgl. Arbeitsgemeinschaftsteilnehmer „Die Bildungsreform für Österreich" unter Unterrichtsministerin Dr. Schmied)[84]. Um Gesamtentwicklungen beurteilen zu können, muss man deren Hintergründe kennen.

Viele Lehrer sind psychisch überlastet, viele gehen in Frühpension... Wer die Belastungsprobe „Lehrer" bestehen will, muss fähig sein, alle Extreme des Überindividualismus zu sehen, er muss auch bereit sein, schnell, vorübergehend auch mächtig zu agieren, wenn es die Macht erfordert und trotzdem muss er sich vom machtvollen Agieren in der Schule schnell distanzieren können, darf nichts in das Privatleben hineinbringen, ansonsten leidet das Privatleben, er wird krank. Wer sich auf der gesunden Position zwischen der positiven Spannung zwischen dem Ich und dem Du aufhalten will, der wird sich als Lehrer immer wieder fehl am Platz fühlen, er wird ausgenützt werden, kann sich nicht durchsetzen. Schade, dass unsere überindividualistische Gesellschaft keine wirklich starken Lehrer mehr „verträgt".

2. Lehrerautorität

Die Reduzierung der Lehrerautorität wird nicht nur von der Gesellschaft gelebt, sondern auch von vielen Schülern bereits eingefordert. Sie wollen gleiche Rechte wie die Lehrer, z.B. in der Hausordnung. Die Forderungen: „Wenn Lehrer keine Hausschuhe tragen, müssen das die Schüler auch nicht. Wenn Lehrer zu spät in den Unterricht kommen, dürfen das die Schüler auch. Wenn Lehrer etwas vergessen, dürfen das die Schüler auch..." Aus der natürlichen Lehrerautorität ergeben sich für Lehrer auch andere Rechte, als Schüler sie haben, auch wenn dies von den Schülern immer wieder negativ kritisiert wird. Jede Hierarchie *braucht* andere Rechte, jede Hierarchie darf aber auch zeigen: Das ist das Recht der Hierarchie,

---

[84] vgl. Arbeitsgemeinschaftsteilnehmer „Die Bildungsreform für Österreich – das Gesamtkonzept in der Umsetzung". auf der Homepage des Unterrichtsministerium für Unterricht und Kunst in Österreich unter Ministerin Dr. Claudia Schmied: www.bmukk.gv.at/medienpool/19400/ bildungsreform.pdf., Stand Juni/November 2010.

wenn es sich nicht schädigend auswirkt. Gemeint sind aber nicht x-beliebige Rechte zum Selbstzweck, sondern Rechte, die ein pädagogisches Agieren beinhalten. Auch hier entscheiden wieder die Hintergründe.

Eine obere Hierarchie braucht grundsätzlich Regeln, die eine Hierarchie aufrechterhalten können. Unterschiedlich große Gruppen brauchen unterschiedliche Regeln und Richtlinien, Lernende brauchen andere Regeln als verantwortungsbewusste Erwachsene. Wenn die Schüler z.b. Hausschuhe tragen müssen, können sie noch lange keine Hausschuhpflicht der Lehrer davon ableiten oder ihre eigene Hausschuhpflicht aufheben, weil die Lehrer als „Vorbild" keine Hausschuhe anhaben. Der Lehrer-Schüler-Vergleich hinkt, weil die Hintergründe andere sind: Weniger Lehrer machen weniger Schmutz, das Verantwortungsbewusstsein bezüglich „Schutz der öffentlichen Einrichtungen" ist von Lehrern höher, sie sind eher auf saubere Arbeitskleidung bedacht, Schuhe gehören oft zur persönlichen Arbeitskleidung...

Vergisst ein Lehrer sein Arbeitsbuch, kann er trotzdem unterrichten. Vergessen mehrere Schüler etwas, kann dies den Unterricht bereits blockieren, bzw. wird dies zur Mehrarbeit für den Lehrer, wenn er z.B. den Schularbeitenheften x-mal „nachrennen" muss, jedes Mal aufschreiben muss, welche noch fehlen... Schüler sind die Lernenden. Sie müssen die Forderung zur Eigenverantwortlichkeit spüren.

Kommen Lehrer zu spät in den Unterricht, hatten sie meist keine andere Möglichkeit. Oft müssen Lehrer in den kurzen Pausen gleichzeitig mit mehreren Lehrern einen kommunikativen Austausch tätigen, ganz abgesehen von den vielen Schülern, die in den Pausen – meist aufschiebbare Dinge – ins Lehrerzimmer tragen. Das Zuspätkommen bei Schülern hat hingegen meist System. Es sind immer die gleichen Schüler, die „verschlafen", immer die gleichen, die sich gemütlich in die Klasse bewegen, obwohl es schon lange zum Unterricht geläutet hat. Auf dieser Basis muss die Erziehung ansetzen, denn hier liegen die Unterschiede zwischen erwachsenem Verhalten und Schülerverhalten.

Will ich mich als Lehrer auf das hierarchische Niveau der Schüler begeben, hat auch das überindividualistische Hintergründe.

- Mit demselben Niveau kann man zeigen: „Wir sitzen in einem Boot, bring das Boot nicht zum kentern, tu mir nichts, dann rudere ich."
- Mit demselben Niveau kann ich zeigen: „Ich bin ein toleranter Lehrer, Vorbild, ich will mich nicht über die Schüler stellen, ich bin daher gut", „besser als die intoleranten Lehrer, die sich besser fühlen und euch einschränken wollen".

Lehrer müssen gut sein, das fordert die Gesellschaft. Lehrer dürfen auch nicht autoritär sein, das fordert die Gesellschaft, denn der Überindividualismus empfindet Autorität als mächtig. Da bleibt den Lehrern nichts mehr anderes als sich tolerant zu geben, wenn sie nicht die Bösen sein wollen. Den Schülern schadet es langfristig, denn sie lernen auch in der Schule nicht mit natürlichen Autoritäten umzugehen, ihre Grenzen zu akzeptieren, Werthaltungen zu leben... und nicht jeder kann später gleich Chef werden, der die Grenzen selbst bestimmen kann, solange es die wirtschaftliche Lage oder die jeweiligen Situationen zulassen.

Die Lehrerautorität unterliegt aber noch einem weiteren historischen Gedankengut, das sich gehalten hat und eine schulschädigende Einstellung unserer Gesellschaft mit sich bringt. Historisch betrachtet war der Lehrer neben dem Pfarrer der einzig Gebildete im Dorf. War es bei anderen Dorfbewohnern sogar verpönt, eine Zeitung zu abonnieren, weil man Angst hatte, das städtische Leben würde die überlebenswichtige Familien- und Dorfgemeinschaft stören, war es dem gebildeten Lehrer erlaubt. So galt er in den Augen der Bevölkerung als „allwissend". Die Wissensdifferenz war damals sehr hoch, zumal das Wissen der Dorfbewohner gering war. Und heute: Das Ausbildungsniveau der Bevölkerung ist gestiegen, die Wissensdifferenz zum Lehrer ist geringer, was somit auch die fachliche Lehrerautorität reduziert. Viele Eltern wollen daher auch fachlich mitreden, weil sie sich kompetent fühlen. Die historisch hohen Erwartungshaltungen im Verhältnis zu den verringerten Wissensdifferenzen wirken doppelt. Da auch der Überindividualismus seine Erwartungshaltungen sehr hoch ansetzt, ist es logisch, dass der Lehrer vergleichsweise schlecht aussteigt. Dem Überindividualismus kommt dies entgegen, denn der Lehrer kann auf der Basis der hohen Erwartungshaltungen im Vergleich zum geringen Wissensdefizit zu den Eltern schnell und einfach abgewertet werden. Auch Lehrer können nur wissen, was ihnen in ihrer Ausbildung oder in ihrer Unterrichtstätigkeit bisher untergekommen ist. Auch bei Lehrern sind das nur Teilbereiche, selbst im eigenen Studienfach. Die hohen Erwartungshaltungen von Eltern und das fachliche Mitreden wirken somit abwertend und autoritätsreduzierend. Eine Wissenslücke zugeben, ist für einen Lehrer fatal, denn der Überindividualismus nützt dies schnell zu seinen Gunsten.

Ein weiterer Aspekt der Störung von Lehrerautoritäten: Pädagogik funktioniert oft nur durch das Nichtwissen der Schüler, weil sie eine Form der *positiven Manipulation* ist. Weiß man um die Manipulation, wird sie wirkungslos. Mischen sich Eltern in pädagogische Lehrerentscheidungen ein, verliert die Pädagogik ihren Nutzen, weil der Lehrer nun die pädagogischen Maßnahmen erklären muss, wenn er seine

Entscheidungen hintergründig mitteilen möchte. Da Eltern sich auch den Kindern erklären müssen – schließlich haben sie interveniert – hat diese Intervention die Macht zu zerstören, was ein Lehrer bewusst, hintergründig und langfristig stark aufgebaut hat, nämlich die positive Manipulation = Pädagogik.

3. Der ideale Lehrer – Berufskrankheit

Dass es den „idealen" Lehrer nicht gibt, ist schon oft festgestellt worden. Nützen würde ein idealer Lehrer auch nur dann, wenn es ideale Schüler geben würde. Der Überindividualismus lässt keine idealen Schüler für eine Schule zu, wie wir bereits gehört haben:

- Die Teamfähigkeit ohne teamfähiges Team führt sich ad absurdum.
- Du-Orientierung ohne du-orientiertes Gegenüber ist kontraproduktiv.
- Ein Vorbild ohne nachahmungsfähige Schüler ist unnötig.
- Die Höflichkeit des Lehrers nützt nichts, wenn sie vom Überindividualismus als Du-Orientierung aufgefasst wird, die ausgenützt anstatt widerspiegelt wird.
- Die Differenzierung nützt nichts, wenn sie von Schülern als unpraktisch angesehen wird und im Sinne von „keine klare Aussage" als Unsicherheit und Schwäche des Lehrer ausgelegt und ausgenützt wird.
- Das Wissen nützt nichts, wenn es abgelehnt wird...

Das sind Extreme, aber sie zeigen doch deutlich aus einer anderen Perspektive: Beherrscht der Überindividualismus die Basis für das gemeinsame Lernen, die Teamfähigkeit, Du-Orientierung, Vorbildlernen, Einlassen auf Neues... nicht, muss zuerst diese Basis geschaffen werden. Wird damit erst in der Schule begonnen, ist es sehr spät, weil schulische Inhalte bereits blockiert werden.

In einer überindividualistischen Gesellschaft gibt es aber auch entsprechend viele *überindividualistische Lehrer*. Tatsächlich sind – oberflächlich betrachtet – überindividualistische Lehrer für überindividualistische Kinder sehr geeignete Lehrer, weil sie die persönlichen Grenzen (meist verbal) schnell und übergenau setzen, sodass Kinder die Lehrergrenzen gar nicht erweitern können. Überindividualistische Lehrer können somit gut und schnell Grenzen setzen und das braucht eine überindividualistische Jugend. Da überindividualistische Lehrer von sich aus wenig Kritik – und somit Einlassen und Du-Orientierung – zulassen, werden sie von

Schülern kaum kritisiert und gemobbt. Weniger konsequent sind überindividualistische Lehrer mit jenen Grenzen, die das gemeinsame Zusammenleben bestimmen. Diese Grenzsetzungen werden gerne den anderen Lehrern überlassen, das ist praktischer.

Hintergründig betrachtet, schadet der überindividualistische Lehrer der Schule, denn er will ein „Mehr und Besser" er will auch beliebt sein im Sinne von „Mehr und Besser", er schafft ungesunde Differenzen zum Kollegium, er schafft Bildungskonsum, auch lange Unterrichtsprojekte von einzelnen Lehrern gehen auf die zeitlichen Kosten der anderen Lehrer. Die anderen müssen schneller und oberflächlicher arbeiten, es gibt Stress, der Lehrer wird als gestresst wahrgenommen. Der Projektleiter hat zwar viel Arbeit, aber auch die Lorbeeren. Helfen andere Lehrer bei Projekten mit, wird trotzdem der Projektleiter die Lorbeeren ernten. Auch die direkte oder indirekte Untergrabung der Autorität von anderen Lehrern schafft Differenzen zu anderen Lehrern. Hier reicht die Meldung: „Wen habt denn *ihr* in diesem Fach, dass ihr das nicht wisst?"

Der *überindividualistische Lehrer* wird wenig kritisiert, weil er sich „stark verkauft" und ein „Mehr" davon bietet, was in der Öffentlichkeit gerade als optimal angesehen wird. Derzeit sind dies: Projektarbeit, fächerübergreifendes Lernen, Gruppenarbeiten, Freiarbeit...

Abgesehen davon, dass jedes „Mehr" ein „Zuviel" beinhaltet, steigen die anderen Lehrer vergleichsweise schlechter aus. „Gut so", könnte man sagen, „so motivieren sich Lehrer gegenseitig". Auch das stimmt und ist bis dorthin positiv, wo der Mehreinsatz des Lehrers den Schülern nicht schadet, weil die Forderung an die Schüler reduziert bleibt. Die Gefahr, dass ein Mehreinsatz des Lehrers schadet, besteht fast immer. Das Mehr eines Lehrers lässt das Lehrerkollegium auch schnell in ein neidvolles Konkurrenzverhalten geraten. Nicht zuletzt ist es dabei der gesellschaftliche Druck auf die Lehrer, der das machtvolle Konkurrenzverhalten innerhalb eines Kollegiums oder zwischen einzelnen Schulen verstärkt. Geben Lehrer diesem Druck nach, schadet das langfristig Schülern und Lehrern.

Die Dynamik durch das „Mehr" einzelner Lehrer ist zusammengefasst in etwa folgende:

-    Die anderen Lehrer geraten in ein relatives Defizit, auch wenn sie sehr gut arbeiten und ihr Unterricht in der ausgeglichenen Spannung von Angebot und Forderung liegt.

- Die anderen Lehrer haben weniger Unterrichtsstunden zur Verfügung, weil die Projekte anderer Lehrer oft länger als eine Woche andauern. Viel Lehrstoff muss dann in weniger Zeit untergebracht werden, das stresst Lehrer und Schüler. Die Schüler führen den Stress auf den Fachlehrer zurück und nicht auf die positiv erlebten Projekte mit dem „ausgezeichneten" Lehrer.
- Große Projekte und fächerübergreifendes Lernen bringen immer auch Unruhe bis Stress in die Stundenplangestaltung. Das muss von den anderen mitgetragen werden, obwohl sie keinen „Beziehungsvorteil" oder „Beliebtheitsvorteil" davon haben.
- Die anderen Lehrer müssen – zeitlich, inaktiv oder aktiv – mitmachen, auch wenn sie selbst gute Ideen für sinnvolle Projekte hätten, bzw. diese aus ihrer Sicht sogar sinnvoller wären. Sie müssen ihre Projekte zurückstellen oder werden mit ihnen nicht fertig, stehen also schlechter da.

Im Zusammenhang mit der *Konkurrenz* stellt sich für Schulen immer wieder die Frage, ob sie stärker öffentlich präsent sein müssen, sich positiv präsentieren sollen, Werbung für sich machen sollen. Dies ist nicht die primäre Aufgabe einer Schule, benötigt zeitliche Ressourcen und fördert das Konkurrenzdenken rückwirkend. Steht aber großer Schülereinsatz hinter einer gesellschaftlichen oder individuellen Leistung, ist eine positive Rückmeldung durch die Öffentlichkeit wichtig, sie wird den Einsatz für die Gesellschaft oder das individuelle Selbstwertgefühl positiv verstärken. Auch hier gilt: Die Hintergründigkeit und die Langfristigkeit sind Entscheidungskriterien für die Präsentation der Schule in der Öffentlichkeit. Reiner Selbstzweck zur Erhöhung der Schülerzahlen ist kontraproduktiv und kann nicht halten, was er verspricht. Beurteilen Eltern auf der Basis der Medienpräsenz die Schule, wird dieses Urteil immer ein realitätsverzerrtes sein.

Männliche Lehrer meistern die Schule durchschnittlich besser, weil sie erstens die soziologisch bedingte, natürlich anerkannte Autorität des Mannes besitzen (dazu gehören Auftreten, Stimme, sachliche Sprache....) und oft geringere Fähigkeiten der Psychologisierung und des Einlassens auf das Du aufweisen. Sie agieren häufiger sozialpädagogisch und nicht psychologisch. Da sie sich auch weniger oft persönlich angegriffen fühlen, neigen sie weniger zu Neid und Eifersucht innerhalb des Kollegiums, auch neigen sie weniger zum „Mehr und Besser" als Extremausgleich zur empfundenen Minderwertigkeit durch mächtig agierende Schüler oder Eltern. Eine provokante Schlussfolgerung: Entweder die Frauen werden „schlechter" im Sinne von „weniger psychologisch einfühlsam" oder der Staat bezahlt die pädagogische Arbeit so gut, dass auch Männer sich wieder diesem Beruf widmen wollen.

Die *Lehrerberufskrankheit* ist nicht nur im Zeitalter des Überindividualismus eine überindividualistische, wird aber dadurch verstärkt. Lehrer müssen sich immer wieder auf jene Extrempositionen einlassen, die eine kindliche Undifferenziertheit mit sich bringt. Lehrer werden zusätzlich ständig auf jene Extrempositionen „gedrängt", die der Überindividualismus mit sich bringt und einen Ausgleich nötig macht. Der Ausgleich im verstärkten Überindividualismus fällt nur extremer aus, als es der kindliche, undifferenzierte Überindividualismus mit sich bringt. Gegen mächtiges Agieren hilft kurzfristig nur mächtiges Agieren. Das macht nicht nur unbeliebt sondern auch krank. Hinzu kommt, dass sich mächtiges Agieren internalisiert, sich sprachlich auch im Privatbereich ausdrückt und dort aneckt. Der Ausspruch „typisch Lehrer" kommt nicht von ungefähr. Lehrer neigen durchschnittlich schneller zu Grenzsetzungen, weil sie sensibilisiert und geübt darin sind. Sich im Privatbereich vom mächtigen Lehrerverhalten zu distanzieren, braucht langjähriges und ständiges Einüben in der positiven Spannung zwischen dem Ich und dem Du. Befinden sich Lehrer nicht in der positiven Spannung, verstärkt sich die Lehrertätigkeit zur „Berufskrankheit", die sich im Privatleben besonders negativ auswirkt. Sozialer Dauerstress sind die Folgen. Dies sollte die Gesellschaft nachdenklich stimmen und nicht zum Umkehrschluss führen, dass die Lehrer eben zu schwach seien und nur ständig austeilen.

Die *Unzufriedenheit der Lehrer* wird immer wieder als Grund angeführt, warum Lehrer oft krank werden. Als unzufrieden machender Aspekt werden dabei die *geringen Aufstiegsmöglichkeiten* angesehen. Für den Überindividualismus bedeutet der Aufstieg in eine andere hierarchische Ebene ein „Mehr, Besser, Leichter" – mit den Machtressourcen der Hierarchie und des Geldes versehen. Diese ist für eine überindividualistische Gesellschaft somit mehrfach erstrebenswert.

Ein Mensch in der positiven Spannung zwischen dem Ich und dem Du verspürt weniger den Drang nach oben. Für ihn ist ein Aufsteigen in eine höhere Hierarchieebene vom Bedürfnis geleitet, seine *besonderen Fähigkeiten auch am richtigen Platz* einzusetzen, damit starke Ergebnisse herauskommen. Ansonsten kann er auch die kleinen Erfolgserlebnisse des Schulalltages differenziert wahrnehmen, sich an ihnen freuen, ein Weiterkommen registrieren. Der Überindividualismus nimmt die kleinen Erfolgserlebnisse weniger differenziert wahr, denn kleine Erfolge entsprechen nicht dem hoch angesetzten „Mehr und Besser". So kann der überindividualistische Lehrer auch nicht ausreichend zufrieden sein und sucht nach höheren Hierarchieebenen.

Zusammengefasst betrachtet:
Der „ideale Lehrer" wäre auch ein „idealer Mensch", der die ausgeglichene Spannung zwischen dem Ich und dem Du ständig wahrnehmen kann. Der „ideale Lehrer" kann aber nur in einem „idealen Umfeld" ideal agieren. Ein mächtiges Schüler- Elternumfeld, geringe Autorität und schwache Hierarchien stören seine Fähigkeiten, er wird sich immer wieder „fehl am Platz" fühlen.

4. Notengebung – „Sitzenbleiben"

Wie wir bereits gehört haben: Der Überindividualismus strebt danach, seine Grenzen zu seinen Gunsten zu verschieben. Die Noten sind Grenzen. Für den Überindividualismus sind diese Grenzen unangenehm, denn sie geben Rückmeldungen des eigenen Könnens, sie wirken auf den Überindividualismus wie Abwertungen, nicht wie eine nötige Du-Orientierung, damit das Ich nicht richtungslos wird.

Je überindividualistischer unsere Gesellschaft, desto eher ist die Notengebung „verpönt", desto eher tendiert sie zur verbalen Beurteilung. Die verbale Beurteilung ist differenzierter, sie kann auch kleinste Fortschritte beinhalten, nach denen sich der Überindividualismus sehnt, weil er ständig nach dem Mehr sucht. Differenzierung wäre ja wichtig, wie wir gehört haben. Ein Problem dabei: Sehr differenzierte Beurteilungen sprengen die Möglichkeiten der Lehrer, denn sie können 100 Schüler gar nicht ständig so differenziert wahrnehmen, auch wenn sie viel Übung im „Weitwinkelsehen" haben. Aus dieser Überforderung heraus entsteht ein Folgeproblem: Es kommt unweigerlich zu kleinen Realitätsverzerrungen, die in einer Gesamtnote – sie ist eine Überblicksnote – relativiert sind. Hinzu kommen die Probleme der differenzierten Wortwahl. Es braucht sehr viel Zeit und Übung, sich differenziert auszudrücken und trotzdem bleibt vieles ungesagt und verzerrt das Gesamtbild. Selbst wenn es den Lehrern gelingen würde, ein perfekt differenziertes Bild eines Schülers zu verbalisieren, dann bleibt immer noch der Leser, der das Bild verzerren kann. Besonders der Überindividualismus neigt zu Verzerrungen in Form der Selektion, Übertreibung, Untertreibung…, wie wir gehört haben. So lässt eine differenzierte, verbale Beurteilung dem Überindividualismus mehr Möglichkeiten des falschen Auffassens, er wird sich schneller „abgewertet" oder zu unrecht „aufgewertet" fühlen. Auch wirken negative Leistungen für viele Menschen verstärkt, wenn sie schriftlich formuliert werden, weil der Mensch tendenziell „schriftlich" mit „glaubwürdiger" gleichsetzt. Die Anfeindung des Lehrers ist vorprogrammiert. Im Gegenzug wird vom Überindividualismus auch das Lob nicht als ein Lob auf eine bestimmte Situation aufgefasst, sondern als verallgemeinernde Aufforderung „das war genug Einsatz, es reicht jetzt". Der Überindividualismus fordert somit die autoritäre Differenzierung zur eigenen Einschätzung ein, er kann damit aber schlecht umgehen. Die Forderung nach verbalen Nachrichten anstatt Noten beruht somit eher auf der Unwissenheit, wie Kommunikation tatsächlich funktioniert und wie hoch die kommunikativen Verzerrungen bei Sendern und Empfängern von Nachrichten unter gewissen Voraussetzungen sein können.

Noten haben den Vorteil, dass sie zwar auf der Basis einer nötigen Differenzierung aufbauen, aber nicht den Anspruch der Differenzierung haben. Sie sind ein Wert, den man besonders gut auch einem kindlich undifferenzierten 6-Jährigen schnell erklären kann, weil er den Relationswert von Zahlen bereits kennt, mit differenzierter, verbaler Beurteilung und deren Interpretation aber altersbedingt überfordert ist. Für Eltern mag die verbale Beurteilungsart wichtig sein, wenn sie ihr Kind nicht selbst einschätzen können. Die Aufgabe der Eltern und Lehrer ist es, den Kindern die Relativität der Zahlen näher zu erklären, die verschiedenen Entstehungszusammenhänge, die Relation zwischen Einsatz und Note..., damit Noten nicht über- oder unterbewertet werden. Wieder gilt: Es ist die Einstellung der Eltern zu den Noten, die ein Kind übernimmt. Die Interpretation kann für die Eltern niederschmetternd wirken oder als Aufforderung, vom Schüler mehr Einsatz zu fordern oder den Schüler besser zu unterstützen. Kindgerechte Forderung und Unterstützung sind starke Handlungen, denn sie sind langfristig zielorientiert. Bei starken Noteninterpretationen sind Noten nie ein Problem, auch wenn sie einmal nicht ganz dem eigenen Wissen über die Entstehung entsprechen, das regt zum Hinterfragen an und sensibilisiert.

Der schlechte Umgang des Überindividualismus mit der grenzensetzenden Benotung ist aber auch eine weitere Ursache für das Untergraben der Lehrerautorität. Die Zusammenhänge dazu: Sehr viel Zeit benötigt der Lehrer immer wieder damit, seine Benotungsgrundlagen immer noch differenzierter aufzuschreiben, weil dies gefordert wird. Differenzierte Noten sind aber für Außenstehende schwerer nachvollziehbar und auch schwerer vergleichbar. Diese Vergleichsunsicherheit führt zu mächtigen „Lehrerangriffen" im Sinne von: „Keiner weiß, wie die Noten bei diesem Lehrer zustande kommen." Besonders die Mitarbeit kann von Schülern und Eltern ganz schlecht vergleichend eingeschätzt werden, denn sie unterliegt nicht nur der *Quantität*, sondern auch der *Qualität*. Hier ist es wiederum die Qualität, die von Schülern nicht ausreichend beurteilt werden kann. Besteht die Note bis zur Hälfte aus der Mitarbeit, reduziert sich die Notensicherheit der Eltern und ihre

Ängste lassen überreagieren, Einspruch wird erhoben, Misstrauen gezeigt, die Lehrerautorität wird reduziert.

Der Lehrer hat immer differenziertere Hintergründe für seine Benotung als die Eltern und Schüler. Ein Lehrer, der vier Deutschklassen und zwei Geografieklassen mit durchschnittlich 25 Schülern zwischen 10 und 18 Jahren unterrichtet, muss pro Jahr ca. 13.700 Fachnotenentscheidungen treffen, nach Unterrichtsfach unterschiedlich. Die ständigen Mitarbeitsbeobachtungen und die Verhaltensbeobachtungen sind dabei noch nicht eingerechnet. Allein diese Herausforderung an die Lehrer lässt Unverständnis aufkommen, wenn Schüler mit ihren undifferenzierten Einzelbeobachtungen und Eltern aus ihrer Distanz heraus die Noten beanstanden. Dies zeigt aber auch wenig Vertrauen zum Lehrer und wirkt indirekt bindungs- und autoritätsreduzierend. Eltern und Schüler kennen meist weder die Hintergründe (was bereits erarbeitet wurde...) für die Note, sie kennen die Ziele = Anforderungen nicht, sie können die Lehrerperspektive nicht erahnen, die aus seiner Position vor der Klasse genauere Vergleichsergebnisse erhält als ein Schüler, der nur ab und zu zurückschaut, was die anderen machen. Da die Aufgabenstellung des Lehrers – nämlich die Beobachtung und Lenkung des Unterrichts – eine andere ist, wie die des Schülers, ist es auch logisch, dass der Lehrer weitreichendere Beobachtungen anstellt, als der Schüler. Sogar Lehrereltern können nur mäßig erahnen, was im Unterricht wirklich passiert.

Die Eigenbeobachtung eines Schülers kann durch eine „ungerechte", schlechtere Note als erwartet, geschärft werden. Der Überindividualismus hat aber nicht das Ziel, die Schuld bei sich zu suchen und eine Verhaltensänderung anzustreben, er hat vermehrt das Ziel der kurzfristigen Ich-Aufwertung, nämlich die bessere Note. So bestimmt wieder der Überindividualismus, was ein Schüler aus einer vermeintlich „ungerechten" Note macht: Schuldabschiebung an den Lehrer oder das Erlernen der erhöhten Eigenbeobachtung = Selbstbildgestaltung.

Die Notengebung ist an sich ein komplexes Unterfangen. Komplex wird die Benotung zusätzlich, weil unterschiedliche Relationsebenen einbezogen werden können:

1. Sachlich differenzierte Benotung:

Beispiel: Problemerörterung mit Textvorlage in Deutsch
Grundsätzlich werden „Aufbau, Inhalt, Stil und Schreibrichtigkeit" beurteilt. Je differenzierter diese vier Bereiche beurteilt werden, umso fundierter wird die Note. Beim „Aufbau" kann z.B. beurteilt werden, ob die Arbeit auf die Themenstellung eingeht, auf die vorgegebene Textvorlage, ob die Arbeit übersichtlich und logisch gegliedert ist, wie die einzelnen Absätze zum Thema und zum Oberbegriff einge-

leitet und abgeschlossen sind, die Ideen klar gegliedert sind, ob Beispiele zur Veranschaulichung eingebracht wurden oder nur leere Behauptungen. Die Sätze sollten zusammenhängen, sich immer wieder auf die Problemstellungen beziehen, auch Einleitung und Schluss müssen zum Thema und den Hauptaussagen und der Textvorlage passen....

Die Beurteilung „stilistisch flüssig" beinhaltet z.b.: Anbindungen der einzelnen Wörter, Satzzusammenhänge, Absatzüberleitungen, keine unverständlichen Verschachtelungen, flüssige, gut verständliche Beistrichsetzung, differenziert ausgedrückt, verständliche Wortwahl... Die Gewichtung selbst hängt wieder von den Vorgaben des Lehrers ab, bzw. welche Ziele ein Lehrer verfolgt, bzw. welche Alterstufe er beurteilt.

2. Benotung im Klassenvergleich:

Die Benotung im Vergleich zu anderen Klassen oder zu Parallelklassen ist eine weitere, sinnvolle Relationsebene, besonders dann, wenn man acht Schulstufen unterrichtet und die jeweiligen Erwartungshaltungen an ein altersbedingtes Niveau vorgenommen werden müssen.

Die Anpassung der Note an die klasseninterne Leistung zeigt dem Schüler, dass er im nächsten Jahr mit der Klasse mithalten kann. Die Gefahr beim Klassenvergleich: Die Gesamtleistung kann unbemerkt sinken, wenn die Klasse ein geringes Leistungspotential hat.

3. Du-, gesellschaftsorientierte-, zielorientierte Benotung beinhaltet:

- die Anpassung der Note an ein langfristiges Ziel wie Matura oder Universität
- Zwischennoten können zur „pädagogischen Note" werden, je nachdem, ob man einem Schüler zeigen möchte: „Du kannst mehr" oder „du hast dich verbessert, weiter so" oder „du hast dich diesmal bemüht". Der Überindividualismus interpretiert pädagogische Noten falsch, sie sind für ihn nicht wirklich geeignet.
- die unterschiedliche Gewichtung der Einzelnoten zu einer Gesamtnote nach pädagogisch sinnvollen Kriterien wie die Zielorientierung, wenn z.B. in einem Semester besonderes Augenmerk auf die Rechtschreibung gelegt wird.

Bei der Notengebung wird deutlich, wie hintergründig Noten gegeben werden können, welch unterschiedliche Zielsetzungen sie verfolgen können, wie stark sie sein können, wie wenig Einsicht Eltern und Schüler haben können. Das Wissen um die

Komplexität der Notengebung könnte Vertrauen schaffen, ohne dass ein Lehrer jede Kleinigkeit notieren muss. Es braucht das nötige Vertrauen eines Menschen in gesunder, positiver Spannung zwischen dem Ich und dem Du. Ein Lehrer kann dem überindividualistischen „Mehr und Besser" bei 100 Schülern und den vielfältigen Unterrichtszielen nicht nachkommen, auch wenn das überindividualistische Gefühl des „Zu-kurz-Kommens" jede Kleinigkeit notiert sehen möchte. Schade auch, wenn ein Schüler lernen muss: Um schlechte Noten kümmern sich meine Eltern. Die Loslösung des Schülers von den Eltern in die Eigenverantwortung bleibt blockiert.

Auch ist es immer wieder die Angst der Schüler vor den Eltern, die zu Realitätsverzerrungen führt und dem Lehrer eine Note als „ungerecht" unterstellt. Auch hier ist die Angst relativ zu sehen. Der Angstauslöser kann sowohl das nervöse, überindividualistische Mehr des Schülers sein, das den hohen Ansprüchen nicht gerecht wird, es können aber auch die Elternerwartungen sein, die indirekt wirken. In beiden Fällen werden die Schüler feststellen: „Ich weiß nicht, wie die Note zustande gekommen ist." Allein diese Aussage wirkt bei nervösen, überindividualistischen Eltern wie: „Die Note ist ungerecht."

Wollen Eltern für alle den Notenstress aus der Schule nehmen, sollten sie über die Benotung wissen:

- Noten sind „momentane" Bestandsaufnahmen.
- Sie haben relative Bezugsebenen (individuell, pädagogisch, klassenspezifisch, gesellschaftsbezogen)
- Sie entsprechen nicht unbedingt dem optimalen Leistungsvermögen des Schülers (Tagesverfassung, Thema passte nicht, Schlampigkeit, Ungeduld, Bequemlichkeit...)
- Das Lernen wirkt sich nicht unbedingt sofort auf eine Note aus, sondern erst längerfristig. Oft ist zuerst eine Vertiefung nötig oder Rückstände des Schülers müssen aufgeholt werden.
- In manchen Fächern ist es auch ein gesellschaftliches Tabu, einen Fünfer zu geben, weil z.B. davon ausgegangen wird, dass nicht alle gleich talentiert in musischen Fächern sein können. Da Noten in musischen Fächern heute aber nicht mehr auf der Basis der Talente zustande kommen, sondern auf Fleiß und Einsatz, ist auch diese Tradition eine Schwächung der Schüler, weil sie die Arbeitshaltung von Schülern negativ beeinflusst, die Forderungen an die Schüler reduziert bleiben und die Lehrerautorität verringert wird. Eltern, die auf Nachsicht in musischen Fächern bestehen, untergraben somit die Leh-

rerarbeit und Lehrerautorität, eine Form des Mobbings, auch wenn sie aus Unwissenheit passiert.

Im Zusammenhang mit der Notengebung ist auch das Sitzenbleiben – die Wiederholung einer Schulstufe – eine ständige Überlegung der Schulbehörden. Das Sitzenbleiben ist unangenehm, Schüler werden aus einer Klasse gerissen, die Schüler müssen länger erhalten werden, der Staat muss länger Familienbeihilfe zahlen, die Schüler können erst später in den Wirtschaftsprozess eingegliedert werden.

Wir leben in einer Zeit, in der die Fähigkeiten der Schüler so weit auseinanderdriften wie noch nie. Es braucht somit eine Möglichkeit, die Schüler das aufholen zu lassen, was sie aufgrund ihrer familiären Herkunft noch nicht leisten können. Das Sitzenbleiben kann daher eine Chance für jene Kinder sein, die sprachliche, intellektuelle, kulturelle... Defizite ausgleichen müssen. Hier wird auch klar: Gibt es kein Sitzenbleiben mehr, können die Schuldefizite bei Benachteiligten nicht ausgeglichen werden, sie fallen aus dem System. Das widerspricht der Haltung der Schulverantwortlichen, dass jeder – egal welcher Herkunft – die Chance auf eine möglichst gute Bildung erhalten soll. Die wirtschaftliche Betrachtung – schneller und billiger – ist somit nicht unbedingt eine starke Haltung den Schülern gegenüber.

Wirtschaftlich betrachtet mag Sitzenbleiben teuer kommen. Aus der Perspektive des Überindividualismus betrachtet kann ein Sitzenbleiben eine Grenze sein, die der überindividualistische Schüler braucht. Da Schüler – besonders auch in einer überindividualistischen Zeit – meist nur gering in einer Klassengemeinschaft gebunden sind, ist ein Sitzenbleiben auch nicht der Loslösungs- und Bindungsstress, den man so allgemein annimmt, im Gegenteil: Neue Bindungen können geübt werden, sie können ein Individuum stärken. Wer erlebt hat, wie sich Schüler in einer anderen Klassenumgebung in einer neuen Rolle positiv entwickeln können, der plädiert für das Sitzenbleiben, auch wenn der erste Schritt ein „schmerzlicher" ist. Auch hier gilt: Die Hintergründe müssen stimmen, damit langfristig positive Entscheidungen getroffen werden.

Ist nur ein Fach negativ abgeschlossen worden, würde ein Modulsystem durchaus Sinn machen, bei dem das Einzelfach zu einem späteren Zeitpunkt positiv abgeschlossen werden kann. Wird dem Schüler aber die Verantwortung selbst überlassen, wann er die Leistung nachholt, ist er überfordert, denn das konnte er ja schon *einmal* nicht. Ist ein Schüler mit seiner momentanen Schulsituation insgesamt überfordert, nützt auch das Modulsystem nicht, denn der Schüler *ist* überfordert, er braucht Zeit. Ein Modulsystem würde somit nur in wenigen Ausnahmefällen Sinn machen, am wenigsten aber für überindividualistische Schüler, denn sie

214

agieren nach dem vordergründigen Motto: „Mit wenig Aufwand weiterkommen."
Sie brauchen die starke, deutliche Grenze des Sitzenbleibens. Wie man leicht abse-
hen kann: Eine Aufweichung von Grenzen wird für alle Schulbeteiligten nicht nur
schwerer handhabbar, auch der Nutzen ist voraussichtlich gleich null.

Zusammengefasst betrachtet:

- Der Überindividualismus möchte den Notenstress aus der Schule nehmen,
  weil Noten einen „Begrenzungsstress" für ihn darstellen. Wollen überindividualistische Eltern und Schulentscheider den Notendruck herausnehmen,
  schaden sie den Kindern, weil die „gesunde, gesellschaftliche Forderung"
  vom „Ach-wie-sind-wir-arm-Denken" abgelöst wird. Die Forderung ist zielorientiert, das „Ach-wie-sind-wir-arm-Denken" ist rückwärtsgerichtet. Der
  Umgang mit Noten mag zwar vorübergehend unangenehme Gefühle in
  Form von Frustrationen auslösen, die aber darf man den Kindern nicht
  nehmen, sie müssen daran wachsen. Ohne den gesellschaftlichen Bezug befindet sich das Lernen der Schüler im „luftleeren" Raum.
- Der richtige Umgang mit Noten muss vom überindividualistischen Extrem-
  denken wieder auf die positive Spannung gebracht werden.
- Das Sitzenbleiben darf nicht als abwertende Katastrophe angesehen werden,
  sondern als Chance für die Entwicklung eines Kindes. Auch die Klasse profitiert von einer möglichst hohen Leistungshomogenität.

Typisch für den Überindividualismus ist die Problemverlagerung:

- Kann der Überindividualismus mit Noten nicht umgehen, überlegt man die
  Abschaffung.
- Kann er mit dem Sitzenbleiben nicht umgehen, überlegt man die Abschaf-
  fung.
- Kann er mit vermeintlich „schlechten" Lehrern nicht umgehen, überlegt
  man Lehrerwechsel und Aufnahmeprüfungen für Lehramtskandidaten.
- Kann er in der Gruppe nicht lernen, wird die Individualisierung gefordert.
- Fühlt er sich nicht wohl, muss man dafür Geld in die Hand nehmen und das
  „Wohlfühlen" in der Schule propagieren.
- Kann er die Bestrafung nicht akzeptieren, versucht man „Lernen durch Be-
  lohnung", auf alle Fälle aber ohne Strafen oder Schimpfen.
- Verhält er sich negativ, versucht man ihm die Schuld zu nehmen, damit er
  mit seinem Verhalten besser leben kann…

Das Ergebnis der Problemverlagerung: Problemverlagerungen sind ein Ersatz, es entstehen neue Probleme. Kurzfristig gehen schulische Problemverlagerungen auf Kosten der Lehrer, längerfristig aber auch auf Kosten des Schülers und der Gesellschaft.

5. Lehrerkollegium – Differenzen – Mobbing

Auch das Lehrerkollegium ist dem Überindividualismus in allen drei Entstehungsvarianten (genetisch bedingt, gesellschaftlich überformt, schnelle Zeit) unterlegen, verstärkt wird er durch die Dauer der Unterrichtsjahre, durch die „Lehrer-Berufskrankheit". Es sind aber auch unterschiedliche Differenzen im System der Schule, die sich immer wieder mächtig auf Lehrer auswirken.

Zu den Differenzen gehören die *unterschiedlichen Fächer und Fächerkombinationen*. Jedes Fach unterliegt eigenen „Mehrwert-Kriterien" bei den Schülern, den Eltern und in der Gesellschaft. Dementsprechend sind unterschiedliche Fächer auch angenehmer oder unangenehmer zu unterrichten. Beklagt sich z.B. der Musiklehrer über eine störende Klasse, wird der Englischkollege – der nur einen Teil der Klasse hat – eher sagen: „Nein, bei mir sind sie ganz ordentlich." Fehlt hier die Du-Orientierung im Sinne von: „Musik unterrichten ist sehr schwer, weil die Notenautorität fehlt und das Fach als gesellschaftlich unnötig gilt", wird der Musiklehrer mit „seinen Disziplinproblemen" eher abgewertet. Auch das Hauptfach Deutsch hat z.B. eine Sonderstellung, weil viele Eltern und Schüler glauben, Deutsch könne man ohnehin. Sie nehmen sich schneller heraus, einen Schüleraufsatz als gut zu bewerten, weil sie ihre eigenen Kriterien anwenden. Daher auch hier: Geringe duorientierte Differenzierung wirkt mächtig, auch geraten Lehrer gegenseitig in unnötigen Rechtfertigungszwang oder erleben ihr Fach von anderen Lehrern als „unwichtig" abgewertet. Auch wenn keine Kollegenabwertungen passieren, fühlen sich Lehrer mit „unwichtigen" Fächern schneller abgewertet.

Identische Fächer lassen hingegen unter überindividualistischen Lehrern (besonders Lehrerinnen) Neid aufkommen, weil das Gleiche geradezu auffordert, verglichen zu werden und besser sein zu wollen. Indirekte und direkte Abwertungen finden statt, selbst das ständige Herausheben der eigenen Leistungen schafft eine relative Abwertung zum anderen. Zur Differenzierung: Man muss sich auch über eigene Leistungen freuen können/dürfen.

Auch *Altersdifferenzen* wirken sich als kollegiale Differenzen aus. Altgediente Kollegen haben sich in der Schule oft eine autoritative Stellung erworben, die ein junger Kollege noch nicht hat. Fachliche Sicherheit und Routine gehören dazu. *Hierarchische Differenzen* zwischen KollegInnen entstehen auch durch zusätzliche autoritative Sonderstellungen wie Personalvertreter, Lehrervertreter im Schulgemeinschaftsausschuss... Besonders die hierarchische Stellung nahe zum Direktor oder anderen hierarchisch höherstehenden Gremien schaffen Differenzen, die auf andere mächtig wirken, tatsächlich auch zusätzliche Machtressourcen bieten und immer wieder auch eigennutzenorientiert eingesetzt werden. Gerät z.b. die Personalvertretung in ein zu großes Naheverhältnis zum Direktor, wirkt dies mächtig, weil die Stellung als Personalvertreter nahe bei den Lehrern sein sollte. Ohne ständige und gute persönliche Kontakte zu den Lehrern ist diese Stellung gar nicht möglich. Die hierarchische Stellung als Personalvertreter wird z.b. dann verschoben, wenn die Personalvertretung in Vertretung des Direktors Teile einer Konferenz moderiert oder andere typische Direktorenarbeiten übernimmt.

Ein Teil der Lehrerdifferenzen entsteht durch *Kommunikationsdefizite* und dem *lehrereigenen Kommunikationsstil.*

- Lehrer gewöhnen sich z.b. schnell an eine *kurze und prägnante Kommunikation,* weil Schüler gar nicht länger zuhören können. „Kurz und prägnant" kommt sehr sachlich an, stört aber zwischenmenschliche Beziehungen, die auch auf der Selbstoffenbarungsebene und der Beziehungsebene ablaufen sollten, damit ein klares Bild einer Kommunikationssituation entsteht. Diese verkürzte Kommunikation ähnelt der Internetkommunikation, schafft aber nur mäßig positive Beziehungen. Der *Zeitmangel* im Laufe eines Unterrichtstages verstärkt die kurze Sachlichkeit zusätzlich.
- Die *lehrereigene, kommunikative Fähigkeit, schnelle und gut erkennbare Grenzen zu setzen,* wird immer wieder auch gegenüber dem Kollegium angewendet und wirkt sich zwischenmenschlich negativ aus. Das ständige „Sich-durchsetzen-Müssen" bewirkt so oft Überreaktionen in der kollegialen Kommunikation, schafft unangenehme Differenzen und zwischenmenschliche Distanz.
- Die *Kommunikation über Dritte* – besonders über die Schüler – ist eine andere Form der negativ verkürzten Kommunikation, weil sie von Schülern oft eigennutzenorientiert selektiv umgeformt ist. Wenn ein Schüler z.b. sagt: „Der Herr Professor XY hat gesagt, dass..." wirkt die Aussage zwar, aber jeder Lehrer muss sich zuerst bei XY erkundigen, was XY wirklich ge-

sagt hat. Oft wird dies unterlassen und es entstehen Vorurteile, die sich lange halten und daher umso schädlicher werden können.

Aus Differenzen entsteht schnell Mobbing. Zum Mobbing gehört noch nicht, wenn über andere geredet wird. Das „Über-andere-Reden" kann immer auch eine Wahrnehmungsabgleichung mit sich bringen, es können andere Perspektiven und Verhaltensweisen über eine Person einfließen, denn man ist so nicht nur auf seine vergleichsweise reduzierten Eigenbeobachtungen angewiesen. Das Mobbing beginnt dort, wo potentielle Abwertungen einer Person nicht mit dieser Person rückgesprochen werden und diese Inhalte zu Entscheidungshintergründen oder Bewertungshintergründen werden, bzw. als Charakterzuweisung ins Unterbewusstsein aufgenommen werden. Diese Vorurteile wirken realitätsverzerrt. Mobber und Mitläufer bewegen sich dabei auf gleicher Ebene.

Das Schaffen von Differenzen ist die Grundlage für das Mobbing. Auch bei überindividualistischen Lehrern gilt: Sie agieren häufiger undifferenziert, weniger du-orientiert, unterliegen häufiger Wissensdefiziten, weil sie selbst viel reden. Sie sind auch vermehrt abhängig von Selbstwerterhöhungen, die am schnellsten über die Abwertung anderer Lehrer erfolgt. Das Untergraben der Lehrerautorität gehört ebenso zum Mobbing wie alle kommunikativen Manipulationsformen der Realitätsverzerrung. Besondere „Fähigkeiten" braucht der Überindividualismus nicht, weil bereits das nervöse Überreagieren aus dem Unterbewusstsein realitätsverzerrend manipuliert. Der Überindividualismus „mobbt" somit aus Unwissenheit, er ist in gewissem Sinne ein „Charakter-Mobber", aber er macht sich trotzdem schuldig.

Beispiel:
Wenn ein Klassenvorstand seine Stellung übergenau, nervös wahrnimmt und sich in seiner Stellung beweisen will (Unterbewusstsein), spricht er andere Lehrer darauf an, warum seine Noten eine Abweichung von den Durchschnittswerten anderer Lehrer aufweisen. Der andere Lehrer *hat* seine Hintergründe, diese den Schülern erklärt, die Schüler wussten Bescheid, waren einverstanden... Auch hier gilt: Die Statistik kann verzerren und wirkt mächtig gegenüber starken Hintergründen, denn der andere Lehrer fühlt sich abgewertet im Sinne von „mangelndes Vertrauen", „Einmischung in fremde Angelegenheiten". Andere Lehrer hören vielleicht mit, er muss klarstellen, er fühlt sich dazu verpflichtet, jene Überlegungen wieder an den Tag zu holen, die vor einiger Zeit ausschlaggebend für die Benotung waren. Viel Aufwand und Unmut, weil ein Lehrer *zu gut* war und/oder sich überindividualistisch *beweisen* wollte, indem er seine hierarchischen Grenzen erweitert hat. Die hierarchische Stellung des Direktors verpflichtet zur Kontrolle. Wird diese Kon-

trollhierarchie an Lehrer abgegeben, erhalten diese eine zusätzliche Machtressource, die sie in Richtung Direktorenhierarchie schiebt. Hat ein Direktor Angst vor der Kontrolle, wird er sie eher abgeben, bringt aber das Kollegium in ein Konkurrenzverhältnis. Starke Lehrer werden eher keine Hierarchieverschiebungen annehmen.

Zum „Mobbing" und zur „Manipulation" gehört alles, was einen Lehrer vergleichsweise abwertet, dazu gehört auch jede vergleichsweise Besserstellung, wie z.B.:

- Nicht alle Lehrer halten sich an gemeinsame Abmachungen. Jener, der weniger streng mit den Schülern ist und viel durchgehen lässt, macht sich bei den Schülern beliebter, die anderen müssen dann einen Mehreinsatz leisten, damit die Ordnung aufrechterhalten werden kann.
- Nicht alle Lehrer überprüfen/kontrollieren gemeinsame Abmachungen und bestrafen gegebenenfalls.
- Nicht alle Lehrer bestrafen mit den gleichen Mitteln.
- Nicht alle Lehrer geben durchschnittlich gleich strenge Noten.
- ohne Rücksprache andere Abmachungen mit Schülern treffen, als sie bereits mit einem Lehrer gemacht wurden
- vor den Schülern über andere Lehrer reden (besonders auch, wenn es die eigenen Kinder sind).
- Kompromisse Schülern gegenüber können die Lehrerautorität eines anderen Lehrers untergraben.
- Lehrer, die ein „Mehr" machen und den anderen ein „Weniger" bleibt.
- Das Verlassen der eigenen Kompetenzen oder der eigenen Hierarchieebene wirkt mächtig. z.B. ein Klassenvorstand, der dem Widerstand der Schüler gegen andere Lehrer nachgibt oder nur nonverbale Anzeichen dafür auf der Beziehungsebene erkennen lässt.

Ob die Schule für den Lehrer und den Schüler gut läuft oder nicht, hängt somit nicht nur vom Überindividualismus der Schüler ab, sondern auch vom Grad des Überindividualismus der Lehrer. KollegInnen und Direktoren können die Autorität aus hierarchisch höherer Position untergraben als die Schüler selbst und daher auch mehr schaden. Eine starke und gute Schule steht und fällt daher nicht mit dem „Mehr und Besser" der Lehrer, sondern mit starken Lehrern.

Teil VI Schulpolitik – teure Rettungsversuche oder Ursachenbehebung

Prinzipiell muss für die Schulpolitik immer gelten: Was muss die Schule als gesellschaftliche Institution leisten, damit die Gesellschaft und ihr Wirtschaften funktioniert? „Gesellschaft" und „Wirtschaft" haben unterschiedliche Forderungen, auch wenn beide in engen Wechselbeziehungen agieren. Die Gesellschaft fordert primär das gemeinschaftliche Wohlbefinden und den Wohlstand, die Wirtschaft einer schnellen Zeit bietet den Wohlstand über das schnelle „Mehr und Besser", bis hin zur „Ausbeutung", wenn man keine Geld- und Machtressourcen als Einsatz erbringen kann. Das ist sehr vereinfacht dargestellt, zeigt aber trotzdem den Unterschied zwischen „Gesellschaft" und „Wirtschaft". Der Staat als Gesellschaftsvertreter muss ausgleichen und auch auf das Wohlbefinden der Gesellschaft achten, bzw. sozial Benachteiligte auffangen. Der Staat muss daher das Wirtschaften der Gesellschaft im Auge behalten, er darf sich der Wirtschaft aber nicht unterwerfen.

Wichtig für ein positives, gesellschaftliches Wirtschaften ist immer auch die Frage, was die *Elternverantwortung* leisten muss, damit Kinder in einen gesellschaftlich vertretbaren Prozess eingegliedert werden können, bzw., was die Gesellschaft den Eltern bieten muss, damit ihnen die Kindererziehung gelingt.

Die Individualbetreuung muss grundsätzlich im Elternhaus erfolgen, die Gesellschaft ist für die gesellschaftliche Integration mitverantwortlich. *Mitverantwortlich* darum, weil die Individualbetreuung Voraussetzung für die gesellschaftlichen Möglichkeiten des Kindes ist. In erschwerten Ausnahmefällen hat die Gesellschaft die Aufgabe zu unterstützen.

Für die Gesellschaft stellt sich somit die Frage, wo die „Ausnahmen" liegen. Wie „eingeschränkt" muss die schulische Leistungsfähigkeit eines Kindes sein, damit der Staat die Individualbetreuung mittragen muss? Es stellt sich aber auch die Frage, was man Eltern zutrauen muss, welche Forderungen man an sie stellen muss, damit die Individualbetreuung als gesellschaftliche Voraussetzung gewährleistet ist. Gehört die Zahnprophylaxe zur Individualbetreuung? Gehört die Kulturförderung in die Schule? Muss das Bewusstsein für gesunde Ernährung im Elternhaus erfolgen? Wer kümmert sich um die Berufsvorbereitung, um die Grundlagen für soziales Agieren...? Viele Inhalte werden heute als wichtig erkannt und von der Schule gefördert. Die Probleme dabei: Die Schule wird mit Inhalten „vollgestopft", die auf Kosten des Fachunterrichts gehen.

Der Mutter-Kindpass bezieht sich momentan nur auf das körperliche Wohl des Kindes. Ich denke aber, das Wissen um die psychische Entwicklung des Kindes könnte sehr vielen Eltern Anregung und Ansporn sein, auf bestimmte Erziehungsinhalte vermehrten Wert zu legen. Viele Eltern wollen das Beste für ihr Kind, auch wenn sie aus Unwissenheit die falschen Methoden anwenden oder zu gut sind.

Schulstrukturen, Lerninhalte, Vergleichbarkeit, Chancengleichheit, Differenzierung, Individualisierung, Grundlagenkompetenzen, Lehrerqualifikationen... Viele Arbeitsbereiche ergeben sich für die Schulpolitik und sie ist oft zwischen Extremanschauungen hin- und hergerissen, die nicht zuletzt auch parteipolitische Hintergründe haben, anstatt differenzierte, schulische Hintergründe mit langfristigen Zielen.

Immer wieder stellen sich die Schulverantwortlichen Frage wie:

- Können tatsächlich *alle* Kinder die gleichen Chancen erhalten oder geht dies auf Kosten der anderen Kinder?
- Ist Sachwissen wichtiger oder sind es Grundlagenkompetenzen?
- Was sind wichtige Grundlagenkompetenzen und wie kann man diese den Schülern beibringen?
- Welches Sachwissen wird in einer schnellen Gesellschaft jeweils wichtig sein?
- Kann die Schule noch für den Beruf vorbereiten?
- Wie differenziert darf/muss das Schulsystem sein? …

Viele Fragen, daher einige Überlegungen aus der Perspektive des Überindividualismus.

1. Individualisierung und Differenzierung – Ganztagsschulen – Schwerpunktschulen – Hochbegabtenschulen – Leistungsgruppen

Betrachtet man die Schulsysteme und deren Funktionen, kann man auch hier erkennen: Der Überindividualismus hinterlässt extreme Denk- und Handlungsweisen und fordert dementsprechend auch extreme Gegenrichtungen als Ausgleich. Alle Denk- und Handlungsweisen sind die Reaktion auf die Schüler, deren Fähigkeiten heute sehr unterschiedlich sind. Ein breites Spektrum an Schülerfähigkeiten erfordert ein hohes Maß an *Individualisierung*, auch wenn das einzelne Kind deshalb noch nicht individueller betreut werden kann, sondern lediglich die Summe der Kinder so eingeteilt wird, dass ein breites Spektrum nicht zur Überforderung für alle wird.

Die Forderung nach *Individualisierung und Differenzierung* im Unterricht kann aber auch als ein Extrem des Überindividualismus gesehen werden, denn der Überindividualismus sucht vermehrt nach seinem individuellen Ich, er ist wenig anpassungsfähig. Der extreme Gegenpol dazu ist die *Vereinheitlichung* in der *gemeinsamen Schule bis vierzehn*, mit dem Hintergrund der *Chancengleichheit*. Hier trifft die klasseninterne Differenzierung auf die strukturelle Vereinheitlichung. In beiden Fällen will man besonders gut sein und auf gegebene Verhältnisse reagieren. Eine gemeinsame Schule bis vierzehn mag vom System her billiger kommen, die innere Differenzierung hingegen wird teurer, komplexer und vor allem für Lehrer schwieriger werden. Mag sein, dass sich die Ganztagsbetreuung besser bewerkstelligen lässt, wenn alle Schulen gleich sind, es mag auch politisch zeigen: Wir sind aktiv, aber die Entwicklung der Kinder ist dabei nicht hintergründig mit einbezogen.

Beide Extreme sind schlecht: Die Schule darf in der Gruppe nicht individualisieren, sie muss aber wohl die Gruppe soweit differenzieren, dass die Gruppe selbst möglichst homogen bleibt und somit die Gruppenförderung möglich ist. In anderen Worten: Das Schaffen von homogenen Gruppen ermöglicht erst die Arbeit in der Gruppe. Für ein finanziell tragbares Schulsystem ist dies der einzige Weg. Eine gemeinsame Schule für alle Schüler bis vierzehn ist wirtschaftlich sinnvoll, benötigt aber in sich *homogene Leistungsgruppen*. Das Problem dabei: Der Individualismus kann mit Leistungsgruppen nicht gut umgehen, weil er dabei das ständige Weniger wahrnimmt, oder übermäßig nach dem ständigen Mehr strebt.

Das jahrzehntelange Propagieren von unbedingt notwendiger schulischer Ausbildung als Basis für Wohlstand ist dabei *eine* schulische Blockade, die sich auch wirtschaftlich negativ auswirkt, weil zum einen die Leistungsdifferenzen in der Schule sehr hoch sind und zum anderen die Wirtschaft jene praktisch-logisch-veranlagten Jugendlichen nicht hat, die sie bräuchte.

Homogene Gruppen erfordern Ein- und Umstufungen, aber auch Übertrittsprüfungen, wenn eine „höhere" Schule besucht werden soll. Ideal ist auch hier ein Mittelweg von staatlichen Forderungen und der Lehrerbeurteilung. Die staatliche Forderung erfolgt auf hoher, anerkannter Hierarchie und nimmt dem Lehrer den Druck von überindividualistisch agierenden Eltern, die für ihr Kind mehr wollen, als die Kinder leisten können. Die Lehrerbeurteilungen sind aufgrund langjähriger Beobachtung des Kindes und der Kenntnis kommender Anforderungen differenzierter (keine Momentaufnahme), daher auch stärker. Sind Eltern nicht mit der Lehrerentscheidung einverstanden, sollte die Möglichkeit für eine staatlich anerkannte Überprüfung bestehen, die dann aber eindeutig bewältigt werden muss. Mit der Lehrerbeurteilung könnten auch Teilleistungen/Teilschwächen berücksichtigt werden.

Die Anzahl der Leistungsgruppen wird sich nach Schulgröße ergeben, womit die Hochbegabtenförderung an großen Schulen gewährleistet ist, wenn sie gewünscht wird. Die Hochbegabtenförderung darf aber erst mit der 9. Schulstufe beginnen, denn dann wird erst wirklich klar, wer langfristig ausgezeichnete Leistungen bringen kann und dies vermutlich auch in der Pubertätskrise. Kleine Schulen haben eventuell einen etwas höheren Lehrerbedarf oder kleinere Klassen, damit eine effiziente Gruppenhomogenität erreicht wird. Die Grenzen der Individualisierung werden durch die Gruppengröße festgelegt und die sind immer eine Frage der staatlichen Finanzierungsmöglichkeiten. Selbständiges Arbeiten der Schüler in einer Klasse ist zwar ein Versuch der Individualisierung in einer undifferenzierten Klasse, aber mit hohen Negativkonsequenzen, wie wir gehört haben – logisch, denn die Hintergründe stimmen nicht.

Die Frage nach der *Ganztagsschule* zeigt, wie wenig einheitlich sie gelöst werden kann. Mit Frankreich und Finnland wird verglichen, eins zu eins wird übertragen, Umfragen gemacht, nach Finnland gereist... Frankreich weist mit seinen Ganztagsschulen anscheinend gute Ergebnisse auf. Hinterfragt bedeutet dies: Auf welcher Relationsbasis?

- Wie wurden die Daten erhoben?
- Waren die Schulen vorher so schlecht, dass sich das Gesamtergebnis verbessert hat?
- Welche Schüler wurden in der Ganztagsschule besser?
- Warum wurden diese Schüler besser?
- Welche Eigeninteressen hat die Politik, Statistiken eventuell so zu erstellen, dass die Werte positiv werden? Muss sich die Politik für das investierte Geld rechtfertigen?
- Wie viele Privatschulen gibt es anteilsmäßig?
- Wer und wie viele haben bei der Studie mitgemacht? Sind es städtische oder ländliche Schulen?
- Wie weit ist der Überindividualismus fortgeschritten?
- Welche soziologischen Einstellungen zur Schule sind vorhanden?
- Wie hoch ist der Anteil an arbeitenden Müttern...?

Jeder undifferenzierte Vergleich ist schwach. Österreichs Verhältnisse sind andere als Deutsche, ehemalige Ostdeutsche Verhältnisse nach wie vor andere als Westdeutsche, Westösterreich ist anders als Ostösterreich, ländliche Gebiete anders als verstädterte, Stadtzentren anders als Vororte... Soziokulturelle Gegebenheiten sind wichtig wie: Besitzt eine Gesellschaft immer noch enge soziale Strukturen, welche historischen Einwanderungen (kriegsvertriebene Landbevölkerung oder geistige Elite) sind erfolgt...

Daher: Die Kenntnis der Region ist wichtig, darauf muss ein Schulsystem Rücksicht nehmen. Länderbezogene Kompetenzen sind nötig, auch wenn der Staat Angst vor dem teilweisen Kontroll- und Finanzverlust hat. Länder brauchen einen Teil der schulischen Entscheidungsbefugnisse, damit situationsgerechte und flexible Schule für eine flexible Wirtschaft gemacht werden kann. Ebenso braucht es den Staat, der einheitliche Richtlinien, wie z.B. einen Rahmenlehrplan, vorgibt.

Aus überindividualistischer Sicht betrachtet: Die Ganztagsschule ist für überindividualistische Kinder eine soziale Überforderung, auch wenn sie ihnen gut tun würde. Grundsätzlich gilt aber: Das Elternhaus als Basis zur Individualförderung ist wichtig, die Schule als gesellschaftliche Ergänzung ist der positive Gegenpol zur Familie. Fehlt die Individualförderung in der Familie, ist es besser, ein Kind wird in der Schule teilweise aufgefangen als es „verkommt" vor den Bildmedien und/oder auf der Straße in mächtig agierenden Gruppen.

Schwerpunktschulen wie Ökologiehauptschule, Musikhauptschule, Sporthauptschule, Höhere Technische Lehranstalten... bieten innere Differenzierung und haben soziokulturellen Stellenwert, der den Kindern durch die Eltern vermittelt wird. Schülerinteressen werden „gemacht", was an sich nicht schlecht ist. Die Schwerpunktschulen oder Schwerpunkte an Schulen müssen aber als gelenkte, soziokulturelle und wirtschaftliche Gegebenheit gesehen werden, sie können sich auch ständig ändern. Der Nachteil von Schwerpunktschulen: Sie selektieren. In Schulbezirken mit hohem Migrantenanteil werden z.B. die Musikhauptschulen als „Flucht" vor der „normalen" Klasse mit hohem Migrantenanteil gesehen. Nur selten kommen Migranten in die Musikhauptschule. Für musisch wenig Begabte bleibt dann eine Klasse übrig, die leistungsmäßig eingeschränkt ist. Wie wir sehen können: Individuelle Förderung wirkt sich für andere Gruppenmitglieder negativ aus.

Hochbegabtenschulen oder Hochbegabtenklassen werden vermehrt von überindividualistischen Eltern und Schulpolitikern gefordert, die ein „Mehr" in einer besonderen Schule suchen und die Begabungen der Kinder gerne schnell bestätigt sehen, möglichst schon im Kindergarten. Das „Mehr und Besser" lässt sich langfristig aber immer bestätigen. Hochbegabte Schüler werden immer Wege finden, ihre Begabungen individuell zu fördern. Die Gesellschaft ist somit nicht grundlegend für individuelle Hochbegabungen zuständig.

Sind hochbegabte Schüler disziplinär auffällig, ist es meist nicht die Unterforderung in der Schule, sondern der Überindividualismus, der hochbegabte Kinder nach dem Mehr an positiver Rückmeldung zu auffälligem Unterrichtsverhalten antreibt, es ist weniger die höhere Leistungsfähigkeit. Die wirklich intelligenten Schüler können sich selbst beschäftigen, neue Inhalte und Interessen finden, die Zeit für neue und vielfältige Verknüpfungen nützen, Zusatzaufgaben lösen, mehr und genauer arbeiten, außerschulische Herausforderungen annehmen... Spätestens die Hochschule wird zeigen, wie stabil die Hochbegabung eines Schülers wirklich ist oder ob sie auf dem Überindividualismus des „Mehr und Besser" aufgebaut hat. Letztere „Begabung" reduziert sich nämlich meist mit der Pubertät.

Die *Berufsvielfalt* wäre theoretisch ein anderes Kriterium für die schulische Differenzierung. Die Berufsvielfalt ist heute aber unüberschaubar, auch müssen die Qualifikationen heute differenzierter sein als früher. Spezielle Kenntnisse für eine große Anzahl sehr unterschiedlicher Arbeitsfelder sind gefragt. Genügte vor hundert Jahren das einfache Lesen und das Schreiben, kann man heute vergleichsweise immer weniger berufliche Voraussetzungen in der Schule erlernen, auch wenn Schulen, Fachhochschulen und Universitäten differenzierter sind als früher. Tendenziell sind somit auch aus dieser Perspektive regionale Spezialisierungen wichtig, damit eine regionale und europäische Vielfalt gegeben ist. Die einzelnen Wirtschaftsräume müssen ihre Arbeitskräfte halten können, die sie brauchen. Mit der Berufsvielfalt und der schnellen Änderung von Berufen und Marktnischen steigt somit das lebenslange Lernen, das Maß an langer und differenzierter vorberuflicher Ausbildung hat seine Grenzen erreicht. Es kann somit nicht Aufgabe der Allgemeinbildung sein, *sehr* differenzierte Schulbildung zu betreiben im Sinne von „alle Marktnischen bedienen", sie darf auch nichts „Unnötiges" enthalten, sondern muss die Schüler auf das gesellschaftliche und wirtschaftliche Leben vorbereiten (musische Fächer gehören zum gesellschaftlichen Leben). Spezielle Ausbildungsförderungen für die Wirtschaft z.B. an Berufsschulen, Forschungseinrichtungen, Fachhochschulen... gewinnen somit an Bedeutung, aber auch die Basiskompetenzen wie z.B. die differenzierte Kritikfähigkeit. Die Kenntniserweiterung in Teilbereichen wie Mathematik, Physik und Chemie sind aber sicher unerlässlich für die Zukunft.

Was für die Schule Sinn machen würde, ist ein langsamer Übergang vom Klassenlehrer als alleinige Bezugsperson in der Volksschule/Grundschule zu *nur wenigen*

Lehrern für 10- bis 14-Jährige. Für diese sind zehn Lehrer mit teilweise nur einer Wochenstunde zuviel, weil dieses Alter besonders auf die Lehrerbindung angewiesen ist. Auch der Übergang zu vielen Lehrern stresst viele Schüler im fünften Schuljahr übermäßig, besonders auch den Überindividualismus. Es sind auch jene Jahrgänge, in denen Bindung noch „erlernt" werden kann, auch in der Schule.

Was noch für wenige Lehrer für 10 bis 14-Jährige spricht:

- Es ist ein disziplinär schwieriges Alter, das verstärkt ein einheitliches Vorgehen benötigt. Das kann von wenigen Lehrern besser bewältigt werden, sowohl kommunikativ, als auch autoritativ.
- Mehr Wochenstunden bedeutet immer eine höhere Autorität, aber auch eine erhöhte Möglichkeiten zur Bindung in Form von positiven, persönlichen Rückmeldungen.
- „Verstärkte Bindung" geht immer hand in hand mit der Du-Orientierung. Die gelingt nur, wenn ein Du zeigt „hier bin ich, hier ist meine Grenze, respektiere sie."
- Die manipulativen Möglichkeiten der Schüler würden sich beschränken, wären auch nicht so notwendig für sie.
- Lehrer mit Fächern, die nur einen geringen hierarchischen Stellenwert haben wie die musischen Fächer, könnten durch *fachfremden Unterricht* in Kombination mit einem Hauptfach auf einer besseren hierarchischen Stellung arbeiten.
- Der Lehrermangel kann durch fachfremden Unterricht ausgeglichen werden, auch könnten Lehrer die Scheu vor fremden Fächern hinter den Nutzen stellen.
- Fachfremder Unterricht hat den Vorteil, dass der Lehrer näher bei den Schwierigkeiten des Lehrstoffes steht, weil er die Inhalte noch nicht so gut kennt. So kann der Lehrstoff ohne Aufwand näher an der Schülerebene transportiert werden. Das Lernprinzip von „Versuch und Irrtum" lässt sich dabei umsetzen. Die positive Einstellung der Eltern müsste dafür aber vorhanden sein, weil der Lehrer nicht das hohe „Mehr und Besser" bieten kann, das von Eltern oft gefordert wird.

In höheren Klassen ist die Lehrervielfalt nicht nur fachlich sondern auch entwicklungspsychologisch wichtig, weil sie eine Basis für die erweiterte, differenzierte Menschenkenntnis bietet und somit auch zur Basis des Ich-Erkennens werden kann.

Zusammengefasst betrachtet:

Die Individualisierung kann nur durch mehr Lehrer in einer Klasse erreicht werden oder durch kleinere Klassen/Gruppen, wenn nicht der Unterricht darunter leiden soll. Dem Steuerzahler darf dieser finanzielle Mehraufwand nicht zugemutet werden. Der Individualisierungsaufwand darf aber auch nicht auf dem Rücken der Lehrer ausgetragen werden, indem von ihm verlangt wird, was nicht einmal statistisch geht. Auf dieser Basis kann er nur schlecht aussteigen. Die Individualisierung muss von den Eltern finanziert werden, wenn ihre Kinder nicht gruppenfähig sind oder sich in einer falschen Gruppe befinden. Die hohen Nachhilfekosten müssen den Eltern zugemutet werden.

Eine möglichst gute, schulische Förderung beinhaltet immer eine Förderung in der Gruppe mit ungefähr gleichem Niveau. Ein „Mehr" an Chancengleichheit ist gesellschaftlich unzumutbar, auch wirtschaftlich nicht erstrebenswert, zumal die schulische Ausbildung zwar wichtig, aber nur eingeschränkt brauchbar für die Wirtschaft ist.

Das Extrem von „Individualisierung in einer undifferenzierten Gruppe" kann somit als schwaches Ergebnis auf der Basis von schwachen Hintergründen wie Sparmaßnahmen und soziokulturellem Überindividualismus gesehen werden, ein Extrem, das auf Kosten der Lehrer und Schüler geht. „Gleiche Chancen für alle" darf nicht heißen „keiner hat mehr eine Chance".

2. Statistiken – künstliche Intelligenz – Ersatzpädagogik

Als Gegenpol zur schulischen Ohnmacht können Statistiken und die Ersatzpädagogik gezählt werden. Statistiken können über sachliche Daten eine Sachlage vermitteln. Wie wir bereits gehört haben, können Statistiken aber genau auf dieser Sachebene verzerren und Inhalte unvergleichbar machen. Der Überindividualismus ist extrem und verzerrt grundlegend. So sind z.B. viele Schüler nicht bereit, einen geistigen Einsatz zu leisten, wenn er nicht adäquat belohnt wird. Jede Statistik wird so verzerrt.

Auch die Selektion der Testinhalte beinhaltet die Momentaufnahme und eine hohe Variable der Zufälligkeit. Die Überprüfung von Basiskompetenzen kann nur *sehr* eingeschränkt getätigt werden. Schriftlichen Tests sind auch immer Sprachverständnistest, auch wenn sie oberflächlich etwas anderes testen. Besonders bei Kindern und Jugendlichen sind es viele unterbewusste Emotionen auf der Selbstoffenbarungsebene, die Ergebnisse verfälschen. Wer diese Zusammenhänge *nicht* kennt, wird an Statistiken glauben. Wer sie kennt, weiß, dass Statistiken zwar zeigen können „wir machen etwas", sie setzen aber nicht beim Kind an. Ein teurer Input für wenig relevanten Output.

Giesecke spricht von einer Desorientierung der Schulbeteiligten und sie ist bereits für viele an allen Ecken und Enden zu erkennen. Logisch ableitbar ist die Desorientierung auch, wie wir bereits gehört haben, nämlich vom Überindividualismus, der lauter Extremstellungen mit sich bringt, im Denken und Handeln, z.b.

- Die Abschaffung der Noten ist eine extreme Denkweise, die vermehrte statistische Erhebungen zur Quantifizierung die andere.
- Fehlende Forderungen an die Schüler stehen im Gegensatz zu hohen schulischen Investitionen.
- Mitspracherecht für alle, anstatt natürliche Lehrerautorität ist eine andere Extremsituation.
- Die Gesamtschule in einer Zeit, in der die Möglichkeiten der Schüler weit auseinanderdriften (geförderte Kinder :: vernachlässigte Kinder; überforderte Kinder :: unterforderte Kinder) und die Individualisierung in der Schule ist ein weiteres Extrem.

Naheliegend ist es, dass die Schule offensichtliche Extreme und Defizite ausgleichen möchte, wieder Struktur in das System bekommen möchte. „Struktur" bedeutet für den Überindividualismus *sachliche Sicherheit*. Statistiken ermöglichen dies. In Österreich wurden in den letzten Jahren Millionen für Qualitätssicherung, Standardisierung, Leistungserhebungen, Leistungsvergleiche, Evaluierung, Statistiken, Pisastudie, Zufriedenheitsumfrage zur Neuen Mittelschule... ausgegeben – viel „Sicherheit" für einen ohnmächtigen Überindividualismus, der die Schule bodenlos macht. Das Bildungsförderungsinstitut, Ausarbeitung der Neuen Matura, ExpertInnen-Kommissionen, Bildungsreformen, zusätzliche Lehrer für die Neue Mittelschule... und fast alles, weil der Überindividualismus richtungslos macht; außerdem macht der Überindividualismus trotzdem richtungslos, denn Statistiken können eines nicht: Die Ursachen der Richtungslosigkeit beheben.

Die *Nachhaltigkeit des Gelernten* ist ein anderes Bildungsziel, das man in Österreich durch Bildungsstandards erreichen möchte. Nachhaltigkeit bedeutet aber: Synapsen stärken und Verknüpfungen erstellen. *Zeit* würde hier helfen, eine Statistik nicht, denn die Nachhaltigkeit ist genau das, was ein kurzer Test nicht prüfen kann und schon gar nicht bewirken kann, wenn keine geeigneten, hintergründigen ten Maßnahmen ergriffen werden.

Statistiken sind somit unmittelbar von der überindividualistischen Ohnmacht und Richtungslosigkeit ableitbar. Sie können die Vergleichbarkeit im Sinne von „Mehr und Besser" oder „Weniger" repräsentieren, trotzdem werden sie immer einen ökonomisierten Teil der Schule darstellen, der am Wesentlichen vorbeigeht, am Schüler. Sie machen den Schüler nicht grundlegend stark, sie können auch keine Nachhaltigkeit ausdrücken, sondern nur einen Zeitpunkt des Gelernten. Sie drücken somit eher den Grad der Überindividualisierung einer Gesellschaft aus, die besser sein möchte und nicht weiß wie. Ein schlechter und teurer Input für wenig Output, ein volkswirtschaftlicher Schaden.

Statistiken und Vergleichswerte sind Oberflächenpolitur: Pisastudie, Orientierungsarbeiten, Bildungsstandards, standardisierte, vergleichbare Maturaarbeiten, Zufriedenheitsanalysen, ECTS der Universitäten... Das Computerzeitalter unterstützt schnelle Statistiken und die geforderte Sachlichkeit ist besonders in einer richtungslosen Zeit, die der Überindividualismus mit sich bringt, als Gegenpol gefragt. Da wird in den Nachrichten z.B. eine Statistik verbreitet, die besagt, dass in einem Land 61 % der Maturanten studieren, in einem anderen 41 % und bei uns nur 24%. Davon wird direkt abgeleitet, dass wir vergleichsweise zu wenig Studenten hätten, dass wir mehr bräuchten, weil sonst unsere Wirtschaft nicht funktionieren werde. Aus der Statistik ging nicht hervor, wie viele Maturanten es in den jeweiligen Ländern gibt, welches Niveau die Maturanten und die Universitäten haben, auch wird nicht aufgelistet, welche anderen Möglichkeiten der Weiterbildung es nach der Matura gibt. Es wird auch nicht danach gefragt, wie viele der 61% Universitätsabgänger nach ihrem Abschluss arbeitslos sind, bzw. in welchen Ländern Lohndumping bei Universitätsabsolventen erfolgt. Für die Wirtschaft mögen gut ausgebildete Hilfsarbeiter gut sein, eine Gesellschaft darf sich das aber nicht leisten. Die Politikverantwortlichen müssen Grenzen setzen. Statistiken können alles besagen, nur die hintergründig differenzierte Wahrheit nicht.

Statistiken machen somit genau das, was der Überindividualismus selbst macht: Sie versachlichen undifferenziert und verzerren Realitäten. Je differenzierter und vielfältiger Systeme sind, desto mehr verzerren die Statistiken, desto eher können Inhalte zu gegenteiligen Aussagen werden. Erstellt man mit *Jugendlichen* Statistiken, verfälscht der überindividualistische Eigennutzen besonders stark. Das statistisch gute Abschneiden zählt hier nicht zum Eigennutzen, denn das Ergebnis ist nur für den Einzelschüler abrufbar, quasi anonym. Sich 3-4 Stunden für eine statistische Erhebung anzustrengen, ist daher nicht Sache des Überindividualismus, zumal auch ausdrücklich erwähnt wird, dass die individuelle, statistische Erhebung *nicht* in die schulische Note miteinbezogen wird. Wo bleibt also der Eigennutzen, die Belohnung, der allgemein sichtbare Mehrwert? Die Belohnung liegt am Schluss der statistischen Arbeit, denn dort sind Spiele zu finden, die nach Beendigung der Arbeit gemacht werden sollen/dürfen, damit Ruhe in der Klasse herrscht. Ein geringer Unterhaltungsfaktor für die Schüler, aber besser als regulärer Unterricht.

Wir leben also in einer Zeit, in der immer häufiger auf Statistiken zurückgegriffen wird, die immer weniger Aussagekraft haben. Wir leben aber auch in einer Zeit, die vermehrt die du-orientierte Intuition vor Ort bräuchte, wenn man wieder realitätsnah hinterfragen und entscheiden möchte. Diese Begabung der hintergründigen Differenzierungsfähigkeit verschwindet allerdings mit dem Überindividualismus und... sie ist auch nicht gefragt, wirkt nicht glaubwürdig, weil sie sich weniger schnell beweisen lässt und vom Überindividualismus logischerweise nur schwer nachvollziehbar ist. Schuldirektoren bleiben so Befehlsempfänger und verbrauchen ihre Energie, ihren Lehrern Arbeiten „aufzudrängen", anstatt dass sie jene Rückmeldungen von unten nach oben tragen, die hintergründig starke und somit langfristige Entscheidungen ermöglichen. Eine derart träge Schule wird den schnellen Änderungen der Zeit nur mangelhaft standhalten können.

Prinzipiell muss man sich die Frage stellen, für wen Statistiken und Vergleichswerte wichtig sind. Braucht sie der Staat, damit er die Kontrolle über den Stellenwert der Schule hat? Ist die Wirtschaft darauf angewiesen? Wollen die Eltern oder Lehrer Vergleiche? Auch stellt sich die Frage: Wie viel Vergleich ist wichtig, wo beginnt die unnötige und teure Übertreibung? Können Bildungsstandards und eine einheitliche Matura aussagekräftig sein oder reicht der Rahmenlehrplan, der Standards vorgibt?

Statistiken sind nur *eine* Folge einer überindividualistischen, richtungslosen Gesellschaft. Die Schaffung von *künstlicher Intelligenz* ist eine andere Ausdrucksform von unerkannten, überindividualistischen Blockaden. Da unerkannte Blockaden nicht gelöst werden können, führen sie unweigerlich zum Ersatz. Die Gesellschaft und die Schule erkennt zwar völlig richtig: Soziale Kompetenzen sind wichtig. Die Forderung wird an die Schule gestellt, die Schüler erhalten jetzt Unterricht in „soziale Kompetenzen". Als Lehrer macht man Kennenlernspiele, Kennenlerntage, ein Sozialpraktikum wird eingeführt, damit die Schüler eine Woche lang soziale Arbeit kennenlernen, Knigge wird wieder aktuell..., aber...die Basis der sozialen Orientierung liegt in der Du-Orientierung über die ständige Kommunikation und Handlung, sie liegt also in der Praxis. Dafür braucht es kein Unterrichtsfach und auch keine extra Schulbücher, sondern die Bewusstwerdung für:

- Einlassen → Verständnis → (An)Bindung
- Zurückstellen von Eigeninteressen für ein langfristiges Ziel → Frustrationstoleranz → (An)Bindung

Diese sozialen Grundkompetenzen müssen in der Familie und während des Unterrichts in den jeweiligen Situationen gelernt werden. Die *Disziplin* ist dabei die täg-
liche Grundkomponente für das Du-Verständnis in der Schule.

Das *Lesetraining* in Österreich ist ein weiteres Beispiel für die Förderung von
künstlicher, ökonomisierter Intelligenz, ein gutes Beispiel für einen Pädagogiker-
satz. Es wurde festgestellt, dass die Lese- und Verständnisfähigkeit der österreichischen Schüler durchschnittlich sehr gering sei. Die Politik und der Markt haben
reagiert. Jetzt erhalten die Schüler ein kleines Heft, genannt „Lesetraining", das
Übungen für das Lesen beinhaltet, Fragen zum Verständnis, Kontrollmöglichkeiten
zur Selbstkontrolle, zum Einfüllen, unbrauchbar für eine weitere Klasse. Schnell
wird dem Schüler gezeigt: gut oder weniger gut. Lesen bedeutet aber: Du-
Orientierung, Einlassen, langsames Verknüpfen, ständiges Neuordnen der Inhalte...
Diese Fähigkeit kann über Jahre hinweg durch das Lesen verstärkt werden. Gute
Bücher gibt es aber so viele wie nie zuvor, ein dünnes Lesetrainingsheft ist daher
unnötig investiertes Geld. Theoretisch gibt es auch genug Menschen, mit denen
man das Einlassen und Zuhören üben könnte, praktisch haben Schüler an vielen
Schulen aber auch in den Pausen und in der Mittagspause Zugang zu Computer-
spielen, die keine menschliche, reale Du-Orientierung beinhalten, außer dass sich
Schüler um den Computerplatz streiten.

Zusammengefasst betrachtet:
Ich denke, dass auch Schulen immer mehr durch eine Vielfalt an Angeboten und
Forderungen von außen überfordert sind und sich immer wieder darauf besinnen
müssen, was unsere Kinder hintergründig und langfristig stark macht. Ersatzpädagogik und künstliche Intelligenz machen nicht stark, weil sie am Kind vorbeigehen,
sie kosten nur viel Geld.

3. Qualifikation und Qualität: Lehrer – Direktoren – Schulpolitik

Es macht die Summe der Defizite, die eine Schule schlecht werden lässt, es ist jene
Summe, die eine Gesellschaft behindert und die Politik unglaubwürdig erscheinen
lässt. Die einfache Schlussfolgerung von Politik und Gesellschaft: Bei hohen Per-

sonalkosten muss das Personal stimmen oder die Personalkosten sind zu hoch. Das ist die gängige Meinung, aber eine gedanklich falsche Verknüpfung. Trotzdem hat diese gedankliche Verknüpfung Folgen. Unausgebildete Hilfslehrer werden angedacht, Versuche werden unternommen, die Personalkosten zu senken, wenngleich möglichst unbemerkt von der Bevölkerung und von den Lehrern, auch die Lehrerausbildung und die Prüfung von LehramtskandidatInnen wird immer aktueller.

In einer überindividualistischen Gesellschaft steigt die Wahrscheinlichkeit, dass Lehramtskandidaten überindividualistisch ausgesucht werden, dass Direktoren und die Schulpolitik überindividualistisch besetzt werden. Der Überindividualismus behindert die Auswahl von starken Lehramtskandidaten aus mehreren Gründen:

-   Überindividualistische Menschen streben nach höheren Hierarchien. Ihr *Macht-Stärke-Verhältnis zwischen Menschen* wird somit für unbewusste Entscheidungen wichtig, auch wenn die Entscheidungen anhand von scheinbar „sachlichen" Kriterien getätigt werden. Ihre „Hormone" passen nicht zusammen – wie wir gehört haben.
-   Die *Kritikfähigkeit* des Überindividualismus ist zusätzlich auch *eingeschränkt*, wie wir gehört haben.
-   Überindividualistische Kandidaten stellen sich und ihre Fähigkeiten geübter in den Vordergrund, sie wirken aktiver, schneller, durchsetzungskräftiger und daher geeigneter für die Schule. Sie sind aber langfristig weniger stark und auch in geringerem Maße entwicklungsfähig. Starke Entwicklungen dauern, sie können in einer Einstiegsbeurteilung nicht einbezogen werden. Die Wahrscheinlichkeit, dass der oberflächliche Überindividualismus bevorzugt wird, ist groß.
-   Kann jemand daher zwischen „Macht" und „Stärke" nicht unterscheiden, kann er auch keine hintergründig gute Entscheidung tätigen.
-   Hinzu kommt: Immer mehr werden Berufsanwärter für ihre Bewerbungsgespräche gezielt geschult und es kommt dann vermehrt darauf an, wer seine Rolle besser „spielt/präsentiert".

Die frühen *Praxiszeiten für Pädagogikstudenten* wären an sich wichtig. Sehr groß ist allerdings der Unterschied, ob man eine Klasse nur kurzfristig führt oder langfristige Ziele erreichen muss. Auch disziplinäres Einschreiten kann in der Praxiszeit nicht geübt werden. Diese Realitätsverzerrung schafft eine falsche Ausgangsbasis.

Wenn sich Pädagogikstudenten nach der ersten Praxis umorientieren, weil sie mit überindividualistischen Schülern nicht klarkommen, treffen sie genau genommen eine starke Entscheidung. Sie wollen auf der positiven Spannung agieren und sehen für sich keine Möglichkeit, dies in einer mehrfach überindividualistischen Klasse zu leben. Ihr gesunder Verstand sagt ihnen: Der Lehrerberuf macht krank.

Wenn die *Schulpolitik* schwache Entscheidungen trifft, können Qualifikationen von Direktoren und Lehrern nicht genützt werden. Es ist zu wenig, der Bevölkerung ständig zu zeigen, dass die Schule schlecht ist *und* viel kostet. Das würde auch kein Wirtschaftsbetrieb überleben. Will die Politik richtige Schulpolitik machen, kennt sie starke Hintergründe für ihre Entscheidungen. Politische Entscheidungen sind dann schlecht, wenn sie eigennutzenorientiert = parteipolitisch sind. Die Schule verträgt keine Politik, auch keine flache Hierarchie zur Gesellschaft, weil sie einfordern muss, was die Gesellschaft selbst nicht kann oder möchte. Die Gesellschaft muss die Hintergründe verstehen lernen, daher gilt es vermehrt, Wissensdefizite bezüglich der Schule auszugleichen. Es lässt sich nur dann Politik damit machen, wenn die Gesellschaft Vorteile in einer Verhaltensänderung sieht. Beim Wissen um den Überindividualismus sind die Vorteile für alle gegeben.

Zusammengefasst betrachtet:
Die Schule muss ein gesellschaftssteuerndes Instrument bleiben, die Gesellschaft darf nicht die Schule steuern. Je überindividualistischer die Gesellschaft ist, desto höher ist die Gefahr der Gesellschaftssteuerung und umso gefährlicher ist die Gesellschaftssteuerung für die Gesellschaft.

Teil VII Schule und Öffentlichkeit – eine Rezeption

Viele Bücher, Medien, Vorträge und auch die Schulpolitik versuchen das Problem „Schule" von verschiedenen Seiten aus zu betrachten. In vielen Sitzungen mit namhaften Pädagogen, Autoren, Universitätsprofessoren... wird über die Schule gesprochen, verschiedene Richtungen sind erkennbar. Alle Richtungen haben historisch-soziokulturelle Hintergründe und beruhen auf jeweils individuellen, perspektivisch selektierten Wahrnehmungen. Unterschiedliche Perspektiven wären an sich gut, aber wenn jede Perspektive für sich wenig hintergründig ist, ergibt sich daraus eine ohnmächtig anmutende Vielfalt an Meinungen/Irrmeinungen und keine starken, zeitadäquaten und langfristigen Ergebnisse. Für die Schulpolitik ergibt sich in etwa folgendes Bild:

- Ein Teil der liberalen 68er-Generation (Jahrgänge 1940-50) vertritt immer noch die Position der liberalen Forderungen der heutigen Jugend. „Individualismus" war ein Zauberwort der 68er-Generation. Es sind jene Schulpolitiker, Politikberater, Elternvertreterobmänner..., die heute noch die Schule mitgestalten, aber nur in Ausnahmefällen weniger als zehn Jahre von der eigenen Unterrichtstätigkeit an Schulen entfernt sind. Die meisten sind bereits 15 – 20 Jahre von der eigenen Unterrichtstätigkeit weg, unterrichten an Universitäten, sind seit langem Direktoren und somit in einer anderen hierarchischen Position, teilweise sind sie in Pension oder haben noch gar nie an einer staatlichen Schule unterrichtet.
- Die Distanz zum Geschehen verzerrt die Realitäten über die Verallgemeinerung und überlagert sich immer mehr mit der eigenen Schulzeit und dem Hören-Sagen.
- Der Überindividualismus strebt in höhere Hierarchien – auch in die Schulpolitik – und hat in der eigene Schulzeit vermutlich mehr unter den „Grenzsetzungen" in der Schule „gelitten". Der Überindividualismus wird daher verstärkt versuchen, für die neue Generation das „Leiden" zu mindern.
- Wer die Schule nicht als starker Mensch verarbeitet hat, wird eher dem 80-99%-Anteil der eigenen Schulemotionen unterliegen, er wird eher jene Jugend vor Augen haben, die seine eigene war – kein starker Hintergrund für aktuelle Schulentscheidungen.
- Auch überindividualistische Berater und Lehrer reden mit, denen aufgrund des Überindividualismus gewisse Sichtweisen versperrt sind. Sie präsentie-

ren sich kommunikativ gewichtiger und schneller als starke Menschen, womit die Stärke sich oft nicht durchsetzt, wo es nötig wäre.

- Ältere Lehrer reden mit, die ihre Kommunikation dem Überindividualismus angepasst haben oder hierarchisch höhere Positionen innehaben, bei denen viele Probleme erst gar nicht sichtbar werden.
- Ein Großteil der Schulpolitiker sind Männer. Sie hatten nicht die Zeit, ihre Kinder erzieherisch und schulisch zu begleiten. Es fehlt ihnen somit auch aus dieser Perspektive an hintergründigen Beobachtungen und somit an Urteilsmöglichkeiten. Daher wird immer wieder am Kind vorbeigearbeitet, wie z.B. mit Statistiken und Ersatzpädagogik.
- Männliche Lehrer reden mit, bei denen viele Probleme gar nicht sichtbar werden.
- Ein konservativer Teil will sich besonders offen geben und wird pseudoliberal.
- Die antiautoritäre Erziehung ist zwar schon lange verpönt, die überindividualistische Erziehung wirkt aber antiautoritär, weil sie die Grenzen der persönlichen Freiheit übertrieben nervös verschiebt.
- Ein kleiner, konservativer Teil vertritt die Gegenreaktion auf die freien 68er und den heutigen Überindividualismus. Dieser Teil nimmt zu, muss aber immer noch Mut für seine Meinung aufbringen.
- Der Anteil an althergebrachten, unhinterfragten Behauptungen ist auch bei Schulreformern sehr hoch. Immer wieder werden einzelne Phrasen herausgegriffen, unzusammenhängend verwendet und somit realitätsverzerrt – die Kommunikation einer schnellen Zeit. Viele Phrasen halten sich über Jahrzehnte, obwohl sie schädliche Auswirkungen auf die Kinder haben.
- Junge Lehrer gehören bereits selbst der überindividualistischen Gesellschaft an und agieren überindividualistisch, was zu kurzfristigen Erfolgen führt, denn auch sie suchen als Ausgleich zum fehlenden Ich oft vermehrt das Schüler-Du. Auch setzen sie im anderen Extrem schnelle und sehr deutliche Grenzen, auch mächtig. Das wirkt kurzfristig, langfristig macht das sie Schüler unruhig, immer wieder eskalieren solche Situationen.
- Die schulischen Wahrnehmungen der Direktoren sind aufgrund ihrer hierarchisch höheren Stellung (Mitsprache bei der Lehrerauswahl, erste Distanz und Aufsicht...) oft näher bei der Schulpolitik als bei den Lehrern, was die hintergründige Basis für die Schulentwicklung einschränkt.
- Auch (Schul-)Buchautoren, die sich mit Methodik und Didaktik beschäftigt haben und die Schule auf einen wenigstens theoretisch guten Wissensstand bringen, sind vom Überindividualismus „blockiert", sie schaffen Ersatz.

- Die Eltern vertreten die Seite der Kinder, je kleiner und unsicherer die Familien sind, desto eher.
- Die Schulpolitik steht unter gesellschaftsbedingtem Leistungsdruck, nimmt viel Geld für die Schule in die Hand, was den Leistungsdruck für die Lehrer erhöht. Dieser steht mit dem Druck alleine da, weil er der Einzige ist, an den Forderungen gestellt werden. Diese Ursachenverschiebung wirkt schwach, weil der Lehrer zwar mehr fordern wird, aber weder die direkte Unterstützung der Schulpolitik als oberste Hierarchie hat noch jene der Eltern.
- Hat die Schulpolitik „Angst" vor den Wählern, wird sie eigennutzenorientierte, politische Schulpolitik betreiben, diese ist schwach.

→ *eine überindividualistische (extreme) Gesellschaft entscheidet über überindividualistische Kinder und Jugendliche. Der Überindividualismus ernährt sich somit selbst...* wieder krass ausgedrückt, aber beobachtbar und nachweisbar.

Eigentlich wollte ich ursprünglich keine Sekundärliteratur hinterfragen, keine Aussagen von Politikern, Eltern, Schulbeteiligten auf die Basis des Überindividualismus stellen, das wäre ein grenzenloses Unterfangen, die vielen Vereinfachungen differenziert zu betrachten und aussagekräftig zu relativieren. Inzwischen denke ich aber, es könnte für den Leser beispielhaft interessant sein, wie sehr sich Schulrealitäten verzerren, wenn Du-Orientierungen fehlen und zu Vorurteilen führen.

„Der talentierte Schüler und seine Feinde" von Andreas Salcher ist für mich ein Paradebeispiel für Literatur über die Schule, die der Schule und dem Lehrerimage ungerechterweise schadet, weil dieses Buch auf verzerrten, realitätsfremden Hintergründen aufbaut. Es ist auch ein Paradebeispiel, wie viele Menschen man anscheinend mit realitätsferner Kommunikation beeindrucken kann, denn laut Andreas Salcher ist das Buch bei sehr vielen Menschen sehr gut angekommen. Im folgenden Kapitel werden jene kommunikativen Mittel genauer aufgezeigt, die zu Realitätsverzerrungen führen, damit eine weitere Rezension hintergründig erfasst werden kann.

1. Realitätsverzerrungen und Kommunikationsblockaden: Witz, Ironie, Vergleich, Beispiel

Realitätsverzerrungen sind gleichzeitig Kommunikationsblockaden, auf denen keine reale Kommunikation stattfinden kann. Sie wirken mächtig, weil sie ein Defizit zur Realsituation schaffen, sie wirken auch undifferenziert abwertend. Eine Realitätsabgleichung bedeutet, dem anderen seine Beobachtungen mitzuteilen, in der Hoffnung, dass der andere diese nachvollziehen und einordnen kann, damit beide auf gleicher Informationsbasis Entscheidungen treffen können. Besitzt ein Mensch wenig Du-Orientierung, wird er weniger Informationsbasis einbringen können, ihm fehlen die zusammenhängenden Beobachtungen. Treffen so „reduzierte Realitäten" auf „differenzierte Realitäten", fühlen sich beide Gesprächsteilnehmer ohnmächtig. Der „Sehende", weil er sieht, was der anderen nicht sieht. Diese Inhalte muss er dem Gegenüber nun differenziert glaubhaft machen. Der andere fühlt sich ohnmächtig, weil er nicht nachvollziehen kann, wovon der eine spricht, er empfindet dieses Wissensdefizit als abwertend. Je größer die Wissensdefizite sind, desto ohnmächtiger werden beide sein. Beim Überindividualismus ist die Ohnmacht vorprogrammiert, weil dieser tendenziell eigennutzenorientiert selektiert, verarbeitet und wiedergibt. Jeder dieser Schritte der Informationsaufarbeitung ermöglicht eine unterbewusste Selektion und somit Realitätsverzerrung.

Jener mit dem größeren Wissen kann erkennen, wie gering das Hintergrundwissen des anderen ist, umgekehrt ist dies nicht möglich. Für den Überindividualismus stellt ein Wissensdefizit ein Machtpotential dar, das er durch Abwertung des Gegenübers verringern will. Das Verstehen-Wollen ist beim Überindividualismus somit egozentrisch reduziert, weil er vor jeder potentiellen Reduzierung seiner Ich-Stellung „flüchtet". Er sieht somit gar keinen Grund, seine für ihn realen Wahrnehmungen zu ändern, sondern wird sie lautstark verteidigen. Besonders auffällig dabei: Die Argumentation des Überindividualismus wird dabei immer irrationaler. Je länger solche Wahrnehmungsabgleichungen dauern, desto mehr verstrickt sich der Überindividualismus in Widersprüche[85], bis hin zu deutlichen Lügen. Spätestens dann wird deutlich: Ein geringer Hintergrund ist nicht langfristig. Klar wird aber auch: Mächtige Menschen haben berechtigte Angst vor starken Menschen und ihren starken Hintergründen. Auch wird klar, warum starke Menschen ein Wissensdefizit für sich nützen können, indem es sie neugierig macht, mächtige Menschen aber nicht.

Gelingt es einem Menschen in ausgeglichener Spannung nicht, seine als wichtig erachteten Hintergründe zu vermitteln, muss er dem Gegenüber seinen unbedingten Willen zeigen, wenn er ein starkes Ziel erkennt und erreichen möchte. Dies muss heftiger geschehen, *weil* der Überindividualismus sich nicht gerne auf Neues einlässt. Über die Heftigkeit kann diese überindividualistische Blockade zwar kurz-

---

[85] Zur Differenzierung: Gemeint sind hier nicht die vermeintlichen Widersprüche, die sich aus der Dialektik ergeben, wenn der starke Mittelweg gesucht wird.

fristig gelöst werden, der Nachteil dabei ist aber: Der Überindividualismus empfindet das Gegenüber jetzt als „böse" und hat ein Projektionsopfer, das er in weiterer Folge als kommunikationsunfähig abwerten wird, denn schließlich gelang es dem Starken nicht, seine Hintergründe wohlwollend zu vermitteln. Dem starken Menschen wird somit schnell „Kommunikationsunfähigkeit" vorgeworfen und das, obwohl es der Mächtige ist, der sich nicht auf das Du einlassen kann, der wenig hintergründig und somit schwach argumentiert. Die Folgen: Die Basis für weitere Realitätsabgleichungen ist denkbar schlecht. Der Mächtige fühlt sich aufgrund seiner geringen Hintergrundbasis abgewertet und wertet ungerechterweise den Starken ab. Gelingt die Abwertung nicht auf der angesprochenen Ebene, wird sie auf andere Inhalte gelenkt. Der Starke muss sich nun auf anderen Ebenen rechtfertigen, anstatt dass er weiter hintergründige Inhalte zur Sache vermitteln kann. Daher: Will oder kann sich ein Mensch nicht einlassen, sind Konflikte vorprogrammiert. Solche unlösbaren Konflikte lassen sich nur über ständige Realitätsabgleichungen an kleinen, konkreten Situationsbeispielen lösen. Das Lösen von Problemen auf der Überblicksebene – wo jeder die Hintergründe schnell abstecken kann – ist nicht möglich, auch wenn dies die schnellste Problemlösungsmöglichkeit wäre. Diese schnelle *und* hintergründige Methode steht nur starken Menschen zur Verfügung. Nur sehr starke Menschen oder Wissende nehmen auch in Kauf, Projektionsopfer von mächtigen Menschen zu werden, weil nur sie sich von ungerechten Vorwürfen ausreichend distanzieren können. Trotzdem benötigt eine übermäßige Aktion auch übermäßig viel Energie von beiden Seiten. Obere Hierarchien besitzen mehr Machtressourcen, sie sind daher länger vor lautstarken Argumenten sicher. Umgekehrt wirken die lautstarken Argumente von oberen Hierarchien gewichtiger, auch wenn sie wenig hintergründig sind.

Die Kommunikation des Überindividualismus ist eine ganz spezielle, denn er will sich und seine Meinungen „mehr, besser und vorzeitig" durchsetzen. Die kommunikativen Mittel sind – wie bereits erwähnt – Mittel der Vereinfachung wie: Übertreibung, Untertreibung, Denken in undifferenzierten Gegensätzen (als Form der Über-/Untertreibung). Gegensätze und Übertriebenes lassen sich hirnpysiologisch schneller, emotionaler und dauerhafter anbinden und daher auch schneller, emotionaler und dauerhafter wiedergeben. Hintergründiger sind sie logischerweise nicht. Anders herum betrachtet: Bei geringer Differenzierungsfähigkeit ist auch nur dieses Kommunikationsmittel möglich, im Sinne von: „Wo nichts drin ist, kann auch nicht herauskommen."

Eine weitere Betrachtungsperspektive der überindividualistischen Kommunikation: Der Überindividualismus besitzt nur eine geringe Distanz zu sich, er lebt vermehrt in seiner eigenen Welt. Die unterbewusste Selbstoffenbarungsebene ist daher sehr hoch. Das macht den Überindividualismus durchschaubar, auch dann, wenn er möglichst auf der Sachebene kommuniziert oder sich hinter den Aussagen anderer versteckt oder den anderen eigennutzenorientiert interpretiert, indem er z.B. die Worte des anderen undifferenziert zusammenfasst und so realitätsverzerrt dem anderen quasi „das Wort im Mund umdreht". Der Überindividualismus erhält ständig Rückmeldungen bezüglich seiner Durchschaubarkeit und versucht noch sachlicher zu argumentieren, die Aussagen anderer vorzuschieben, er wird aber auch alle seine Manipulationstechniken ständig verfeinern.

Der starke Mensch wirkt auf einen mächtigen hingegen wenig durchschaubar, obwohl er keine eigennutzenorientierten Verzerrungen nötig hat und daher ehrlicher ausdrückt. Der Mächtige hat Angst vor der Offenheit, er fühlt sich unsicher, denn es trifft eine hintergründige, ich-losgelöste Sichtweise auf eine eigennutzenorientierte. Immer wieder wird dem Starken auch der Eigennutzen vorgehalten, denn dies ist für den Mächtigen die logische Handlungs- und Entscheidungsbasis, er sieht den Eigennutzen ängstlich und überall verborgen und kann ihn nicht dingfest machen, das beunruhigt.

Witz, Ironie und Zynismus sind etwas diffizilere Formen der Übertreibung und Untertreibung, sie sind hintergründiger, auf mindestens zwei Ebenen angelegt und setzen vom Hörer das Hintergrundwissen auf beiden Ebenen voraus. Dieses Verknüpfen von Sprecher- und Hörerwissen hat einige Vorteile. Erstens merkt sich der Hörer die Inhalte länger, weil die Inhalte doppelt angebunden sind (mit Hintergrundwissen und witzig-emotional). Zweitens schafft das gemeinsame Hintergrundwissen positive Bindung zum Sprecher, weil Gemeinsamkeiten immer bindend wirken. Drittens verbindet auch das gemeinsame, positive Gefühl des Lachens über andere, besonders gut auch darum, weil der emotionale Kontrast des Witzes immer wirkungsvoll ist. So kann über Witz, Ironie und Zynismus eine manipulative Basis geschaffen werden, die anhaltend wirkt. Da Witz, Ironie und Zynismus immer ein Gegenüber abwerten, sind diese Methoden besonders bei Sendern und Hörern beliebt, die Selbstaufwertungen benötigen. Der Abgewertete hingegen erfährt die Abwertung auf einer anerkannt witzigen Ebene und das gleichzeitig von mindestens zwei Personen. „Anerkannt witzig" und von „mindestens zwei Personen" wirkt doppelt deutlich.

Das *Verbergen* geht dort, wo eine Aussage aus mehreren Kommunikationsebenen besteht, wie die vier grundlegenden Kommunikationsebenen von „Sachebene, Appell, Selbstoffenbarungs- und Beziehungsebene". Emotionale Ebenen können z.B. auf der Sachebene verborgen werden. Die Aussage „jetzt bleiben wir aber sachlich" kann unangenehme Emotionen des Gegenübers „wegreden", obwohl diese hintergründig für eine Entscheidung wichtig wären.

Auch *Vergleiche und Bilder* sind beliebt für überindividualistische Realitätsverzerrungen, weil sie Emotionen und Ich-Botschaften verstecken können, die nur vom Unterbewusstsein aufgenommen werden können. Unterbewusste, emotionale Anbindungen sind dauerhaft. In der mündlichen Kommunikation sind sie auch schwer durchschaubar, weil die Zeit nicht dafür da ist, besonders auch darum, weil der Überindividualismus dazu neigt, dem Gegenüber gar keine Zeit zu lassen. Er fasst Bilder geschickt zu anderen Informationsinhalten zusammen. So gelingt es, die Hintergründe der eigenen Ängste, Verletzungen, Bedürfnisse, Ziele... auf neue Begebenheiten zu projizieren, was einer negativen, manipulativen Kommunikation gleichkommt.

Die emotionale Bild- und Vergleichs-Manipulation hat den Vorteil gegenüber der sachlichen Manipulation durch Zahlen und Fakten, dass sie emotional tiefgründiger ist, länger hält und schneller abrufbar ist. Diese emotionale Projektionsform ist auch schuld für anhaltende, schulische Vorurteile. Kindliche Ängste, Verletzungen, vermeintliche und echte Ungerechtigkeiten, unangenehme Grenzen, gruppenorientierte Entscheidungen anstatt individuelle... hat jedes Kind in der Schule erlebt oder so aufgefasst, weil jedes Kind einer natürlichen, kindlichen Undifferenziertheit unterliegt und anders bewertet, als es die erzieherische Bewertung erfordert. Nur Menschen, denen es frühzeitig gelungen ist, sich zur positiven Spannung hin – zwischen dem Ich und dem Du – zu entwickeln, werden später die Schule als „Verstehende" erleben, nicht als „Leidende".

Zusammengefasst betrachtet:

Die Du-Perspektiven sehen zu lernen und Differenzierungen vorzunehmen ist ein lebenslanger Prozess und führt zu dem, was der Volksmund unter „Altersweisheit" versteht. Aus dem lebenslangen Lernen ergibt sich logischerweise, dass jeder Mensch auch undifferenziert mächtig agieren wird. Dem kann niemand entkommen. Erst das Maß und die Dauer schaffen die übermäßigen und andauernden Probleme. Das Bewusstsein über die wichtigsten kommunikativen Realitätsverzerrungen und deren Hintergründe kann helfen, die Kreisläufe von negativ-mächtiger Kommunikation zu durchbrechen. Die Basis von negativ-mächtiger Kommunikation ist ja sehr einfach, es sind die Realitätsverzerrungen mit einer begrenzten Anzahl von unterschiedlichen Methoden. Alle wirken wie Kommunikationsblockaden.

2. Beispiele für negativ mächtige Realitätsverzerrungen – Andreas Salcher: „Der talentierte Schüler und seine Feinde"

Bereits der Titel stellt dem „Schüler" die „Feinde" gegenüber. Die emotionale Abbindung des Lesers lautet in den überwiegenden Fällen: „Schüler – Lehrer", noch schlimmer: *Ein* Schüler hat gleich *viele* Feinde, logisch auch, weil er viele Lehrer hat. Und noch schlimmer: Auch *talentierte* Schüler haben viele Feinde und können sich trotz ihrer Intelligenz nicht wehren, sondern werden feindselig „bekämpft". Mit dummen Schülern hätte man weniger Mitleid. Zum Titel: Er muss sich verkaufen lassen. Lehrer wollen wissen, ob auch *sie* die Feinde sind und kaufen das Buch, die Eltern wollen wissen, ob sie *recht* haben, dass Lehrer die Bösen sind und kaufen das Buch. Ein gut gewählter Titel für die Verkaufszahlen, schlecht für die Schule, weil er Vorurteile verstärkt. Nachfolgend werden einige Beispiele aufgezeigt und auf kommunikative Realitätsverschiebungen hin geprüft.

Beispiel am *Vergleich* aus Salcher S.25:

„Erfolgreiche Unternehmen basieren darauf, dass ‚der Kunde König ist'. Diese Geisteshaltung versucht jeder Generaldirektor seinen Mitarbeitern täglich einzuimpfen. Und deshalb setzen sich langfristig im Prinzip jene Organisationen durch, die die Bedürfnisse ihrer Kunden erfüllen, ihre Servicequalitäten steigern, und das zu konkurrenzfähigen Preisen. Genau das Gegenteil tun wir mit unseren Schulen. Unser öffentliches System hat, wie bereits erwähnt, von der Marktwirtschaft das industrielle Fließbandsystem und vom Staat das Quasimonopol der Hoheitsverwaltung übernommen. Eine unheilige Allianz. Und so fühlt man sich dort auch als Kunde. Der Schüler steht im Mittelpunkt – und dort steht er im Weg, könnte man zynisch sagen."[86]

Andreas Salcher hat Betriebswirtschaft studiert und nimmt dieses Beispiel aus seinem eigenen Erfahrungshintergrund. Die Du-Orientierung zur Schule fehlt hier aber ganz eindeutig, denn ansonsten würde er zwischen einem Wirtschaftsbetrieb und einer staatlich-öffentlichen Schule und deren unterschiedlichen Zielsetzungen differenzieren. Die Schule kann aus ganz grundlegenden Vorbedingungen *nicht* mit einem Wirtschaftsbetrieb verglichen werden, u.a.:

---

[86] vgl. Salcher S. 25

- Die Schule darf kein alleiniges Wirtschaftsziel verfolgen, sondern muss auch gesellschaftliche Ziele vor Augen haben.
- Schüler erhalten kein Geld (= größte Machtressource unserer Gesellschaft) als Motivation für ihre Tätigkeit.
- Kinder sind aufgrund ihres Alters (auch überindividualistisch bedingt) wenig zielgerichtet, wenig langfristig, wenig differenziert..., sie agieren somit weniger erwachsen.
- Schüler können nur in extremen Ausnahmefällen von der Schule verwiesen werden, Arbeitnehmer können bei Fehlverhalten entlassen werden.
- Ein Serviceunternehmen kann individuell auf freiwilliger Basis in Anspruch genommen werden, die Schule darf aber nicht freiwillig sein, auch darf sie die individuelle Basis nur im gesellschaftlichen Kontext gewähren.
- Ein individuelles Serviceunternehmen muss individuell bezahlt werden, erst so entsteht das individuelle Recht auf eine Serviceleistung. Die Schule wird von der Gesellschaft bezahlt, somit darf sie auch keine spezifisch-individuelle Förderung sein. Der individuelle Schüler kann berücksichtigt werden, es muss auch schülerorientiert gearbeitet werden, er darf aber als Einzelindividuum nicht im Mittelpunkt stehen. Tatsächlich steht er dort im Weg, weil er durch das „Mehr" andere einschränkt. Die Gegenprobe: Habe ich lauter Einzelindividuen im Mittelpunkt, steht kein Individuum im Mittelpunkt.
- Der Vergleich der Schule mit einem Serviceunternehmen, in dem der Kunde König sein muss, lässt die Forderung an den Schüler außer Acht, mit all seinen negativen Konsequenzen des Bildungskonsums, wie wir bereits gehört haben.

Wie wir sehen können: Wird der Vergleich „Wirtschaft – Schule" nicht hintergründiger differenziert, entsteht eine verzerrte und abwertende Gesamtaussage im Sinne von: „Die Schule ist nicht konkurrenzfähig und zu teuer, weil die Schule das Gegenteil von einem gut geführten Wirtschaftsbetrieb macht."

Beispiele auf der *übertriebenen Wortebene*:
Das Wort „einimpfen"[87] wirkt verstärkend, weil es mit einer emotional schmerzhaften Spritze gleichgesetzt wird. Emotionale Anbindungen gehen deutlicher ins Unterbewusstsein und halten sich dort länger. Wenn Chefs also täglich „einimpfen" und die Schulhierarchie noch immer nicht verstanden hat, worum es geht, muss die Schulhierarchie schon ziemlich dumm sein. Diese Abwertung wird nicht direkt

---

87 vgl. Salcher S. 25

ausgesprochen im Sinne von „die Schulhierarchie ist dumm", sie ergibt sich nur aus dem Zusammenhang heraus. Die verschleierte Kommunikation hat zwei Vorteile. Weil sie verschleiert ist, wird sie nicht bewusst wahrgenommen, sondern *nur* emotional abgespeichert. Das Unterbewusstsein kann nicht hinterfragen, womit das unterbewusste Vorurteil gefestigt wird. Zweitens macht die indirekte Ausdrucksweise unangreifbar, im Sinne von „ich habe ja nichts gesagt". Diese verschleierte Form der Selbstoffenbarung ist dann eine typische Form der mächtigen, manipulativen Kommunikation, wenn die Hintergründe fehlen. Fast immer möchte der Sprecher ein Eigeninteresse durchsetzen oder wenigstens selbst gut dastehen.

Das „industrielle Fließbandsystem"[88] beinhaltet wenig Individualität, was besonders von einer überindividualistischen Gesellschaft negativ emotional abgespeichert wird. Da auch das „Fließband" in der Industriegesellschaft eine negative Bedeutung innehat, im Sinne von „Entfremdung des Menschen zum hergestellten Produkt" und somit eine indirekte Entmenschlichung ist, wird klar: Die Vereinheitlichung in einer Klasse ist negativ. Würde man hingegen die nötige Gruppenorientierung für ein Starkwerden eines Kindes einbeziehen, wäre die Gleichstellung der Kinder in der Gruppe positiv betont und ein Vorurteil über die Schule wäre ausgeräumt.

Wer also nach dem unbedingten Individualismus strebt, wird sich jetzt emotional gegen die Schule wehren müssen. Wer hingegen psychologische Hintergründe und schulische Erfahrung besitzt, weiß, wo solche aufgeheizten Emotionen letztlich ankommen, nämlich bei den Schülern. Lehrer spüren sie im Unterricht als Blockade, teilweise werden schulische Negativemotionen auch direkt ausgedrückt und man ist sich sicher, welche Anschauungen einem Kind von den Eltern vermittelt werden und warum sich Schüler in der Schule schwer tun.

Salcher spricht zuerst von einem „erfolgreichen Unternehmen"[89], dann nur noch von einer „Organisation"[90]. So fällt weniger auf, dass der Vergleich hinkt, denn eine Organisation ist verallgemeinernd und weniger spezifisch. Diese Undifferenziertheit kann den direkten, falschen Vergleich zur Schule verbergen helfen, indem eine Zwischenstufe eingeschaltet wird: Unernehmen > Organisation > Schule.

Ob die Schule ein *Schulmonopol* braucht, kann man leicht feststellen, wenn man sich überlegt: „Was wäre, wenn es dieses nicht mehr gäbe." Die USA hat sehr viele Privatschulen, dies fördert die Privilegierten. Gar keine staatliche Ausrichtung würde die systemische Chancengleichheit aufheben. Für Salcher ist ein „*Quasimo-*

---

88 vgl. Salcher S. 25
89 vgl. Salcher S. 25
90 vgl. Salcher S. 25

nopol[91] aber abwertend, obwohl es eine Grundlage der minimalen Chancengleichheit ist. Somit wird das Schulsystem an sich abgewertet. Schüler und Eltern wissen jetzt: Die öffentliche Schule ist schlecht.

Beispiel: Mächtige Kommunikation im *Kontext*

Interessant ist immer auch der Zusammenhang, in den Inhalte gestellt werden. Die Unterüberschrift zu den erwähnten Zeilen auf Seite 25 heißt: „Sauteuer, aber schlecht"[92]. Als bestärkende Autorität wird zuerst ein Nobelpreisträger herangezogen, der das Schulmonopol kritisiert und feststellt, dass private Bildung billiger und besser sei. Stellt sich die Frage, für *wen* diese Bildung billiger ist? Für den Staat oder für den Einzelnen, für den Privilegierten, für sozial Schwache, in welchem Staat... Auch ist die private Bildung dem Gesetz von Angebot und Nachfrage unterlegen, besonders dann, wenn es kein Monopol gäbe. Auch hier ist keine Zeit des Hinterfragens. Die *bestärkende Autorität* stellt die wenig hinterfragten Zusammenhänge von Salcher in einen pseudowissenschaftlichen Kontext. „Pseudowissenschaftlich" deswegen, weil nicht klar wird, warum der Nobelpreisträger das Schulmonopol kritisiert und ob er sich wirklich hintergründig mit der Schule beschäftigt hat, damit er eine diesbezügliche Aussage tätigen kann.

Salcher bringt „die kleinen Leute" mit dem „Schwarzmarkt" und den „teueren Nachhilfestunden"[93] in Verbindung. Durch „die kleinen Leute" werden viele Menschen angesprochen, daher erfolgt auch für viele eine emotionale Anbindung. Der „Schwarzmarkt" ist eine heftige, emotionale Anbindung an das negative Kriegsgeschehen im Sinne von „wehrt euch, der Staat hilf euch nicht" und unterstützt das negative „Ach-wie-sind-wir-arm-Denken". Auch die „teuren Nachhilfestunde" greifen ein bereits emotionalisiertes Thema auf und bestärken die Eltern. Wieder werden viele Negativemotionen bezüglich der Schule angelegt oder verstärkt.

Die Eltern werden anschließend in Schutz genommen – sie sind ja eine potentielle Leserschaft – indem ihnen gesagt wird: „Viele Eltern gehen selbst nochmals in die Schule, ohne sich dessen bewusst zu sein"[94]. Bei Salcher wird eine Horrorvorstellung von der Schule vermittelt, die jene Eltern bestärkt, die Schule immer noch als „wäh" empfinden. Tatsächlich kann es aber auch für Eltern ein Erfolgserlebnis sein, wenn sie jetzt den Unterrichtsstoff verstehen, den sie damals nicht verstanden haben. Auch schafft das gemeinsame Bewältigen eines Wissensdefizits

---

91 vgl. Salcher S. 25
92 vgl. Salcher S. 23
93 vgl. Salcher S. 24
94 vgl. Salcher S. 24

Bindung zwischen Eltern und Kindern, auch eine Grundlage, warum Schule funktioniert. Was somit pädagogisch wertvoll sein könnte, wird hier realitätsverzerrt verallgemeinert und abgewertet... und... wenn sich die Eltern dessen nicht bewusst sind, kann es auch nicht so schlimm sein. Schade, wenn Eltern hier zu emotionalen Mitläufern werden. Kinder übernehmen elterliche Einstellungen zur Schule noch bevor sie positive Bindungen zu den Lehrern bilden können.

Interessant ist auch nachfolgende Überlegung von Salcher:

> „Der Vater lernt, die Mutter lernt, der Nachhilfelehrer lernt, die Eltern diskutieren mit dem Lehrer am Sprechtag über die Leistungen und fragen daher durchaus schlüssig: ,Was haben wir auf die Mathematikschularbeit bekommen?' – Der Schüler kommt in diesem Kreislauf nicht vor."

> „Warum lassen sich die Eltern das alles nicht nur gefallen, sondern beantworten Fragen nach ihrer Zufriedenheit mit den Schulen in Umfragen teilweise mit bis zu 90% positiv?"[95]

Zum einen beinhaltet das Wort „wir" sehr wohl das Kind, wenn man das Kind nicht „wegselektiert". Dass sich auch die Eltern für die Note interessieren, ist klar, sie hätten gerne ein Erfolgserlebnis für ihren finanziellen Aufwand, sie sind als „wir" auch Mitbeteiligte, wenn man sie nicht „wegselektiert". Die Aussage von Salcher ist somit eine andere als jene auf der Wortebene. Im Kontext gesehen heißt die Aussage: „Das arme Kind, die armen Eltern, was müssen sie in unseren schlechten, Schulen durchmachen." Da stellt sich wirklich die Frage, warum sich bis zu 90% der Eltern positiv über die Schule äußern. Sind die Statistiken schlecht, falsch, oder gibt es nur 10% überindividualistische Eltern, oder will Salcher den Eltern etwas suggerieren, was so nicht stimmt... oder sind gar 90% der Eltern zu dumm und können die Schulmisere gar nicht erkennen, oder sind sie zu dumm, sich gegen die Schulmisere zu wehren? Sind Eltern womöglich unhinterfragte Mitläufer? Bis zu 90% der Eltern werden dadurch abgewertet. Sie können sich nur aufwerten, indem sie jetzt gegen die Schule sind und der indirekten Forderung von Salcher nachkommen, nämlich gegen die Schule zu sein.

Hinzu kommt: Die Worte „das alles" verallgemeinern, so ist der Bezug unklar. Unklare Bezüge lassen x-beliebige Emotionen zu, aber eben solche, die emotional stark genug sind und beim Leser durchkommen. So ist ein starker, leserorientierter, emotionaler Bezug gewährleistet. Der Bezug zur „Nachhilfe" ist nur *eine* Bezugs-

---

95 vgl. Salcher S. 24

möglichkeit. Insgesamt wirken die Worte „das alles" aber auch wie eine Entschuldigung für die Eltern, denn sie sind die Leidtragenden eines ganzen inakzeptablen Systems. Auch das Kind bleibt schuldlos, weil es für Salcher gar nicht vorkommt und wird so zum „armen Kind", das bemitleidet werden muss. Sind die Eltern und Schüler schuldlos, wer ist dann schuld? Auch hier macht sich Salcher unangreifbar, indem er die Schuld nicht direkt ausdrückt. Die unbewusste und sehr emotionale Abwertung der Schule/der Lehrer ist aber umso gründlicher gelungen.

Die Antwort auf die Frage, warum sich Eltern das gefallen ließen, wird durch einen Experten[96] gegeben, der meint, Eltern würden sich wie „stereotype" Mitläufer benehmen. Experten gelten heute als „Legitimierung" von Inhalten. Aufgrund der Unübersichtlichkeit von – auch konträren – Expertenmeinungen kann heute recht viel durch Experten legitimiert werden, ohne dass kritisch hinterfragt werden kann. Experten können somit – geschickt eingesetzt – zur machtvollen Manipulationstechnik werden. Diese Abwertung eines Experten lässt den Eltern jetzt keine Wahl mehr. Sie müssen etwas gegen die schlechte Schule unternehmen, wenn sie nicht zu abgewerteten Mitläufern werden wollen... und wer will im Überindividualismus schon Mitläufer sein?

Salchers Buch „Der talentierte Schüler und seine Feinde" ist voll von schnellen, undifferenzierten Urteilen, falschen Vergleichen, unhinterfragten Beispielen, unzusammenhängenden oder falsch zusammengehängten Inhalten, die etwas vormachen wollen, was so nicht stimmt, extrem ausgedrückt werden, daher auch extrem abwertend wirken und vermutlich auch extrem schlechte Rückmeldungen bei Betroffenen hervorrufen.

Zur Differenzierung:
Vergleiche sind an sich nichts Schlechtes, weil sie differenzieren helfen, indem abgewogen wird. Aber: Die zu vergleichenden Inhalte unterscheiden sich in mindestens einem Punkt voneinander, ansonsten wären sie „gleich". Fragt man nach diesem Unterschied, kann der Vergleich positiv sein, denn er hilft der Differenzierung. Im Buch „Der talentierte Schüler und seine Feinde" von Salcher geschieht die hintergründige Differenzierung überwiegend nicht, die Vergleiche werden daher selbstredend zur manipulativen Kommunikation, die etwas *gleichsetzt*, was nicht gleich *ist*. Diese Realitätsverzerrung kann somit etwas auszudrücken, was so nicht stimmt.

---

96 vgl. Salcher S. 24

Das Buch von Salcher „Der talentierte Schüler und seine Feinde" wirkt sehr eloquent, weil es vermeintliche Fakten schnell aneinanderreiht, die derart gehäuft
nicht hinterfragt werden können, wenn man nicht Insider ist. Hinterfragt man genauer, wird klar, dass es sich bei sehr vielen Aussagen um Verallgemeinerungen,
Übertreibungen, Floskeln, Phrasen, Einzelfälle... und somit Vorurteile handelt. In
den Sprachbüchern der 15-16-Jährigen gelten diese Stilelemente nicht als geeignet
für Problemerörterungen und das zu recht.

Auch die Ausdrucksweise in Extremen, Übertreibungen... wirkt für viele Menschen eloquent im Sinne von „deutlich, verständlich = richtig". Salcher springt von
einem Gedanken zum nächsten, oft unverbunden und mit viel Leerraum für die
schnelle, unterbewusste, emotionale Anbindungen der Leserschaft. Und was der
Leser zusätzlich liebt: Er lässt gerne seinen Emotionen freien Lauf, die er zwischen
den Sprüngen schnell tätigen kann, denn sie bieten ihm eine geeignete Projektions-
plattform. Der Leser erhält so seine Frustrationen emotional bestätigt, was einer
Ich-Aufwertung gleichkommt. Und wer strebt rasch nach einfachen Ich-
Aufwertungen? Wieder ist es der Überindividualismus, der sich vornehmlich mit
überindividualistischer, wenig hinterfragter Literatur beschäftigt. Das Einfließen
der eigenen Emotionen und Gedanken vermittelt dem Leser aber auch Individualität, wonach besonders der Überindividualismus strebt, denn er benötigt ein Mehr
davon. Durch das eigene Dazutun von Emotionen wird das Buch für einen Leser
weniger langweilig. Die emotionale Verstärkung wirkt für den Leser wie die Vertiefung des Wissens und kommt einer Manipulation des Unterbewusstseins gleich.
Kann der Leser nur in Extremen dazugeben wird er mit einem differenzierten Buch
überfordert sein. Es ist also kein Zufall, wenn eine überindividualistische Zeit auch
nach wenig hintergründigen Büchern oder anderen Medien greift. Rückwirkend
formen die Medien wieder den Menschen.

Das Buch „Der talentierte Schüler und seine Feinde" ist somit ein Buch, das besonders den undifferenzierten Überindividualismus anspricht, weil er auf dieser
Ebene gut verstehen kann. Die realitätsverzerrenden Oberflächlichkeiten wirken
aber abwertend und untergraben die natürliche Autorität der Schule. Ein moderner
Begriff dafür ist „Mobbing" im Sinne von: „Jemandem ständig zeigen, dass er fehl
am Platz ist"... für Lehrer durchaus berufsschädigend.

Zur Differenzierung:
Salcher spricht auch Inhalte und Themen an, die den Lehrer teilweise entschuldigen, den Eltern die Schuld geben, auch hat er manch anderes richtig erkannt, was
gesamthaft aber nicht aufwiegt, was ständig „verdorben" wird. Vollständig übereinstimmen kann ich aber mit dem Zitat auf Seite 209: „Wir sehen die Welt nicht,

wie sie ist; wir sehen sie, wie wir sind!"[97], von Talmud. Ich für meinen Teil sehe, dass Andreas Salcher die Schule wenig du- und gesellschaftsorientiert betrachtet hat und daher nicht so, wie sie hintergründig gesehen werden muss. Auch wenn keine böse Absicht dahintersteckt, sondern ein aufholbares Wissensdefizit, negativ mächtig wirkt das Buch „Der talentierte Schüler und seine Feinde" allemal. Der Überindividualismus wird in der Schule immer „eine unheilige Allianz"[98] empfinden, weil er Anpassungsschwierigkeiten hat.

3. „Zehn einfache Regeln an denen man einen guten Lehrer erkennt"[99] – nach Salcher, aus: „Der talentierte Schüler und seine Feinde"

Dass es keinen *idealen* Lehrer gibt, wurde bereits in Teil V erläutert. Das Lehrer-Schülerverhältnis ist immer ein wechselseitiges, das vom Verhältnis „Macht und Stärke" gekennzeichnet ist. Agiert nur *ein* Mitbeteiligter mächtig, hat das für alle negative Folgen. *Gut* ist ein Lehrer daher dann, wenn er möglichst viele starke Entscheidungen trifft und auch die Schüler nach und nach zu starken Entscheidungen (= hintergründig, komplex, langfristig) führt. Die starken Ergebnisse hingegen können nicht immer gleich gemessen werden, die ergeben sich oft erst dann, wenn schulische Blockaden gelöst sind. Eine schlechte Basis für die Lehrer, denn ein Teil der schulischen Blockaden löst sich erst *nach* der Schule, ein anderer Teil nie. Die Gesellschaft kann das Erziehungsergebnis somit nicht auf die Lehrer zurückführen. Wie denn auch, wenn nicht einmal die Lehrer selbst den Großteil der Erziehungsergebnisse wahrnehmen können, bzw. Rückmeldungen darüber erhalten. Logisch ist daher auch, dass ein guter Lehrer sein Gutsein an überprüfbaren Inhalten messen möchte, nicht an vagen Erziehungsergebnissen oder schlecht abprüfbaren Basiskompetenzen. Je besser ein Lehrer sein möchte, desto weniger wird er sich an schlecht überprüfbaren Ergebnissen orientieren, aber schon gar nicht an der unpraktische Erziehung teilnehmen wollen. Die Erziehung wird für ihn keinen schulischen Wert darstellen. Immer mehr versucht man zwar Kompetenzen wie komplexes, selbständiges Denken in die Überprüfungsmethoden einzubeziehen, aber die Schwierigkeiten sind vorprogrammiert, weil komplexes Denken komplexer abläuft, als es die Überprüfungsmethoden erfassen können. Die Ergebnisse werden daher ungerechtfertigt schlecht ausfallen. Auch kann das komplexe Denken nur über die Du-Orientierung erfolgen, über das Einlassen und Verarbeiten. Dieser

---

97 vgl. Salcher
98 vgl. Salcher S. 25
99 vgl. Salcher S. 160

Weg dauert und bringt keine schnellen, überprüfbaren Ergebnisse, wie sie von einer schnellen und überindividualistischen Gesellschaft gefordert werden.

Salcher geht davon aus, dass die Schule mit den Lehrern steht und fällt. Daher hat er auch zehn Regeln verfasst, an denen man einen guten Lehrer erkennen kann. Sein Vergleich mit dem Flugzeug soll seine Behauptung – die Schule stehe und falle mit den Lehrern – glaubhaft machen. Der Vergleich beruht auf einer wahren Begebenheit, bei der er einen Flugzeugabsturz überlebt hat. Salcher stellt fest:

> „Glauben Sie mir – beim Fliegen kommt es auf den Piloten an. Und was die Qualität unserer Schulen betrifft, glauben Sie mir bitte auch – kommt es auf die Lehrer an."[100]

Der Erlebnisbericht von Salcher wirkt sehr emotional. Ergänzt man diesen Vergleich aber, wirkt er differenzierter und man kann feststellen, wie sehr Salchers Vergleich hinkt: Verliert das Flugzeug über dem Atlantik eine Tragfläche, kann der Pilot nichts ausrichten. Sitzt ein Attentäter im Flugzeug, kann dieser das Flugzeug zum Absturz bringen oder auf eine andere Landebahn zwingen. Wurde das Flugzeug falsch betankt, kann es gar nicht fliegen... Auch die Schule muss genauer hinterfragt werden und kann sich nicht auf den Lehrer beschränken. Ein Schüler allein kann eine ganze Klasse blockieren. Auch der Lehrer ist auf das Du angewiesen und das sind Schüler, Eltern, Direktoren, die Schulpolitik, Gesetze, Gesellschaft... Salchers Grundannahme stimmt somit nicht, sie ist wenig differenziert hinterfragt und ist daher negativ manipulativ, weil der Lehrer als alleiniger Sündenbock hingestellt wird.

Salcher hat zehn einfache Regeln erstellt, an denen man seiner Meinung nach einen guten Lehrer erkennen kann.

1. „Geht ihr Kind gerne in die Schule? Freut es sich auf diesen Lehrer?"

Hinterfragt man, warum ein Kind gerne in die Schule geht, gibt es viele Möglichkeiten. Es können die Kollegen sein, die Erfolgserlebnisse, weil es ihm zu Hause langweilig ist... Ein Kind wird dann nicht gerne gehen, wenn man etwas von ihm fordert, das es nicht will und das machen vorwiegend die Lehrer. Die Schule wird immer ein Ort bleiben, der oft keinen Spaß macht. Lehrer werden auch immer Personen sein, die sich nicht immer beliebt machen *dürfen*, wenn wichtige Ziele dadurch nicht erreicht werden können.

---

100 vgl. Salcher S. 61

Aus kindlicher Sicht sind daher jene Lehrer gut, die keine negativen Schülerreflexionen für das Kind tätigen, denn das ist bequemer. Auch geht ein Kind lieber zu Lehrern mit Fächern, die angenehm sind oder wo persönliche Vorlieben und Stärken vorhanden sind. Wenn ein Kind sich auf einen Lehrer „freut", würde ich hinterfragen weshalb: „Fordert dieser zu wenig? Gefällt meinem Kind das Fach? Konnte es einen Nahebezug zum Lehrer aufbauen?" Bei überindividualistischen Kindern beschränkt sich die Schulfreude auf gute Noten. Die Bindungsfähigkeit zu Kollegen und Autoritäten ist bei ihnen geringer, die ungeliebten Grenzen werden deutlicher wahrgenommen. Der Überindividualismus wird daher dazu neigen, keine guten Lehrer zu finden.

2. „Würden Sie selbst gerne bei diesem Lehrer nochmals in die Schule gehen?"

Bei dieser Frage gibt es für den Erwachsene unterschiedliche Überlegungen, die zu unterschiedlichen Ergebnissen führen. Elternentscheidungen sind daher für ein Kind nur bedingt geeignet. Als Eltern muss ich z.B. überlegen:

- Kann ich diesen Lehrer so gut kennen, dass ich urteilsfähig bin oder habe ich eine Momentaufnahme unter günstigen/ungünstigen Bedingungen erlebt?
- Habe ich Vorurteile?
- Habe ich als Erwachsener einen anderen Zugang zur Schule?
- Hat mein Kind weniger Vorurteile und kommt mit diesem Lehrer gut klar?
- Stellt der Lehrer Forderungen, kann mein Kind daran stark werden?
- Ist dieser Lehrer cool, will er sich unbedingt beliebt machen und stellt nicht den Lernprozess des Kindes in den Vordergrund?

Wie wir sehen können: Diese Regel *kann* nicht wirklich gelten, schon gar nicht, wenn man das Kind in den Mittelpunkt stellen will, denn das Kind ist ein eigenes Individuum mit anderen Hintergründen und Perspektiven, es wird anders entscheiden. Eine Differenz zwischen Eltern- und Schülereinstellung wirkt sich aber höchstwahrscheinlich blockierend auf die Schule aus.

3. „Haben Sie das Gefühl, dass ihr Kind in guten Händen ist, wenn es mit diesem Lehrer zum Beispiel auf Schikurs fährt?"

„Gute Hände" ist individuell unterschiedlich. Ich würde Wert auf fahrerische Sicherheit und diesbezügliche Verantwortung legen, damit alle Kinder möglichst ohne Verletzung heimkommen. Andere Eltern forcieren vielleicht das schnelle Fahren, die Kinder sind dies so gewöhnt und werden sich darüber aufregen, dass sie nicht fahren durften, wo und wie sie wollten. Der Lehrer ist trotzdem nicht schlecht, wenn er diesbezügliche Verantwortung übernimmt, auch wenn es nicht dem momentanen Bedürfnis des Kindes oder dem Erziehungsstil der Eltern entspricht. Auch hier macht die Differenzierung den Unterschied, wer welchen Lehrer als *gut* einstuft.

4. „Nimmt der Lehrer jedes einzelne Kinde ernst?"

Auch dies ist eine Frage dessen, ob man es ernst nehmen kann oder darf, weil es nicht lügt, sich nicht ständig in Szene setzt, sich nicht ständig auf sein Selbstmitleid zurückzieht, sein Idealbild verstärkt... Der Überindividualismus nützt das Ernstnehmen im Sinne von eigenen Grenzerweiterungen aus. Somit beschränkt sich das Ernstnehmen auf das Maß, das keine weiteren Manipulationsmethoden zulässt. Auch hier gilt: Es kommt auf das Kind an, wie der Umgang mit ihm pädagogisch sinnvoll erfolgen muss.

5. „Geht der Lehrer in der Sprechstunde nicht nur auf die Schwächen, sondern auch ausführlich auf die Stärken Ihres Kindes ein?"

- Die Frage der „Ausführlichkeit" ist immer auch jene der Zeit. In fünf bis sieben Minuten kann nur Nötiges beredet werden. Da ein AHS-Lehrer 100 bis 200 Schüler hat, würden nur fünf Minuten pro Schüler ca. 8 bis 20 Stunden in Anspruch nehmen. Natürlich kommen nie alle Eltern, sie verzichten, wodurch eine prinzipielle Durchführbarkeit überhaupt erst gewährleistet ist.
- Ich denke, es ist primär die Aufgabe der Eltern, das Selbstwertgefühl der Kinder auch individuell zu fördern, denn sie sind länger mit ihren Kindern zusammen, sie kennen sie besser. In ein bis fünf Wochenstunden kann ein Lehrer sein diesbezügliches Wissen nicht ständig aktuell halten. Da Pädagogen auch keine Psychologen sind und auch nur eingeschränkt individualpsychologisch agieren dürfen, ist die „Ausführlichkeit" ein überhöhter Anspruch auf überindividualistischer Basis. Wenn Lehrer ausreichende reale Rückmeldungen für die Noten machen, ist das bereits eine enorme Arbeit.
- Da viele Kinder die Leistungen auch „vortäuschen" wie: Die Eltern helfen bei den Hausübungen, die Hausübungen werden abgeschrieben, bei Tests wird geschwindelt, das Referat war aus dem Internet... kann ein Lehrer gar nicht immer genau wissen, wo die Eigenleistungen wirklich liegen.

Wie wir sehen: Besteht ein überhöhter Anspruch an Lehrer, kann der Lehrer nur schlecht dabei aussteigen.

6. „Erzählt ihnen der Lehrer auch Neues und Überraschendes über die menschlichen Qualitäten Ihres Kindes, die Ihnen bisher selbst noch nicht aufgefallen sind?"

Das kann durchaus vorkommen, wenn Kinder einen Entwicklungsschub machen oder man zufällig mit ihnen auf der Schiwoche war, wo sich die Möglichkeit bot, ein Kind aus einer neuen Perspektive zu sehen. Auch verhalten sich Kinder in der Gruppe anders als zuhause, woraus sich andere Verhaltensweisen ergeben. Solche Zufälle ergeben sich im Klassenverband aber eher selten und sind auf lange Sicht auch nicht unbedingt aussagekräftig. Sie werden aber gerne als Langzeitaussage gesehen, wenn sie positiv waren. Handelt es sich um gefestigte Qualitäten, die von den Eltern noch nicht bemerkt worden sind, würde das nicht für die Eltern sprechen, sie hätten überindividualistisch an ihrem Kind vorbeigelebt. Auch hängt es vom Kind ab, ob es sich (auch vor dem Lehrer) äußert. Wer die Selbstoffenbarungsebene der Kinder lesen kann, kennt die Schüler besser, aber hier gilt: Nicht alles kommt bei den Eltern gut an und nicht alles will man aus pädagogischen Gründen den Eltern weitergeben, wenn man annehmen muss, dass Eltern mit diesem Wissen einen schulischen oder pädagogischen Prozess stören könnten.

7. „Bewertet er nicht nur die objektive Leistung, sondern auch die subjektive Motivation Ihres Kindes und den Fortschritt, den es macht?"

Wird die subjektive Motivation in die schriftliche Note miteinbezogen, geschieht dies zu Ungunsten der inhaltlichen Objektivität. Die inhaltliche Objektivität wird von Schülern verglichen und erzeugt bei ihnen Unmut, wenn die Note subjektiv abweicht. Das Schülerempfinden lautet dann: „Der Lehrer mag den anderen lieber." Das subjektiv motivierte Kind hingegen sagt sich schnell: „Der Lehrer mag mich", es wird sich zurücklehnen und seinen Einsatz reduzieren. Somit unterliegt eine individuelle Bewertung immer auch der Gefahr von übermäßigem Lob, was kontraproduktiv wirkt.

Hinzu kommt: Wird die Subjektivität zu stark einbezogen, werden wir künftig Schüler haben, die Motivation vortäuschen, denn Schüler lernen schnell zu ihrem Eigennutzen. Besonders überindividualistische Kinder täuschen bereits häufig Motivation und Mitarbeit vor.

8. „Lässt er die Kinder wesentlich den Unterricht mitgestalten?"

Die nötige Differenzierung liegt am „wesentlich". Was versteht Salcher unter „wesentlich", was verstehen die Eltern darunter? Ich habe die Schüler einer Klasse eine zeitlang selbst Lehrer spielen lassen. In kleinen Gruppen mussten sie jeweils ein Stoffgebiet aufarbeiten, visuell aufbereiten, Arbeitsaufgaben formulieren, einen Test durchführen und korrigieren. Mein Ziel war unter anderem, dass die Schüler die Du-Perspektive kennenlernen, nämlich die Sichtweise des Lehrers. Sie haben auch alle negativen Perspektiven kennengelernt: Schüler, die nicht aufpassen, unklare Arbeitsaufgaben, langweiliger Unterricht, wenig Stoff mit viel Aufwand, viele Kopien für wenig Stoff, Tests, die schlecht zu korrigieren waren, weil Inhalte nicht klar waren, Schüler, die sich ständig über etwas aufregen, ständig unnötige und somit nervende Fragen stellen, die nie mitarbeiten, Unruhe und Lärm in der Klasse... Je überindividualistischer Schüler sind, desto weniger gut können sie Unterrichtsinhalte so gestalten, dass sie nur annähernd effektiv sind, weil sie sich nicht auf die Notwendigkeiten der Schüler einlassen können. Auch der Überblick über ein Stoffgebiet und das langfristige Ziel fehlt den Schülern, weil sie sich nicht hintergründig auf einen Lehrstoff einlassen können, auch altersbedingt damit überfordert sind. Schüler geben sich häufig mit der ersten Internetseite zufrieden, auch arbeiten bei jüngeren Schülern die Eltern zuhause mit, mehr oder weniger pädagogisch sinnvoll. Daher gilt auch hier: Die Mitgestaltung durch die Schüler reduziert sich mit dem Überindividualismus und damit, wie sie sich auf ein Thema hintergründig einlassen wollen oder wie hoch die Reize sein müssen, damit sie sich einlassen. Wieder hängt es von den Schülern ab, ob ein Lehrer gut sein kann.

9. „Akzeptiert der Lehrer, dass er manchmal auch Schüler hat, die intelligenter sein können als er selbst? Dies zu verstehen, ist eine der ganz großen Herausforderungen für alle Lehrer."

Auch Salcher geht auf die unterschiedlichen Intelligenzen (nach Goleman) ein. Umso verwunderlicher ist diese Verallgemeinerung von Intelligenz. Schüler können in Teilgebieten mehr wissen, weil sie zufällig eine hintergründige Dokumentation gesehen haben, oder sich tatsächlich schon lange für einen Wissensbereich interessieren. Auch sind Schüler bei der technischen Handhabung von digitalen Medien oft schneller und haben ein höheres Wissen. Sehr groß ist die Herausforderung an Lehrer aber nicht. Spricht man Schüler z.B. auf ihr angedeutetes, historisches Wissen an, wird schnell klar, wie umfassen es wirklich ist. Der Überindividualismus nützt den Umgang mit Einzelwissen aus. Er gibt sich besserwisserisch, auch wenn nicht so viel dahintersteckt, wie vorgetäuscht wird, denn er muss sich aufwerten. Reagiert man als Lehrer auf die schädliche Besserwisserei, fühlt sich der Schüler abgewertet und versucht den Lehrer fachlich anzugreifen, wenn er seine nächste Chance sieht. Die Zeiten sind lange vorbei, in denen nicht jeder Lehrer froh über Schüler mit Teilwissen ist. Sie stören aber immer wieder den Unterrichtsverlauf, indem sie ihr Teilwissen ständig präsentieren wollen.

10. „Wenn Sie sich bei einem Lehrer unsicher sind, dann wenden Sie die Goldene Regel an: Ein Lehrer ist dann gut, wenn er seine Schüler mag und sie ihn mögen. Wenn dies nicht der Fall ist, dann kommt trotz vielleicht bester Fachkenntnisse und didaktischer Tricks wenig Fruchtbares heraus."

Die „Goldene Regel Nr. 10" ist wohl die schlechteste, die man empfehlen kann, wenn man einen guten Lehrer sucht. Ein Lehrer ist nicht unbedingt dazu da, sich beliebt zu machen, sondern den Schülern zu jenem Wissen zu verhelfen, das er später braucht. Da die Schule nicht freiwillig ist, wird es dabei Widerstände geben, umso mehr, je überindividualistischer ein Kind ist. Ein Lehrer kann seine Schüler trotzdem mögen, auch wenn er die Grenzen setzen muss, weil er die Notwendigkeit erkennt. Die überindividualistischen Schüler fühlen sich dadurch abgewertet, weil sie mit Grenzen und Kritik nicht gut umgehen können. Je stärker ein Lehrer ist, desto weniger stellt er seine Beliebtheit in den Vordergrund, sondern das starke Wachsen der Kinder. Unwissende Schüler glauben oft: „Der Lehrer ist streng, er mag mich nicht." Der richtige Gedankengang der Eltern wäre: „Der Lehrer ist streng, er benötigt viel Energie für mein Kind, er bemüht sich um mein Kind, dass es eine gute Zukunft hat, er ist ein guter Lehrer und ich bin froh, wenn er die Richtung deutlich vorgibt, denn was der Lehrer macht, muss ich nicht selbst machen." Der Überindividualismus denkt wie das Kind – unhinterfragt und wenig langfristig.

Zusammengefasst betrachtet:

Werden diese zehn Regeln von Andreas Salcher – woran man einen guten Lehrer erkennt – differenziert hinterfragt, werden sie sehr relativ bis unbrauchbar, bzw. wirken sogar schulschädigend. Wenn Salcher nach diesen zehn Regeln die Eltern auch noch dazu auffordert, den bestmöglichen Lehrer zu fordern und ihnen diese Verantwortung als die wichtigste Elterverantwortung überträgt[101], weiß man, warum unsere Schulsituation nicht besser werden kann. Für Schüler ist es wichtig, eine Vielzahl von Lehrercharakteren kennenzulernen, sie müssen an ihnen wachsen.

Hinzu kommt: Die bestmöglichen Lehrer zu fordern ist schlichtweg unrealistisch und macht Eltern etwas vor, was nicht eingehalten werden kann. Elternfrust-

---

101 vgl. Salcher S. 161

ration ist so vorprogrammiert. Und was nützt es den Eltern, wenn sie wissen, ob ihre Kinder einen guten Lehrer haben? Sie werden ihre Kinder im Unterbewusstsein negativ beeinflussen, wenn sie selbst Aversionen gegen einen Lehrer haben. Da Eltern auch die Schulsituationen nicht selbst erleben, von denen ihre Kinder berichten und auch die Lehrerperspektive nicht kennen, können sie davon ausgehen, dass sie auf einer Basis von maximal 5% entscheiden, ob ein Lehrer in ihren Augen gut ist oder nicht.

Schlusswort

Wollen wir unsere Kinder zu „Gewinnern" erziehen, müssen wir starke Kinder erziehen. Das geht nicht ohne die Schlüsselqualifikation der Du-Orientierung. Damit im Zusammenhang steht die starke Kommunikation im Sinne der Du-Orientierung. Dafür braucht es:

- **Differenziertes Zuhören**
- **Hinterfragtes Verknüpfen**
- **Langfristige Zielorientierung**, damit starke Handlungen gesetzt werden können.

Die Ersatzpädagogik mag vorübergehend die Ursachen für einen schlechten, schulischen Output verbergen, sie erzeugt aber bei allen unnötige Arbeit, Stress und Druck, sie ist Oberflächenpolitur. Die Kosten für so eine Schule *können* nicht adäquat sein.

„Der Wohlstand unseres Landes wird im Klassenzimmer entschieden", ist eine Aussage, die mit Dr. Claudia Schmied[102] (Bundesministerin für Unterricht, Kunst und Kultur in Österreich) unterzeichnet wurde. Aus der Sicht des Überindividualismus kann ich nur sagen: Hoffentlich nicht. Nicht weil die Lehrer schlecht sind, sondern weil die Basis für starke Menschen immer noch im Elternhaus gelegt werden muss, damit Schule funktionieren kann. Geschieht dies nicht, muss die Basis in der Schule gelegt werden. Das ist nicht nur der falsche Ort, an dem dies nur schlecht geht, sondern es geht auch auf Kosten von schulischen Inhalten. Wir lernen das Lesen ja auch nicht erst mit dem ersten Psychologieunterricht, das Lesen ist bereits die Voraussetzung, damit philosophische Texte verstanden werden können.

Pädagogik, Didaktik und Methodik neigen momentan eher dazu, sich den Möglichkeiten der Kinder anzupassen. Übersehen wird dabei, dass die Möglichkeiten der Kinder dabei reduziert werden. Können Kinder nicht mehr zuhören, scheint jene Unterrichtsform geeignet, bei der man nicht zuhören muss. Können Kinder nicht mehr kommunizieren, scheint jene Unterrichtsform geeignet, bei der nicht

---

102 vgl. Aussage von Dr. Claudia Schmied: „Die Bildungsreform für Österreich – das Gesamtkonzept in der Umsetzung". in: Homepage des Unterrichtsministerium für Unterricht und Kunst in Österreich unter Ministerin Dr. Claudia Schmied.
www.bmukk.gv.at/medienpool/194o0/bildungsreform.pdf., Stand November 2010.

mehr kommuniziert werden muss. Können Kinder nicht mehr in einer Gruppe positiv agieren, werden die Klassen verkleinert, Individualisierung im Unterricht wird gefordert. Fordern wir doch jene Grundkompetenzen ein, die Kinder befähigen, die Schule und ihr Leben positiv zu bewältigen, das ist die Du-Orientierung, das Einlassen auf Neues. Eine Erziehung, die sich am Überindividualismus orientiert, wirkt wie eine antiautoritäre Erziehung.

Was ich mir wünsche: Eine Pädagogik von Eltern und Lehrern, die starke Kinder erzieht. Kinder, die eine echte Schwarmintelligenz entwickeln können, sodass jedes Individuum auch in der Gruppe stark agieren kann, ohne zum unreflektierten Mitläufer zu werden, weil es kurzfristig praktisch ist. Pädagogik heißt nicht, die Kinder dort zu lassen, wo sie sich befinden, oder dort zu lassen, wo sie es selbst gerne hätten. Es ist nicht die Aufgabe der Pädagogen, die Kinder von Generation zu Generation zu schwächen. Die Anforderungen an die Pädagogen sind mit dem Überindividualismus gestiegen, dem entsprechend muss auch das Wissen um den Überindividualismus steigen, denn es ist grundlegend.

Zu gut ist schlecht. Man muss nicht ständig ein guter Mensch sein wollen, das überfordert ständig. Es reicht, immer wieder du-orientiert zu bleiben und auch langfristige Ziele mit flexibler Ausdauer zu verfolgen. Ich hoffe, es ist mir gelungen, für möglichst viele Schulteilnehmer eine Anregung zum Weiterdenken zu bieten.

Abbildungsverzeichnis

Literaturverzeichnis

Adler Alfred (1922): Über den nervösen Charakter. Grundzüge einer vergleichenden Individualpsychologie und Psychotherapie. Kommentierte textkritische Ausgabe hrsg. von: Witte Karl-Heinz, Bruder-Bezzel Almuth, Kühn Rolf. Vandenhoeck & Ruprecht in Göttingen 1997.

Adler Alfred (1933): Der Sinn des Lebens. Psychologie Fischer, Frankfurt am Main, 2002.

Alex Sabine, **Vopel** Klaus: Lehre mich nicht, lass mich lernen. Neue Interaktionsspiele. Aus: Lebendiges Lernen und Lehren Bd. 27. iskopress Salzhausen 2004.

Brockhaus (der): Psychologie. Fühlen, Denken und Verhalten verstehen. Brockhaus Verlag, Mannheim, Leipzig 2001.

Beck Gloria: Verbotene Rhetorik. Die Kunst der skrupellosen Manipulation. Piper Verlag, Eichborn/Frankfurt am Main 2005/2007.

Brumlik Micha (Hrsg.): Vom Missbrauch der Disziplin. Antworten der Wissenschaft auf Bernhard Bueb. Beltz Verlag Weinheim/Basel 2007.

Bundesministerium für Unterricht und Kunst: Schulversuche zur Schulreform. 10 Jahre Zentrum für Schulversuche und Schulentwicklung. Kärntner Universitätsdruckerei, Klagenfurt.

Büttner Gerhard: Kognitive Bedingungsfaktoren von Lern- und Verhaltensstörungen. in: Linderkamp Friedrich, Grünke Matthias (Hrsg.): Lern- und Verhaltensstörungen. Genese – Diagnostik – Intervention. Beltz Verlag, Weinheim, Basel 2007, Seite 44 – 54.

Eder Ferdinand: Das Befinden von Kindern und Jugendlichen in der österreichischen Schule. Befragung 2005. Bildungsforschung 20 des Bundesministeriums für Bildung, Wissenschaft und Kultur. Studienverlag Innsbruck 2007.

Fahrholz Bernd, **Gabriel** Sigmar, **Müller** Peter Hg.: Nach dem Pisa-Schock. Plädoyer für eine Bildungsreform. Hoffmann und Campe, Hamburg 2002.

Fend Helmut (1): Geschichte des Bildungswesens. Der Sonderweg im europäischen Kulturraum. Lehrbuch. Verlag für Sozialwissenschaften Wiesbaden 2002.

Fend Helmut (2): Qualität im Bildungswesen. Schulforschung zu Systembedingungen, Schulprofilen und Lehrerleistung. Juventa Verlag, Weinheim/München 1989/2001.

Fischer Walter, Schratz Michael: Schule leiten und gestalten. Mit einer neuen Führungskultur in die Zukunft. StudienVerlag, Innsbruck/Wien/München 1999.

Friedrich Gerd: Leiten, Lenken, Führen. Modernes Schulleitungsmanagement. Auer Verlag, Donauwörth 2005.

Fuld Werner: Die Bildungslüge. Warum wir weniger wissen und mehr verstehen müssen. Argon Verlag, Berlin 2004.

Giesecke Hermann: Pädagogik – quo vadis? Ein Essay über Bildung im Kapitalismus. Juventa Verlag, Weinheim/München 2009.

Giger Hans: Bildungspolitik im Umbruch. Staatsmonopol in der Weiterbildung? Verlag Neue Zürcher Zeitung 1991.

Goleman Daniel (1): Lebenslügen. Die Psychologie der Selbsttäuschung. Beltz Verlag, Berlin und Weimar 1995.

Golemann Daniel (2): Emotionale Intelligenz. Deutscher Taschenbuch Verlag. München 1995/2000.

Gugel Günther: Methoden-Manual „Neues Lernen". Tausend Vorschläge für die Schulpraxis. Beltz Verlag, Weinheim/Basel 2006.

Herold Martin, **Landherr** Birgit hrsg.: SOL, Selbst organisiertes Lernen. Praxisband 2. Ein systematischer Ansatz für Unterricht. Schneider Verlag, Hohengehren 2005.

Hentig von Hartmut (1): Bewährung. Von der nützlichen Erfahrungen, nützlich zu sein. Beltz Taschenbuch

Hentig von Hartmut (2): Humanisierung – eine verschämte Rückkehr zur Pädagogik. Andere Wege zur Veränderung der Schule. Klett-Cotta Verlag, Stuttgart 1993.

Hirigoyen Maire-France: Mobbing. Wenn der Job zur Hölle wird. Seelische Gewalt am Arbeitsplatz und wie man sich dagegen wehrt. Deutscher Taschenbuchverlag, München 2004.

Hoffmann Arno: Rettet unsere Söhne. Wie den Jungs die Zukunft verbaut wird und was wir dagegen tun können. Piper Verlag, München 2009.

Hoffmann Cornelia: Disziplinschwierigkeiten in der Schule. Eine qualitative Einzelfallstudie mit einem gruppen- und bindungstheoretischen Schwerpunkt. Verlag für Sozialwissenschaften, Wiesbaden 2009.

Kiper Hanna: Einführung in die Schulpädagogik. Beltz Verlag, Weinheim/Basel 2001.

Klippert Heinz: Eigenverantwortliches Arbeiten und Lernen. Bausteine für den Fachunterricht. Beltz Verlag, Weinheim/Basel 2001.

Kluge Jürgen: Schluss mit der Bildungsmisere. Ein Sanierungskonzept. Campus Verlag, Frankfurt am Main 2003.

Konrad Michael-Franz: Geschichte der Schule. Von der Antike bis zur Gegenwart. Beck Verlag München 2007.

Korczak Dieter Hg.: Bildungs- und Erziehungskatastrope? Was unsere Kinder lernen sollten. Westdeutscher Verlag, Wiesbaden 2003.

Korte Jochen: Schulreform im Klassenzimmer. Hilfen für die schulpädagogische Praxis. Beltz Verlag, Weinheim, Basel 1998.

Kühn Lotte: Schulversagen. Schlechte Schüler, hilflose Lehrer – was in unseren Klassenzimmern falsch läuft. Knaur Taschenbuch Verlag, München 2007.

Kreisman Jerold, **Straus** Hal: Ich hasse dich-verlaß' mich nicht. Die schwarzweiße Welt der Borderline-Persönlichkeit. Kösel Verlag, München 1989/1992.

Kretschmann Rudolf: Stressmanagement für Lehrerinnen und Lehrer. Basis-Bibliothek Unterricht. Beltz Verlag, Weinheim/Basel 2006.

Landler Frank: Die Qualifikationsstruktur der österreichischen Bevölkerung im Wandel. Verlag der Österreichischen Akademie der Wissenschaften, Wien 2008.

Largo Remo H., **Beglinger** Martin: Schülerjahre. Wie Kinder besser lernen. Piper Verlag, München/Zürich, 2009.

Larkin Martha L., Ellis Edwin S.: Strategische schulische Interventionen für Jugendliche mit Lernstörungen. in: Wong Bernice Y.L. (hrsg.): Lernstörungen verstehen. Ein Praxishandbuch für Psychologen und Pädagogen. Spektrum, Springer Verlag, Berlin/Heidelberg 2008, Seite 366 – 403.

Lenz Werner Hg.: Bildungswege. Von der Schule zur Weiterbildung. StudienVerlag, Innsbruck 1998.

Linderkamp Friedrich, **Grünke** Matthias (Hrsg.): Lern- und Verhaltensstörungen. Genese – Diagnostik – Intervention. Beltz Verlag, Weinheim, Basel 2007.

Müller Frank: Selbständigkeit fördern. Basis-Bibliothek Unterricht. Beltz Verlag, Weinheim/Basel 2006.

Morgenthau Lena: Offener Unterricht. Wochenplan und Freie Arbeit organisieren. Verlag an der Ruhr 2003.

Otto Hans-Uwe, **Oelkers** Jürgen Hg.: Zeitgemäße Bildung. Herausforderung für Erziehungswissenschaften und Bildungspolitik. reinhardt Verlag, München, Basel 2006.

Oelkers Jürgen: Schulfrform und Schulkritik. Ergon Verlag, Würzburg 2000.

Pearl Ruth und **Donahue** Mavis L.: Peerbeziehungen und Lernstörungen. in: Wong Bernice Y.L. (hrsg.): Lernstörungen verstehen. Ein Praxishandbuch für

Psychologen und Pädagogen. Spektrum, Springer Verlag, Berlin/Heidelberg 2008, Seite 127 – 156.

Pechar Hans: Bildungsökonomie und Bildungspolitik. Studienreihe Bildungs- und Wissenschaftsmanagement hrsg. von Anke Hanft, Bd. 2, Waxmann Verlag, Münster, New York 2006.

Piaget Jean: Das Weltbild des Kindes. Deutscher Taschenbuchverlag München 1988/2003 (aus dem Französischen 1929).

Postman Neil (1): Das Verschwinden der Kindheit. Fischer, Frankfurt am Main 1983/2003.

Postman Neil (2): Wir amüsieren uns zu Tode. Urteilsbildung im Zeitalter der Unterhaltungsindustrie. Fischer, Frankfurt am Main 2003.

Rattner Josef: Seelische Schwächen. Seelische Stärken. Charakterkunde und Menschenkenntnis. Königsfurt Verlag, Krummwisch bei Kiel 2001.

Rauschenbach Thomas: Zukunftschance Bildung. Familie, Jugendhilfe und Schule in neuer Allianz. Juventa Verlag, Weinheim und München 2009

Richter Ingo: Die sieben Todsündern der Bildungspolitik. Beltz Verlag, Weinheim, Basel 2001.

Riegel Enja: Schule kann gelingen! Wie unsere Kinder wirklich fürs Leben lernen. Die Helene-Lange-Schule Wiesbaden. Fischer Taschenbuchverlag, Frankfurt am Main 2004/2006.

Riemann Fritz: Grundformen der Angst. Eine tiefenpsychologische Studie. Reinhardt Verlag, München 1961/2003.

Salcher Andreas: Der talentierte Schüler und seine Feinde. Ecowin Verlag, Salzburg 2008.

Szczesny-Friedmann Claudia: Die kühle Gesellschaft. Von der Unmöglichkeit der Nähe. Kösel Verlag München 1991.

Schratz Michael, **Iby** Manfred, **Radnitzky** Edwin: Qualitätsentwicklung. Verfahren, Methoden, Instrumente. Beltz Verlag, Weinheim, Basel 2000.

Schratz Michael, **Jakobsen** Lars Bo, **MacBeath** John, **Meuret** Denis: Serena, oder: Wie Menschen ihre Schuler verändern. Schulentwicklung und Selbstevaluation in Europa. Studienverlag Innsbruck/Wien/München/Bozen 2002.

Schulz von Thun (1) Friedemann: Miteinander reden. Bd.1: Störungen und Klärungen. Allgemeine Psychologie der Kommunikation. Rohwolt 1981/1991

Schulz von Thun (2) Friedemann: Miteinander reden. Bd.2: Stile, Werte und Persönlichkeitsentwicklung. Differentielle Psychologie der Kommunikation. Rowohlt 1989/1991

Schulz von Thun (3) Friedemann: Miteinander reden. Bd.3: Das „Innere Team" und situationsgerechte Kommunikation. Kommunikation, Person, Situation. Rowohlt 1998.

Schmidbauer Wolfgang: Mobbing in der Liebe. Wie es dazu kommt und was wir dagegen tun können. Gütersloher Verlagshaus, Güterloh 2007.

Schleider Karin, **Wolf** Gisela: Lern-, Verhaltens- und Entwicklungsstörungen in Praxisbeispielen. Ein Übungsbuch für die verhaltenstherapeutische Aus- und Weiterbildung von PädagogInnen. Lambertus Verlag, Freiburg im Breisgau 2009.

Stalb Heidrun: Eheliche Machtverhältnisse. Ein Theorienvergleich. Soziologische Studien Bd. 13 Centaurus Herbolzheim 2000.

Steiner Gerhard: Lernen. 20 Szenarien aus dem Alltag. Hans Huber Verlag, Bern/Göttingen 1988/1996.

Stroebe Wolfgang, **Jonas** Klaus, **Hewstone** Miles, hrsg.: Sozialpsychologie. Eine Einführung. Springerverlag Berlin/Heidelberg 1990/2002.

Struck Peter: Gegen Gewalt. Primus Verlag, Darmstadt 2007.

Struck Peter: Das Erziehungsbuch. Primus Verlag, Darmstadt 2005.

Struck Peter: Elternhandbuch Schule. Primus Verlag, Darmstadt 2006.

Struck Peter, **Würtl** Ingo: Lehrer der Zukunft. Vom Pauker zum Coach. Primus Verlag, Darmstadt 2007.

Spitzer Manfred (1): Nervenkitzel. Neue Geschichten vom Gehirn. Suhrkamp Verlag, Frankfurt am Main 2006.

Spitzer Manfred (2): Lernen. Gehirnforschung und die Schule des Lebens. Spektrum Akademischer Verlag. Heidelberg, Berlin. 2002/2003.

Treml Alfred K.: Evolutionäre Pädagogik. Eine Einführung. Kohlhammer Verlag, Stuttgart 2004.

Vaughn Sharon, **Sinagub** Jane, **Ae-Hwa** Kim: Soziale Kompetenzen und soziale Fertigkeiten von Schülern mit Lernstörungen: Interventionen und Überlegungen. in: Wong Bernice Y.L. (hrsg.): Lernstörungen verstehen. Ein Praxishandbuch für Psychologen und Pädagogen. Spektrum, Springer Verlag, Berlin/Heidelberg 2008, Seite 332 – 363.

Voß Reinhard Hg.: Die Schule neu erfinden. Systemisch-konstrukivistische Annäherungen an Schue und Pädagogik. Verlag Luchterhand, Berlin 1999.

Wahl Diethelm: Lernumgebungen erfolgreich gestalten. Vom trägen Wissen zum kompetenten Handeln. Verlag Julius Klinkhardt, Bad Heilbrunn 2005.

Weiss Walter: Tatort Schule. Warum Kinder überfordert, Eltern verunsichert und Lehrer frustriert sind. Eine Bestandsaufnahme. Verlag Orac, Wien 1992.

Wisskirchen Hubert: Die wiederentdeckte Erziehung. Kinder suchen Autorität und Orientierung. Kösel, München 1996.

Wolter Stefan C.: Bildungsfinanzierung zwischen Markt und Staat. Verlag Rüegger, Chur, Zürich 2001.

Wong Bernice Y.L. (hrsg.): Lernstörungen verstehen. Ein Praxishandbuch für Psychologen und Pädagogen. Spektrum, Springer Verlag, Berlin/Heidelberg 2008.

Zurbriggen Eveline: Prüfungswissen Schulpädagogik – Soziale Integration. Haupt Verlag Bern, Stuttgart, Wien 2010.

www.bmukk.gv.at

Toni Hansel (Hg.)

Soft Skills

Alternative zur Fachlichkeit oder
weiche Performance?

Reihe Schulpädagogik, Band 10
2012, ca. 185 S., br.,
ISBN 978-3-86226-118-5, **€ 21,80**

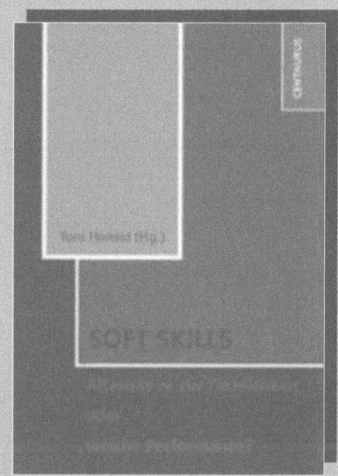

Nach einer Zeitspanne intensiver Begründung und Evaluierung des pädagogischen Gehalts von Schule durch schulpädagogische Forschung deutet sich an, dass die Aufmerksamkeit der von Schule Betroffenen und Interessierten sich dauerhaft dem Kommunikations-, Konflikt- bzw. dem generellen Umgangsverhalten der Personen zuwendet, die im Handlungsfeld Schule agieren und leben. Das ist nicht neu, die Personalität von Schule hat immer schon im Mittelpunkt des Interesses von Akteuren und Adressaten schulischen Wirkens gestanden. Neu ist: Im außerwissenschaftlichen Diskurs hat sich der Begriff Soft Skills etabliert, die Politik hat ihn inzwischen fest vereinnahmt, die Erziehungswissenschaft hat ein nicht ganz geklärtes Verhältnis zu ihm, weil er nicht zu ihrem etablierten Begriffsrepertoire gehört, sondern einen Import aus anderweitigen Wissenschaftsfeldern darstellt, insbesondere der Betriebswirtschaft und der Wirtschaftspädagogik. Mittlerweile gelten Soft Skills, also die „weichen Umgangsqualitäten", als „Allzweckwaffe" beruflichen Erfolgs und sind deshalb „natürliche" Gegenstände öffentlicher Bildung und Erziehung.

Den damit korrespondierenden Fragen wendet sich der vorliegende Band zu. Die Autoren haben sich dabei keineswegs allein auf die Schule und die in ihrem Zuständigkeitsbereich geführte Zieledebatte beschränkt, sondern die Rückbindung an den Ort ihres Wirkens gesucht.

Besonderes Augenmerk legt der Herausgeber auf die Lesbarkeit, um die Texte nicht nur Fachleuten an die Hand zu geben, sondern gleichermaßen auch Studierenden, Referendaren, Praktikern und interessierten Laien, um ihnen ein Forum für Argumente und Gegenargumente zu erschließen und den Diskurs in der Sache zu befördern.

Centaurus Buchtipps

Garnet Katharina Hoppe
Selbstkonzept und Empowerment bei Menschen mit geistiger Behinderung
Gender & Diversity, Bd. 6, 2012, ca. 130 S.,
ISBN 978-3-86226-163-5, € **18,80**

Katja Nowacki (Hrsg.)
Pflegekinder
Vorerfahrungen, Vermittlungsansätze und Konsequenzen
Gender & Diversity, Bd. 4, 2012, 278 S.,
ISBN 978-3-86226-124-6, € **24,80**

Nele Cölsch
Potential and limitations of peace education in Israel
A case study on parents´ perspectives on the Hand in Hand school in Jerusalem
Gender & Diversity, Bd. 3, 2011, 120 S.,
ISBN978-3-86226-072-0, € **23,80**

Saskia Hofmann
Yes she can!
Konfrontative Pädagogik in der Mädchenarbeit
Gender & Diversity, Bd. 2, 2011, 135 S.,
ISBN 978-3-86226-050-8, € **18,80**

Lena Sachs
Die Zusammenarbeit zwischen Bundeswehr und Bildungseinrichtungen
Eine kritische Analyse
Soziale Analysen und Interventionen, Bd. 1, 2012, 100 S.,
ISBN978-3-86226-134-5, € **18,80**

Tina Görner
Was für eine Theater!
Methodische Ansätze in der Arbeit mit gewaltbereiten Jugendlichen
Reihe Pädagogik, Bd. 40, 2011, 110 S.,
ISBN 978-3-86226-117-8, € **18,80**

Viviane Nabi Acho
Elternarbeit mit Migrantenfamilien
Wege zur Förderung der nachhaltigen und aktiven Beteiligung von Migranteneltern an
Elternabenden und im Elternbeirat
Migration & Lebenswelten, Bd. 2, 2011, 138 S.,
ISBN 978-3-86226-039-3, € **17,80**

Ludger Kowal-Summek
„Tomo spricht nicht mit mir"
Eine Untersuchung hinsichtlich der Anwendung ausgewählter Methoden der Leiborientier-
ten Musiktherapie bei Menschen mit Autismus
Reihe Psychologie, Bd. 43, 2012, 333 S., mit DVD
ISBN 978-386226-148-2, € **28,80**

Informationen und weitere Titel unter **www.centaurus-verlag.de**

If you have any concerns about our products,
you can contact us on
ProductSafety@springernature.com

In case Publisher is established outside the EU,
the EU authorized representative is:
Springer Nature Customer Service Center GmbH
Europaplatz 3, 69115 Heidelberg, Germany

Printed by Libri Plureos GmbH
in Hamburg, Germany